Marktorientierte Neugestaltung des Einkommensteuersystems

Wirtschaftswissenschaftliche Beiträge

Band 1: Ch. Aignesberger, Die Innovationsbörse als Instrument zur Risikokapitalversorgung innovativer mittelständischer Unternehmen, XVIII/308 Seiten, 1987

Band 2: U. Neuerburg, Werbung im Privatfernsehen, XIII/302 Seiten, 1988

Band 3: J. Peters, Entwicklungsländerorientierte Internationalisierung von Industrieunternehmen, IX/155 Seiten, 1988

Band 4: G. Chaloupek, J. Lamel, J. Richter (Hrsg.), Bevölkerungsrückgang und Wirtschaft, VIII/470 Seiten, 1988

Band 5: P. J. J. Welfens, L. Balcerowicz (Hrsg.), Innovationsdynamik im Systemvergleich, XIX/446 Seiten, 1988

Band 6: K. Fischer, Oligopolistische Marktprozesse, XI/169 Seiten, 1988

Band 7: M. Laker, Das Mehrproduktunternehmen in einer sich ändernden unsicheren Umwelt, IX/209 Seiten, 1988

Band 8: I. von Bülow, Systemgrenzen im Management von Institutionen, XII/278 Seiten, 1989

Band 9: H. Neubauer, Lebenswegorientierte Planung technischer Systeme XII/171 Seiten, 1989

Band 10: P. M. Sälter, Externe Effekte: „Marktversagen" oder Systemmerkmal? VII/188 Seiten, 1989

Band 11: P. Ockenfels, Informationsbeschaffung auf homogenen Oligopolmärkten, X/163 Seiten, 1989

Band 12: O. Jacob, Aufgabenintegrierte Büroinformationssysteme, VII/177 Seiten, 1989

Band 13: J. Walter, Innovationsorientierte Umweltpolitik bei komplexen Umweltproblemen, IX/208 Seiten, 1989

Band 14: D. Bonneval, Kostenoptimale Verfahren in der statistischen Prozeßkontrolle, V/180 Seiten, 1989

Band 15: T. Rüdel, Kointegration und Fehlerkorrekturmodelle, VIII/138 Seiten, 1989

Band 16: K. Rentrup, Heinrich von Storch, das „Handbuch der Nationalwirthschaftslehre" und die Konzeption der „inneren Güter", X/146 Seiten, 1989

Band 17: M. A. Schöner: Überbetriebliche Vermögensbeteiligung, XVI/417 Seiten, 1989

Band 18: P. Haufs, DV-Controlling, IX/166 Seiten, 1989

Band 19: R. Völker, Innovationsentscheidungen und Marktstruktur, XI/221 Seiten, 1990

Band 20: P. Bollmann, Technischer Fortschritt und wirtschaftlicher Wandel, VIII/184 Seiten, 1990

Band 21: F. Hörmann, Das Automatisierte, Integrierte Rechnungswesen, XI/408 Seiten, 1990

Band 22: W. Böing, Interne Budgetierung im Krankenhaus, XIV/274 Seiten, 1990

Band 23: G. Nakhaeizadeh, K.-H. Vollmer (Hrsg.), Neuere Entwicklungen in der Angewandten Ökonometrie, X/248 Seiten, 1990

Band 24: T. Braun, Hedging mit fixen Termingeschäften und Optionen, VII/167 Seiten, 1990

Band 25: G. Inderst, P. Mooslechner, B. Unger, Das System der Sparförderung in Österreich, VIII/126 Seiten, 1990

Band 26: Th. Apolte, M. Kessler (Hrsg.), Regulierung und Deregulierung im Systemvergleich, XIII/313 Seiten, 1990

Band 27: J. Lamel, M. Mesch, J. Skolka (Hrsg.), Österreichs Außenhandel mit Dienstleistungen, X/335 Seiten, 1990

Band 28: I. Heinz, R. Klaaßen-Mielke, Krankheitskosten durch Luftverschmutzung, XVI/147 Seiten, 1990

Band 29: B. Kalkofen, Gleichgewichtsauswahl in strategischen Spielen, XIII/214 Seiten, 1990

Band 30: K. G. Grunert, Kognitive Strukturen in der Konsumforschung, X/290 Seiten, 1990

Band 31: S. Felder, Eine neo-österreichische Theorie des Vermögens, X/118 Seiten, 1990

Band 32: G. Uebe (Hrsg.), Zwei Festreden Joseph Langs, VII/116 Seiten, 1990

Band 33: U. Cantner, Technischer Fortschritt, neue Güter und internationaler Handel, XVI/289 Seiten, 1990

Band 34: W. Rosenthal, Der erweiterte Maskengenerator eines Software-Entwicklungs- Systems, XIV/275 Seiten, 1990

Band 35: U. Nessmayr, Die Kapitalsituation im Handwerk, XII/177 Seiten, 1990

Band 36: H. Wüster, Die sektorale Allokation von Arbeitskräften bei strukturellem Wandel, IV/148 Seiten, 1990

Band 37: R. Hammerschmid, Entwicklung technisch-wirtschaftlich optimierter regionaler Entsorgungsalternativen, X/239 Seiten, 1990

Band 38: P. Mitter, A. Wörgötter (Hrsg.), Austro-Keynesianismus, V/102 Seiten, 1990

Band 39: A. Katterl, K. Kratena, Reale Input-Output Tabelle und ökologischer Kreislauf, VIII/114 Seiten, 1990

Band 40: A. Gehrig, Strategischer Handel und seine Implikationen für Zollunionen, XII/174 Seiten, 1990

Band 41: G. Nakhaeizadeh, K.-H. Vollmer (Hrsg.), Anwendungsaspekte von Prognoseverfahren, IX/169 Seiten, 1991

Band 42: C. Fantapié Altobelli, Die Diffusion neuer Kommunikationstechniken in der Bundesrepublik Deutschland, XXIV/319 Seiten, 1991

Band 43: J. Richter, Aktualisierung und Prognose technischer Koeffizienten in gesamtwirtschaftlichen Input-Output Modellen, VII/376 Seiten, 1991

Band 44: E. Spranger, Expertensystem für Bilanzpolitik, VIII/228 Seiten, 1991

Band 45: F. Schneider, Corporate-Identity-orientierte Unternehmenspolitik, XXI/295 Seiten, 1991

Band 46: B. Gygi, Internationale Organisationen aus der Sicht der Neuen Politischen Ökonomie, XI/258 Seiten, 1991

Band 47: L. Hennicke, Wissensbasierte Erweiterung der Netzplantechnik, VII/194 Seiten, 1991

Band 48: T. Knappe, DV-Konzepte operativer Früherkennungssysteme, VII/176 Seiten, 1991

Band 49: P. Welzel, Strategische Handelspolitik, XIII/207 Seiten, 1991

Band 50: H. Wiethoff, Risk Management auf spekulativen Märkten, XIV/202 Seiten, 1991

Band 51: R. Riedl, Strategische Planung von Informationssystemen, XII/227 Seiten, 1991

Band 52: K. Sandmann, Arbitrage und die Bewertung von Zinssatzoptionen, VIII/172 Seiten, 1991

Band 53: P. Engelke, Integration von Forschung und Entwicklung in die unternehmerische Planung und Steuerung, XVII/352 Seiten, 1991

Band 54: F. Blumberg, Wissensbasierte Systeme in Produktionsplanung und -steuerung, XVII/268 Seiten, 1991

Fortsetzung auf Seite 352

Holger Richter

Marktorientierte Neugestaltung des Einkommensteuersystems

Mit 53 Abbildungen

Physica-Verlag
Ein Unternehmen
des Springer-Verlags

Reihenherausgeber
Werner A. Müller

Autor
Dipl.-Volksw. Dr. Holger Richter
Oberer Rainweg 37
D-69118 Heidelberg

ISBN 978-3-7908-0819-3 ISBN 978-3-642-46960-2 (eBook)
DOI 10.1007/978-3-642-46960-2

CIP-Titelaufnahme der Deutschen Bibliothek
Richter, Holger:
Marktorientierte Neugestaltung des Einkommensteuersystems /
Holger Richter. - Heidelberg : Physica-Verl., 1994
(Wirtschaftswissenschaftliche Beiträge, Bd. 106)

NE: GT

88/2202-543210 - Gedruckt auf säurefreiem Papier

Meinen Eltern

Vorwort

Die vorliegende Arbeit wurde als Dissertation an der Wirtschaftswissenschaftlichen Fakultät der Universität Heidelberg angenommen. Sie entstand während meiner Assistententätigkeit bei Herrn Prof. Dr. Manfred Rose am Lehrstuhl für Finanzwissenschaft. Für die zahlreichen Anregungen und Diskussionen zu meiner Arbeit sowie die Erstellung des Erstgutachtens gilt ihm mein besonderer Dank. Weiter möchte ich mich bei Herrn Prof. Dr. Otwin Becker für die bereitwillige Anfertigung des Zweitgutachtens herzlich bedanken.

Besonders hervorheben möchte ich meinen Weggefährten in Sachen empirischer Gleichgewichtsökonomie und ehemaligen Kollegen, Herrn Dr. Klaus-Jürgen Duschek, der zu jeder Tages- und Nachtzeit bereitwillig als kompetenter Gesprächspartner zur Verfügung stand. Für die äußerst sorgfältige Durchsicht verschiedener Manuskriptversionen und die zahlreichen konzeptionellen Verbesserungsvorschläge gilt ihm mein herzlichster Dank.

Für die angenehme Zusammenarbeit am Lehrstuhl für Finanzwissenschaft und die im Rahmen von gemeinsamen Veranstaltungen und Diskussionen erworbenen Kenntnisse gebührt meinen ehemaligen Kollegen Herrn Prof. Dr. Michael Ahlheim und Herrn Diplom-Volkswirt Rolf Wiswesser mein besonderer Dank.

Ein herzlicher Dank gilt auch Frau Diplom-Volkswirt, Diplom-Finanzwirt Elke Schnatterer sowie meinem Bruder, Herrn Rechtsanwalt Hanns-Uwe Richter, für die kritische und in kürzester Zeit vollzogene Durchsicht der Endfassung dieser Arbeit.

Schließlich danke ich meinen Eltern, Frau Ludmila und Herrn Karl-Wilhelm Richter, dafür, daß sie stets für mich da waren.

Heidelberg, im August 1994 Holger Richter

Inhaltsverzeichnis

TEIL IV

Simulationsrechnungen

Anhänge

Einleitung

Ein Steuersystem sollte stets im Einklang mit der Wirtschaftsordnung eines Landes stehen. Das in der Bundesrepublik Deutschland bestehende System der sozialen Marktwirtschaft erfordert somit auch ein marktorientiertes Steuersystem. Das Prinzip einer Marktwirtschaft besteht darin, die in einer Volkswirtschaft vorhandenen Ressourcen optimal zu nutzen, um dadurch gesellschaftlichen Wohlstand zu gewährleisten. Zu diesem Zweck besteht die Hauptaufgabe des Staates darin, die Rahmenbedingungen zu setzen, die eine möglichst freie Entfaltung der Marktkräfte gewährleisten. Ein marktorientiertes Steuersystem ist derart auszugestalten, daß die marktwirtschaftlichen Antriebskräfte durch die Besteuerung nicht behindert werden. Der Motor einer Volkswirtschaft besteht in der Arbeits- sowie der Spar- und der Investitionsbereitschaft seiner Bürger. Ein Steuersystem sollte deshalb weder die Leistungsbereitschaft des einzelnen noch die Kapitalbildung und damit das gesamtwirtschaftliche Wachstum behindern.
In der Bundesrepublik Deutschland hat der Gesetzgeber diese Grundgedanken in den letzten Jahrzehnten im Zuge des wirtschaftlichen Aufschwungs jedoch immer mehr aus den Augen verloren. Insbesondere bei der persönlichen Einkommensteuer und den Unternehmensteuern hat sich eine Eigendynamik in bezug auf die Einführung von Ausnahmetatbeständen und Sonderregelungen entwickelt, die in den Marktmechanismus eingreifen und Verzerrungseffekte sowie Ungleichbehandlungen zur Folge haben. Diese mit einer erstaunlichen Geschwindigkeit produzierten Steuergesetzesänderungen haben dazu geführt, daß sich allmählich eine "Konzertierte Aktion" der von den Steuergesetzen Betroffenen formiert hat. Die Steuerverwaltung ist kaum noch in der Lage, die administrative Abwicklung des Besteuerungsverfahrens durchzuführen, und die steuerberatenden Berufe äußern ihren Unmut über die zunehmende Komplizierung des Steuersystems. Selbst der Steuerpflichtige demonstriert, wie an den Reaktionen auf die Neuregelung der Zinsbesteuerung und der im Zuge damit einsetzenden Kapitalflucht zu sehen war, seine Unzufriedenheit mit dem bestehenden System. Auch wenn diese Anhaltspunkte keinen Beweis für eine Fehlkonzeption des Einkommensteuersystems liefern, sollten sie doch ein Anstoß sein, das bestehende System einer kritischen Überprüfung zu unterziehen und nach Alternativen Ausschau zu halten. Gerade für die jungen Demokratien in Osteuropa stellt sich doch die Frage, ob sie auf dem Weg in die Marktwirtschaft ein Einkommensteuersystem nach westlichem Vorbild einfach übernehmen sollen. Oder bietet sich für diese Länder im Rahmen des Neubeginns nicht die Möglichkeit, über ein modernes, marktorientiertes Steuersystem vielleicht sogar Wettbewerbsvorteile gegenüber den hochentwickelten Industrienationen zu erlangen.
Ein marktorientiertes Steuersystem ist bei diesen Ländern notwendig, um einen möglichst schnellen Anschluß an die westlichen Industrienationen zu erreichen.

Erste Priorität hat deshalb die Standortattraktivität für ausländisches Kapital sowie die Förderung der Spar- und Investitionstätigkeit. Unter diesen Voraussetzungen werden Lösungen gesucht, die ein Steuersystem marktorientiert und damit investitions- und wachstumsfreundlicher gestalten.
Eine Vielzahl bekannter Ökonomen hat darauf hingewiesen, daß die traditionelle Besteuerung der persönlichen Einkommen und der Unternehmensgewinne die Neubildung von Kapital belastet. Dies führt zu unerwünschten Effizienzverlusten und darüber hinaus zu Ungerechtigkeit bei der Besteuerung. Zur steuerlichen Schonung von Investitionen existieren daher zahlreiche Vorschläge von Steuersystemen, die lediglich eine Belastung der nicht investiv und somit konsumtiv genutzten Wertschöpfungsteile vorsehen. Da bei diesen Steuersystemen der Konsum den Ansatzpunkt der Besteuerung darstellt, spricht man hier auch von konsumbasierten Steuersystemen.
Ein solches Steuersystem wurde von dem Steuerrechtler Joachim Lang (1993) in seinem "Entwurf eines Steuergesetzbuchs" im Auftrag des Bundesministeriums der Finanzen in Gesetzesform vorgelegt. Dieses Gesetzbuch ist als Mustergesetzbuch für die Beratung mittel- und osteuropäischer Staaten durch die deutsche Finanzverwaltung gedacht. Ziel dieses Gesetzbuchs ist es, zum einen durch ein konsumbasiertes Steuersystem das marktwirtschaftliche Postulat der ökonomischen Effizienz umzusetzen. Zum andern steht neben der reinen Effizienzüberlegung die Verwirklichung des Systemkonzepts einer "sozialen" Marktwirtschaft, d.h. daß den sozialen Wertvorstellungen einer Gesellschaft Rechnung getragen wird. Dies bedeutet insbesondere die steuerliche Freistellung des Existenzminimums und die Realisierung der steuerlichen Gleichbehandlung.
Ein konzeptionelles Vorbild stellt ein konsumbasiertes Steuersystem jedoch nicht nur für die Länder auf dem Weg in die Marktwirtschaft dar. In der Bundesrepublik Deutschland und den großen westlichen Industrieländern liegt zur Zeit noch der Schleier des Wohlstands über den Unzulänglichkeiten des Steuersystems. Gerade im Hinblick auf die deutsche Vereinigung und dem damit einhergehenden Investitionsbedarf stellt eine systematische Schonung der Investitionen im Vergleich zu einem Dickicht aus Steuervergünstigungen und Investitionsförderungen eine Alternative dar. Darüber hinaus legt der zunehmende internationale "Wettbewerb der Steuersysteme" den Schluß nahe, daß eine Neugestaltung der Steuersysteme zu erwarten ist. Hierdurch könnte aus einem Prozeß der "schöpferischen Zerstörung" ein effizientes und gerechtes Steuersystem hervorgehen.
Als Alternative zu dem gegenwärtigen Einkommensteuersystem sollen in dieser Arbeit die Wirkungen der Einführung eines konsum- und damit marktorientierten Steuersystems untersucht werden.

Der Gang der Analyse verläuft wie folgt: In dem **Teil I** der Arbeit werden die Grundzüge konsumbasierter Steuersysteme vorgestellt. Hierbei werden zunächst die konsumbasierten Steuerreformvorschläge auf der Haushaltsebene und auf der

Unternehmensebene getrennt dargestellt und im Anschluß daran verschiedene Gesamtsteuersysteme präsentiert. Dieser Teil endet mit dem Vorschlag eines marktorientierten Konzepts zur Neugestaltung der Einkommensbesteuerung (1. Kapitel).

Der **Teil II** der Arbeit behandelt das modelltheoretische Instrumentarium, das zur Beurteilung des Steuerreformvorschlags herangezogen wird. Die Grundlage hierfür bietet ein empirisches Modell des allgemeinen Gleichgewichts (EAG-Modell), mit dem Simulationsrechnungen von Steuerreformen in der Bundesrepublik Deutschland durchgeführt werden können. Der Teil II beginnt mit einem Überblick über die grundlegenden Modellcharakteristika sowie den Arbeitsablauf und den Aussagegehalt der Analyse (2. Kapitel). Daran anschließend werden die einzelnen Modellteile dargestellt. Dies sind die Beschreibung der Modellstruktur (3. Kapitel), der empirischen Datenbasis (4. Kapitel) sowie der Kalibration des Modells (5. Kapitel).

Bevor zu den Simulationsrechnungen übergegangen wird, erfolgt im **Teil III** der Arbeit eine Untersuchung zu der Besteuerung von Ersparnissen und Kapitaleinkommen im Rahmen des gegenwärtigen Einkommensteuersystems. Hierbei soll betrachtet werden, inwieweit das deutsche Einkommensteuersystem bereits konsumbasiert ausgestaltet ist.

Die Ergebnisse der Simulationsrechnungen werden im **Teil IV** dargestellt. Als erster Teilreformschritt wird die Einführung einer sparbereinigten Einkommensteuer in der Bundesrepublik Deutschland analysiert (7. Kapitel). Daran anschließend erfolgt die getrennte Betrachtung der Abschaffung der Gewinnsteuern (8. Kapitel). Zum Abschluß der Simulationsrechnungen wird die Einführung einer sparbereinigten Einkommensteuer bei gleichzeitiger Abschaffung der Gewinnsteuern untersucht (9. Kapitel). Die Analyse endet mit einer Zusammenfassung der Untersuchungsergebnisse.

TEIL I: Konsumbasierte Steuersysteme

1. Kapitel: Konsumbasierte Neugestaltung der Einkommensbesteuerung

No income tax is really just,
from which savings are not exempted.
John Stuart Mill, Principles of Political Economy

1.1 Historische Betrachtung

Die Diskussion über die "richtige" Bemessungsgrundlage der Besteuerung hat eine lange Tradition. Während Einigkeit herrscht, daß der Bürger entsprechend seiner Leistungsfähigkeit zu besteuern ist, gibt es unterschiedliche Ansichten, welcher Indikator für die Leistungsfähigkeit eines Individuums verwendet werden sollte. Adam Smith (1776) war der Auffassung, daß das Einkommen den besten Indikator für die Leistungsfähigkeit darstelle, in der Praxis jedoch schwer zu erfassen sei, so daß auch eine Konsumsteuer auf breiter Bemessungsgrundlage als Zweitbestlösung in Betracht gezogen werden könne.[1]
In Deutschland geht das Konzept der Einkommensbesteuerung auf die von Georg von Schanz (1896) entwickelte Reinvermögenszugangstheorie zurück. Schanz definierte den Einkommensbegriff wie folgt: "Einkommen ist gleich der Zunahme an Vermögen während einer gegebenen Zeitperiode unter Einbeziehung der von anderen empfangenen Leistungen."[2]
Unabhängig davon wurde die Reinvermögenszugangstheorie in den Vereinigten Staaten von Robert M. Haig (1921) entwickelt und erlangte ihren Durchbruch mittels der Beiträge von Henry C. Simons (1938 und 1950). Auf diesem Schanz/Haig/Simons (SHS)-Konzept der Einkommensbesteuerung, bei dem das Einkommen den Indikator der individuellen Leistungsfähigkeit der Bürger darstellt, beruht das Einkommensteuersystem der Bundesrepublik Deutschland sowie der meisten anderen Staaten.
Bereits etwa ein Jahrhundert vor Adam Smith hatte sich Thomas Hobbes in seinem "Leviathan" (1654) für die Wahl des Konsums als die geeignete Steuerbemessungsgrundlage ausgesprochen. Seine Begründung basierte dabei auf

---

[1] Vgl. R.A. Musgrave (1991), S. 37 f.
[2] G. v. Schanz (1896), S. 23 zitiert nach R.A. Musgrave (1991), S. 38.

moralischen Überlegungen: "Denn welchen Grund gibt es dafür, daß derjenige, der viel arbeitet, stärker belastet werden sollte als der Müßiggänger, der wenig verdient und alles ausgiebt, was er bekommt? Aber wenn die Dinge, die der Mensch verbraucht, belastet werden, dann zahlt jeder gleichermaßen für das, was er nutzt; und dann wird das Commonwealth auch nicht mehr durch die genußsüchtige Verschwendung privatisierender Menschen um seine Steuereinnahmen gebracht."[3]

Während Hobbes die Konsumbesteuerung favorisierte, da er die Bildung von Ersparnissen sowie von Investitionsgütern als Beitrag für das Gemeinwohl ansah, war es John Stuart Mill (1848), der als erster ökonomische Gründe für eine Konsumbesteuerung anführte. So schrieb er: "Die richtige Methode, eine Einkommensteuer festzusetzen, bestünde darin, nur den Teil des Einkommens, der als Ausgabe vorgesehen ist, zu besteuern und den, der gespart wird, von der Steuer zu befreien. Denn für das, was gespart und investiert wird, fallen fortan Einkommensteuern an auf die Zinsen, die es trägt, obwohl das Sparkapital schon vorher besteuert wurde. Wenn daher die Ersparnisse von der Einkommensteuer nicht befreit werden, werden die Steuerzahler zweimal für das besteuert, was sie sparen, und nur einmal für das, was sie ausgeben. ... Der Unterschied, der so zum Nachteil von Vorsorge und Sparsamkeit geschaffen wird, ist nicht nur politisch unklug, sondern auch ungerecht."[4] Die Wahl einer konsumbezogenen Bemessungsgrundlage stellt demgegenüber sicher, daß das Gesetz "den natürlichen Wettbewerb zwischen Konsum und Sparen" nicht verzerrt. Damit beschrieb Mill bereits den die Debatte in der modernen Finanzwissenschaft dominierenden Effizienzaspekt, wonach eine Konsumbesteuerung keine Verzerrung bezüglich der Konsum-/Sparentscheidung der Haushalte hervorruft. Im Gegensatz dazu führt die Einkommensbesteuerung zu einer Doppelbelastung der Ersparnisse und diskriminiert die Ersparnisbildung der Haushalte gegenüber dem Konsum. In diesem Argument wurde Mill von so bedeutenden Nationalökonomen wie Alfred Marshall (1917), Arthur C. Pigou (1928), Irving Fisher (1937) und Joseph A. Schumpeter (1929/30) unterstützt, bei denen ebenfalls der Effizienzgesichtspunkt im Vordergrund stand. Musgrave sieht den Hauptbeitrag von Fisher darin, daß er gezeigt habe, daß die Bemessungsgrundlage der Konsumsteuer in der Praxis ermittelt werden könne.[5] So ist es zur Berechnung der Konsumausgaben eines Individuums nicht erforderlich, sämtliche Kassenbelege zu sammeln. Vielmehr wird die Besteuerungsgrundlage als Differenz aller Geldeinnahmen und aller nicht-konsumtiven Verwendungsarten von Geldausgaben bestimmt. Durch diese Berechnungsmethode wurde offenbar, daß die Konsumsteuer in der Form der direkten Besteuerung eine echte Alternative zur Einkommensteuer darstellt und nicht notwendigerweise nur als indirekte Steuer (z.B. als Einzelhandelsumsatz- oder Mehrwertsteuer) erhoben werden kann, bei der persönliche Umstände der

---

[3] Zitiert in R.A. Musgrave (1991), S. 40.
[4] Siehe J.S. Mill (1865), S. 403.
[5] Vgl. R.A. Musgrave (1991), S. 42.

Steuerpflichtigen sowie ein progressiver Steuertarif nicht berücksichtigt werden können und somit als ungerecht angesehen wird.
Von Nikolas Kaldor (1965) wurde die Idee der Konsumsteuer erstmals konkret als Steuerreformvorschlag in seinem Buch "The Expenditure Tax" im Jahr 1955 präsentiert. Zeitweilig wurde Kaldors Konzept in Indien (1957) und Ceylon (Sri Lanka) (1959) in die Praxis umgesetzt.[6] Populär wurde die Konsumsteueridee endgültig Ende der siebziger und Anfang der achtziger Jahre, als das Wachstum in vielen Industrieländern lahmte und nach neuen Konzeptionen in der Steuerpolitik gesucht wurde. Die Einführung einer persönlichen Konsumsteuer wurde in den Gutachten für die jeweiligen Regierungen von der Meade-Kommission für Großbritannien (1978), Sven-Olof Lodin (1978) für Schweden und David F. Bradford and the U.S. Treasury Tax Policy Staff (1984) für die Vereinigten Staaten empfohlen. Für die Bundesrepublik schlug Joachim Mitschke (1985) eine direkte Konsumsteuer vor. Die durch diese Reihe von Veröffentlichungen ausgelöste internationale Diskussion über die "richtige Bemessungsgrundlage" wurde von Manfred Rose auf dem internationalen Kongress "Konsumorientierte Neuordnung des Steuersystems" in Heidelberg 1989 gebündelt.[7] Der Steuerrechtler Joachim Lang (1993) verwirklichte die Idee der Konsumbesteuerung erstmals in Gesetzesform in seinem im Auftrag des Bundesministeriums der Finanzen (BMF) erstellten "Entwurf eines Steuergesetzbuchs".

Im folgenden sollen die verschiedenen Konzeptionen einer Konsumbesteuerung vorgestellt werden. Grundsätzlich kann zwischen den Formen einer direkten und einer indirekten Konsumbesteuerung unterschieden werden. In den Ländern der Europäischen Gemeinschaft stellt die Mehrwertsteuer die bedeutendste indirekte Konsumsteuer dar. Daneben existieren eine Vielzahl von speziellen Verbrauchsteuern, wie beispielsweise die Mineralöl- oder Tabaksteuer. Eine stärker konsumorientierte Ausrichtung des Steuersystems ließe sich schon dadurch erreichen, indem eine aufkommensneutrale Steuerreform derart durchgeführt wird, daß die Mehrwertsteuersätze erhöht und die Tarife der direkten Steuern (insbesondere der Einkommen- und Körperschaftsteuer) entsprechend gesenkt würden.[8] Auf die stärkere Gewichtung der indirekten Konsumbesteuerung soll im Rahmen dieser Arbeit nicht weiter eingegangen werden.[9] Im Mittelpunkt sollen vielmehr die verschiedenen Formen einer direkten Konsumbesteuerung stehen, die eine Alternative zur gegenwärtigen Einkommensbesteuerung darstellen.
Zunächst werden die in der Literatur diskutierten Vorschläge für eine konsumbasierte Neugestaltung des Steuersystems auf Haushalts- und Unternehmensebene und daran anschließend die Gesamtsteuersysteme vorgestellt.

---

6 Zu einer Darstellung und Würdigung der Einführung einer Ausgabensteuer in Indien und Ceylon siehe P. Zumstein (1977), S. 423 ff.
7 Siehe dazu die Tagungsbände M. Rose (1990) und M. Rose (1991a).
8 Vgl. M. Rose (1991b), S. 9.
9 Zu einer Darstellung der Effizienz- und Verteilungswirkungen einer Mehrwertsteuersatzerhöhung siehe z.B. K.-J. Duschek/H. Richter (1993) bzw. H. Kaiser (1989).

1.2 Konsumbasierte Steuerreformvorschläge auf der Haushaltsebene

1.2.1 Sparbereinigte Einkommensteuer

Die Bemessungsgrundlage der Ausgabensteuer ergibt sich aus der Differenz des gesamten Einkommens und den Einkommensteilen, die für Ersparnisse verwendet werden. Die Zielsetzung ist hierbei die Besteuerung des Jahreskonsums. Schumpeter bezeichnete diese Steuer auch als Verbrauchseinkommensteuer.[10] Da der Anknüpfungspunkt bei der Bemessungsgrundlage dieser Steuer wie bei der Einkommensteuer die Bruttojahreseinkünfte eines Steuerpflichtigen sind, die zusätzlich um positive Ersparnisse gekürzt bzw. um negative Ersparnisse erhöht werden, soll im folgenden diese Form der direkten Konsumsteuer in Anlehnung an Rose (1991b) als "sparbereinigte Einkommensteuer" (S-ESt) bezeichnet werden.[11]

Durch die Abzugsfähigkeit der Ersparnisse bei der Ermittlung der Bemessungsgrundlage der S-ESt erfolgt die Ersparnisbildung eines Haushalts aus unversteuertem Einkommen, und die Besteuerung tritt erst in dem Zeitpunkt ein, zu dem die Ersparnisse wieder aufgelöst und dem Konsum zugeführt werden. Da sich somit die Steuerschuld auf die für Ersparnisse verwendeten Einkommensteile in die Zukunft verschiebt, wird hier auch von der "postpayment-Methode" oder "deferral-Methode" gesprochen.[12]

Alle Vorschläge für die Ausgestaltung einer S-ESt stellen im Grunde genommen Varianten der Ausgabensteuer von Kaldor (1965) dar. Die Konzepte anderer Autoren weichen in erster Linie bei der Besteuerung von Schenkungen und Erbschaften, von langlebigen Konsumgütern und dem zugrunde gelegten Steuertarif von dessen Konzept ab.[13] Daneben haben die "Blueprints for Basic Tax Reform" von Bradford (1984), der seinen Vorschlag einer S-ESt auch als "Cash Flow, Consumption Base Tax" bezeichnet hat, da ihre Bemessungsgrundlage allein durch die Erfassung von Zahlungsvorgängen ermittelt werden kann, die größte Beachtung gefunden. Von daher soll im folgenden die Darstellung der Charakteristika der S-ESt zunächst nach diesen beiden Konzepten erfolgen und daran anschließend die Modifikationen anderer Autoren aufgezeigt werden.

Kaldor bestimmt die Bemessungsgrundlage der Ausgabensteuer wie folgt: Steuerpflichtige Bruttoeinkünfte stellen Löhne und Gehälter, Zinseinkommen, Dividenden und sonstige Einkommen aus Unternehmertätigkeit, erhaltene Schenkungen und Erbschaften, Investitionserträge, aufgenommene Kredite sowie

---

[10] Vgl. J.A. Schumpeter ((1929/30) 1985), S. 124.

[11] Siehe dazu M. Rose (1991b), S. 10. Diese Bezeichnung wurde im folgenden auch von M. Kaiser (1992), S. 75 sowie in dem Gesetzbuch von J. Lang (1993), S. 149 übernommen.

[12] Vgl. D.F. Bradford and the U.S. Treasury Tax Policy Staff (1984), S. 9 bzw. S. 108. J.H. Makin (1987), S. 87 weist darauf hin, daß es bei einer Konsumsteuer keineswegs so ist, daß die Ersparnisse eines Individuums überhaupt nicht besteuert werden. Sie werden vielmehr nur einmal besteuert. Von daher bezeichnet er die Konsumsteuer als eine Steuer mit einfacher und die Einkommensteuer als eine Steuer mit zweifacher Ersparnisbesteuerung.

[13] Vgl. M. Kaiser (1992), S. 78.

empfangene Kredittilgungen dar. Davon sind, neben einem allgemeinen steuerlichen Freibetrag, als steuerlich relevante Ausgaben gesparte Einkommensteile, Investitionsausgaben, Kreditvergaben, Kredittilgungen und Zinszahlungen abzugsfähig.[14]

Tabelle 1-1: Schema zur Ermittlung der Bemessungsgrundlage der S-ESt
Quelle: M. Kaiser (1992), S. 76

steuerlich relevante Einnahmen	steuerlich relevante Ausgaben
• Arbeitseinkommen • Kapitaleinkommen (Zinsen, Dividenden, Mieten u.ä.) • Transfereinkommen (Renten, Pensionen, empfangene Unterstützungszahlungen) • Entnahmen aus qualifizierten Kapitalkonten und persönlich geführten Betrieben	• Transferausgaben (Beiträge zur Sozialversicherung, Einzahlungen in Pensionsfonds, geleistete Unterstützungszahlungen) • Einzahlungen in qualifizierte Kapitalkonten und persönlich geführte Betriebe • sonstige Steuerzahlungen (z.B. Kfz-Steuer)
= **Einkommen: Y** • Erhaltene Schenkungen und Erbschaften	• Aufwand für den Einkommenserwerb (Werbungskosten) • außergewöhnliche Belastungen (z.B. Krankheit, Behinderung) = **Ersparnis: S**
aufgenommene Kredite*	Kredittilgungen und Kreditzinsen*
	Saldo: Betrag, der für Steuerzahlung, Konsum und Übertragungen zur Verfügung steht
Σ Einnahmen	**Σ Ausgaben**

* Sofern aufgenommene Kredite besteuert werden, sind Kredittilgungen und Kreditzinsen abzugsfähig. Alternativ besteht die Möglichkeit, Kredittransaktionen steuerlich vollständig unberücksichtigt zu lassen.

Diese grundlegenden steuerlich relevanten Einnahmen und Ausgaben sind in Tabelle 1-1 gegenübergestellt.
Bei den Ausgaben der Konsumenten für den privaten Verbrauch unterscheidet Kaldor zum einen zwischen der Anschaffung von Gütern, die dem "reinen" Konsum dienen, und Gütern, die den Charakter von Investitionen haben bzw.

---

[14] Vgl. N. Kaldor (1965), S. 192.

dem Aufbau von Vermögen dienen, und somit einer Art von Kapitalausgaben von Konsumenten (consumers' 'capital' expenditure) gleichkommen.[15] Zum einen hat ein Gut um so mehr den Charakter eines Investitionsguts, je größer die Differenz zwischen seinen Anschaffungskosten und dem Wert des daraus resultierenden jährlichen Verbrauchs ist. Zum anderen entspricht es um so mehr Formen von Kapitalvermögen, je haltbarer es ist, d.h. je geringer der Werteverzehr pro Jahr ist. Beispiele hierfür sind die Anschaffungen der Konsumenten von langlebigen Wirtschaftsgütern wie z.B. Autos und Eigenheime. Bei dieser Art von Gütern bestehen grundsätzlich zwei Möglichkeiten der steuerlichen Behandlung:

1. **Konsumgutlösung**
   - Ausgaben für den Kauf langlebiger Wirtschaftsgüter sind keine steuerlich relevanten Ausgaben
   - Nutzungswert und Veräußerungserlös langlebiger Wirtschaftsgüter sind keine steuerlich relevanten Einnahmen

   ⇒ Anschaffung langlebiger Wirtschaftsgüter durch die Konsumenten stellen Konsum dar, d.h. Anschaffung erfolgt aus versteuertem Einkommen, (zukünftige) Erträge bleiben unversteuert.

2. **Investitionsgutlösung**
   - Ausgaben für den Kauf langlebiger Wirtschaftsgüter sind steuerlich relevante Ausgaben
   - Nutzungswert und Veräußerungserlös langlebiger Wirtschaftsgüter sind steuerlich relevante Einnahmen

   ⇒ Anschaffung langlebiger Wirtschaftsgüter durch die Konsumenten stellen Investitionen dar, d.h. Anschaffung erfolgt aus unversteuertem Einkommen, (zukünftige) Erträge werden versteuert.

Kaldor schlägt zwar für den Kauf langlebiger Wirtschaftsgüter die Konsumgutlösung vor, sieht aber auch kein Problem darin, dem Steuerpflichtigen die Option für eine Investitionsgutlösung offenzuhalten. Er sieht bei der Investitionsgutlösung auch keine allzu großen Schwierigkeiten bei der Kontrolle durch die Steuerverwaltung, da eine Steuerersparnis in einem Jahr automatisch zu einer höheren Steuerbelastung in einem darauffolgenden Jahr führt. Auf diesen Zusammenhang zwischen Konsum- und Investitionsgutlösung soll im folgenden noch genauer eingegangen werden. Allein bei dem Erwerb von Eigenheimen zieht er die Investitionsgutlösung vor, da hier seiner Meinung nach stärker das Motiv der Bildung eines Vermögensbestandes als das des Konsums im Vordergrund steht.

Zur Beurteilung der Behandlung von langlebigen Konsumgütern im Rahmen von Bradfords Cash-flow-Konsumsteuer soll zunächst auf die steuerliche Behandlung von Ersparnissen bei seinem Konzept eingegangen werden. Dabei unterscheidet Bradford zwischen zwei Methoden:[16]

---

[15] Vgl. N. Kaldor (1965), S. 195.
[16] Vgl. D.F. Bradford and the U.S. Treasury Tax Policy Staff (1984), S. 110.

1. **Behandlung nach dem Konzept "qualifizierter Konten" (Qualified Accounts Treatment)**
   Alle Ersparnisse, die auf sogenannten "qualifizierten Konten" bei Banken, Versicherungen, Bausparkassen und anderen Finanzinstitutionen angelegt werden, vermindern die Bemessungsgrundlage. Entsprechend erhöhen sämtliche Abhebungen (frühere Ersparnisse einschließlich Erträge) von einem qualifizierten Konto die Bemessungsgrundlage.

2. **Behandlung nach dem Steuervorauszahlungsansatz (Tax Prepayment Approach)**
   Werden die Ersparnisse außerhalb eines qualifizierten Kontos gehalten, so sind sie bei Ermittlung der Bemessungsgrundlage nicht abzugsfähig. Entsprechend fallen bei Verausgabung dieser Ersparnisse (frühere Ersparnisse einschließlich Erträge) keine Steuern mehr an, da die Steuern bereits vorausgezahlt wurden.

Anhand eines Zwei-Perioden-Modells soll die Wirkungsweise dieser Konzepte verdeutlicht werden. Es wird davon ausgegangen, daß ein Steuerpflichtiger im ersten Jahr ein Lohneinkommen (L_1) bezieht. Dieses Einkommen verteilt er auf den Konsum im ersten Jahr (C_1) und auf Ersparnisse (S). Im darauffolgenden Jahr konsumiert er seine im ersten Jahr gebildeten Ersparnisse einschließlich der Zinserträge ($i \cdot S$). So daß sich der Konsum der zweiten Periode (C_2) ohne Berücksichtigung von Steuern als $C_2 = S + i \cdot S = (1+i)S$ schreiben läßt. Im folgenden wird für die beiden Methoden dargestellt, welche Konsummöglichkeiten der Steuerpflichtige in den einzelnen Perioden besitzt. Zwecks Vergleichbarkeit der Konzepte werden mittels Diskontierung der zukünftigen Geldströme mit dem Zinssatz i der Gegenwartswert der intertemporalen Konsummöglichkeiten und der Steuerzahlungen des Konsumenten ausgewiesen. Der Konsumsteuersatz wird mit τ_C bezeichnet.
Beispielhaft wird angenommen, daß ein Arbeiter in einem Jahr ein Lohneinkommen von 10.000 DM erhält, von dem er 1.000 DM spart und 9.000 DM für Konsumzwecke verwendet. Legt er seine Ersparnisse auf einem qualifizierten Konto an, so ermittelt sich die Bemessungsgrundlage aus der Differenz seines Lohneinkommens und der Ersparnisse und beträgt somit 9.000 DM. Im zweiten Jahr hebt er seine Ersparnisse einschließlich Zinserträge (0,1*1.000 DM = 100 DM) von dem qualifizierten Konto ab und muß diese versteuern.
Nach dem Steuervorauszahlungsansatz muß der Steuerpflichtige sein Lohneinkommen vollständig im ersten Jahr versteuern. Konsumiert er im zweiten Jahr seine Ersparnisse einschließlich Zinserträge, so bleiben diese steuerfrei. Wie die Berechnungen in Tabelle 1-2 zeigen, ist der Gegenwartswert der Steuerzahlungen - unter den Annahmen eines vollkommenen Kapitalmarkts und eines proportionalen und im Zeitablauf konstanten Steuersatzes - in beiden Fällen gleich dem Produkt aus Konsumsteuersatz und Lohneinkommen des Steuerpflichtigen.

Tabelle 1-2: Gegenüberstellung des Konzepts der qualifizierten Konten und des Steuervorauszahlungsansatzes

	Konzept der qualifizierten Konten	Steuervorauszahlungsansatz
Konsum im 1. Jahr	$C_1 = (1-\tau_C)\cdot(L_1 - S)$	$C_1 = (1-\tau_C)\cdot L_1 - S$
Konsum im 2. Jahr	$C_2 = (1-\tau_C)\cdot(S + i\cdot S)$ $= (1-\tau_C)\cdot(1+i)\cdot S$	$C_2 = (1+i)\cdot S$
Gegenwartswert der Konsummöglichkeiten	$C_1 + \frac{1}{(1+i)}\cdot C_2 = (1-\tau_C)\cdot L_1$	$C_1 + \frac{1}{(1+i)}\cdot C_2 = (1-\tau_C)\cdot L_1$
Gegenwartswert der Steuerzahlungen	$GWT = \tau_C\cdot(L_1 - S) + \frac{1}{(1+i)}\cdot\tau_C$ $\cdot[(1+i)\cdot S] = \tau_C\cdot L_1$	$GWT = \tau_C\cdot L_1$

Somit ergibt sich auch bei beiden Ansätzen jeweils der gleiche Gegenwartswert der Konsummöglichkeiten. Ein Unterschied besteht allerdings in der zeitlichen Verteilung der Steuerzahlungen.[17] Während bei dem Konzept der qualifizierten Konten ein Teil der Steuerzahlungen erst in der zweiten Periode anfällt, wenn der Steuerpflichtige seine Ersparnisse abhebt und dem Konsum zuführt, erfolgen die Steuerzahlungen bei dem Steuervorauszahlungsansatz vollständig in der ersten Periode. Somit resultiert für den Staat in Abhängigkeit von der verwendeten Methode ein unterschiedlicher Liquiditätseffekt.

Trotz der ökonomischen Äquivalenz dieser beiden Ansätze, entspricht lediglich das Konzept der qualifizierten Konten der Idee einer "reinen" S-ESt, da hier die Ersparnisse zunächst steuerlich abzugsfähig sind und erst bei Abhebung besteuert werden.

Bradford spricht sich in seinen "Blueprints" für eine Behandlung langlebiger Konsumgüter nach dem "Tax Prepayment Approach" aus, d.h. er setzt den Erwerb von Eigenheimen, PKWs etc. mit den laufenden Konsumausgaben für Güter und Dienstleistungen der privaten Haushalte gleich (Konsumgutlösung). Diese Vorgehensweise hat insbesondere unter verwaltungstechnischen Aspekten den Vorteil, daß weder eine kalkulatorische Eigenmiete bei selbstgenutzten Wohnungen bestimmt werden muß, noch ein Abschreibungsverfahren bestimmt und überwacht werden muß. Darüber hinaus entfällt die Besteuerung von Veräußerungsgewinnen.

Die Wahlmöglichkeit für den Steuervorauszahlungsansatz untersagt Bradford lediglich bei Investitionen in Unternehmen von Selbständigen und Personengesellschaften, da hier das Problem besteht, den Ertrag des Unternehmens aufzuteilen in die Komponente, die auf den Faktor Arbeit bzw. die auf den Faktor Kapital entfällt. Bei steuerlicher Freistellung der Kapitaleinkommen bestünde hier die Gefahr, daß der Unternehmer einen zu geringen kalkulatorischen

[17] Vgl. D.F. Bradford and the U.S. Treasury Tax Policy Staff (1984), S. 111.

Unternehmerlohn ansetzt und einen zu großen Teil des Ertrags dem Faktor Kapital zurechnet. Zur Vermeidung dieser Steuerhinterziehungsmöglichkeit sollen daher alle Investitionsausgaben in Betrieben von Selbständigen und Personengesellschaften sofort steuerlich abzugsfähig sein und alle Rückflüsse aus der Investition die Bemessungsgrundlage des Unternehmers erhöhen.[18]

Ein weiteres wichtiges Unterscheidungskriterium der Vorschläge einer direkten Konsumbesteuerung besteht in der Behandlung von Schenkungen und Erbschaften. Hierbei unterscheidet man in Abhängigkeit des gewählten Konsumbegriffs grundsätzlich zwei Vorgehensweisen:[19]

1. **"Ability-to-pay-Konsum" (Konsum nach der Zahlungsfähigkeit)**
   Gemäß dem Konzept des Konsums nach der Zahlungsfähigkeit stellen geleistete Schenkungen und Erbschaften bei dem Geber keine steuerlich relevanten Ausgaben dar und sind somit bei der Ermittlung der Bemessungsgrundlage nicht abzugsfähig. Sie stellen sozusagen Konsum des Schenkenden bzw. Verstorbenen dar. Erhaltene Schenkungen und Erbschaften werden beim Empfänger als steuerlich relevante Einnahmen behandelt. Bei Zugrundelegung des Gegenwartswerts der Bemessungsgrundlagen über die gesamte Lebenszeit eines Haushalts wird somit eine Besteuerung des Lebenseinkommens erreicht.

2. **"Standard-of-living-Konsum" (Konsum nach dem Lebensstandard)**
   Geleistete Schenkungen und Erbschaften sind bei dem Geber steuerlich relevante Ausgaben und somit bei der Ermittlung der Bemessungsgrundlage abzugsfähig. Erhaltene Schenkungen und Erbschaften werden beim Empfänger wie bei dem Konzept nach der Zahlungsfähigkeit als steuerlich relevante Einnahmen behandelt. Bei Betrachtung des Gegenwartswerts der Steuerbemessungsgrundlagen über die gesamte Lebenszeit eines Haushalts wird demnach eine Besteuerung des Lebenskonsums erreicht.

Kaldor legt bei seiner Ausgabensteuer den Konsum nach der Zahlungsfähigkeit zugrunde, so daß Schenkungen und hinterlassenes Vermögen bei dem Geber der Besteuerung unterliegen. Davon ausgenommen sind lediglich einige wenige Tatbestände, wie z.B. Unterhaltszahlungen an geschiedene Ehepartner und Kinder sowie Unterstützungszahlungen an ältere Verwandte. Im Unterschied zu Kaldor sind geleistete Schenkungen und hinterlassenes Vermögen des Gebers bei Bradford steuerlich abzugsfähig (Konsum nach dem Lebensstandard). Alle Vorschläge einer S-ESt stimmen darin überein, daß erhaltene Schenkungen und Erbschaften bei dem Empfänger steuerlich relevante Einnahmen darstellen. Hierzu ist allerdings anzumerken, daß die Steuerpflicht nur dann unmittelbar eintritt, sofern der Empfänger die erhaltenen Zahlungen direkt dem Konsum

---

18 Vgl. D.F. Bradford and the U.S. Treasury Tax Policy Staff (1984), S. 117 f.

19 Siehe dazu D.F. Bradford and the U.S. Treasury Tax Policy Staff (1984), S. 33 f.

zuführt. Legt er diese jedoch zunächst auf einem qualifizierten Konto an, so erfolgt die Besteuerung erst zu dem Zeitpunkt der Abhebung.

Bezüglich der Behandlung von Krediten bestehen im Rahmen eines konsumbasierten Steuersystems grundsätzlich zwei Möglichkeiten (siehe Tabelle 1-1): Bei Berücksichtigung von Kredittransaktionen zählen aufgenommene Kredite zu den steuerlich relevanten Einnahmen, und die Kredittilgung sowie die Zahlung von Kreditzinsen stellen steuerlich relevante Einnahmen dar. Alternativ können Kreditvorgänge vollständig bei der Ermittlung der Bemessungsgrundlage unberücksichtigt bleiben.

Entsprechend dem gegenwärtigen Einkommensteuersystem sind Werbungskosten, außergewöhnliche Belastungen sowie sonstige sozialpolitisch motivierte Freibeträge abzugsfähig. Der Steuertarif kann - wie bei dem bestehenden Einkommensteuersystem - entsprechend der gesellschaftlichen Vorstellungen über vertikale Gerechtigkeit progressiv ausgestaltet werden. Bradford schlägt einen Stufentarif vor, bei dem der Grenzsteuersatz innerhalb einer Tarifzone konstant ist und von Zone zu Zone sprunghaft ansteigt (Grenzsatz- oder Anstoßtarif).

Im folgenden soll ein Überblick über weitere Vorschläge einer S-ESt auf Haushaltsseite gegeben werden. Hierbei soll in erster Linie auf die Unterschiede bei diesen Vorschlägen im Vergleich zu den Konzepten von Kaldor bzw. Bradford eingegangen werden.

Die Meade-Kommission (1978) hat für Großbritannien eine Form der S-ESt vorgeschlagen, die sie als "Universal Expenditure Tax (UET)" bezeichnet.[20] Entsprechend zu Bradfords Konzept der qualifizierten Konten sind Ersparnisse privater Haushalte, sofern sie registriert werden, steuerlich abzugsfähig. "Nicht registrierte Aktiva" werden entsprechend dem Tax Prepayment Approach behandelt. Bezüglich geleisteter Schenkungen und Erbschaften präferiert die Kommission das Konzept nach der Zahlungsfähigkeit. Somit stellen geleistete Schenkungen und Erbschaften keine steuerlich relevanten Ausgaben dar und unterliegen sowohl bei dem Geber als auch bei dem Empfänger der Besteuerung. Wie bei der Cash-flow-Konsumsteuer soll auch der Steuertarif der UET progressiv ausgestaltet sein, jedoch mit einer langen Proportionalzone. Bezüglich der Behandlung von Krediten kann der Qualified Account- oder der Tax Prepayment-Ansatz gewählt werden.

Sven-Olof Lodin (1978) schlug für Schweden eine "Progressive Expenditure Tax" vor. Als steuerlich abzugsfähige Ersparnisse führt er folgende auf: "Auf Bank- oder ähnliche Sparkonten eingezahlte Beträge, in Anteile investierte Beträge, Wertpapiere und andere Sicherheiten, zusammen mit Versicherungssparen, Investitionen in Realvermögen, Rechte an Hauseigentum und Geschäftsbetrieben, sowie Kreditgewährung. Abzüge würden zugelassen in bezug auf Geld, das in

---

[20] Zu dem Vorschlag der Meade-Kommission siehe auch J.G. Head (1979).

diese Formen des Sparens und Investierens fließt. Alle anderen Ausgaben würden als Konsum behandelt. So würden Abzüge für Investitionen in Kapitalgüter, Kunst, Antiquitäten und andere Investitionsobjekte nicht gewährt."[21] Eine andere Form der Abgrenzung zwischen Konsum und Ersparnissen sieht er darin, daß steuerlich relevantes Sparen bzw. Investieren, abgesehen von einer reinen Wertsteigerung, eine Art von ökonomischen Gewinn erzeugt. Von daher sieht er kein Problem bei der Unterscheidung zwischen Sparen und Konsum. Aufgrund des progressiven Steuertarifs sieht er jedoch das Problem, daß die Haushalte gezwungen werden, die Anschaffung von langlebigen Wirtschaftsgütern zeitlich zu verteilen. Werden z.B. zum Kauf eines Autos Ersparnisse von einem qualifizierten Konto abgehoben, so führt dies im Jahr der Anschaffung zu einer hohen Steuerbelastung. Um diese steuerlich bedingte Beeinflussung der Konsumstruktur zu vermeiden, schlägt er vor, neben der Konsumgutlösung für langlebige Konsumgüter eine zeitliche Streckung der Besteuerung der entsparten Beträge über fünf Jahre zuzulassen.[22] Dieser Vorschlag nimmt somit eine Zwischenstellung zwischen der Konsum- und der Investitionsgutlösung ein.
Erbschaften und Schenkungen unterliegen gemäß Lodins Konzept sowohl beim Geber als auch beim Empfänger der Besteuerung.[23]

Weitere Vorschläge einer S-ESt stellen die "Cash Flow Income Tax" von Henry J. Aaron und Harvey Galper (1985) sowie die "Lifetime Expenditure Tax" von John A. Kay und Mervyn A. King (1980) dar. Diese beiden Konzepte orientieren sich weitgehend an der UET der Meade-Kommission. Schenkungen und Erbschaften gehen sowohl beim Geber als auch beim Empfänger in die Bemessungsgrundlage ein; für den Kauf langlebiger Güter ist die Konsumgutlösung vorgeschrieben. Aaron/Galper sprechen sich für einen Stufentarif unter Berücksichtigung eines steuerlichen Freibetrags aus,[24] während Kay/King keine Angaben über die Tarifform machen. Entsprechend der Konzepte von Bradford und der Meade-Kommission besteht auch hier eine grundsätzliche Wahlmöglichkeit der Steuerpflichtigen zwischen dem Tax Prepayment Approach und dem Qualified Account Treatment.
In der Bundesrepublik Deutschland war es zunächst Joachim Mitschke (1985), der eine S-ESt als Alternative zu der bestehenden Einkommensteuer vorschlug. Er sprach sich für eine jährliche Konsumsteuer mit indirekt progressivem Tarif und einer zusätzlichen Reinvermögenszuwachssteuer am Lebensende aus. Seine Begründung dafür lautet wie folgt: "Vermögen ist akkumulierte Ersparnis. Die über die Lebenszeit einer Person angesammelte Ersparnis findet deshalb ihren Ausdruck in dem zum Lebensende vorhandenen Vermögen. Besteuert man nun in jedem Lebensjahr den Konsum dieses Jahres und am Lebensende zudem das durch Jahresersparnisse begründete Vermögen, so besteuert man insgesamt das

[21] Siehe S.-O. Lodin (1978), S. 74.
[22] Vgl. S.-O. Lodin (1978), S. 80.
[23] Vgl. S.-O. Lodin (1978), S. 94 ff.
[24] Vgl. H.J. Aaron / H. Galper (1985), S. 79.

Lebenseinkommen. Die Besteuerung der Vermögensbildung wird bis zum Lebensende aufgeschoben, dann aber grundsätzlich wie die des laufenden Konsums vorgenommen."[25] Bis auf die Behandlung langlebiger Wirtschaftsgüter, bei denen Mitschke die Investitionsgutlösung vorschreibt,[26] resultiert aus der Kombination von Jahreskonsum- und Reinvermögenszuwachssteuer am Lebensende die gleiche Bemessungsgrundlage wie bei der "Expenditure Tax" von Kaldor.

Joachim Lang (1993) präsentierte zum ersten Mal eine direkte Konsumsteuer in Form einer S-ESt in Gesetzesform in seinem "Entwurf eines Steuergesetzbuchs" zur Neugestaltung der Einkommensteuer. Die Verwirklichung des Konzepts der S-ESt erfolgt in diesem Gesetzbuch mittels § 123:

§ 123 Einkünfte aus qualifizierten Vermögensanlagen

(1) Steuerschuldner (§ 101) können bei qualifizierten Sparinstituten (§ 832) Gesamtguthaben einrichten und die Einkünfte nach Maßgabe der Vorschriften in den Absätzen 4 und 5 ermitteln. Diese Gesamtguthaben umfassen Beteiligungen an eigenen und fremden Unternehmen, Kapitalforderungen jeder Art (z.B. Einlagen und Guthaben, Festgelder, Darlehen und Anleihen), sonstige Kapitalanlagen, Kranken-, Unfall-, Haftpflicht-, Lebensversicherungen und andere Versicherungen mit Ausnahme der durch § 108 Nr. 2 erfaßten Versicherungen.

(2) Das qualifizierte Sparinstitut erfaßt in dem Gesamtguthaben alle Vermögensvorgänge einschließlich Erwerbs- und Veräußerungsvorgänge und teilt dem Finanzamt für jeden Steuerabschnitt den Bestand des Gesamtguthabens sowie die Einzahlungen (Abs. 3) und die Auszahlungen (Abs. 4) mit.

(3) Einzahlungen sind alle Wertzuführungen (z.B. Spareinlagen und Versicherungsbeiträge) in das Gesamtguthaben. Einzahlungen sind als Erwerbsausgaben abzusetzen.
Abweichend von § 112 Abs. 1 können jedoch Einzahlungen ganz oder teilweise in späteren Steuerabschnitten abgesetzt werden. Einzahlungen sind in späteren Steuerabschnitten abzusetzen, soweit sie in der Summe der Welteinkünfte (§ 105) nicht ausgeglichen werden können; in diesem Fall sind sie so früh wie möglich abzusetzen.

---

[25] Siehe J. Mitschke (1985), S. 53 f. Zu den Vorteilen dieser Besteuerungsform bemerkt er im folgenden: "Die jährliche Konsumsteuer und die einmalige Reinvermögenszuwachssteuer treten an die Stelle von Einkommen-, Vermögen-, Erbschaft- und Schenkungsteuer sowie Investitionshilfeabgabe. Sie machen offene Vermögensbildungs- und Beschäftigungshilfen wie Sparprämien, Wohnungsbauprämien und Investitionszulagen überflüssig. Sie erübrigen aber auch die diversen indirekten Begünstigungstechniken, die sich der Gesetzgeber hat einfallen lassen, um die Investitions- und Vorsorgefeindlichkeit der Einkommensbesteuerung zu bekämpfen: Steuerbefreiungen, vorübergehende und endgültige Kürzungen der Bemessungsbasis durch degressive und irreguläre Abschreibungen, Rücklagenbildung, befristete Zins- und begrenzte Sonderausgabenabzüge sowie Entlastung durch ermäßigte Steuersätze."

[26] Vgl. J. Mitschke (1985), S. 114.

(4) Auszahlungen sind alle Wertabgaben aus dem Gesamtguthaben. Auszahlungen sind als Erwerbseinnahmen anzusetzen.

(5) Soweit in dem Gesamtguthaben Beteiligungen an einem der Unternehmensteuer unterworfenen Unternehmen verwaltet werden, ist die Unternehmensteuer im Zeitpunkt der Auszahlung der Einkünfte anzurechnen und zu vergüten. Das qualifizierte Sparinstitut hat in seiner Mitteilung nach Absatz 2 die unternehmensteuerbelasteten Auszahlungen besonders auszuweisen. Auszahlungen aus dem EK0-Konto (§ 169 Abs. 2) sind steuerfrei und als steuerfreie Erwerbseinnahmen (Absatz 4 Satz 2) auszuweisen; sie gelten mit der nächsten Auszahlung aus dem Gesamtguthaben als ausgezahlt. Hingegen sind Auszahlungen aus dem EKZE-Konto (§ 169 Abs. 3) zu versteuern.

(6) Soweit in dem Gesamtguthaben ausländische Einkünfte verwaltet werden, ist die anrechenbare Steuer im Zeitpunkt der Auszahlung (Abs. 4) anzurechnen.

Mittels dieser Vorschrift erfolgt die Umsetzung des Konzepts der qualifizierten Konten. Sämtliche Ersparnisse, die bei sogenannten "qualifizierten Kreditinstituten" (Banken, Sparkassen, Bausparkassen, Versicherungen etc.) eingezahlt werden, sind steuerlich abzugsfähig.[27] Entsprechend erhöhen alle Auszahlungen die Bemessungsgrundlage. Gemäß Lang ist nur das aktuell konsumierbare Einkommen belastbar. "Das gesparte und investierte Einkommen soll inflationsneutral erst in dem Zeitpunkt progressiv besteuert werden, in dem es dem Konsum zugeführt wird."[28] Hinsichtlich des Steuertarifs spricht er sich zunächst für eine steuerliche Freistellung des Existenzminimums aus. Unter verteilungspolitischen Überlegungen schlägt er einen progressiven Stufentarif mit vier Tarifzonen vor. Dabei sollte jedoch eine möglichst lange untere Proportionalzone gewählt werden, in die 80% der Steuerpflichtigen fallen.

Für selbstgenutzte Eigenheime gilt die Investitionsgutlösung. Die Anschaffung erfolgt aus unversteuertem Einkommen. Entsprechend sind die Einkünfte aus der Selbstnutzung sowie der Veräußerung eines Eigenheims zu versteuern.[29] Grundsätzlich steht es aber auch bei dem Konzept von Lang jeder Person frei, ob sie ihre Ersparnisse auf einem qualifizierten Konto anlegt oder außerhalb qualifizierter Konten spart. Die zweite Möglichkeit würde somit wieder dem Steuervorauszahlungsansatz nach Bradford entsprechen. Es kann jedoch davon ausgegangen werden, daß die mit der Einzahlung auf ein qualifiziertes Konto einhergehende Verschiebung der Steuerzahlung in die Zukunft und der dadurch für den Steuerpflichtigen entstehende Liquiditätseffekt eine große Anziehungskraft auf die Ersparnisse der Haushalte ausüben wird.

---

[27] Eine Abgrenzung des Begriffs "qualifizierte Sparinstitute" und "qualifizierte Konten" erfolgt in § 832 bzw. § 833 bei J. Lang (1993), S. 365 ff.

[28] Siehe J. Lang (1993), S. 149.

[29] Siehe J. Lang (1993), § 124, S. 286 f.

1.2.2 Zinsbereinigte Einkommensteuer

Eine weitere Variante der direkten Besteuerung des Konsums stellt die zinsbereinigte Einkommensteuer (Z-ESt) dar. Auf diese Besteuerungsvariante wurde indirekt schon bei der Beschreibung der Konzepte einer S-ESt eingegangen. So schreibt Kaiser (1992, S. 85): "Die zinsbereinigte Einkommensteuer ist nichts anderes als eine sparbereinigte Einkommensteuer mit Steuervorauszahlungsmethode, wobei diese für alle möglichen Aktiva und nicht nur für einige wenige finanzielle Aktiva gilt." Wie bei der Beschreibung des Konzepts einer S-ESt nach Bradford dargestellt, haben die Individuen die Wahl, innerhalb oder außerhalb qualifizierter Konten zu sparen. Bei einer Z-ESt entfällt somit das Konzept der qualifizierten Konten, und es wird generell der Steuervorauszahlungsansatz (Tax Prepayment Approach) angewandt. Alle Arbeitseinkommen unterliegen unabhängig von ihrer Verwendung der Besteuerung, so daß die Ersparnisbildung aus versteuertem Einkommen erfolgt. Systemgerecht bleiben sämtliche Kapitaleinkommen in Höhe der Normalverzinsung steuerfrei.[30]

Wie der Vergleich des Konzepts "qualifizierter Konten" mit dem Steuervorauszahlungsansatz in Tabelle 1-2 gezeigt hat, stimmt der Gegenwartswert des Steueraufkommens bei Erhebung einer Z-ESt mit dem bei einer S-ESt überein.[31] Unterschiede bestehen lediglich bezüglich der zeitlichen Verteilung der Steuereinnahmen des Staates. Weiterhin wurde festgestellt, daß der Gegenwartswert der Konsummöglichkeiten bei beiden Varianten übereinstimmt.

Bei einer S-ESt wird durch die Abzugsfähigkeit der Ersparnisse in jedem Jahr eine Besteuerung des Jahreskonsums erreicht. Betrachtet man die gesamte Lebenszeit eines Individuums, so wird insgesamt der Lebenskonsum besteuert, sofern geleistete Schenkungen und Erbschaften beim Geber abzugsfähig sind (standard-of-living-Konzept). Im Gegensatz dazu erfolgt bei einer Z-ESt keine Besteuerung des Jahreskonsums eines Individuums. Aufgrund der steuerlichen Freistellung der Normalverzinsung des Kapitaleinkommens wird jedoch - wiederum bei Zugrundelegung des gesamten Lebenszykluses eines Individuums - auch bei einer Z-ESt das Ziel der Besteuerung des Lebenskonsums verwirklicht. Dazu ist es allerdings erforderlich - da Schenkungen und Erbschaften aus bereits versteuertem Einkommen erfolgen - daß es in Höhe des gezahlten Steuerbetrages zu einer Rückerstattung kommt (siehe Abbildung 1-1).

In Abhängigkeit von der steuerlichen Behandlung von Schenkungen und Erbschaften ist es bei beiden Formen der direkten Konsumbesteuerung möglich, das umfassendere Lebenseinkommen eines Individuums zu besteuern. Verwendet man zu diesem Zweck das Konzept der Zahlungsfähigkeit, so ist es - wie bereits erwähnt - bei einer S-ESt notwendig, beim Geber die Abzugsfähigkeit von geleisteten Schenkungen und Erbschaften zu verwehren. Bei einer Z-ESt entfällt bei Besteuerung des Lebenseinkommens die Rückerstattung des bereits bezahlten

---

30 Vgl. M. Kaiser (1992), S. 85.

31 Erbschaften und Schenkungen wurden bei dem Beispiel in Tabelle 1-2 nicht berücksichtigt. Zur Äquivalenz einer S-ESt mit einer Z-ESt siehe auch M. Kaiser (1992), Anhang B, S. 236-238.

Steuerbetrags. Die Entscheidung für eine Besteuerung des Lebenskonsums oder des Lebenseinkommens hängt dabei von den gesellschaftlichen Vorstellungen von Steuergerechtigkeit ab.
Zu einer noch weitergehenden Sichtweise von Steuergerechtigkeit kommt man bei Ausdehnung der Betrachtung über den Lebenszyklus eines Individuums hinaus.[32] Hier kann zum einen dem Ansatz gefolgt werden, daß die gesamte "Lebensausstattung" eines Individuums, unabhängig davon, ob dieser die ihm zur Verfügung stehenden Ressourcen für sich selbst verwendet oder an die nächste Generation weitergegeben hat, die Grundlage für eine persönliche Besteuerung darstellt (lifetime endowment point of view). Zum anderen kann man eine "dynastische" Sichtweise von Steuergerechtigkeit (dynastic view of equity) vertreten, d.h. die zur Verfügung stehenden Mittel sollen, möglicherweise über Generationen hinweg, nur einmal geschmälert werden, wenn diese tatsächlich von einem Familienverbund konsumtiv verwendet und somit Ressourcen der Gesellschaft in Anspruch genommen werden. Die Konsequenzen der Besteuerung von Schenkungen und Erbschaften bei diesen Sichtweisen von Steuergerechtigkeit bei einer S-ESt bzw. Z-ESt sind in Abbildung 1-1 aufgeführt.

Bei einer S-ESt wird normalerweise davon ausgegangen, daß Schenkungen und Erbschaften beim Empfänger erst besteuert werden, wenn diese konsumiert werden. Sind im Zusammenhang damit geleistete Schenkungen und Erbschaften beim Geber nicht abzugsfähig und unterliegen somit der Besteuerung, wird die Lebensausstattung eines Individuums besteuert (1+5). Sind geleistete Schenkungen und Erbschaften hingegen steuerlich abzugsfähig, so erfolgt eine Besteuerung über Generationen hinweg erst bei Auflösung der auf einem qualifizierten Konto gebildeten Ersparnisse (2+5). Eine dynastische Sichtweise von Steuergerechtigkeit läßt sich bei einer Z-ESt auf zwei Arten realisieren. Die erste Möglichkeit besteht darin, dem Geber den auf die Schenkungen und Erbschaften bereits gezahlten Steuerbetrag zurückzuerstatten und die erhaltenen Schenkungen und Erbschaften als steuerlich relevante Einnahmen zu behandeln (4+6).
Eine einfacher zu handhabende Alternative besteht darin, keine Rückerstattung beim Geber durchzuführen und auf eine Besteuerung beim Empfänger zu verzichten (3+7). In diesem Fall zahlt der Geber sozusagen in Vertretung für den Empfänger.[33] Soll hingegen bei einer Z-ESt die Lebensausstattung jedes Individuums der Besteuerung unterworfen werden, so müssen geleistete Schenkungen und Erbschaften aus versteuertem Einkommen getätigt und beim Empfänger der Besteuerung unterworfen werden (3+6).

---

[32] Siehe dazu C.E. McLure/G.R. Zodrow (1991), S. 161 ff.

[33] Siehe dazu M. Kaiser (1992), S. 87 bzw. C.E. McLure/G.R. Zodrow (1991), S. 161 ff., die eine Z-ESt, bei der eine Besteuerung von Schenkungen und Erbschaften bei dem Geber in Vertretung des Empfängers erfolgt, auch als "proxy tax" bezeichnen.

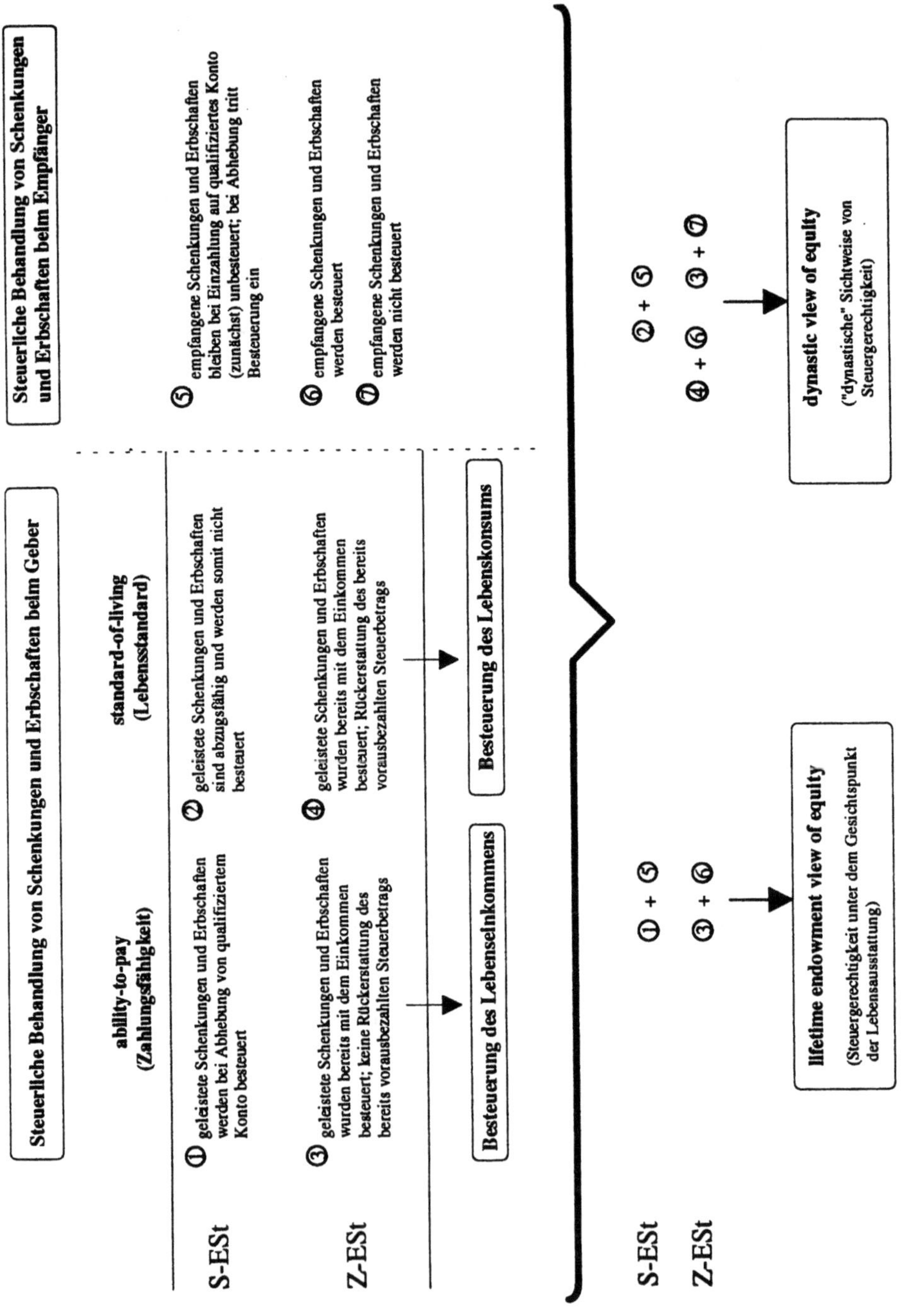

Abbildung 1-1: Steuerliche Behandlung von Schenkungen und Erbschaften bei einer S-ESt bzw. Z-ESt

Im folgenden soll wiederum überblicksmäßig auf die verschiedenen Vorschläge einer Z-ESt in der Literatur eingegangen werden.
Robert E. Hall und Alvin Rabushka (1985) schlugen eine Z-ESt auf Haushaltsebene in Form einer "Individual Wage Tax" vor. Der Besteuerung unterliegen hierbei ausschließlich Arbeitseinkommen, während Kapitaleinkommen steuerfrei bleiben. Entsprechend werden Sozialversicherungsbeiträge aus versteuertem Einkommen geleistet. Daraus resultierende Rückflüsse (z.B. empfangene Rentenzahlungen) sind steuerfrei. Eine Abweichung von dem Steuervorauszahlungsansatz erfolgt hingegen bei Pensionen. Einzahlungen in Pensionskassen sind von der Bemessungsgrundlage abzugsfähig, während empfangene Pensionszahlungen diese erhöhen.[34] Bezüglich langlebiger Konsumgüter entscheiden sich Hall/Rabushka für die Konsumgutlösung. Schenkungen und Erbschaften werden bei dem Geber nicht besteuert. Aufmerksamkeit erlangte der Vorschlag von Hall/Rabushka in erster Linie durch den von ihnen gewählten einfachen Steuertarif.[35] Neben einem steuerlichen Grundfreibetrag ist lediglich eine weitere Tarifzone mit einem einheitlichen, proportionalen Steuersatz ("flat rate") vorgesehen (indirekte Progression).
Auf diesem Vorschlag basiert auch die "Compensation Tax" von David F. Bradford (1988).
Charles E. McLure und George R. Zodrow (1991) schlagen eine "ITP (Individual Tax Prepayment) Consumption Tax" vor. Im Unterschied zu den bisherigen Vorschlägen einer Z-ESt werden bei dieser Variante neben Arbeitseinkommen und Pensionen auch erhaltene Schenkungen und Erbschaften besteuert. Weiter sprechen sie sich für einen progressiven Stufentarif unter Berücksichtigung eines Freibetrages aus.
In der Bundesrepublik Deutschland wurde eine Z-ESt von Ekkehard Wenger (1983/85) und Manfred Rose (1991b) und von Manfred Rose, Joachim Lang, Franz W. Wagner und Ekkehard Wenger (1992) zur Reform des ungarischen Steuersystems vorgeschlagen.
In den Empfehlungen sprechen sie sich für eine Besteuerung der zinsbereinigten Kapitalerträge aus, bei dem die Normalverzinsung des Finanz- und Realkapitals steuerbefreit sein soll. Aus Vereinfachungsgründen schlagen sie vor, daß "Einkünfte aus der marktüblichen Verzinsung von Sparkapital jeglicher Form nicht zur Bemessungsgrundlage der persönlichen Einkommensteuer zählen".[36] Bei der Besteuerung selbstgenutzter Immobilien sprechen sie sich für eine Konsumgutlösung aus. Bezüglich des Zwangssparens für die Altersvorsorge in Form der Arbeitnehmerbeiträge zur Sozialversicherung empfehlen sie eine vollständige Abzugsfähigkeit dieser Beiträge, während empfangene Rentenzahlungen in die Bemessungsgrundlage einfließen. Bei freiwilligem Sparen für die Altervorsorge präferieren sie hingegen den Steuervorauszahlungsansatz. Bei der Ermittlung des zu versteuernden Einkommens ist ein Konsumexistenzminimum

---

[34] Vgl. R.E. Hall/A. Rabushka (1985), S. 63.
[35] Vgl. D.F. Bradford (1986), S. 76.
[36] Siehe M. Rose/J. Lang/F.W. Wagner/E. Wenger (1992), S. 63 und S. 87.

abzuziehen. Dieses verminderte zu versteuernde Einkommen unterliegt einem proportionalen Einkommensteuertarif mit konstantem Grenzsteuersatz.

1.3 Konsumbasierte Steuerreformvorschläge auf der Unternehmensebene

Als Äquivalent zu einer direkten Konsumbesteuerung auf Haushaltsebene existieren eine Reihe von Vorschlägen auf der Unternehmensebene. Dies ist insbesondere das Konzept der Cash-flow-Besteuerung sowie ein Mischsystem und eine zinsbereinigte Gewinnsteuer. Da im Rahmen der Simulationsrechnungen dieser Arbeit auf die verschiedenen Formen einer konsumbasierten Unternehmensbesteuerung nicht eingegangen wird, sollen die in der Literatur existierenden Konzepte lediglich überblicksmäßig dargestellt werden.[37]

1.3.1 Cash-flow-Steuern

Den Anknüpfungspunkt der Cash-flow-Besteuerung stellen die betrieblichen Zahlungsströme dar. Zur Ermittlung der Bemessungsgrundlage werden die innerhalb einer Periode erfolgten Einzahlungen den Auszahlungen gegenübergestellt und somit ein Zahlungsstromsaldo ermittelt. Bei dieser Vorgehensweise werden nur kassenwirksame Vorgänge berücksichtigt.[38]

Das zentrale Element der Cash-flow-Besteuerung ist die steuerliche Freistellung der Investitionen. So schreibt Bach (1992, S. 325): "Die Cash-flow-Steuer entlastet die Investitionen, indem sie ab ihrem Einführungszeitpunkt sämtliche mit den betrieblichen Investitionen zusammenhängende Zahlungsströme zum Abzug zuläßt und die darüber hinaus anlaufenden Zahlungsüberschüsse besteuert. Bezeichnet man das Gegenteil von Investition als Desinvestition, so läßt sich die Cash-flow-Steuer auch als Desinvestitionssteuer bezeichnen. Es bleibt bei der Besteuerung, sofern die auflaufenden Zahlungsüberschüsse einer nicht-investiven, also konsumtiven Verwendung zugeführt werden." Aus diesen Ausführungen wird die Übereinstimmung des Besteuerungsziels bei einer Cash-flow-Steuer mit dem bei einer direkten Konsumbesteuerung auf Haushaltsebene deutlich. Aufgrund der Abzugsfähigkeit der für Investitionszwecke geleisteten Zahlungen wird im Zusammenhang mit der Cash-flow-Besteuerung oftmals von der Möglichkeit der "Sofortabschreibung" gesprochen.

---

37 Zu einer ausführlichen Diskussion konsumbasierter Unternehmensteuersysteme siehe die Arbeiten von M. Kaiser (1992), R. Schwinger (1993) und S. Bach (1993).

38 Von dem finanzwissenschaftlichen Cash-flow-Begriff ist die betriebswirtschaftliche Verwendung dieses Terminus zu unterscheiden. Betriebswirtschaftlich gesehen bezeichnet der "Cash-flow" eine Kennziffer über den Mittelzufluß aus dem Umsatzprozeß. Diese Kennziffer dient als Erfolgs- und Finanzindikator für das Unternehmen. Der Cash-flow errechnet sich hierbei indirekt aus dem Gewinn, vermehrt um unbare Aufwendungen und abzüglich unbarer Erträge. Vereinfacht wird der Cash-flow auch als Summe aus Periodengewinn, Abschreibungen und Rückstellungen einer Periode bezeichnet. Siehe dazu G. Wöhe (1990), S. 1033 f.

Tabelle 1-3: Einzahlungen und Auszahlungen von Körperschaften
Quelle: M. Kaiser (1992), S. 43

Einzahlungen	Auszahlungen
I. Reale Transaktionen (R = real items)	
• Verkauf von Gütern	• Kauf von Material
• Verkauf von Dienstleistungen	• Löhne und Gehälter und Kauf anderer Dienstleistungen
• Verkauf von Anlagegütern	• Käufe von Anlagegütern
R	$\overline{R}$
II. Finanzielle Transaktionen ohne Beteiligungstransaktionen mit inländischen Körperschaften (F = financial items)	
• Kreditaufnahme des Unternehmens (Zunahme der Gläubiger des Unternehmens)	• Kredittilgung des Unternehmens
• Kredittilgung anderer Unternehmen (Abnahme der Schuldner des Unternehmens)	• Kreditgewährung an andere Unternehmen
• Zunahme der Kontoüberziehung	• Abnahme der Kontoüberziehung
• empfangene Zinszahlungen	• geleistete Zinszahlungen
• Abnahme der Beteiligung an ausländischen Unternehmen (Abnahme des ausländischen Aktienbestandes der Unternehmung)	• Zunahme der Beteiligung an ausländischen Unternehmen
• Abnahme des Einzahlungsüberschusses aus der Kassenhaltung (Abnahme des positiven Kassenbilanzsaldos)	• Zunahme des Einzahlungsüberschusses aus der Kassenhaltung
• Zunahme sonstiger Kreditaufnahme	• Abnahme sonstiger Kreditaufnahme
• Abnahme sonstiger Kreditvergabe	• Zunahme sonstiger Kreditvergabe
F	$\overline{F}$
III. Beteiligungstransaktionen mit inländischen Körperschaften (S = share items)	
• Nennkapitalerhöhung durch Zuführung neuer Mittel von außen (Kapitalerhöhung durch Ausgabe neuer Aktien)	• Rückzahlung von Nennkapital
• Abgang von Beteiligungen an inländischen Unternehmen	• Zugang von Anteilen an inländischen Unternehmen
• empfangene Dividenden von inländischen Unternehmen	• Dividendenzahlungen
S	$\overline{S}$
IV. Transaktionen mit dem Staat (T = tax items)	
• Steuererstattung	• Steuerzahlung
T	$\overline{T}$

Bilanzgleichung: $R+F+S+T=\overline{R}+\overline{F}+\overline{S}+\overline{T}$

Weiterhin ist bei dieser Besteuerungsart ein vollständiger Verlustausgleich sowie ein proportionaler Steuertarif vorgesehen.[39] Anhand der in Tabelle 1-3 aufgeführten Einzahlungen und Auszahlungen von Körperschaften sollen die verschiedenen Konzepte einer Cash-flow-Steuer verdeutlicht werden.
Die Darstellung der Zahlungsströme orientiert sich dabei an den Konzepten des Meade-Kommittees (1978) bzw. von Kay/King (1980). Die Grundvariante einer Cash-flow-Steuer, die alle realwirtschaftlichen Zahlungsströme eines Unternehmens erfaßt, geht zurück auf E. Cary Brown (1948) und wird als R-Basis bezeichnet.[40] Die Steuerbasis ergibt sich als die Differenz von Verkäufen und Käufen von Gütern, Dienstleistungen und Anlagegütern.[41] Der auf diese Weise ermittelte Zahlungsstromsaldo ergibt den Netto-Cash-flow aus realwirtschaftlichen Transaktionen ($R-\overline{R}$) (siehe Tabelle 1-3). Da finanzwirtschaftliche Transaktionen bei dieser Form der Besteuerung unberücksichtigt bleiben, fließen z.B. aufgenommene und getilgte Kredite, Zinszahlungen, Kapitalerhöhungen und Dividendenzahlungen nicht in die Bemessungsgrundlage ein.
In der finanzwissenschaftlichen Literatur wird insbesondere auf die Eigenschaft der Finanzierungs- und Investitionsneutralität von Cash-flow-Steuern abgehoben.[42] Die Investitionsneutralität wird dadurch erreicht, daß es keine speziellen staatlichen Investitionsanreize mehr gibt, sondern alle Investitionsausgaben ausnahmslos von der Bemessungsgrundlage abgezogen werden dürfen. Der Staat beteiligt sich an jeder realwirtschaftlichen Transaktion, d.h. an jeder im Rahmen einer Investition getätigten Auszahlung sowie an jeder Einzahlung, in Höhe des Steuersatzes. Der Staat ist sozusagen "stiller Teilhaber" des Unternehmens.
Dies läßt sich an einem Beispiel verdeutlichen:[43] Ein Unternehmen tätigt eine Investition in Höhe von 2.000 DM und der Steuersatz beträgt 50%. Der Finanzierungsbedarf beträgt dann 1.000 DM, während der Rest durch Steuerrückzahlung abgedeckt wird, da die Investition in voller Höhe die Bemessungsgrundlage mindert. Bei einem Gewinn von 10% wird die Anlage zu 2.200 DM wieder verkauft. Bei einem Steuersatz von 50% bleiben 1.100 DM im Unternehmen Somit hat das Unternehmen die vollen 10% auf seinen Einsatz an Geldmitteln erhalten.

---

[39] Feldhoff merkt hierzu an, daß die Begriffe "Gewinn" und "Verlust" einer Erklärung bedürfen, da sie normalerweise nur im Zusammenhang mit Ertrag und Aufwand verwendet werden. Bei einer reinen Zahlungsrechnung entstehen nur Einzahlungs- oder Auszahlungsüberschüsse, so daß der Begriff "vollständiger Verlustausgleich" hier nicht ganz zutreffend ist. Entsprechend gehört der Begriff "Sofortabschreibung" eigentlich in den Bereich von Kosten und Aufwendungen. Vgl. M. Feldhoff (1989), S. 53 ff.

[40] H.-W. Sinn (1984b), S. 212 spricht deshalb auch von der Brownschen Steuer.

[41] Vgl. M.A. King (1987), S. 379.

[42] Zu dem Begriff der Investitions- und Finanzierungsneutralität siehe R. Elschen/M. Hüchtebrock (1983). Zur Überprüfung der Neutralitätseigenschaft von Cash-flow-Steuern siehe H.-W. Sinn (1985), S. 125 ff., W.F. Richter/W. Wiegard (1991), S. 453 ff., P. Swoboda (1991), S. 473 ff., F.W. Wagner/R. Schwinger (1991), S. 495 ff., R. Schwinger (1993), S. 196 ff. und insbesondere die Ausführungen von M. Kaiser (1992), Anhang C und D, S. 239-359.

[43] Vgl. Meade Committee (1978), S. 232.

Daß die R-Basis Finanzierungsneutralität gewährleistet, ist offensichtlich, da finanzwirtschaftliche Vorgänge im Unternehmen überhaupt nicht besteuert werden.[44] Somit bleiben auch Gewinne aus Investitionen in finanziellem Vermögen durch die Steuer unberührt. Die Neutralität bezüglich der Finanzierungsart stellt sich jedoch nur ein, sofern Kapitaleinkommen auf Seiten der Kapitalgeber nicht besteuert werden. Wäre dies nicht der Fall, so würden einbehaltene Gewinne begünstigt werden (locking-in-Effekt).[45] Daher sieht der Vorschlag von Kay/King (1980) die Verbindung der Cash-flow-Steuer mit einer Ausgabensteuer auf Haushaltsebene vor.
Ein weiterer Vorteil der R-Basis besteht darin, daß sich die Berechnung dieser Steuer auf das Entstehungs- und Verwendungskonto und nicht auf die Gewinn- und Verlustrechnung eines Unternehmens stützt, so daß die Berechnung des "ökonomischen Gewinns" entfällt.[46] Dies hat zur Folge, daß eine Anpassung der Steuerbasis an die Inflation nicht erforderlich ist. Außerdem entfällt mit Einführung der "Sofortabschreibung" die selten mit dem tatsächlichen Werteverzehr übereinstimmende Berechnung der Abschreibungen je Periode.[47]

Den Nachteil einer R-Basis sieht die Meade-Kommission darin, daß bei dieser Steuerart Finanzintermediäre, wie Banken und Versicherungen, überhaupt nicht belastet werden.[48] Für realwirtschaftliche Investitionen bekämen sie auf dem Wege der Sofortabschreibung noch Mittel zur Verfügung gestellt, während der Ertrag aus diesen Investitionen häufig nur in Form erhöhter Kredit- und verminderter Einlagezinsen anfällt, die nicht in die Bemessungsgrundlage eingehen.[49] Zusätzlich besteht die Gefahr der Steuervermeidung, wenn es den Unternehmen möglich ist, ihre Gewinne von dem realwirtschaftlichen in den finanzwirtschaftlichen Bereich zu verlagern.[50] Dies ist möglich, wenn realwirtschaftliche Transaktionen mit finanzwirtschaftlichen Transaktionen verbunden werden, z.B. wenn ein Kaufgeschäft im Zusammenhang mit einem Kreditgeschäft abgeschlossen wird. Dabei kann so agiert werden, daß das Unternehmen sich mit einem kleinen Gewinn aus dem Kaufgeschäft zufrieden gibt und über einen erhöhten Zins bei dem Kreditgeschäft den eigentliche Gewinn erzielt, der bei einer reinen R-Basis nicht steuerpflichtig wäre. Eine weitere Schwierigkeit sieht die Kommission in der Unterscheidung von Transaktionen in "realen" Gütern und Dienstleistungen und Transaktionen in "finanziellen" Dienstleistungen. Die Trennlinie zwischen diesen beiden dürfte nicht immer eindeutig verlaufen. Weiterhin besteht die Gefahr, daß auf Unternehmen mit hohem Fremdkapitalanteil eine hohe Steuerlast zukommt, da Zinskosten nicht mehr absetzbar sind. Dies könnte eventuell sogar den Bestand des Unternehmens gefährden, sofern es nicht zu Übergangsrege-

---

[44] Vgl. H.-W. Sinn (1986), S. 8.
[45] Vgl. O. Sievert/H. Naust/D. Jochum/M. Peglow/T. Glumann (1989), S. 275.
[46] Vgl. M.A. King (1987), S. 379.
[47] Vgl. M.A. King (1986), S. 173.
[48] Vgl. Meade Committee (1978), S. 233 und H.-W. Sinn (1986), S. 6.
[49] Vgl. O. Sievert/H. Naust/D. Jochum/M. Peglow/T. Glumann (1989), S. 278.
[50] Vgl. M. Feldhoff (1989), S. 30.

lungen kommt, die dem Unternehmen eine Anpassung an die Situation ermöglichen.[51]

Aufgrund dieser Überlegungen spricht sich die Meade-Kommission für eine Besteuerung von real- und finanzwirtschaftlichen Transaktionen aus.[52] Eine Möglichkeit dazu bietet die R+F-Basis. Gemäß Tabelle 1-3 bestimmt sich die Bemessungsgrundlage der R+F-Basis durch $(R+F)-(\overline{R}+\overline{F})$. Neben den realwirtschaftlichen Transaktionen eines Unternehmens erhöhen somit aufgenommene Kredite (einschließlich Kontokorrentkredite), empfangene Zinszahlungen, die Abnahme der Beteiligungen ausländischer Unternehmen, die Abnahme des Zahlungsüberschusses aus der Kassenhaltung sowie die Abnahme sonstiger Kreditvergabe die Bemessungsgrundlage. Entsprechend vermindern die Kredittilgung (einschließlich Kontokorrentkredite), die Kreditgewährung an andere Unternehmen, geleistete Zinszahlungen, die Zunahme an ausländischen Beteiligungen, die Zunahme des Einzahlungsüberschusses aus der Kassenhaltung sowie die Zunahme sonstiger Kreditvergabe die Steuerbasis.[53]

Eine weitere Variante einer Cash-flow-Steuer ist die S-Steuer. Während die R+F-Steuer real- und finanzwirtschaftliche Transaktionen direkt erfaßt, erfolgt dies bei der Ermittlung der Steuerbasis der S-Steuer indirekt, indem an dem Auszahlungsüberschuß, der aus den Beteiligungstransaktionen zwischen der Körperschaft und den Anteilseignern sowie den inländischen Körperschaften resultiert, der Besteuerung zugrunde gelegt wird $(\overline{S}-S)$.
Der Zusammenhang zwischen diesen beiden Varianten wird deutlich bei Betrachtung der Bilanzgleichung des Einzahlungs- und Auszahlungskontos des Unternehmens. Es gilt: $(R+F)-(\overline{R}+\overline{F})-(\overline{S}-S)+(\overline{T}-T)$.
Der Unterschied bei diesen Varianten besteht lediglich darin, daß bei der R+F-Basis eine "Vomhundert-Besteuerung" (tax-inclusive basis) und bei der S-Basis eine "Imhundert-Besteuerung" (tax-exclusive basis) erfolgt. Von daher muß zur Erzielung eines gleichen Steueraufkommens bei beiden Varianten der S-Basis-Steuersatz entsprechend höher als der R+F-Basis-Steuersatz gewählt werden.

---

51 Vgl. Meade Committee (1978), S. 233 und M. Feldhoff (1989), S. 59 f. Zu den Übergangsproblemen bei Cash-flow-Steuern siehe auch S. Bach (1993), S. 104 ff. und P. Shome/C. Schutte (1993).

52 So auch H.J. Aaron / H. Galper (1985), S. 79 ff.

53 Allein der Erwerb von Beteiligungen an inländischen Kapitalgesellschaften inklusive der Abschreibungen sowie die Erträge aus diesen Beteiligungen werden als finanzielle Transaktionen nicht berücksichtigt, da zwei inländische Unternehmen durch den Erwerb einer gegenseitigen Beteiligung in Höhe des voraussichtlichen Einzahlungsüberschusses des jeweiligen Unternehmens die Bemessungsgrundlagen auf Null reduzieren könnten. Siehe dazu M. Kaiser (1993), S. 57.

Die S-Basis verhält sich ebenso wie die R-Basis finanzierungsneutral, da die Fremdfinanzierung aufgrund der Nichtbesteuerung der Fremdkapitalzinsen ebensowenig berührt wird, wie die Eigenfinanzierung.[54] Zur Investitionsneutralität bemerkt Sinn, daß diese gewährleistet ist, da der Staat sich als stiller Teilhaber an der Firma verhält. Er beteiligt sich an jeder DM zusätzlichen Eigenkapitals, das in die Firma eingezahlt wird, zum Steuersatz auf die Ausschüttungen und partizipiert an jeder ausgeschütteten DM in gleichem Maße.[55]
Die Teilhaberschaft des Staates erfolgt jedoch nur zu gleichen Teilen an Investitionen, die nach Einführung des Steuersystems getätigt werden. An den zukünftigen Erträgen aus dem bereits in dem Unternehmen vorhandenen Kapital beteiligt sich der Staat, ohne selbst Kapital zugeschossen zu haben. Würden keine ökonomischen Gewinne anfallen, so wäre die S-Basis-Steuer nichts anderes, als eine einmalige Steuer auf den vor Einführung dieser Steuer vorhandenen Eigenkapitalbestand. Nur würde die Steuerzahlung nicht auf einmal, sondern periodenweise erfolgen.[56]

1.3.2 Mischsystem von Sinn

Sinn (1985) setzt mit seinem Konzept die von Engels/Stützel (1968) vorgeschlagene Teilhabersteuer um, bei der das bei Personengesellschaften bereits realisierte Prinzip, daß alle Kapitaleinkommen mit dem persönlichen Einkommensteuersatz des Unternehmenseigners belastet werden, auch auf Kapitalgesellschaften übertragen wird. Ausgeschüttete und einbehaltene Gewinne sowie Zinseinkünfte unterliegen bei diesem System der gleichen Grenzsteuerbelastung. Damit werden alle Finanzierungswege, unter Annahme eines linearen Steuertarifs, gleichbehandelt.[57] Ergänzt wird dieses Konzept bei Sinn durch eine Sofortabschreibung.
Ökonomisch handelt es sich bei dem Vorschlag von Sinn um ein Mischsystem der Vorschläge von Kay/King und der Meade-Kommission. Er versucht bei seinem Vorschlag der jetzigen Steuerpraxis möglichst nahe zu kommen, indem die Absetzbarkeit der Schuldzinsen bei den Unternehmen weiterhin gewährleistet wird. Dafür erfolgt auch beim Empfänger eine Besteuerung zu dem Satz, wie sie beim Unternehmen abzugsfähig war (Steuersatz für einbehaltene Gewinne). Zur Erreichung einer finanzierungsneutralen Besteuerung muß sichergestellt werden, daß die Grenzsteuerbelastung der einbehaltenen Gewinne jener der Zinseinkünfte der Haushalte entspricht. Dies kann am einfachsten mittels eines proportionalen Steuertarifs erfolgen.[58]

---

[54] Vgl. Meade Committee (1978), S. 234 f.
[55] Vgl. H.-W. Sinn (1985), S. 129.
[56] Vgl. H.-W. Sinn (1986), S. 15.
[57] Vgl. P. Swoboda (1989), S. 16.
[58] Vgl. H.-W. Sinn (1986), S. 7.

1.3.3 Zinsbereinigte Gewinnsteuer

Das Konzept einer zinsbereinigten Gewinnsteuer (Z-GSt) geht zurück auf Robin Boadway und Neil Bruce (1982) und wurde von Wenger (1983/85) und Rose (1991b) als Alternative zu den bestehenden Formen einer Unternehmensbesteuerung sowie von Rose/Lang/Wenger/Wagner (1992) zur Reform des ungarischen Steuersystems vorgeschlagen.

Die Bemessungsgrundlage der Z-GSt erhält man, wenn bei der Ermittlung des zu versteuernden Gewinns neben den im geltenden Einkommen- bzw. Körperschaftsteuerrecht vorgesehenen Abzugsmöglichkeiten zusätzlich eine kalkulatorische Eigenkapitalverzinsung berücksichtigt wird. Die kalkulatorische Verzinsung des Eigenkapitals berechnet sich aus dem Produkt von Standardzins und bilanziertem Eigenkapital zu Periodenbeginn. Die Festlegung der steuerfrei bleibenden Standardverzinsung kann sich beispielweise an dem Zinssatz für Staatsanleihen oder anderen staatlichen Schuldtiteln orientieren.[59]

Lang (1993) bezeichnet diesen bei der Ermittlung des steuerpflichtigen Gewinns zusätzlich zu berücksichtigenden Abzugsbetrag als Zinsfreibetrag. Das Konzept einer Z-GSt setzt er gesetzestechnisch in § 162 seines "Entwurf eines Steuergesetzbuchs" um:

> **§ 162 Zinsfreibetrag**
>
> (1) Der Zinsfreibetrag wird durch Rechtsverordnung (Zinsfreibetragsverordnung) nach Maßgabe der folgenden Vorschriften festgesetzt. Er soll jährlich der Entwicklung des Geldwertes und des Marktzinses angepaßt werden.
>
> (2) Der Zinsfreibetrag wird in Höhe eines Hundertsatzes von dem nach Maßgabe des Absatzes 3 anzusetzenden Eigenkapital festgelegt. Der Hundertsatz ist nach der Dauer des Ermittlungszeitraumes (§ 156) zu bemessen und soll mindestens der laufenden Geldentwertung Rechnung tragen.
>
> (3) Der Zinsfreibetrag bemißt sich nach dem Eigenkapital, das in der Bilanz zu Beginn des Ermittlungszeitraumes ausgewiesen ist. Bei Schwankungen des Eigenkapitals während des Ermittlungszeitraums von mehr als dreißig vom Hundert kann der Zinsfreibetrag nach Maßgabe der Zinsfreibetragsverordnung nach dem Mittelwert des höchsten und des niedrigsten Eigenkapitals bemessen werden. Außer Ansatz bleiben die Aktiv- und Passivposten, die auf die Beteiligung an einem dieser Unternehmensteuer unterliegenden Unternehmen entfallen.

Auf diese Weise wird erreicht, daß neben der in den geltenden Bestimmungen vorgesehenen Steuerfreistellung der Fremdkapitalzinskosten sämtliche Kapitalzinskosten unbesteuert bleiben. Dies bedeutet eine steuerliche Gleichbehandlung von Fremd- und Eigenkapital.

Neben dem gewichtigen Argument der Finanzierungsneutralität, das für die Z-GSt spricht, resultieren daraus auch positive Konsequenzen für die Festlegung eines Abschreibungsverfahrens. "Die Wahl des Abschreibungsverfahrens, die in

---

[59] Vgl. M. Rose/J. Lang/F.W. Wagner/E. Wenger (1992), S. 63.

herkömmlichen Steuersystemen stets Gegenstand heftiger Auseinandersetzungen zwischen Finanzverwaltung und Steuerpflichtigen ist, hat keinen Einfluß auf die Höhe der effektiven Steuerlast. Dies liegt darin begründet, daß die Steuerersparnis aus einer beschleunigten Abschreibung automatisch zu einem geringeren Buchwert des Eigenkapitals führt. Damit wird der zusätzliche Abzugsposten aus der kalkulatorischen Eigenkapitalverzinsung entsprechend verringert. Bei Unternehmen, deren Kapitalkosten mit dem Marktzins übereinstimmen, heben sich diese beiden Effekte exakt gegeneinander auf."[60] Somit können die zulässigen Abschreibungsverfahren allein unter dem Gesichtspunkt des aktuellen Finanzmittelbedarfs des Staates festgelegt werden.
Eine Z-GSt wurde von Malcolm Gammie (1991) zur Harmonisierung der EG-Unternehmensteuern vorgeschlagen. Er bezeichnet diese Steuer als "ACE-(Allowance for Corporate Equity) Tax". Er sieht in seinem Vorschlag ebenfalls vor, daß die Regierung einen für alle Unternehmen geltenden Standardzinssatz ("ACE rate") zur Berechnung der Eigenkapitalverzinsung festlegt.[61] Neben den bereits angesprochenen Neutralitätseigenschaften weist Gammie (1991, S. 239) auf den weiteren Vorteil einer automatischen Inflationsbereinigung einer solchen Unternehmensteuer hin: "In the absence of any adjustment the effect of inflation is to increase artificially corporate profits and therefore the burden of taxation on companies. The ACE system, under which the ACE rate is set by reference to nominal interest rates, provides an automatic adjustment for inflation. In this respect, the ACE system is acting for equity precisely the same way as nominal interest rates do for debt. In the U.K. it would accordingly be possible to abolish the complex indexation provisions for corporate assets."

In bezug auf die konsumbasierten Vorschläge auf Haushaltsebene stellt die Z-GSt das Pendant zu einer Z-ESt dar. Die Zielgröße der Besteuerung ist somit nicht der Jahreskonsum, sondern der Lebenskonsum eines Unternehmens, um die steuerliche Schonung investierten Kapitals zu gewährleisten.

1.4 Konsumbasierte Gesamtsteuersysteme[62]

Das idealtypische Konzept einer direkten Konsumbesteuerung stellt die alleinige Existenz einer S-ESt und somit einer Besteuerung des Jahreskonsums auf Haushaltsebene dar, ohne die zusätzliche Erhebung einer Unternehmensteuer. Bei

60 Siehe M. Rose/J. Lang/F.W. Wagner/E. Wenger (1992), S. 64. Ergänzend siehe auch E. Wenger (1983), S. 230.

61 "It would not, therefore, reflect the cost of funds to the particular company. Rather, it would reflect the normal market rate of return that a shareholder could expect to earn on the funds he has invested in the company." Siehe M. Gammie (1991), S. 238. Zur ACE-Tax siehe auch Institute for Fiscal Studies (1989a, 1989b).

62 Zu einer Übersicht über konsumbasierte Gesamtsteuersysteme siehe auch M. Kaiser (1992), S. 90 ff.

einem solchen Steuersystem wird im folgenden von einer "reinen Konsumsteuer" gesprochen. Zum Verständnis dieses Konzeptes ist es notwendig, sich die Wirkungen sowie die realen Lasten der Besteuerung vor Augen zu führen. Dazu Rose (1991b, S. 14): "*Die endgültige Reallast einer Steuer ist immer ein Konsumopfer.* Folglich sind die Konsumenten die einzigen Träger realer Steuerlasten." Unmittelbar einsichtig ist diese Aussage bei Steuern, die direkt am Konsum ansetzen. Bei den Unternehmensteuern erfolgt die Zurückdrängung des privaten Konsums zum einen bei investitionsneutralen Steuern zumeist über einen schwer nachvollziehbaren preislichen Überwälzungsprozeß und zum anderen bei Unternehmensteuern, die sich negativ auf die Investitionstätigkeit eines Unternehmens auswirken, über eine Einschränkung von zukünftigen Konsummöglichkeiten.[63]

Diesem Argument folgend sprach sich bereits Kaldor mit seiner "Expenditure Tax" für eine reine Konsumsteuer aus. "Hence if the basic justification of these taxes is to be sought in equalizing the burden of taxation between different classes of taxpayers, there is nothing in company taxes as such which could be more justly and appropriately ´got at´ by taxes levied directly on individuals instead of indirectly through the undistributed profits of companies."[64]

Tabelle 1-4: Vorschläge zu einem konsumbasierten Gesamtsteuersystem
Quelle: F.W. Wagner (1988), S. 277, M. Kaiser (1992), S. 207, eigene Ergänzungen

<table>
<tr><th></th><th>Haushaltsebene</th><th>Unternehmensebene</th></tr>
<tr><td rowspan="2">Kaldor (1965), Lodin (1978), Bradford and the U.S. Treasury Tax Policy Staff (1984), Mitschke (1985)</td><td>S-ESt</td><td>keine Unternehmensteuer</td></tr>
<tr><td colspan="2">reine Konsumsteuer</td></tr>
<tr><td>Kay/King (1980)</td><td>S-ESt</td><td>Cash-flow-Steuer (R-Basis)</td></tr>
<tr><td>Aaron/Galper (1985)</td><td>S-ESt</td><td>Cash-flow-Steuer (R+F-Basis)</td></tr>
<tr><td>Meade-Kommission (1978)</td><td>S-ESt</td><td>Cash-flow-Steuer (S-Basis)</td></tr>
<tr><td>Lang (1993)</td><td>S-ESt</td><td>Z-GSt</td></tr>
<tr><td>Hall/Rabushka (1985), Bradford (1986), McLure/Zodrow (1991)</td><td>Z-ESt</td><td>Cash-flow-Steuer (R-Basis)</td></tr>
<tr><td>Wenger (1983/85), Rose (1991b) Rose/Lang/Wagner/Wenger (1992)</td><td>Z-ESt</td><td>Z-GSt</td></tr>
<tr><td>Sinn (1985)</td><td>ESt mit proportionaler Zinsbesteuerung</td><td>Mischsystem</td></tr>
</table>

63 Vgl. M. Rose (1991b), S. 14 bzw. S. 21.
64 Siehe N. Kaldor (1965), S. 163.

Zu dem Überwälzungsvorgang führt er weiter aus: "Our conclusion, therefore, is that provided sufficiently long periods are taken into account, the taxation of business profits *does* tend to get 'passed on', in the form of higher profit margins, and thus its true incidence is shifted from the shareholders to the general consumer. But the process of shifting does not take place in any direct manner; ... To the extent that they are shifted, they become no different in their economic consequences from a general sales tax or turnover tax."[65]
Auch Bradford (1984, S. 120 f.), Lodin (1978, S. 83) sowie Mitschke (1985, S. 76) sprechen sich im Rahmen ihrer Konzepte für eine reine Konsumsteuer ohne separate Unternehmensteuer aus. So führt Bradford (1984, S. 120 f.) aus: "The treatment of returns from corporate activity under the Cash Flow Tax would be exactly the same as the treatment of returns from other kinds of investments. There would be no separate tax at the corporation level. Individuals would be permitted to purchase corporate stock through qualified accounts held with brokers. The initial purchase price would be deductible from the tax base at the time of purchase, and subsequent withdrawals from the account as dividends received, return of capital, or proceeds from the sale of stock would be added alike to the tax base."[66]

Verschiedene Vorschläge existieren für eine Kombination einer S-ESt auf Haushaltsebene mit einer Cash-flow-Steuer auf Unternehmensebene. Wie bereits erwähnt, stellt eine Cash-flow-Unternehmensteuer die konzeptionelle Ergänzung zu einer S-ESt dar, da bei beiden Steuern auf die Besteuerung des Jahreskonsums abgezielt wird.
Die Meade-Kommission schlägt eine Kombination der "UET" mit einer S-Basis Cash-flow-Steuer vor. Während Kay/King als Mitglieder der Meade-Kommission sich sozusagen in einem Minderheitsvotum für die Kombination mit einer den realwirtschaftlichen Cash-flow erfassenden Unternehmensbesteuerung aussprechen. Aaron/Galper ergänzen ihre "Cash Flow Income Tax" mit einer Cash-flow-Steuer, die real- und finanzwirtschaftliche Transaktionen im Unternehmenssektor erfaßt. Lang wählt hingegen eine Z-GSt als Ergänzung zu einer S-ESt auf Haushaltsebene.

Von den konsumbasierten Gesamtsteuersystemen mit einer S-ESt lassen sich als weitere Kategorie jene mit einer Z-ESt auf Haushaltsebene abgrenzen. Hall/Rabushka kombinieren ihren Vorschlag einer "Wage Tax" mit einer R-Cash-flow-Steuer. Bradfords Gesamtsteuersystem, das unter dem Namen "X-Tax" bekannt ist, sieht eine Verbindung einer Z-ESt ("Compensation Tax") auf der Haushaltsebene ebenfalls mit einer Cash-flow-Steuer mit Erfassung realwirtschaftlicher Transaktionen vor. Das gleiche Grundkonzept verfolgen McLure/Zodrow, die ihren Vorschlag "Simplified Alternative Tax (SAT)" bzw. "ITP/R Consumption Tax" nennen.

---

65 Siehe N. Kaldor (1965), S. 169.
66 Siehe D.F. Bradford and the U.S. Treasury Tax Policy Staff (1984), S. 120 f.

Konzeptionell bietet sich die Verbindung einer Z-ESt mit einer Z-GSt zu einem (lebens)konsumbasierten Gesamtsteuersystem an. Diese Konzeption verfolgen Wenger, Rose bzw. Rose/Lang/Wagner/Wenger.

Einen weiteren Vorschlag für ein Gesamtsteuersystem stellt die Kombination einer Einkommensteuer mit proportionaler Besteuerung der Zinseinkünfte auf Haushaltsebene sowie einer Besteuerung von einbehaltenen und ausgeschütteten Gewinnen mit dem gleichen Satz wie für Zinseinkünfte auf Haushaltsseite von Sinn dar.

1.5 Vorschlag eines marktorientierten Konzepts zur Neugestaltung der Einkommensbesteuerung

Im Rahmen dieser Arbeit sollen die ökonomischen Wirkungen des Übergangs von einem einkommens- zu einem konsumbasierten Steuersystem aufgezeigt werden. Dazu soll der Übergang zu dem von Kaldor, Bradford, Lodin und Mitschke beschriebenen Idealkonzept einer reinen Konsumsteuer analysiert werden. Der Gang der Untersuchung erfolgt dabei in drei Schritten:

1. **Teilreform: Einführung einer sparbereinigten Einkommensteuer**
   Einführung einer S-ESt auf Haushaltsebene in der Bundesrepublik Deutschland bei Beibehaltung der Unternehmensbesteuerung

2. **Teilreform: Abschaffung der Gewinnsteuern**
   Abschaffung der Gewinnsteuern auf Unternehmensebene in der Bundesrepublik Deutschland

3. **Gesamtreform: Einführung einer reinen Konsumsteuer**
   Einführung einer reinen Konsumsteuer in der Bundesrepublik Deutschland, d.h. simultane Einführung einer S-ESt auf Haushaltsebene und Abschaffung der Gewinnsteuern auf Unternehmensebene
   (Kombination der Teilreformen 1 und 2)

Aus welchen Gründen der Übergang zu einer reinen Konsumsteuer mit alleiniger Erhebung einer S-ESt auf Haushaltsebene unter theoretischen Aspekten die optimale Reformstrategie zur Neugestaltung der Einkommensbesteuerung darstellt, soll im folgenden aufgezeigt werden.[67]

---

[67] Kaiser spricht sich bei dem Entwurf einer Reformstrategie für eine reine Konsumsteuer als 1. Präferenz (Optimum) aus. Auch wenn sie die Verwirklichung einer reinen Konsumsteuer aus administrativen Gesichtspunkten und im Hinblick auf die Übergangsprobleme in absehbarer

Den Ausgangspunkt bei der Wahl einer Steuerreformalternative zur Neugestaltung des Einkommensteuersystems stellen dabei die Hauptgrundsätze für die optimale Ausgestaltung von Steuersystemen nach Rose (1991) dar.[68] Dies sind zum einen zur Vermeidung bzw. Begrenzung unerwünschter Nebenwirkungen die Prinzipien der ökonomischen Effizienz (Entscheidungsneutralität), der Gerechtigkeit sowie der Integration und zum anderen zur Sicherung der Steuerfunktion die Prinzipien der Kontrollierbarkeit, der Lasttransparenz sowie der administrativen Effizienz.

Das Prinzip der ökonomischen Effizienz verlangt, daß ökonomische Ressourcen an der Stelle verwendet werden, wo sie den höchsten Nutzen stiften. Im Zusammenhang damit bedeutet Entscheidungsneutralität, daß die Entscheidung der Konsumenten und Produzenten über eine optimale Ressourcenverwendung durch die Besteuerung nicht beeinflußt werden soll.[69] Dieses Kriterium sollte insbesondere in einer marktwirtschaftlich organisierten Wirtschaftsstruktur ein Leitbild darstellen, da die Konsum-, Spar- und Investitionsentscheidungen von Haushalten und Unternehmern allein von den Marktverhältnissen abhängen und nicht durch die Eingriffe des Staates über die Besteuerung verzerrt werden sollten.

Die steuerliche Diskriminierung der Konsum-/Freizeitentscheidung im Haushaltssektor haben sowohl die Konsum- als auch die Einkommensteuer gemeinsam.[70] Was jedoch die Entscheidungsneutralität im Haushaltsbereich bezüglich der Konsum-/Sparentscheidung anbelangt, ist die S-ESt einer SHS-Einkommensteuer eindeutig überlegen, da sie in diesem Punkt keine Verzerrung verursacht. Durch die Vermeidung der Doppelbelastung der Ersparnisse und der Sicherstellung einer Gleichbehandlung von Konsum und Ersparnissen sind die Haushalte somit in der Lage, unabhängig von der Besteuerung allein gemäß ihrer Präferenzen die ihnen zur Verfügung stehenden Mittel für Konsum oder Vermögensbildung zu verwenden. Aufgrund der Beseitigung der steuerlichen Diskriminierung der Ersparnisse ist somit bei dem Übergang zu einer S-ESt eine stärkere Kapitalbildung der privaten Haushalte zu erwarten. Die Wirkungen der Abschaffung dieses steuerlichen Diskriminierungstatbestands werden im Mittelpunkt der folgenden Untersuchungen stehen.

Neben der ökonomischen Effizienz stellt das Prinzip der Gerechtigkeit den zweiten bedeutenden Besteuerungsgrundsatz dar. Unter dem Prinzip der horizontalen

---

Zeit nicht als realistisch einschätzt, ist sie der Ansicht, daß eine reine Konsumsteuer "ein langfristig anzustrebendes Reformziel" darstellt. Vgl. M. Kaiser (1992), S. 224 f.

68 Zu den Grundsätzen der Besteuerung siehe auch H. Haller (1964) und F. Neumark (1970). Eine ausführliche Darstellung der Kriterien für ein optimal strukturiertes Steuersystem erfolgt in M. Rose/J. Lang/F.W. Wagner/E. Wenger (1992), S. 19 ff.

69 Eine Veränderung der Entscheidungen der Konsumenten und Produzenten mit Hilfe des Instruments der Besteuerung ist lediglich erwünscht, sofern in der Ausgangssituation ein Marktversagen vorliegt. Ein Beispiel hierfür wäre die Nichteinbeziehung der Kosten für die Nutzung der Umwelt beim Autofahren, dem beispielsweise durch eine Mineralölsteuer entgegengewirkt werden kann.

70 Vgl. D.F. Bradford and the U.S. Treasury Tax Policy Staff (1984), S. 46.

Gerechtigkeit oder Fairneß versteht man, daß Haushalte in gleichen ökonomischen Verhältnissen auch die gleiche Steuerlast zu tragen haben. Daß eine SHS-Einkommensteuer gegen dieses Postulat verstößt, wurde bereits bei der Betrachtung des Effizienzkriteriums deutlich, da bei intertemporaler Betrachtung die Steuerlast zweier Haushalte mit gleichem Einkommen von der jeweiligen Verwendung dieser Mittel abhängt. Eine S-ESt stellt hingegen sicher, daß der Gegenwartswert der Steuerzahlungen eines Konsumenten unabhängig von der Konsum-/Sparentscheidung und damit dem Zeitpunkt der Inanspruchnahme von Ressourcen für alle Individuen gleich ist (siehe dazu das Beispiel zur Darstellung des Konzepts der qualifizierten Konten in Tabelle 1-2).[71] Die S-ESt erfüllt somit das Kriterium der horizontalen Gerechtigkeit.
Das Prinzip der vertikalen Gerechtigkeit verlangt, daß Haushalte, die sich auf einem ökonomisch höheren Wohlstandsniveau befinden, eine höhere Steuerlast zu tragen haben. Grundsätzlich ist eine S-ESt sowohl mit einem proportionalen als auch mit einem progressiven Steuertarif vereinbar, so daß der Tarif - entsprechend zur gegenwärtigen Einkommensteuer - gemäß den gesellschaftlichen Vorstellungen von vertikaler Gerechtigkeit ausgestaltet werden kann.[72]
Daß das Prinzip der ökonomischen Effizienz auf der einen Seite und das Prinzip der Gerechtigkeit der Besteuerung auf der anderen Seite nicht notwendigerweise im Widerspruch zueinander stehen müssen, verdeutlicht Lang (1993, S. 131), indem er betont, daß "die Investitions- und Sparfreundlichkeit des Steuersystems in einer ersten Phase der Bildung privaten Wohlstands Vorrang vor der Umverteilungseffizienz haben muß. Das Bedürfnis nach Umverteilung entsteht erst, wenn sich der private Wohlstand gebildet hat."

Gemäß dem Grundsatz der Integration sollen die verschiedenen Elemente eines Steuersystems aufeinander abgestimmt sein. Daß eine widerspruchslose Abstimmung der S-ESt mit den übrigen Elementen eines Steuersystems möglich ist, dokumentiert der Entwurf eines Steuergesetzbuchs von Lang (1993). Soll darüber hinaus ein integriertes System von Steuer- und Transferordnung geschaffen werden, so könnte gemäß dem Vorschlag von Mitschke (1985) eine S-ESt mit dem Konzept einer negativen Einkommensteuer verknüpft werden.

---

[71] Siehe dazu auch die Untersuchung zur horizontalen Gerechtigkeit einer SHS- bzw. einer S-ESt von M. Rose (1992), S. 10 ff., G.R. Zodrow (1990), S. 93 ff. und D.F. Bradford (1980), S. 102 ff.

[72] Bradford weist allerdings auf die Problematik hin, daß ein progressiver Steuertarif bei einer S-ESt die Haushalte veranlaßt, ihren Konsum möglichst gleichmäßig zu verteilen, so daß es zu einer intertemporalen Verzerrung kommen kann. "Because of progressive tax rates, it would be to the advantage of taxpayers to try to average their tax base over time. Thus, taxpayers would have an incentive to pay some tax every year, even though the means to postpone are available." Siehe D.F. Bradford and the U.S. Treasury Tax Policy Staff (1984), S. 114. Eine ähnliche Problematik existiert allerdings auch bei der Einkommensteuer. Bei einer progressiven Tarifstruktur führt ein über die Jahre gleichmäßiger Zufluß von Einkommen zu einer geringeren Steuerbelastung als bei einer ungleichmäßigen Verteilung.

Das Prinzip der Kontrollierbarkeit fordert eine möglichst direkte Verknüpfung von Steuerbemessungsgrundlage und beabsichtigter Steuerwirkung. Grundsätzlich besteht die ökonomische Wirkung einer Steuer darin, über die Zurückdrängung privaten Konsums eine Reallokation von Ressourcen von den privaten Haushalten zum Staat zu erreichen. Mit den auf diese Weise erhaltenen Mitteln stellt der Staat seinerseits den privaten Haushalten öffentliche Güter (z.B. Bildungseinrichtungen, Infrastruktur, Verteidigung etc.) zur Verfügung. Durch die Anknüpfung der S-ESt am Jahreskonsum der Haushalte sind die steuerlich zu beeinflussende Größe und die Bemessungsgrundlage identisch. Das Ziel der Zurückdrängung des privaten Konsums wird bei dieser Form der Besteuerung unmittelbar erreicht.

Dies hat auch zur Folge, daß die Haushalte bei einer S-ESt Kenntnis über die Steuerzahllasten besitzen. Wird darüber hinaus auf eine Unternehmensbesteuerung verzichtet, so führt die Gleichheit von Steuerzahler und Steuerträger dazu, daß die Transparenz der Steuerlasten für alle Individuen optimal gewährleistet ist. Das Prinzip der administrativen Effizienz besagt, daß eine Steuer für die Finanzverwaltung einfach zu administrieren und mit möglichst geringen Steuererhebungskosten verbunden sein sollte. Administrative Effizienz und Lasttransparenz werden oftmals zu dem Prinzip der Einfachheit eines Steuersystems zusammengefaßt. Da in der Praxis noch wenig Erfahrungen mit einer S-ESt vorliegen, kann hierzu keine eindeutige Aussage getroffen werden. Anwendung findet das Konzept der Sparbereinigung in der Bundesrepublik Deutschland bei der Besteuerung von Alterseinkünften von Beamten. "Intertemporal richtig besteuert ist der Beamte. Er hat während seiner Erwerbszeit erwirtschaftete Pensionen zu versteuern, wenn ihm die Versorgungsbezüge zufließen."[73] Das Konzept der qualifizierten Konten erfordert sicherlich einen verstärkten Kontrollaufwand seitens der Steuerverwaltung.[74] Jedoch ist es dazu nicht erforderlich, jeden Buchungsvorgang dem Finanzamt zu melden, sondern lediglich die Bestandsänderung am Jahresende im Vergleich zum Jahresbeginn zu überwachen. Dieser Saldo muß dem Finanzamt von dem Finanzinstitut, das qualifizierte Konten verwaltet, mitgeteilt werden. Bei Beibehaltung der Wahrung des Steuergeheimnisses sieht Lang (1993, S. 43 f.) einen Kontrollmechanismus vor, sofern der Steuerpflichtige seine Ersparnisse "schonend" auf qualifizierten Konten anlegt. Zur Operationalisierung dieses Kontrollsystems schlägt Lang vor, die Finanzbehörden mit modernster Computertechnologie, besonders mit dem "centralized computer system" (Hussey/Lubick (1992), Sec. 518 Basic World Code, Lang (1993), § 824) auszustatten. In diesem Bereich sammeln die Finanzinstitute seit der Neuregelung der Zinsbesteuerung schon Erfahrung. "Die elektronische Kontrolle des Zahlungsverkehrs durch den Fiskus ist in den USA seit langem üblich. Die amerikanische Praxis zeigt, daß ein effizientes, technologisch optimiertes System der Steuerkontrolle keineswegs im Orwell´schen Überwa-

---

[73] Siehe J. Lang (1993), S. 172.

[74] Problematisch sehen beispielsweise M.J. Graetz (1979) und C. Seidl (1990) die administrative Durchführung einer Ausgabensteuer.

chungsstaat einmündet. Es befriedigt vielmehr das legitime Anliegen der "civil society", daß sich niemand seinem Beitrag zum Gemeinwohl entziehen sollte."[75]
Die Steuerhinterziehungsproblematik bei einer S-ESt faßt Kaldor (1955, S. 171) anschaulich zusammen: "An expenditure tax can only be escaped by not spending - not by not earning, not saving, or not risk-bearing."
Zu einer großen Entlastung für die Steuerverwaltung dürfte unbestreitbar die Abschaffung der gewinnabhängigen Unternehmensteuern führen.

Zusammenfassend kann somit festgestellt werden, daß eine S-ESt bzw. eine reine Konsumsteuer bezüglich der Kriterien der ökonomischen Effizienz, horizontalen Gerechtigkeit, Kontrollierbarkeit und Lasttransparenz der gegenwärtigen Einkommensbesteuerung eindeutig überlegen ist. Dem Kriterium der vertikalen Gerechtigkeit entsprechen beide Konzepte. Betreffend der administrativen Effizienz ist keine eindeutige Aussage möglich.
Neben der Erfüllung der Kriterien für ein optimales Steuersystem müssen bei dem Wechsel zu einer neuen Besteuerungsform die Übergangsprobleme berücksichtigt werden. Das Hauptproblem bei dem Übergang zu einer S-ESt liegt in der steuerlichen Behandlung der Vermögensbestände, die vor dem Einführungszeitpunkt bereits vorhanden sind. Hierzu bestehen grundsätzlich drei verschiedene Lösungsvorschläge, bei deren Beurteilung zum einen der Grundsatz berücksichtigt werden muß, daß eine sofortige oder langfristige Umverteilung des ökonomischen Wohlstands vermieden werden und somit Gerechtigkeitsaspekte berücksichtigt werden sollen und zum anderen, daß der Übergang möglichst einfach und mit geringem Verwaltungsaufwand vollzogen werden soll.[76] Die erste Möglichkeit besteht darin, die bereits bestehenden Vermögensbestände als "tax prepaid" zu definieren, d.h. alle Vermögensbestände so zu behandeln, als wären sie im Rahmen der Einkommensteuer bereits einmal besteuert worden. Somit wären alle Ersparnisse außerhalb qualifizierter Konten angelegt und die Auflösung sowie die Erträge dieser Anlagen steuerfrei. Ebenso radikal ist die zweite Möglichkeit, bereits existierende Ersparnisse als qualifizierte Sparformen zu definieren und die konsumtive Verwendung der Ersparnisse sowie daraus resultierende Erträge der Besteuerung zu unterwerfen. Beide Ansätze erweisen sich aus Gerechtigkeitsüberlegungen als problematisch. Der erste Ansatz begünstigt Kapitaleigner, die ihre Ersparnisse aus unversteuertem Einkommen getätigt haben, so daß gewisse Einkommensteile vollständig der Besteuerung entgehen. Die zweite Möglichkeit führt hingegen zu einer Doppelbelastung derjenigen Ersparnisteile, die aus bereits versteuertem Einkommen gebildet wurden. Dies dürfte insbesondere im Hinblick auf die bestehenden Sparbestände älterer Menschen für die Altersvorsorge sowie die Besteuerung von Renten als ungerecht empfunden werden.[77]

---

[75] Siehe J. Lang (1993), S. 44.
[76] Vgl. D.F. Bradford and the U.S. Treasury Tax Policy Staff (1984), S. 181.
[77] Vgl. D.F. Bradford and the U.S. Treasury Tax Policy Staff (1984), S. 183 ff.

Das Problem bei dem Übergang zu einer S-ESt besteht von daher in der Trennung der Vermögensteile, die bereits besteuert wurden bzw. noch unbesteuert sind. Würde die gegenwärtige Einkommensteuer dem Ideal einer umfassenden Einkommensbesteuerung entsprechen, so würden die zum Einführungszeitpunkt vorhandenen Vermögensbestände sowie die daraus im folgenden resultierenden Erträge durch eine S-ESt nicht nochmals besteuert werden. Das Problem besteht allerdings darin, daß "die idealtypische Annahme der lückenlosen Einkommensbesteuerung der Ersparnis real nicht einmal entfernt zutrifft. ... Wesentliche Teile des Vermögens zum Umstellungsstichtag sind demnach nicht einkommensbesteuert, weil Einkünfte überhaupt nicht unter die im Einkommensteuergesetz aufgezählten Einkunftsarten fallen, durch ausdrückliche Steuerbefreiungen, Freigrenzen und Freibeträge ausgespart sind, ein Vermögenszuwachs erst nach dem Zeitpunkt der Einkommensbesteuerung entstanden ist und schließlich Einkünfte dem Fiskus verschwiegen werden."[78] Weiter führt Mitschke an: "Erwägt man indes, daß die Einkommensteuer nachweislich nur etwa 60% des statistisch belegten Volkseinkommens erfaßt, in dem seinerseits die unrealisierten Wertzuwächse sowie die auf 8 bis 12% des Bruttosozialprodukts veranschlagten Erträge der Schattenwirtschaft fehlen, so erscheint die Annahme nicht unbegründet, daß die Hälfte bis drei Fünftel des zu Marktpreisen bewerteten Vermögens der privaten Haushalte aus nicht einkommensbesteuerten Ersparnissen stammen." Von daher kann als dritte Möglichkeit für die Behandlung der vor Einführung einer S-ESt bereits existierenden Vermögensbestände eine Mischform zwischen den oben erörterten extremen Alternativen vorgeschlagen werden. In Anlehnung an Mitschke (1985, S. 202 ff.) könnte zum Umstellungszeitpunkt eine Schätzung vorgenommen werden, welcher Anteil des bestehenden Vermögensbestandes aus bereits versteuertem Einkommen gebildet wurde. Während einer Übergangsphase von zehn Jahren könnte jedem Steuerpflichtigen ein Freibetrag eingeräumt werden, der sich aus der Anwendung eines bestimmten Prozentsatzes auf den jeweiligen Teil des Vermögensbestandes ergibt, der bereits aus versteuertem Einkommen akkumuliert wurde.[79] Auch diese Übergangsregelung kann lediglich als eine Approximation verstanden werden und wird im Einzelfall zu einer Doppelbelastung oder zu einer Nichtbelastung der vor Einführung einer S-ESt akkumulierten Ersparnisse führen.

---

[78] Siehe J. Mitschke (1985), S. 201. Zu dieser Problematik siehe auch H. Richter/H.-U. Richter (1994), S. 621 ff.

[79] Zu einer weiteren Übergangsregelung siehe Bradfords "Phase-In of Consumption-Type Rules to the Existing Income Tax", D.F. Bradford (1986), S. 94 ff.

TEIL II: Ein empirisches allgemeines Gleichgewichtsmodell

2. Kapitel: Modell und Ablauf der Analyse im Überblick

2.1 Grundlegende Charakteristika des empirischen allgemeinen Gleichgewichtsmodells

Die Analyse der Effekte der betrachteten Steuerreformprogramme erfolgt mittels eines "dynamischen" empirischen allgemeinen Gleichgewichtsmodells (EAG-Modell).[1] Ein derartiges Modell läßt sich wie folgt klassifizieren: Ein EAG-Modell ist ein auf der Basis empirischer Daten numerisch spezifiziertes Modell der allgemeinen Gleichgewichtstheorie, das so komplex ist, daß es nur unter Rückgriff auf numerische Lösungsalgorithmen gelöst werden kann.[2]
Das Wirtschaftssystem der Bundesrepublik Deutschland (FRG) wird im Rahmen des Modells als ein System von Märkten abgebildet, auf denen sich als Resultat des Zusammenwirkens von Angebot und Nachfrage entsprechende markträumende Gleichgewichtspreise einstellen, die unter Verwendung eines numerischen Lösungsverfahrens, d.h. mit Hilfe des Computers berechnet werden. Um der starken außenwirtschaftlichen Verflechtung der deutschen Ökonomie mit ausländischen Volkswirtschaften Rechnung zu tragen, wird neben der deutschen Ökonomie noch ein zweiter Wirtschaftsblock berücksichtigt. Dieser repräsentiert den als eine Einheit betrachteten "Rest der Welt" (ROW), der ebenso detailliert

---

1 Das hier verwendete EAG-Modell stellt eine Synthese der Modelle von M. Rose/H. Kungl/B. Kühn (1988) und C.L. Ballard/D. Fullerton/J.B. Shoven/J. Whalley (1985) dar. Zu einer Abgrenzung der Charakteristika dieser Modelle siehe K.-J. Duschek (1993), S. 17-20.

2 Einen Einblick in die Erstellung von EAG-Modellen bzw. einen Überblick über existierende EAG-Modelle geben J.B. Shoven (1983), J.B. Shoven/J. Whalley (1984), D. Fullerton/Y.K. Henderson/J.B. Shoven (1984), W. Wiegard (1985), A.M. Borges (1986), G. Hirte/W. Wiegard (1988), J. Whalley (1988), A.M.M. Pereira (1988), A.M.M. Pereira/J.B. Shoven (1988), P. Gottfried/E. Stöß/W. Wiegard (1990), J.B. Shoven/J. Whalley (1992) und G. Klepper/O. Lorz/F. Stähler/R. Thiele/M. Wiebelt (1993).

modelliert wird wie die deutsche Volkswirtschaft.[3] Beide Wirtschaftsblöcke sind über die internationalen Handelsbeziehungen sowie den internationalen Kapitalmarkt miteinander verknüpft. Eine Übersicht über die Marktstrukturen des Modells gibt Abbildung 2-1.
Die Wirtschaftssubjekte in FRG und ROW unterscheiden jeweils zwischen den folgenden auf Märkten gehandelten Gütern: Arbeit, Kapital, 24 Produzentengüter, 10 Konsumgüter und ein Spargut. Bei den Gütern Arbeit und Kapital handelt es sich um die primären Produktionsfaktoren des Modells, die jeweils als homogen erachtet werden. Während der Faktor Arbeit als international vollständig immobil unterstellt wird, ist der Faktor Kapital - wie bereits erwähnt - international annahmegmäß vollständig mobil.
Von den 24 auf Weltmärkten gehandelten Produzentengütern werden jeweils 12 in FRG und 12 in ROW hergestellt. In- und ausländische Produzentengüter gleicher physisch-technischer Art werden entsprechend der Armington-Hypothese[4] als heterogen betrachtet. Hierdurch wird dem Umstand Rechnung getragen, daß in- und ausländische Güter mit vergleichbaren physisch-technischen Eigenschaften gleichzeitig in verschiedenen Ländern nachgefragt werden. Die 10 Konsumgüter und das Spargut werden ebenso wie der Faktor Arbeit auf inländischen Märkten gehandelt. Der Faktor Kapital wird auf einem Weltmarkt angeboten und nachgefragt.
Die Ökonomie in FRG und ROW setzt sich jeweils aus dem Unternehmens-, dem Haushalts- und dem Staatssektor zusammen. Der Unternehmenssektor unterteilt sich in jedem Land in einen primären und einen sekundären Unternehmenssektor. Der primäre Unternehmenssektor in FRG umfaßt 12 Produktionsbereiche, die jeweils ein Produzentengut - insgesamt also 12 Stück - herstellen. Die einzelnen Produktionsbereiche sind im wesentlichen nach der auf zwölf Gütergruppen aggregierten Version der "Systematik der Produktionsbereiche in Input-Output-Rechnungen (SIO)", d.h. aus Sicht der Unternehmen gegliedert.[5] In jedem primären Produktionsbereich maximiert eine repräsentative Firma ihren statischen Gewinn unter der Nebenbedingung einer Produktionstechnologie, die fixe Koeffizienten bezüglich des Gesamteinsatzes an primären Produktionsfaktoren und bezüglich des Einsatzes an in- und ausländischen Produzentengütern aufweist. Mengen an Arbeit und Kapital sind im Rahmen einer constant elasticity of substitution (CES)-Wertschöpfungsfunktion mit konstanten Skalenerträgen substituierbar. Der Staat erhebt bei den primären Unternehmen Produktionssteuern auf den zum Herstellungspreis bewerteten Output und Faktorsteuern auf die Lohnsumme und die ausgezahlten Kapitaleinkommen.

---

[3] Im Gegensatz hierzu wird das Ausland in vielen EAG-Modellen überhaupt nicht oder nur rudimentär in Form einer "external sector closing rule" abgebildet; vgl. hierzu J. Whalley/B. Yeung (1984). Eine Vorstellung von der Bedeutung einer adäquaten Modellierung des Auslands vermitteln L. Goulder/J.B. Shoven/J. Whalley (1983).

[4] Siehe P.S. Armington (1969).

[5] Im Gegensatz zur SIO umfaßt der (primäre) Produktionsbereich 12 nur die gegen spezielles Entgelt zur Verfügung gestellten nichtmarktbestimmten Dienstleistungen. Zur SIO vgl. Statistisches Bundesamt (1990a), S. 341.

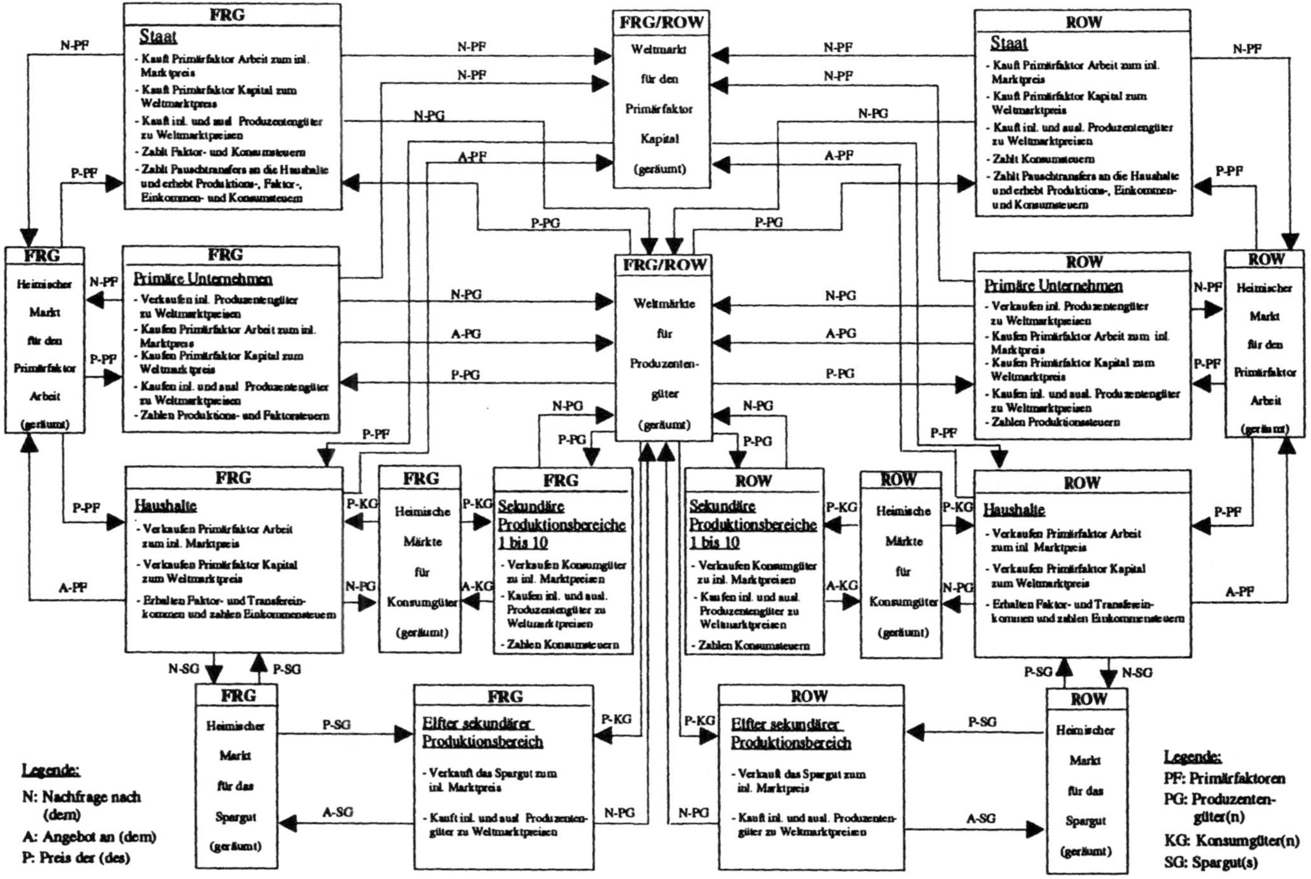

Abbildung 2-1: Marktstrukturen des EAG-Modells

Abgesehen davon, daß die primären Firmen in ROW annahmegemäß keine Faktorsteuern zu entrichten haben, weist der primäre Unternehmenssektor in ROW dieselbe Struktur wie der primäre Unternehmenssektor in FRG auf.
Der sekundäre Unternehmenssektor in FRG setzt sich aus 11 Produktionsbereichen zusammen, wobei die Produktionsbereiche 1 bis 10 jeweils ein Konsumgut - insgesamt also 10 Stück - und der elfte Produktionsbereich das Spargut herstellen. Die einzelnen sekundären Produktionsbereiche sind im wesentlichen nach dem der Einkommens- und Verbrauchsstichprobe (EVS) des Statistischen Bundesamtes (StBA) zugrunde liegenden "Systematischen Güterverzeichnis für den Privaten Verbrauch", d.h. aus Sicht der Haushalte gegliedert.[6] In jedem sekundären Produktionsbereich maximiert eine repräsentative Unternehmung ihren statischen Gewinn unter der Nebenbedingung einer Produktionstechnologie, die durch fixe Koeffizienten bezüglich des Einsatzes an in- und ausländischen Produzentengütern charakterisiert ist. Der Staat erhebt bei den sekundären Unternehmen 1 bis 10 Mehrwertsteuern auf den zu Ab-Werk-Preisen[7] bewerteten Einsatz an in- und ausländischen Produzentengütern. Für die Erhebung von Mehrwertsteuern gilt das Bestimmungslandprinzip. Exportierte Produzentengüter verlassen das Herstellungsland mehrwertsteuerfrei. Importierte und inländische, im Inland nachgefragte, Produzentengüter gleicher physisch-technischer Art unterliegen jeweils demselben Mehrwertsteuersatz. Der sekundäre Unternehmenssektor in ROW besitzt exakt dieselbe Struktur wie der sekundäre Unternehmenssektor in FRG.[8]
Die Haushalte in FRG werden je nach der Höhe ihres in der Statistik ausgewiesenen Nettoeinkommens einer von 16 Einkommensklassen zugeordnet. Alle Haushalte einer Einkommensklasse werden zu einem einzigen repräsentativen Haushalt zusammengefaßt. Die Haushalte befinden sich vollständig im Besitz der primären Produktionsfaktoren, die sie auf dem inländischen Arbeits- bzw. dem internationalen Kapitalmarkt anbieten. Neben Arbeits- und Kapitaleinkommen, die der Einkommensteuer unterliegen, beziehen die Haushalte ein steuerfreies Pauschtransfereinkommen vom Staat. Das progressive Einkommensteuersystem in der Bundesrepublik Deutschland wird in Form linearer Tarifpolynome - für jede Einkommensklasse eines - modelliert. Jeder Haushalt maximiert seinen intertemporalen Nutzen unter der Nebenbedingung seines gegenwärtigen Budgets. Als Entscheidungsgrundlage dient eine über der Freizeit, den 10 vom sekundären Unternehmenssektor in FRG hergestellten Konsumgütern und dem zukünftigen

---

[6] Zum "Systematischen Güterverzeichnis für den Privaten Verbrauch" vgl. Statistisches Bundesamt (1963).
[7] Ab-Werk-Preis = Herstellungspreis + Produktionssteuern (abzüglich Subventionen).
[8] Die Aufspaltung des gesamten Unternehmenssektors in einen primären und einen sekundären Unternehmenssektor liegt in der unterschiedlichen Gliederungssystematik der verwendeten Daten begründet. Erst sie erlaubt es, die Präferenzen der Haushalte über Güter zu definieren, die tatsächlich aus Sicht der Haushalte und nicht aus Sicht der Unternehmen gegliedert sind. Bei den sekundären Produktionsbereichen handelt es sich um reine "Transformationsunternehmungen", die die Outputs der primären Firmen in FRG und ROW ohne eigene Wertschöpfung in Konsumgüter bzw. das Spargut umwandeln.

Konsum definierte Nutzenfunktion, die als vierstufiger CES/Cobb Douglas (CD)-Nutzenbaum spezifiziert wird. Die Nachfrage nach zukünftigem Konsum wird in eine Nachfrage nach dem vom elften sekundären Produktionsbereich in FRG produzierten Spargut überführt. Jede in der gegenwärtigen Periode nachgefragte Mengeneinheit Spargut liefert in jeder zukünftigen Periode annahmegemäß eine gleich große Menge an Kapitaldiensten, d.h. infolge der heutigen Spargutnachfrage erhöht sich die Kapitalausstattung der Haushalte in allen zukünftigen Perioden. Die Struktur des Haushaltssektors in ROW weicht in zwei Punkten von der Struktur des Haushaltssektors in FRG ab: Während in FRG 16 Haushalte (Einkommensklassen) Berücksichtigung finden, werden in ROW alle individuellen Haushalte zu einem einzigen repräsentativen Haushalt zusammengefaßt. Ferner wird vereinfachend unterstellt, daß in ROW ein proportionales Einkommensteuersystem existiert.
Der Staat in FRG leistet Transferzahlungen an die Haushalte (Renten, Arbeitslosenunterstützung u.ä.) und stellt kostenlos öffentliche Güter zur Verfügung (Bildung, Infrastruktur u.ä.). Diese Ausgaben werden mit den Einnahmen aus den erhobenen Steuern (Einkommen-, Mehrwert-, Produktions- und Faktorsteuern) finanziert.

Die Erstellung öffentlicher Güter wird im Modell von der Kostenseite her erfaßt.[9] Der Staat wird hierbei als einzelner repräsentativer Konsument modelliert, der einen unmittelbaren Nutzen aus der Nachfrage nach den Inputs für die Erstellung öffentlicher Güter zieht. Der Staat maximiert seinen statischen Nutzen unter der Nebenbedingung des für die Erstellung öffentlicher Güter zur Verfügung stehenden Budgets. Als Entscheidungsgrundlage dient eine CD-Nutzenfunktion, definiert über den Faktoren Arbeit und Kapital sowie den in- und ausländischen Produzentengütern. Auf die Lohnsumme hat der Staat Faktorsteuern zu entrichten. Ferner wird der zu Ab-Werk-Preisen bewertete Einsatz des Staates an in- und ausländischen Produzentengütern mit Mehrwertsteuern belegt. Die öffentlichen Güter gehen annahmegemäß nicht als Argument in die Nutzenfunktionen der Haushalte ein, d.h. sie beeinflussen das Nutzenniveau und die Nachfragestruktur der Haushalte nicht unmittelbar. Die Struktur des Staatssektors in ROW unterscheidet sich lediglich insofern von der Struktur des Staatssektors in FRG, als der Staat in ROW annahmegemäß keine Faktorsteuern erhebt.

---

9 Neben öffentlichen Gütern (kostenlos zur Verfügung gestellte nichtmarktbestimmte Dienstleistungen) produziert der Staat noch marktbestimmte Dienstleistungen (z.B. Leistungen der Bundesbahn und der Bundespost) sowie gegen spezielles Entgelt abgegebene nichtmarktbestimmte Dienstleistungen (z.B. Gebühren für Abwasser und Abfallbeseitigung, Eintrittsgelder für kommunale und staatliche Theater, Museen oder Erholungs- und Sporteinrichtungen). Die marktbestimmten Dienstleistungen des Staates (unternehmerische Aktivitäten des Staates im engen Sinn) und die gegen spezielles Entgelt abgegebenen nichtmarktbestimmten Dienstleistungen des Staates (unternehmerische Aktivitäten des Staates im weiten Sinn) werden im primären Unternehmenssektor berücksichtigt.

Wie bereits angedeutet, handelt es sich bei dem vorliegenden Modell um ein "dynamisches" Modell. Der Wachstumspfad, den die Weltökonomie im Zeitablauf einschlägt, wird als unendliche Sequenz von allgemeinen Gleichgewichten für einzelne Perioden (im folgenden als statische allgemeine Gleichgewichte bezeichnet) abgebildet. Bei der Berechnung einer Sequenz von statischen allgemeinen Gleichgewichten wird davon ausgegangen, daß alle ökonomischen Entscheidungseinheiten in FRG und ROW eine unendliche Lebenserwartung besitzen und ihre Produktions- und Konsumentscheidungen in jeder Periode auf die im vorangegangenen beschriebene Art und Weise wiederholen. Ein statisches allgemeines Gleichgewicht liegt definitionsgemäß vor, wenn (in der entsprechenden Periode) alle Faktor- und Gütermärkte geräumt und die Budgets aller ökonomischen Agenten in FRG und ROW (Unternehmen, Haushalte, Staat) ausgeglichen sind. Die einzelnen statischen allgemeinen Gleichgewichte einer Sequenz sind über das modellexogene Wachstum der Zeitausstattungen und das modellendogene Wachstum der Kapitalausstattungen der Haushalte miteinander gekoppelt. Bewegt man sich entlang einer Sequenz, so wachsen die Kapitalausstattungen der Haushalte endogen infolge der Ersparnis. Ein gleichgewichtiger Wachstumspfad (steady-state-Pfad) ist definitionsgemäß eine Situation, in der sich die Steuerpolitik im Zeitablauf nicht ändert und in der die Zeit- und Kapitalausstattungen der Haushalte in FRG und ROW jeweils mit derselben konstanten Rate wachsen.

Bevor Simulationsrechnungen mit dem Modell durchgeführt werden können, müssen die Modellparameter[10] numerisch spezifiziert werden. Voraussetzung hierfür ist die Konstruktion einer mikroökonomisch konsistenten Datenbasis, bei deren Erstellung angenommen wird, daß sich die Ökonomie tatsächlich in einem statischen allgemeinen Gleichgewicht befindet.[11] Ferner wird bei der numerischen Spezifikation der Modellparameter unterstellt, daß dieses Gleichgewicht auf einem steady-state-Pfad liegt. Die wichtigsten amtlichen Datenquellen zur Abbildung der volkswirtschaftlichen Zusammenhänge in der Bundesrepublik Deutschland stellen die Input-Output-Tabellen (IOT) 1988 des StBA dar.[12] Die IOT erfassen alle gütermäßigen Ströme zwischen dem Unternehmens-, dem Haushalts- und dem Staatssektor sowie zwischen der Bundesrepublik Deutschland und dem Ausland. Um die Einnahmen und Ausgaben des Haushaltssektors auf die einzelnen Haushalte aufteilen zu können, wird auf die Ergebnisse der EVS 1988 des StBA zurückgegriffen.[13] Ergänzt wird das im vorangegangenen aufgezählte Datenmaterial noch um verschiedene Steuerstatistiken für das Jahr

---

[10] Im wesentlichen handelt es sich hierbei um die Parameter der Produktions- und Nutzenfunktionen sowie die steuerpolitischen Parameter.

[11] Zur Konstruktion einer mikrokonsistenten Datenbasis siehe F. St-Hilaire/J. Whalley (1983, 1987) und B. Kühn (1988).

[12] Siehe Statistisches Bundesamt (1990a).

[13] Die Vorabtabellen der EVS 1988 wurden freundlicherweise vom Statistischen Bundesamt zur Verfügung gestellt.

1988.[14] Wichtigste amtliche Datenquellen zur Abbildung der volkswirtschaftlichen Zusammenhänge im Ausland sind die IOT und die Volkswirtschaftlichen Gesamtrechnungen des Statistischen Amtes der Europäischen Gemeinschaften sowie die National Accounts Statistics und das Demographic Yearbook der United Nations.[15]

Die numerische Spezifikation der Modellparameter erfolgt mittels Kalibration.[16] Dabei werden die Modellparameter gerade so gewählt, daß das Modell unter der Steuerpolitik des Jahres 1988 (der Periode 0) zunächst die mikrokonsistente Datenbasis als Gleichgewichtslösung reproduziert und anschließend - ausgehend von diesem statischen allgemeinen Gleichgewicht - einen steady-state-Pfad simuliert. Ein derartiger Wachstumspfad ist dadurch charakterisiert, daß alle Faktor- und Güterpreise konstant sind und alle Faktor- und Gütermengen mit derselben (gleichgewichtigen) Rate wachsen.

Ist mit der Replikation der mikrokonsistenten Datenbasis und der Simulation eines steady-state-Pfads unter der Steuerpolitik des Jahres 1988 die formal-logische Konsistenz des Modells gesichert, wird zur Simulation von Steuerreformprogrammen übergegangen. Eine alternative Steuerpolitik, die annahmegemäß stets zu Beginn der Periode 1 einsetzt, läßt die Weltökonomie auf einen Übergangspfad gleiten, der sich im Zeitablauf asymptotisch an einen neuen gleichgewichtigen Wachstumspfad annähert. Ein Übergangspfad zeichnet sich dadurch aus, daß die Faktor- und Güterpreise variieren und die Faktor- und Gütermengen mit unterschiedlichen Raten wachsen. Auf dem neuen steady-state-Pfad sind wieder alle Faktor- und Güterpreise konstant und alle Faktor- und Gütermengen wachsen wieder mit der gleichgewichtigen Rate. Gegenüber dem ursprünglichen Wachstumspfad haben sich die Preis- und Mengenverhältnisse jedoch geändert.[17] In diesem Zusammenhang sei vermerkt, daß die Weltökonomie einen neuen steady-state-Pfad erst nach theoretisch unendlich vielen Perioden erreicht. Da es nicht möglich ist, eine unendliche Anzahl von statischen allgemeinen Gleichgewichten numerisch zu berechnen, kann der neue gleichgewichtige

---

14 Da den Veröffentlichungen der amtlichen Statistik - insbesondere den Veröffentlichungen der IOT und der Ergebnisse der EVS - in der Regel eine mehrjährige Aufbereitungszeit vorangeht, repräsentiert das Jahr 1988 zum gegenwärtigen Zeitpunkt das aktuellste Basisjahr für die Erstellung einer mikrokonsistenten Datenbasis.

15 Siehe Statistisches Amt der Europäischen Gemeinschaften (1983, 1990) und United Nations (1991a, 1991b, 1992).

16 Zur numerischen Spezifikation der Parameter von EAG-Modellen im allgemeinen und zum Verfahren der Kalibration im besonderen vgl. A. Mansur/J. Whalley (1984).

17 Der ursprüngliche (gleichgewichtige) Wachstumspfad, d.h. diejenige Sequenz von miteinander gekoppelten statischen allgemeinen Gleichgewichten, die die Weltökonomie unter der Steuerpolitik des Jahres 1988 von der Periode 0 (dem Jahr 1988) bis zur Periode ∞ durchläuft, wird im folgenden auch als Referenzsequenz (RS) bezeichnet. Im Zusammenhang mit dem neuen Wachstumspfad, d.h. derjenigen Sequenz von miteinander verbundenen statischen allgemeinen Gleichgewichten, die die Weltökonomie unter einer zu Beginn der Periode 1 einsetzenden alternativen Steuerpolitik von den Perioden 0 bis ∞ durchläuft, wird im weiteren Verlauf auch von der Alternativsequenz (AS) gesprochen.

Wachstumspfad lediglich approximativ bestimmt werden. Die explizite numerische Berechnung der Alternativsequenz wird deshalb mit der Bestimmung des statischen allgemeinen Gleichgewichts der Periode T abgebrochen, wobei T diejenige Periode bezeichnet, ab der die Weltökonomie approximativ einen neuen steady-state-Pfad realisiert. Was die "vollständige" Ermittlung der Alternativsequenz anbelangt, wird - entgegen der Realität - angenommen, daß die Gleichgewichtswerte der Periode T der Alternativsequenz tatsächlich neue dynamische Gleichgewichtsniveaus repräsentieren und die Weltökonomie ab der Periode T tatsächlich wieder einen gleichgewichtigen Wachstumspfad verwirklicht.
Die Beurteilung von Steuerreformprogrammen basiert auf dem Vergleich des Übergangspfads/neuen gleichgewichtigen Wachstumspfads mit dem ursprünglichen steady-state-Pfad. Der Übergangspfad/neue gleichgewichtige Wachstumspfad beinhaltet sämtliche Interdependenzen und Rückkopplungen, die bei der Modellentwicklung als relevant erachtet wurden. Somit ist man in der Lage, die Wirkungen verschiedener staatlicher Programme über die Zeit unter vollständiger Berücksichtigung gegenseitiger Abhängigkeiten und feedbacks zu verfolgen.

2.2 Der Arbeitsablauf der empirischen allgemeinen Gleichgewichtsanalyse

Einen Überblick über den Arbeitsablauf der EAG-Analyse gibt Abbildung 2-2. Dieser verläuft wie folgt: In der 1. Phase erfolgt die Formulierung des Modells und die Erstellung des Datensatzes. Die Beschreibung der Modellstruktur und der funktionalen Formen der Produktions- und Nutzenfunktionen erfolgt im 3. Kapitel der Arbeit. Dabei wird in einem ersten Schritt auf das sogenannte statische Teilmodell sowie die Bedingungen für ein statisches allgemeines Gleichgewicht eingegangen. In einem zweiten Schritt wird das sogenannte dynamische Modell beschrieben. Im 4. Kapitel wird die Konstruktion der mikroökonomisch konsistenten Datenbasis erörtert. Entsprechend der Modellkonzeption als 2-Länder-Modell ist es erforderlich, jeweils einen Datensatz für FRG und für ROW zu erstellen.
In der 2. Phase einer EAG-Analyse erfolgen die Berechnungen mit dem Computer. Dazu ist zunächst die programmtechnische Umsetzung des theoretischen Modells und eines numerischen Lösungsverfahrens notwendig.[18] Anschließend werden die Modellparameter mittels des Verfahrens der Kalibration numerisch spezifiziert. Hierbei tritt, aufgrund der bei der Formulierung des theoretischen Modells gewählten funktionalen Formen, das Problem der Unteridentifikation auf. Dies bedeutet, daß es allein durch Rückgriff auf amtliche Statistiken im Rahmen der Erstellung der mikrokonsistenten Datenbasis nicht möglich ist, sämtliche Modellparameter numerisch zu spezifizieren. Eine vollständige Bestimmung der

---

[18] Die Programmierung des Modells erfolgte in FORTRAN 77. Als numerischer Lösungsalgorithmus wird ein modifizierter Newton-Ansatz von M.J.D. Powell (1970a) verwendet. Eine FORTRAN-Subroutine für diesen Algorithmus findet sich bei M.J.D. Powell (1970b).

Werte der Modellparameter erfolgt durch die Übernahme von Elastizitätswerten aus der ökonometrischen Literatur. Die Beschreibung der Kalibration des Modells unter Verwendung entsprechender Ergebnisse ökonometrischer Schätzungen erfolgt im 5. Kapitel.

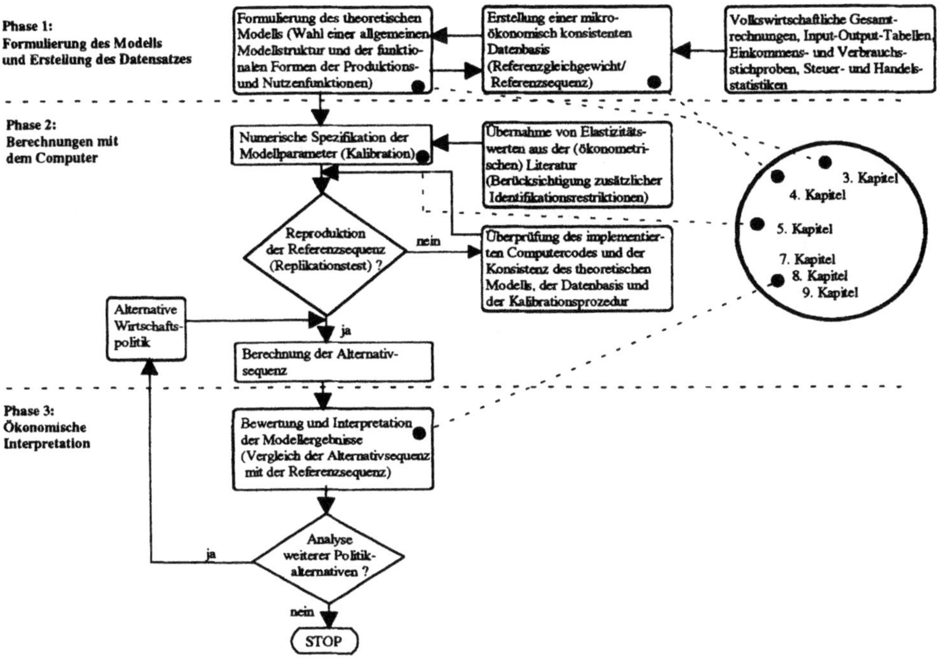

Abbildung 2-2: Der Arbeitsablauf der EAG-Analyse
Quelle: J.B. Shoven/J. Whalley (1992), S. 104 und K.-J. Duschek (1993), S. 11

Bevor zu einer alternativen Wirtschaftspolitik übergegangen wird, erfolgt die Überprüfung der bis zu diesem Zeitpunkt durchgeführten Schritte sowie des implementierten Computercodes mittels des Replikationstests (replication check). Bei diesem Verfahren wird eine Simulationsrechnung bei unveränderter Wirtschaftspolitik durchgeführt, die bei bis dahin konsistenter Vorgehensweise die zugrunde gelegten Daten reproduzieren muß.

Nach erfolgreicher Durchführung des Replikationstests kann zu der Umsetzung von alternativen Wirtschaftspolitiken im Rahmen des Modells übergegangen werden. Die Darstellung der modelläqivalenten Umsetzung der im 1. Kapitel besprochenen Steuerreformpolitiken erfolgt im Anhang A unter Berücksichtigung der Ergebnisse des 6. Kapitels.

Einen Schwerpunkt dieser Arbeit bildet die 3. Phase der EAG-Analyse, die ökonomische Interpretation der Simulationsergebnisse. Im 7. Kapitel erfolgt die Darstellung und Analyse des Übergangs zu einer S-ESt und im 8. Kapitel die

Beschreibung der Wirkungen der Abschaffung der Gewinnsteuern. Im 9. Kapitel werden die Effekte der simultanen Durchführung dieser beiden Teilprojekte analysiert. Die Analyse endet mit einer Zusammenfassung der Untersuchungsergebnisse.

2.3 Stärken und Schwächen von empirischen allgemeinen Gleichgewichtsanalysen

Bevor zu der detaillierten Beschreibung des verwendeten Modells übergegangen wird, soll zunächst auf die Vor- und Nachteile von EAG-Analysen eingegangen werden. Darüber hinaus soll eine Vorstellung davon vermittelt werden, welche Erkenntnisse gewonnen und welche Aussagen auf der Basis solcher Analysen getroffen werden können.

Zu diesem Zweck erscheint es sinnvoll, sich zunächst die "kritischen" Modellannahmen vor Augen zu führen. Eine nicht unproblematische Annahme des Modells besteht sicherlich darin, daß bei der Konstruktion der Datenbasis ein Gleichgewichtszustand für das Basisjahr 1988 unterstellt wird. Dies setzt voraus, daß alle ökonomischen Agenten auf der Grundlage ihrer Budgetrestriktion planen und alle Märkte geräumt sind. Infolge der dynamischen Modellstruktur kommt die Annahme hinzu, daß ein dynamischer Gleichgewichtszustand (steady-state) vorliegt. Dabei erfolgt die Wahl des Basisjahres zumeist in geringerem Maße anhand der möglichst guten Erfüllung der Gleichgewichtsbedingungen, als vielmehr schlicht aufgrund der Verfügbarkeit möglichst aktuellen Zahlenmaterials.[19] So ist das Jahr 1988 beispielsweise bei Betrachtung des Leistungsbilanzüberschusses, des Staatsdefizits oder der Arbeitslosigkeit in der Bundesrepublik Deutschland eher als ungünstig hinsichtlich seiner Eignung als Basisjahr für ein EAG-Modell zu beurteilen. Erschwerend kommt hinzu, daß bei der Erstellung der Datenbasis für den Rest der Welt aus Gründen der Nichtverfügbarkeit von Daten vielfach Schätzungen verwendet werden müssen. Hierzu sei betont, daß die Verfügbarkeit von Daten kein spezielles Problem dieses Modells darstellt, sondern jeder empirischen Arbeit immanent ist.
Die Erstellung eines EAG-Modells setzt die Wahl bestimmter funktionaler Formen für Produktions- und Nutzenfunktionen voraus. Dabei steht der Modellentwickler vor folgendem Dilemma: Einerseits sollten diese Funktionen nicht so restriktiv sein, daß ihre Eigenschaften die Simulationsergebnisse bereits vorherbestimmen;[20] andererseits wird ihre Flexibilität durch die Lösbarkeit des Modells beschränkt. Unter Abwägung dieser Aspekte finden in den meisten Modellen CD- und CES-Funktionen als "bester Kompromiß" zwischen Flexibilität und Handhabbarkeit Anwendung.

---

[19] Vgl. A.A. Tait (1989), S. 171.

[20] Siehe hierzu auch die Anmerkungen von W.F. Richter/W. Wiegard (1993), S. 353.

Ein weiterer Kritikpunkt stellt die Kalibration der Parameter von EAG-Modellen dar. Bei diesem Verfahren handelt es sich um eine deterministische Ein-Punkt-"Schätzung". Die Bestimmung der Parameter der Produktions- und Nutzenfunktionen erfolgt lediglich auf Basis einer einzigen Beobachtung.[21] Wie die Erstellung einer Datenbasis im 4. Kapitel zeigen wird, ist dieser Arbeitsschritt insbesondere bei stark disaggregierten Modellen und expliziter Modellierung des Auslands mit einem hohen Zeitaufwand verbunden. Vor allem die hohe Zahl der zu spezifizierenden Parameter ist dafür verantwortlich, daß ökonometrisch geschätzte EAG-Modelle in der Literatur bisher kaum zu finden sind.[22]
Gleichzeitig tritt bei der Kalibration üblicherweise das Problem der Unteridentifikation auf, weshalb zur vollständigen Bestimmung der Modellparameter auf Elastizitätswerte aus der ökonometrischen Literatur zurückgegriffen wird. Hier sieht man sich zumeist einem ganzen Spektrum von Werten gegenübergestellt, aus dem ein "best guess" auszuwählen ist. Dies ist insofern problematisch, als die Simulationsergebnisse häufig in mehr oder weniger starkem Maße von den gewählten Elastizitätswerten abhängen. Von daher ist eine Überprüfung der Abhängigkeit der Ergebnisse von den vorgegebenen Elastizitätswerten im Rahmen einer Sensitivitätsanalyse in jedem Fall zu empfehlen. So Borges (1986, S. 27): "Sensitivity analysis is important to determine the robustness of the results and to identify the key parameter values that dominate the final outcome."[23]
Im Rahmen des Modells wird eine Sequenz von statischen allgemeinen Gleichgewichten berechnet. Hierbei stellt sich in bezug auf ein statisches allgemeines Gleichgewicht die Frage, welcher Zeitraum tatsächlich bis zu dem Erreichen eines neuen Gleichgewichtszustands vergeht. Im allgemeinen wird davon ausgegangen, daß die Anpassungsprozesse auf den Kapitalmärkten relativ schnell ablaufen. Im Vergleich dazu vollzieht sich die Planrevision sowie die Anpassung von Produktionsprozessen auf Gütermärkten langsamer, da der Produktion üblicherweise eine langfristige Investitionsplanung vorausgeht. Bei der Spezifizierung des dynamischen Modells werden jährliche Wachstumsraten verwendet. Ballard/Fullerton/ Shoven/Whalley (1985, S. 141) interpretieren deshalb in ihrem Modell den Zeitraum zwischen zwei aufeinanderfolgenden statischen allgemeinen Gleichgewichten als ein Jahr. Da dies jedoch keineswegs zwingend ist, wird im Rahmen dieser Analyse nicht von aufeinanderfolgenden Jahren, sondern neutral von aufeinanderfolgenden Perioden gesprochen.
Ein weiterer oft geäußerter Kritikpunkt an EAG-Analysen stellt die mangelnde Transparenz und Nachvollziehbarkeit ("black box"-Charakter) der Ergebnisse solcher Studien dar. Unbestreitbar ist die Komplexität der meisten EAG-Modelle. Diese hat zur Konsequenz, daß es im Rahmen eines Artikels in einer

---

21 Vgl. A.M. Borges (1986), S. 19 und P. Gottfried/E. Stöß/W. Wiegard (1990), S. 239.

22 Eine ökonometrische Schätzung komplexer EAG-Modelle wurde bisher nur von Jorgenson und Mitarbeitern durchgeführt. Siehe dazu D.W. Jorgenson (1984), D.W. Jorgenson/D.T. Slesnick (1985) und D.W. Jorgenson/K.-Y. Yun (1986).

23 Eine Sensitivitätsanalyse bezüglich verschiedener Werte für die Nettozinselastizität des Sparens erfolgt im Anhang C, da diese Elastizität insbesondere bei der Simulation der Einführung einer Konsumsteuer die Ergebnisse beeinflußt.

Fachzeitschrift nicht möglich ist, eine erschöpfende Darstellung des Modells und der Wirkungsketten zu präsentieren, was jedoch nicht ausschließlich ein Problem von EAG-Modellen darstellen dürfte.[24]

Dieser Kritikpunkt stellt zugleich eine Überleitung zu den Stärken von EAG-Analysen dar. Der bedeutendste Vorzug des EAG-Ansatzes liegt in seiner soliden mikroökonomischen Fundierung.[25] Dies sichert zum einen die Konsistenz dieser Ansätze und vermeidet ein Übermaß an willkürlichen ad-hoc Annahmen und führt somit zu einer transparenteren Struktur. Dazu Borges (1986, S. 16): "Such discipline imposed by general equilibrium methods is all the more important because of the complexity of these models. The simulation results are often unpredictable, that is, the various interdependences and feedbacks among variables make it difficult to determine in advance what the results of a particular simulation will look like. This has led some economists to consider these models as "black boxes" which may generate any solution. But the theoretical foundation of such models makes it possible to trace back, in every case, the simulation results and determine which factors are crucial in explaining them. Moreover, the embodied theory also provides a precise check on the validity of the results - since it is possible - except for errors - that the model will lead to results which are contrary to what underlying theory predicts." Gerade das Zurückverfolgen der für die Ergebnisse verantwortlichen Wirkungszusammenhänge bei dem Übergang zu den zu untersuchenden Steuerreformpolitiken stellt ein wichtiges Ziel dieser Arbeit dar. Dies um so mehr, als insbesondere die bereits vorliegenden Arbeiten zur Einführung einer Konsumsteuer im Rahmen von EAG-Analysen lediglich Gesamt(wohlfahrts)effekte ausweisen und durch einen weitgehenden Verzicht auf die Darstellung der Wirkungszusammenhänge dem Argument des "black box"-Charakters von EAG-Analysen Vorschub leisten.[26]
Ein weiterer bedeutender Vorteil des EAG-Ansatzes besteht darin, daß sämtliche Anpassungs- und Rückkopplungseffekte einer Steuerpolitikänderung berücksichtigt werden. Auch wenn diese selbstverständlich von den Modellannahmen und der Modellkonstruktion abhängen, kann somit der Erkenntnisgehalt von EAG-Analysen über den von traditionellen Partialanalysen hinausgehen. Borges (1986, S. 16) beschreibt diesen Vorteil von EAG-Modellen wie folgt: "They allow the analyst to integrate into a single structure a whole series of effects which could

---

24 Ein Beispiel für eine umfassende Dokumentierung der durchgeführten EAG-Analyse bietet z.B. die zweiteilige Arbeit von C.B. Rosenberg (1993) und H. Fehr (1993). Das gleiche Ziel wurde bei der hier vorliegenden Arbeit in Verbindung mit der Arbeit von K.-J. Duschek (1993) angestrebt.

25 Siehe hierzu A.M. Borges (1986), S. 15 und A.A. Tait (1989), S. 172 f.

26 Siehe hierzu die Arbeiten von D. Fullerton/J.B. Shoven/J. Whalley (1983), C.L. Ballard/D. Fullerton/J.B. Shoven/J. Whalley (1985), S. 171-187 und J.B. Shoven/J. Whalley (1992), S. 168-174. Die Beurteilung der Einführung einer Konsumsteuer erfolgt in diesen Studien in erster Linie auf Basis des dynamischen Wohlfahrtseffektes für den gesamten Haushaltssektor der Vereinigten Staaten. Auf den Ausweis des zeitlichen Wirkungsverlaufs wird weitgehend verzichtet.

not possibly be accounted for coherently in an informal manner. It is in the nature of the approach that all the components of a problem are taken into account, that all feedbacks are considered, that no markets or agents are neglected. Thus the models make possible the simulation of complex interrelationships, clarifying the role and impact of different factors, and enriching the analysis with new - and sometimes surprising - results."[27]

Die Bedeutung der Rückkopplungseffekte im Rahmen von EAG-Analysen betonen auch Gottfried/Stöß/Wiegard (1990, S. 240): "When analyzing tax policy questions or other economy wide issues all feedback effects have to be taken into account. And especially when dealing with efficiency effects there is no real alternative to AGE models - although it is clear that other models may be more suitable for other purposes."

Die zur Lösung der meisten ökonomischen Modelle angewandten analytischen Lösungsverfahren sind streng genommen nur bei "kleinen" Parameteränderungen gültig. Im Gegensatz dazu ermöglicht der Rückgriff auf numerische Lösungsverfahren im Rahmen der EAG-Analyse die Untersuchung von "großen" Steuerreformpolitiken, wie beispielsweise die vollständige Abschaffung der Gewinnsteuern. Der Einsatz effizienter Lösungsalgorithmen in Verbindung mit leistungsstarken Computern erlaubt die Lösung auch stark disaggregierter Modelle.

Die Beurteilung von alternativen Steuerpolitiken erfolgt in EAG-Analysen zumeist mittels Wohlfahrtsmaßen wie der Hicksschen Äquivalenten Variation oder der Kompensierenden Variation. Der Ausweis von Zahlen, die Auswirkungen einer Steuerreform scheinbar exakt widerspiegeln, ist oftmals Anlaß für Fehlinterpretationen. Wie jedes Modell, so abstrahiert auch ein außerordentlich komplexes EAG-Modell notwendigerweise von der Realität. Auch die Berücksichtigung einer Vielzahl von Interdependenzen im Rahmen der Modellstruktur und die empirische Unterlegung des Modells sollten darüber nicht hinwegtäuschen. Der empirische Anspruch eines EAG-Modells kann nicht über die Abschätzung von Größenänderungen steuerpoltischer Reformmaßnahmen hinausgehen. Somit sind weniger absolute Größenänderungen von Interesse, als vielmehr relative Größenänderungen und Struktureffekte.[28] Somit bleibt festzuhalten: "Der Wert des EAG-Modells liegt denn auch weniger in der Hervorbringung scheinbar exakter Zahlen, als vielmehr in der Möglichkeit zur Zerlegung komplexer ökonomischer Wirkungsketten, die der rein analytischen Untersuchung nicht mehr zugänglich sind. Damit schafft die EAG-Methode über ihren quasi-empirischen Anspruch hinaus ein wertvolles Interpretations-Instrumentarium für komplizierte volkswirtschaftliche Zusammenhänge."[29]

---

[27] Kritisch äußert sich hingegen A.A. Tait (1989), S. 173 zu den Vorzügen der EAG-Analyse gegenüber der Partialanalyse: "Of course we can agree that partial equilibrium and its ceteris paribus assumptions are equally (or more) abstruse and unrealistic ... This then becomes a "plague on both your houses" complaint but still leaves the "ordinary" policymaker wondering about the time, effort, and (frequently public) money spent on economic research."

[28] Vgl. auch H. Fehr (1993), S. 30.

[29] Siehe H. Fehr (1993), S. 29 f.

In diesem Sinn sind EAG-Modelle auch weniger als Prognosemodelle zu verstehen, als vielmehr als Modelle, die für verschiedene Politikszenarien die Allokation der Ressourcen in einer Ökonomie aufzeigen.

Die Wahl einer Modellstruktur steht bei EAG-Modellen - wie bei anderen Modellen auch - in starkem Zusammenhang mit dem Untersuchungsgegenstand ("issue-forced" Ansatz). Die Entscheidung für die hier gewählte Modellstruktur basierte auf der Überlegung, daß bei der Untersuchung der Wirkungen von Konsumsteuern intertemporale Entscheidungs- und Neutralitätsaspekte im Vordergrund stehen. Von daher ist eine konsumbasierte Steuerreform nur im Rahmen eines dynamischen Ansatzes sinnvoll zu untersuchen. Daß die Wahl nicht auf ein voll dynamisches Modell in der Tradition von Auerbach/Kotlikoff (1987) entfiel, ist in erster Linie damit zu begründen, daß neben Effizienz- insbesondere Verteilungseffekte analysiert werden sollen. Dazu bedarf es einer disaggregierten Struktur des Haushaltssektors. Zumindest zum gegenwärtigen Entwicklungsstand weisen die Modelle von Auerbach/Kotlikoff und darauf basierende Modelle einen hohen Aggregationsgrad auf, so daß Verteilungseffekte nicht ausreichend analysiert werden können. Weiter lassen diese Modelle aufgrund des hohen Abstraktionsgrades und der damit einhergehenden groben datenmäßigen Fundierung empirisch gehaltvolle Aussagen nur in unzureichendem Maße zu. Überlegen sind diese Modelle hingegen, was die Modellierung des Lebenszyklusses der Haushalte betrifft und den damit möglichen Aussagen über die intergenerativen Belastungswirkungen von Konsumsteuern.
Die starke internationale Verflechtung der Märkte sprach dafür, im Unterschied zu Ballard/Fullerton/Shoven/Whalley (1985) und entsprechend zu Rose/Kungl/Kühn (1988) eine explizite Modellierung des Auslands vorzunehmen.

Zurückkommend auf den Erkenntnisgehalt einer EAG-Analyse sollen abschließend Mansur/Whalley (1984, S. 119) zitiert werden: "It is ridiculous to claim that numerical general equilibrium analysis can definitely 'solve' policy problems ... However, taken with the appropriate grain of salt at the right time, we believe there is enormous potential for both extending and raising the level of debate on many social issues." Dies hat auch dazu geführt, daß EAG-Modelle über die Universitäten hinaus in Forschungsinstituten, Finanzministerien und bis in die Weltbank Einzug gehalten haben.

3. Kapitel: Modellstruktur

Ziel dieses Kapitels ist es, einen Überblick über die fundamentalen Systemgleichungen des verwendeten EAG-Modells zu geben. Hierbei wird zunächst auf das Teilmodell eingegangen, mittels dessen die einzelnen statischen allgemeinen Gleichgewichte der Referenz- bzw. der Alternativsequenz bestimmt werden. Dieses Teilmodell wird im folgenden als "statisches" Teilmodell bezeichnet.

Im Rahmen des "statischen" Teilmodells bleiben die Effekte der jeweils aktuellen Entscheidungen der Wirtschaftssubjekte auf ihre zukünftigen Dispositionsmöglichkeiten unbeachtet. Ein wichtiger Aspekt bei der Beurteilung von Steuerreformprogrammen ist jedoch die Berücksichtigung dynamischer Wirkungszusammenhänge. Die Beantwortung der Frage, wie sich die Ökonomie im Zeitablauf anpaßt, erfordert ein Modellkonzept, das die Auswirkungen der aktuellen Entscheidungen der ökonomischen Agenten auf ihre zukünftigen Handlungsspielräume erfaßt. Dieser Tatsache wird innerhalb des Gesamtmodells Rechnung getragen. Das Gesamtmodell, im folgenden als "dynamisches" Modell bezeichnet, wird im Anschluß an das "statische" Teilmodell erörtert.

3.1 Das "statische" Teilmodell

Das "statische" Teilmodell gliedert sich in das Submodell für FRG und das Submodell für ROW. Beide Submodelle sind über die Außenhandelsbeziehungen miteinander verknüpft. Im folgenden wird zunächst das Submodell für FRG behandelt, wobei zuerst der primäre Unternehmens-, dann der sekundäre Unternehmens-, der Haushalts- und schließlich der Staatssektor besprochen werden. Im Anschluß hieran wird das Submodell für ROW diskutiert. Die Ausführungen bezüglich des "statischen" Teilmodells schließen mit einer Übersicht über die formalen Bedingungen für ein statisches allgemeines Gleichgewicht.

3.1.1 Das Submodell für FRG[1]

3.1.1.1 Primärer Unternehmenssektor

Im primären Unternehmenssektor maximiert in jedem der 12 Produktionsbereiche ein repräsentatives Unternehmen seinen statischen Gewinn. Jedes primäre Unternehmen j (j=1,2,...,12) setzt zur Produktion des von ihm erzeugten Produzentengutes j inländische (ausländische) Vorprodukte mit konstanten Anteilen $a_{k,j}(a_{k+12,j})$ $(k=1,2,\dots,12)$ sowie primäre Produktionsfaktoren (Arbeit und Kapital) mit dem Verhältnis $a_{0,j}$ ein; formal:

$$(3.1) \quad QP_j := \min\left[\frac{FP_j}{a_{0,j}}, \frac{VP_{1,j}}{a_{1,j}}, \dots, \frac{VP_{24,j}}{a_{24,j}}\right], \quad j=1,2,\dots,12 \quad ,$$

QP_j: Ausbringungsmenge des primären Unternehmens j,

FP_j: Gesamtinput an primären Produktionsfaktoren des primären Unternehmens j,

$VP_{k,j}$: Vorproduktsnachfrage des primären Unternehmens j nach dem inl. Produzentengut k,

$VP_{k+12,j}$: Vorproduktsnachfrage des primären Unternehmens j nach dem ausl. Produzentengut k,

$a_{0,j}$: Wertschöpfungskoeffizient,

$a_{k,j}$: Input-Output-Koeffizient (Vorproduktsnachfrage nach dem inl. Produzentengut k pro Ausbringungseinheit des Produzentengutes j),

$a_{k+12,j}$: Input-Output-Koeffizient (Vorproduktsnachfrage nach dem ausl. Produzentengut k pro Ausbringungseinheit des Produzentengutes j).

Die Primärinputs Arbeit und Kapital sind innerhalb einer CES-Wertschöpfungsfunktion mit konstanten Skalenerträgen substituierbar:

$$(3.2) \quad FP_j := \left[\varepsilon_j^{1-\delta_j} L_j^{\delta_j} + (1-\varepsilon_j)^{1-\delta_j} K_j^{\delta_j}\right]^{\frac{1}{\delta_j}} \quad ,$$

$$0<\varepsilon_j<1, \quad \delta_j := \frac{\sigma_j - 1}{\sigma_j}, \quad 0<\sigma_j<\infty, \quad \sigma_j \neq 1, \quad j=1,2,\dots,12 \quad ,$$

L_j: Arbeitseinsatz des primären Unternehmens j,

K_j: Kapitaleinsatz des primären Unternehmens j,

ε_j: Distributionsparameter des primären Unternehmens j (Gewichtung zwischen Arbeit und Kapital im primären Produktionsbereich j),

---

[1] Auf einen Periodenindex wird bei der Beschreibung des Submodells für FRG aus Vereinfachungsgründen verzichtet. Dennoch sei darauf hingewiesen, daß sich das Submodell für FRG stets auf eine bestimmte Periode t (t=0,1,....,∞) bezieht. Bemerkt sei in diesem Zusammenhang, daß es sich bei den im Zeitablauf konstanten Größen im wesentlichen um die Parameter der Produktions- und Nutzenfunktionen handelt.

σ_j: Substitutionselastizität zwischen Arbeit und Kapital des primären Unternehmens j.

Die primären Unternehmen zahlen Produktionssteuern zum Satz $\theta_{Q,j}$ auf den zum Herstellungspreis bewerteten Output. Weiterhin erhebt der Staat Steuern auf die ausgezahlten Arbeits- und Kapitaleinkommen zum Satz $\theta_{L,j}$ bzw. $\theta_{K,j}$. Somit bestimmen sich der Lohnsatz bzw. der Mietpreis pro Kapitaldiensteinheit nach Faktorsteuern als

$$(3.3)\quad w_{L,j} := (1+\theta_{L,j})p_L\,,\quad j=1,2,\ldots,12$$

und

$$(3.4)\quad w_{K,j} := (1+\theta_{K,j})p_K\,,\quad j=1,2,\ldots,12\quad ,$$

p_L: Lohnsatz vor Faktorsteuern,
p_K: Mietpreis für eine Kapitaldiensteinheit vor Faktorsteuern.

Die Lösung des Gewinnmaximierungsproblems der primären Unternehmen führt zu den Faktornachfragefunktionen für Arbeit und Kapital:

$$(3.5)\quad L_j = f_{L,j}(w_{L,j}, w_{K,j})QP_j := a_{0,j}\left[\varepsilon_j^{\frac{1}{\sigma_j}} + (1-\varepsilon_j)^{\frac{1}{\sigma_j}}\left[\frac{1-\varepsilon_j}{\varepsilon_j}\right]^{\frac{(\sigma_j-1)}{\sigma_j}}\left[\frac{w_{L,j}}{w_{K,j}}\right]^{\sigma_j-1}\right]^{\frac{\sigma_j}{(1-\sigma_j)}} QP_j\,,$$

$$j=1,2,\ldots,12$$

und

$$(3.6)\quad K_j = f_{K,j}(w_{L,j}, w_{K,j})QP_j := a_{0,j}\left[(1-\varepsilon_j)^{\frac{1}{\sigma_j}} + \varepsilon_j^{\frac{1}{\sigma_j}}\left[\frac{\varepsilon_j}{1-\varepsilon_j}\right]^{\frac{(\sigma_j-1)}{\sigma_j}}\left[\frac{w_{K,j}}{w_{L,j}}\right]^{\sigma_j-1}\right]^{\frac{\sigma_j}{(1-\sigma_j)}} QP_j\,,$$

$$j=1,2,\ldots,12\quad ,$$

$f_{L,j}(w_{L,j}, w_{K,j})$: Faktoreinheitsnachfragefunktionen für Arbeit,
$f_{K,j}(w_{L,j}, w_{K,j})$: Faktoreinheitsnachfragefunktionen für Kapital.

Vollkommene Konkurrenz auf allen Märkten und Produktion mit konstanten Skalenerträgen implizieren für die primären Unternehmen die "Preis = Grenzkosten-Bedingung" (Null-Profit-Bedingung)

$$(3.7)\quad \left[1-\frac{\theta_{Q,j}}{1+\theta_{Q,j}}\right]p_j-\sum_{k=1}^{12}p_k a_{k,j}-\sum_{k=1}^{12}p_{k+12}a_{k+12,j}=w_{L,j}f_{L,j}(w_{L,j},w_{K,j})+w_{K,j}f_{K,j}(w_{L,j},w_{K,j})$$

$$j=1,2,\ldots,12\quad ,$$

p_j: Ab-Werk-Preis des inl. Produzentengutes j,
p_{j+12}: Ab-Werk-Preis des ausl. Produzentengutes j.[2]

3.1.1.2 Sekundärer Unternehmenssektor

a) Sekundäre Produktionsbereiche 1 bis 10

In jedem der sekundären Produktionsbereiche 1 bis 10 existiert ein repräsentatives Unternehmen, das seinen statischen Gewinn maximiert. Jedes dieser Unternehmen produziert unter dem Einsatz in- und ausländischer Produzentengüter je ein Konsumgut. Die Produzentengüter fließen jeweils mit festen Anteilen in die Herstellung eines Konsumgutes ein; formal:

$$(3.8)\quad QS_i:=\min\left[\frac{VS_{1,i}}{z_{1,i}},\ldots,\frac{VS_{24,i}}{z_{24,i}}\right],\quad i=1,2,\ldots,10\quad ,$$

QS_i: Ausbringungsmenge des sekundären Unternehmens i,
$VS_{j,i}$: Vorproduktsnachfrage des sekundären Unternehmens i nach dem inl. Produzentengut j (j=1,2,...,12),
$VS_{j+12,i}$: Vorproduktsnachfrage des sekundären Unternehmens i nach dem ausl. Produzentengut j (j=1,2,...,12),
$z_{j,i}$: Input-Output-Koeffizient (Vorproduktsnachfrage nach dem inl. Produzentengut j pro Ausbringungseinheit des Konsumgutes i),
$z_{j+12,i}$: Input-Output-Koeffizient (Vorproduktsnachfrage nach dem ausl. Produzentengut j pro Ausbringungseinheit des Konsumgutes i).

Der Staat erhebt bei den sekundären Unternehmen 1 bis 10 Mehrwertsteuern auf den zu Ab-Werk-Preisen bewerteten Einsatz an Produzentengütern, wobei in- und ausländische Produzentengüter gleicher physisch-technischer Art (das inl. Produzentengut j und das ausl. Produzentengut j+12) demselben Mehrwertsteuersatz $\tau_{c,j}$ unterliegen. Der Anschaffungspreis eines Produzentengutes für das sekundäre Unternehmen i (i=1,2,...,10) bestimmt sich somit wie folgt:[3]

---

[2] Bei dem Term $[\theta_{Q,j}/(1+\theta_{Q,j})]p_j$ handelt es sich um die auf den Ab-Werk-Preis bezogene Produktionssteuerzahllast des primären Unternehmens j pro Ausbringungseinheit.
[3] Anschaffungspreis = Ab-Werk-Preis + Mehrwertsteuern. Im Gegensatz zu der Vorgehensweise des Statistischen Bundesamtes werden die Handels- und Transportdienstleistungen

(3.9) $q_j := (1+\tau_{c,j})p_j$, $j = 1,2,\ldots,12$

und

(3.10) $q_{j+12} := (1+\tau_{c,j})p_{j+12}$, $j = 1,2,\ldots,12$.

Vollkommene Konkurrenz und konstante Skalenerträge lassen für die sekundären Unternehmen keine "reinen" Unternehmensgewinne entstehen. Es gilt die Null-Profit-Bedingung:

(3.11) $\pi_i = \sum_{j=1}^{12} q_j z_{j,i} + \sum_{j=1}^{12} q_{j+12} z_{j+12,i}$, $i = 1,2,\ldots,10$,

π_i: (Anschaffungs)Preis des Konsumgutes i.

b) Sekundärer Produktionsbereich 11

Im elften sekundären Produktionsbereich stellt ein repräsentatives Unternehmen das Spargut her. Wie die anderen sekundären Unternehmen maximiert es seinen statischen Gewinn, wobei auf der Basis einer Produktionstechnologie produziert wird, die durch ein fixes Einsatzverhältnis der in- und ausländischen Produzentengüter charakterisiert ist:

(3.12) $QS_{11} := \min\left[\frac{VS_{1,11}}{z_{1,11}},\ldots,\frac{VS_{24,11}}{z_{24,11}}\right]$

QS_{11}: Ausbringungsmenge des sekundären Unternehmens 11,

$VS_{j,11}$: Vorproduktsnachfrage des sekundären Unternehmens 11 nach dem inl. Produzentengut j (j=1,2,...,12),

$VS_{j+12,11}$: Vorproduktsnachfrage des sekundären Unternehmens 11 nach dem ausl. Produzentengut j (j=1,2,...,12),

$z_{j,11}$: Input-Output-Koeffizient (Vorproduktsnachfrage nach dem inl. Produzentengut j pro Ausbringungseinheit des Spargutes),

$z_{j+12,11}$: Input-Output-Koeffizient (Vorproduktsnachfrage nach dem ausl. Produzentengut j pro Ausbringungseinheit des Spargutes).

Für den elften sekundären Produktionsbereich gilt die Null-Profit-Bedingung:

---

direkt im primären Produktionsbereich 10 verbucht, d.h. dort, wo diese Leistungen erstellt werden.

$$(3.13) \quad \pi_S = \sum_{j=1}^{12} p_j z_{j,11} + \sum_{j=1}^{12} p_{j+12} z_{j+12,11} \quad ,$$

π_S: (Ab-Werk-)Preis des Spargutes.

In der Abbildung 3-1 ist die im Modell zugrundeliegende Produktionsstruktur noch einmal graphisch zusammengefaßt.

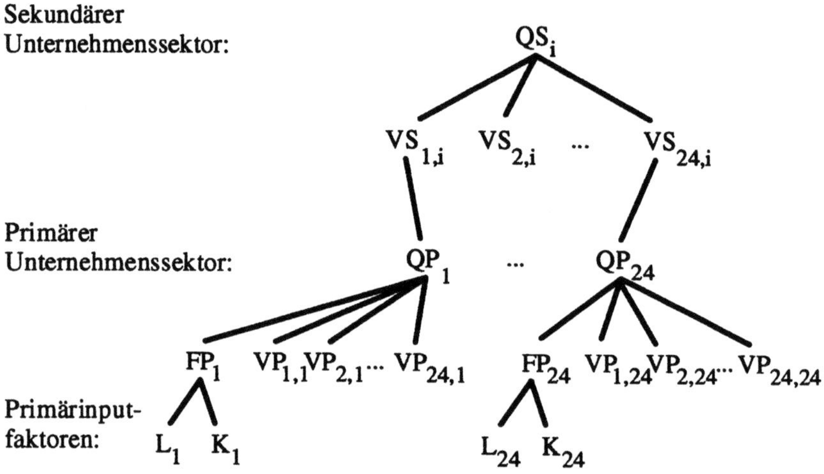

Abbildung 3-1: Produktionsstruktur

3.1.1.3 Haushaltssektor

Die Haushalte in FRG werden je nach Höhe ihres statistischen Nettoeinkommens in 16 Einkommensklassen unterteilt. Dabei werden alle individuellen Haushalte einer Einkommensklasse zu einem einzigen repräsentativen Haushalt zusammengefaßt. Der Haushaltssektor befindet sich vollkommen im Besitz der primären Produktionsfaktoren, wobei die Zeit- und Kapitalausstattung zwischen den Einkommensklassen variiert. Die Haushalte bieten zwar ihre gesamte Kapitalausstattung auf dem Kapitalmarkt an, jedoch nur einen Teil ihrer Zeitausstattung, da sie Freizeit als positives Gut schätzen. Neben Arbeits- und Kapitaleinkommen, die zu versteuern sind, beziehen die Haushalte ein steuerfreies Pauschtransfereinkommen vom Staat. Das progressive Einkommensteuersystem in der Bundesrepublik Deutschland wird in Gestalt linearer Tarifpolynome - für jede Einkommensklasse eines - abgebildet.

Jeder Haushalt maximiert seinen intertemporalen Nutzen unter der Nebenbedingung seines gegenwärtigen Budgets. Für jeden Haushalt h ist die intertemporale Nutzenfunktion annahmegemäß durch

(3.14) $U_h = U_h(x_{0,h}, x_{1,h}, \ldots, x_{10,h}, F_h)$, $h = 1,2,\ldots,16$,

$x_{0,h}$: Freizeitnachfrage des Haushalts (der Einkommensklasse) h,
$x_{i,h}$ Nachfrage des Haushalts h nach dem Konsumgut i (i=1,2,...,10),
F_h: Nachfrage des Haushalts h nach zukünftigem Konsum,

gegeben.

Die Budgetrestriktion des Haushalts h bestimmt sich entsprechend den vorangegangenen Ausführungen von der Entstehungsseite her betrachtet wie folgt:

(3.15) $Y_h = p_L L_h + p_K K_h + TR_h - TY_{\max,h}$, $h = 1,2,\ldots,16$,

mit

(3.16) $TY_{\max,h} = \tau_{Y,h}(p_L L_h + p_K K_h) - AB_h$, $h = 1,2,\ldots,16$,

Y_h: Maximal verfügbares Einkommen des Haushalts h,
L_h: Maximale Arbeits-/Freizeitausstattung des Haushalts h,
K_h: Kapital(dienst)ausstattung des Haushalts h,
TR_h: Transfereinkommen des Haushalts h,
$TY_{\max,h}$: Maximale Einkommensteuerschuld des Haushalts h,
$\tau_{Y,h}$: Einkommensteuersatz des Haushalts h,
AB_h: Abzugsbetrag des Haushalts h.

Von der Verwendungsseite her gesehen spaltet sich das maximal verfügbare Einkommen wie folgt auf:

(3.17) $Y_h = q_{0,h} x_{0,h} + \sum_{i=1}^{10} \pi_i x_{i,h} + \pi_{F,h} F_h$, $h = 1,2,\ldots,16$,

mit:

(3.18) $q_{0,h} := (1 - \tau_{Y,h}) p_L$, $h = 1,2,\ldots,16$,

$q_{0,h}$: Nettolohnsatz (Preis der Freizeit) des Haushalts h,
$\pi_{F,h}$: (Gegenwarts)Preis des zukünftigen Konsums des Haushalts h.

Seine maximale Zeitausstattung kann ein Haushalt in Form von Arbeitszeit (l_h) auf dem Arbeitsmarkt anbieten oder für Freizeit verwenden. Vermindert man das maximal verfügbare Einkommen um den Wert der nachgefragten Freizeit, so erhält man das - empirisch beobachtbare - verfügbare Einkommen je Haushalt:

(3.19) $I_h = Y_h - q_{0,h} x_{0,h}, \quad h = 1,2,...,16 \quad .$

Von der Entstehungsseite setzt sich das verfügbare Einkommen wie folgt zusammen:

(3.20) $I_h = p_L l_h + p_K K_h + TR_h - TY_h, \quad h = 1,2,...,16 \quad ,$

mit der - empirisch beobachtbaren - Einkommensteuerschuld

(3.21) $TY_h = \tau_{Y,h} (p_L l_h + p_K K_h) - AB_h, \quad h = 1,2,...,16 \quad .$

Von der Verwendungsseite kann das verfügbare Einkommen für Konsumgüterkäufe oder zukünftigen Konsum verwendet werden:

(3.22) $I_h = \sum_{i=1}^{10} \pi_i x_{i,h} + \pi_{F,h} F_h, \quad h = 1,2,...,16 \quad .$

Die Abbildung der Präferenzen der Haushalte erfolgt in Gestalt eines vierstufigen CES/CD-Nutzenbaums.[4] Dessen Form - in Abbildung 3-2 graphisch festgehalten - wird in Anlehnung an Ballard/Fullerton/Shoven/Whalley (1985, S. 35-41) so gewählt, daß die Haushalte zunächst ihre intertemporale Konsumentscheidung treffen, d.h. sie teilen ihr maximal verfügbares Einkommen (nutzen)optimal auf den heutigen bzw. den zukünftigen Konsum auf. Anschließend erfolgt die Freizeit-/Konsumentscheidung, d.h. die Haushalte entscheiden darüber, wie sie ihr Budget für den heutigen Konsum optimal für den Kauf von Konsumgütern bzw. für Freizeitausgaben verwenden. Abschließend splitten die Haushalte ihre Gesamtausgaben für Konsumgüter optimal auf die zehn verschiedenen Konsumgüter auf. Unter der gewählten Präferenzstruktur läßt sich das Nutzenmaximierungsproblem der Haushalte mittels eines dreistufigen Maximierungsansatzes in konsistenter Art und Weise lösen.[5]

---

[4] Das Konzept des Nutzenbaums geht zurück auf R.H. Strotz (1957, 1959) und W.M. Gorman (1959). Eine einführende Darstellung findet sich bei A. Deaton/J. Muellbauer (1980), S. 122-126 und L. Phlips (1983), S. 71-77.

[5] Konsistent bedeutet hierbei, daß die dreistufige Maximierung der intertemporalen Nutzenfunktion (3.14) zu denselben Konsumentscheidungen führt wie die (traditionelle) einstufige Maximierung. Siehe hierzu auch K.-J. Duschek (1993), S. 73-80.

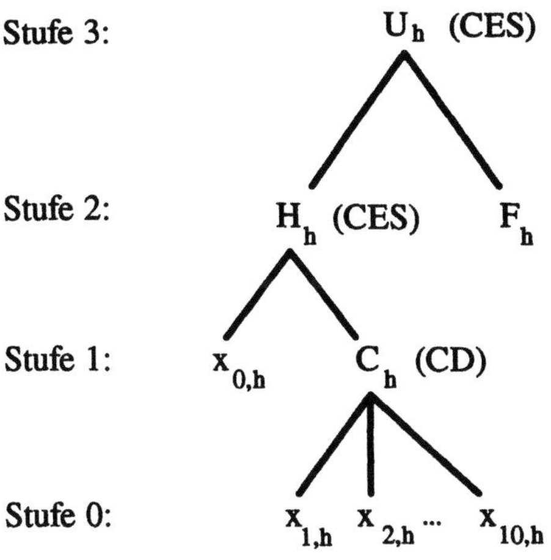

Abbildung 3-2: Nutzenbaumstruktur

1. Stufe des Nutzenmaximierungsproblems

Auf der ersten Stufe des Nutzenmaximierungsproblems (Stufe 3 des Nutzenbaums) sehen sich die Konsumenten dem Problem gegenübergestellt, ihre intertemporale Konsumentscheidung zu treffen. Hierbei maximieren sie ihren intertemporalen Nutzen unter Berücksichtigung ihres maximal verfügbaren Einkommens; formal:

(3.23) $\max_{H_h, F_h} \quad U_h(H_h, F_h)$ unter der Nebenbedingung $Y_h = \pi_{H,h} H_h + \pi_{F,h} F_h\,, \quad h = 1,2,\ldots,16,$

$$\text{mit } U_h := \left[\alpha_h^{1-\Omega_h} H_h^{\Omega_h} + (1-\alpha_h)^{1-\Omega_h} F_h^{\Omega_h}\right]^{\frac{1}{\Omega_h}} \quad ,$$

$$0 < \alpha_h < 1,\ \Omega_h := \frac{\rho_h - 1}{\rho_h},\ 0 < \rho_h < \infty,\ \rho_h \neq 1, \quad h = 1,2,\ldots,16 \quad ,$$

H_h: Nachfrage des Haushalts h nach heutigem Konsum,

$\pi_{H,h}$: Preisindex des heutigen Konsums des Haushalts h,

α_h: Distributionsparameter (Gewichtung zwischen heutigem und zukünftigem Konsum des Haushalts h),

ρ_h: Substitutionselastizität zwischen heutigem und zukünftigem Konsum des Haushalts h.

Aus der Lösung dieses Nutzenmaximierungsproblems erhält man die direkte Nachfragefunktion für heutigen Konsum

$$(3.24)\quad H_h = \alpha_h \left[\frac{\pi_{U,h}}{\pi_{H,h}}\right]^{\rho_h} \frac{Y_h}{\pi_{U,h}}, \quad h = 1,2,\ldots,16$$

und die direkte Nachfragefunktion für zukünftigen Konsum

$$(3.25)\quad F_h = (1-\alpha_h)\left[\frac{\pi_{U,h}}{\pi_{F,h}}\right]^{\rho_h} \frac{Y_h}{\pi_{U,h}}, \quad h = 1,2,\ldots,16 \quad ,$$

mit dem intertemporalen Preisindex

$$(3.26)\quad \pi_{U,h} = \left[\alpha_h \pi_{H,h}^{(1-\rho_h)} + (1-\alpha_h)\pi_{F,h}^{(1-\rho_h)}\right]^{\frac{1}{(1-\rho_h)}}, \quad h = 1,2,\ldots,16 \quad .$$

2. Stufe des Nutzenmaximierungsproblems

Auf der zweiten Stufe des Nutzenmaximierungsansatzes (Stufe 2 des Nutzenbaums) stehen die Haushalte vor dem Problem, eine Auswahl zwischen Freizeit und Konsumgütern zu treffen, d.h. ihren Nutzen aus dem heutigen Konsum unter der Nebenbedingung ihrer (optimalen) Ausgaben für den heutigen Konsum zu maximieren; formal:

$$(3.27)\quad \max_{x_{0,h},C_h} \quad H_h(x_{0,h},C_h) \text{ unter der Nebenbedingung } Y_{H,h} = q_{0,h}x_{0,h} + \pi_{C,h}C_h, \quad h = 1,2,\ldots,16$$

$$\text{mit } H_h := \left[\beta_h^{1-\phi_h} x_{0,h}^{\phi_h} + (1-\beta_h)^{1-\phi_h} C_h^{\phi_h}\right]^{\frac{1}{\phi_h}} \quad ,$$

$$0 < \beta_h < 1,\ \phi_h := \frac{\sigma_h - 1}{\sigma_h},\ 0 < \sigma_h < \infty,\ \sigma_h \neq 1,\ h = 1,2,\ldots,16 \quad ,$$

$Y_{H,h}$: Ausgaben des Haushalts h für heutigen Konsum,

C_h: Nachfrage des Haushalts h nach Konsumgütern,

$\pi_{C,h}$: Preisindex der Konsumgüter des Haushalts h,

β_h: Distributionsparameter (Gewichtung zwischen Freizeit und Konsumgütern des Haushalts h),

σ_h: Substitutionselastizität zwischen Freizeit und Konsumgütern des Haushalts h.

Die Lösung dieses Optimierungsproblem führt - bei Beachtung der sich aus dem vorangegangenen Maximierungsansatz ergebenden optimalen Ausgaben für den heutigen Konsum - zu der direkten Nachfragefunktion für Freizeit

$$(3.28)\quad x_{0,h} = \beta_h \left[\frac{\pi_{H,h}}{q_{0,h}}\right]^{\sigma_h} \alpha_h \left[\frac{\pi_{U,h}}{\pi_{H,h}}\right]^{\rho_h} \frac{Y_h}{\pi_{U,h}}, \quad h = 1,2,\ldots,16$$

und der direkten Nachfragefunktion für Konsumgüter

$$(3.29)\quad C_h = (1-\beta_h)\left[\frac{\pi_{H,h}}{\pi_{C,h}}\right]^{\sigma_h} \alpha_h \left[\frac{\pi_{U,h}}{\pi_{H,h}}\right]^{\rho_h} \frac{Y_h}{\pi_{U,h}}, \quad h = 1,2,\ldots,16 \quad ,$$

mit dem Preisindex für den heutigen Konsum

$$(3.30)\quad \pi_{H,h} = \left[\beta_h q_{0,h}^{(1-\sigma_h)} + (1-\beta_h)\pi_{C,h}^{(1-\sigma_h)}\right]^{\frac{1}{(1-\sigma_h)}}, \quad h = 1,2,\ldots,16 \quad .$$

3. Stufe des Nutzenmaximierungsproblems

Auf der dritten Stufe des Nutzenmaximierungsproblems (Stufe 1 des Nutzenbaums) befassen sich die Haushalte mit dem Problem, ihre Gesamtausgaben für Konsumgüter auf die zehn zur Verfügung stehenden Güter dieser Art aufzuteilen. Dabei maximieren sie ihren Nutzen aus der Nachfrage nach Konsumgütern unter Berücksichtigung ihrer (optimalen) Ausgaben für Konsumgüter; formal:

$$(3.31)\quad \max_{x_{1,h},\ldots,x_{10,h}} \; C_h(x_{1,h},\ldots,x_{10,h}) \text{ unter der Nebenbedingung } Y_{C,h} = \sum_{i=1}^{10} \pi_i x_{i,h}, \quad h = 1,2,\ldots,16 \quad ,$$

$$\text{mit } C_h := \prod_{i=1}^{10} \delta_i^{-\delta_{i,h}} x_{i,h}^{\delta_{i,h}} \quad ,$$

$$0 < \delta_{i,h} < 1\,(i = 1,2,\ldots,10),\; \sum_{i=1}^{10} \delta_{i,h} = 1, \quad h = 1,2,\ldots,16 \quad ,$$

$Y_{C,h}$: Ausgaben des Haushalts h für Konsumgüter,

$\delta_{i,h}$: Budgetanteilsparameter (Anteil der Ausgaben für das Konsumgut i an den Ausgaben für Konsumgüter des Haushalts h).

Löst man dieses Optimierungsproblem, so erhält man - unter Berücksichtigung der sich aus dem vorangegangenen Maximierungsansatz ergebenden optimalen Ausgaben für (alle) Konsumgüter - die direkten Nachfragefunktionen für die Konsumgüter 1 bis 10

$$(3.32)\quad x_{i,h} = \delta_{i,h} \frac{\pi_{C,h}}{\pi_i}(1-\beta_h)\left[\frac{\pi_{H,h}}{\pi_{C,h}}\right]^{\sigma_h} \alpha_h \left[\frac{\pi_{U,h}}{\pi_{H,h}}\right]^{\rho_h} \frac{Y_h}{\pi_{U,h}}, \quad i = 1,2,\ldots,10, \quad h = 1,2,\ldots,16 \quad ,$$

mit dem Konsumgüterpreisindex

$$(3.33)\quad \pi_{C,h} = \prod_{i=1}^{10} \pi_i^{\delta_{i,h}}, \quad h = 1,2,\ldots,16 \quad .$$

Im vorangegangenen wurde bereits die Nachfrage nach Freizeit, den 10 Konsumgütern und dem zukünftigen Konsum hergeleitet. Die Nachfrage nach dem Spargut sowie der (Gegenwarts)Preis des zukünftigen Konsums blieben dabei unbestimmt. Im folgenden wird nun gezeigt, wie die Nachfrage nach dem Spargut mit der Nachfrage nach zukünftigem Konsum gekoppelt und wie der (Gegenwarts)Preis des zukünftigen Konsums definiert ist.

Die Nachfrage nach zukünftigem Konsum ist als die in jeder zukünftigen Periode gleich große Nachfrage nach Konsumgütern definiert, die ein Haushalt aufgrund der zukünftigen Nettoerträge der heutigen Ersparnis realisieren kann. Formal gesehen stellt sich die definitorische Übereinstimmung des Gegenwartswerts der zukünftigen Nettoerträge der heutigen Ersparnis (GWS_h) und des Gegenwartswerts des zukünftigen Konsums (GWF_h) wie folgt dar:

$$(3.34)\quad GWS_h := GWF_h, \quad h = 1,2,\ldots,16 \quad .$$

Angenommen wird, daß die Haushalte ihre Ersparnisse dazu verwenden, das Spargut zu kaufen. Ferner wird unterstellt, daß jede Mengeneinheit des Spargutes in jeder zukünftigen Periode μ Mengeneinheiten Kapitaldienste liefert.[6] Somit erhöht eine heutige Nachfrage nach dem Spargut in Höhe von S_h die an den industriellen und staatlichen Bereich vermietbare Kapitaldienstausstattung des Haushalts h in jeder zukünftigen Periode um μS_h Mengeneinheiten. Desweiteren wird davon ausgegangen, daß die Haushalte naive Erwartungen besitzen, d.h. sie setzen voraus, daß die gegenwärtigen Preise und Steuersätze auch in allen zukünftigen Perioden Gültigkeit besitzen. Eine heutige Ersparnis in Höhe von $\pi_S S_h$ erbringt unter diesen Prämissen in jeder zukünftigen Periode einen (erwarteten) Nettoertrag in Höhe von $r_h \pi_S S_h$, wobei r_h die (erwartete) Nettoertragsrate der heutigen Ersparnis des Haushalts h bezeichnet, die gemäß den vorausgegangenen Ausführungen wie folgt definiert ist:

$$(3.35)\quad r_h := \left[\frac{(1-\tau_{Y,h})\mu p_K}{\pi_S}\right], \quad h = 1,2,\ldots,16 \quad .$$

6 μ, formal betrachtet ein Konvertierungsfaktor zur Umwandlung von Stock- in Flußgrößen, wird ebenso wie die Parameter der Produktions- und Nutzenfunktionen als zeitlich konstant unterstellt.

Unter den oben genannten Annahmen sowie bei einer Abzinsung mit r_h entspricht der Gegenwartswert der zukünftigen Nettoerträge der heutigen Ersparnis gerade dem Wert der heutigen Ersparnis, d.h.

(3.36) $GWS_h = \pi_S S_h , \quad h = 1,2,\ldots,16 \quad .$

Der Gegenwartswert des zukünftigen Konsums ergibt sich bei einer Diskontierung mit r_h als

(3.37) $GWF_h = \frac{\pi_{C,h}}{r_h} F_h , \quad h = 1,2,\ldots,16 \quad .$[7]

Setzt man GWS_h und GWF_h gemäß der Definitionsgleichung (3.34) gleich, gelangt man zu

(3.38) $\pi_S S_h = \pi_{F,h} F_h \quad ,$

mit

$$\pi_{F,h} := \frac{\pi_{C,h}}{r_h} , \quad h = 1,2,\ldots,16 \quad .$$

Löst man die Gleichung (3.38) nach S_h auf, so gelangt man zu

(3.39) $S_h = \frac{\pi_{F,h}}{\pi_S} F_h , \quad h = 1,2,\ldots,16 \quad .$

Durch Einsetzen der Marshallschen Nachfragefunktion für zukünftigen Konsum in die Gleichung (3.39) erhält man schließlich die Marshallsche Nachfragefunktion für das Spargut:

(3.40) $S_h = (1-\alpha_h) \frac{\pi_{F,h}}{\pi_S} \left[\frac{\pi_{U,h}}{\pi_{F,h}} \right]^{\rho_h} \frac{Y_h}{\pi_{U,h}} , \quad h = 1,2,\ldots,16 \quad .$

3.1.1.4 Staatssektor

Der Staat in FRG leistet Transferzahlungen an die Haushalte und stellt kostenlos öffentliche Güter zur Verfügung. Diese Güter gehen annahmegemäß nicht in die

---

7 An dieser Stelle sei noch einmal betont, daß F_h als die in jeder zukünftigen Periode s (s=1,2,...,∞) gleich große Nachfrage nach Konsumgütern definiert ist, d.h. $F_h := C_{h,s}, s = 1,2,\ldots,\infty$. Hieraus erklärt sich auch der Umstand, daß zur Beurteilung des Wertes des zukünftigen Konsums der Preisindex für Konsumgüter ($\pi_{C,h}$) herangezogen wird.

Nutzenfunktionen der Haushalte ein, d.h. sie beeinflussen das Nutzenniveau und die Nachfragestruktur der Haushalte nur mittelbar. Der Staat finanziert seine Transferzahlungen und seine Ausgaben für die Erstellung öffentlicher Güter (Staatsausgaben) über die Erhebung von Produktions-, Faktor-, Einkommen- und Mehrwertsteuern. Die Erstellung öffentlicher Güter wird im Modell über die Kostenseite erfaßt. Der Staat wird dabei als einzelner repräsentativer Konsument abgebildet, der einen direkten Nutzen aus den Inputs für die Erstellung öffentlicher Güter - Arbeit und Kapital sowie in- und ausländische Produzentengüter - zieht. Als Entscheidungsgrundlage dient eine CD-Nutzenfunktion:

(3.41) $$U_{St}(L_{St},K_{St},X_{1,St},\dots,X_{24,St}) := \psi_L^{-\psi_L} L_{St}^{\psi_L} \psi_K^{-\psi_K} K_{St}^{\psi_K} \prod_{j=1}^{24} \psi_j^{-\psi_j} X_{j,St}^{\psi_j} \quad ,$$

$$0<\psi_L<1,\ 0<\psi_K<1,\ 0<\psi_j<1,\ (j=1,2,\dots,24),\ \psi_L+\psi_K+\sum_{j=1}^{24}\psi_j=1 \ ,$$

L_{St}: Nachfrage des Staates nach dem Faktor Arbeit,

K_{St}: Nachfrage des Staates nach dem Faktor Kapital,

$X_{j,St}$: Nachfrage des Staates nach dem inl. Produzentengut j (j=1,2,...,12),

$X_{j+12,St}$: Nachfrage des Staates nach dem ausl. Produzentengut j (j=1,2,...,12),

ψ_L: Budgetanteilsparameter (Anteil der Ausgaben für den Faktor Arbeit an den Staatsausgaben),

ψ_K: Budgetanteilsparameter (Anteil der Ausgaben für den Faktor Kapital an den Staatsausgaben),

ψ_j: Budgetanteilsparameter (Anteil der Ausgaben für das inl. Produzentengut j an den Staatsausgaben),

ψ_{j+12}: Budgetanteilsparameter (Anteil der Ausgaben für das ausl. Produzentengut j an den Staatsausgaben).

Analog zu den primären Unternehmen zahlt der Staat Steuern auf den Faktor Arbeit (z.B. tatsächliche Sozialbeiträge und unterstellte Sozialbeiträge für die Beamtenversorgung) mit dem Steuersatz $\theta_{L,St}$. Somit bestimmt sich der Lohnsatz des Staates nach Faktorsteuern als

(3.42) $$w_{L,St} := (1+\theta_{L,St})\,p_L \quad .$$

Ferner muß der Staat Mehrwertsteuern auf den zu Ab-Werk-Preisen bewerteten Verbrauch an Produzentengütern entrichten, d.h. er bezieht die von ihm nachgefragten Produzentengüter zu den in den Gleichungen (3.9) und (3.10) definierten Anschaffungspreisen.

Der Staat maximiert seinen statischen Nutzen unter der Nebenbedingung des für die Erstellung öffentlicher Güter zur Verfügung stehenden Budgets; formal:

(3.43) $\max_{L_{St}, K_{St}, X_{1,St}, \ldots, X_{24,St}} U_{St}(L_{St}, K_{St}, X_{1,St}, \ldots, X_{24,St})$ unter der Nebenbedingung

$$G_{St} = w_{L,St} L_{St} + p_K K_{St} + \sum_{j=1}^{24} q_j X_{j,St} \quad ,$$

G_{St}: Staatsausgaben.

Als Lösung dieses Optimierungsproblems erhält man die Marshallsche Nachfragefunktion des Staates für den Faktor Arbeit

(3.44) $L_{St} = \psi_L \dfrac{G_{St}}{w_{L,St}} \quad ,$

die Marshallsche Nachfragefunktion des Staates für den Faktor Kapital

(3.45) $K_{St} = \psi_K \dfrac{G_{St}}{p_K}$

und die Marshallschen Nachfragefunktionen des Staates für in- und ausländische Produzentengüter

(3.46) $X_{j,St} = \psi_j \dfrac{G_{St}}{q_j}, \quad j = 1,2,\ldots,12$

und

(3.47) $X_{j+12,St} = \psi_{j+12} \dfrac{G_{St}}{q_{j+12}}, \quad j = 1,2,\ldots,12 \quad .$

3.1.2 Das Submodell für ROW

Die Struktur des Submodells für ROW entspricht weitestgehend der des Submodells für FRG. Wie in FRG setzt sich die Ökonomie in ROW aus dem primären Unternehmens-, dem sekundären Unternehmens-, dem Haushalts- und dem Staatssektor zusammen. Der primäre Unternehmenssektor gliedert sich ebenfalls in 12 und der sekundäre Unternehmenssektor wiederum in 11 Produktionsbereiche.

Der sekundäre Unternehmenssektor in ROW wird in völliger Analogie zum sekundären Unternehmenssektor in FRG modelliert. Was den primären Unternehmens-, den Haushalts- und den Staatssektor anbelangt, so bestehen folgende Unterschiede zwischen FRG und ROW:

- **Primärer Unternehmenssektor:**
  Da es mangels statistischer Daten nicht möglich ist, Steuern auf die Faktoren Arbeit und Kapital für ROW explizit auszuweisen, haben die primären Unternehmen in ROW annahmegemäß keine Faktorsteuern zu entrichten.
- **Haushaltssektor:**
  Während in FRG 16 Haushalte (Einkommensklassen) Berücksichtigung finden, werden in ROW - wegen fehlender empirischer Daten und da bei Simulationsrechnungen die Wohlfahrtseffekte der Konsumenten in FRG im Vordergrund stehen - alle individuellen Haushalte zu einem einzigen repräsentativen Haushalt aggregiert. Ferner wird in ROW aus Vereinfachungsgründen von einem durchgehend proportionalen Einkommensteuertarif ausgegangen.
- **Staat:**
  Im Gegensatz zum Staat in FRG erhebt der Staat in ROW keine Steuern auf die Faktoren Arbeit und Kapital bei den primären Unternehmen. Gleichzeitig zahlt der Staat in ROW keine Steuern auf den Arbeitseinsatz für die Erstellung öffentlicher Güter.

Abgesehen von den genannten Abweichungen werden der primäre Unternehmens-, der Haushalts- und der Staatssektor in ROW in derselben Art und Weise wie der entsprechende Sektor in FRG abgebildet. Insbesondere sind die Wirtschaftssubjekte in ROW mit den gleichen Optimierungsproblemen wie die Individuen in FRG konfrontiert, wobei für die Produktions- und Nutzenfunktionen der Wirtschaftssubjekte in ROW dieselben funktionalen Formen wie für die Produktions- und Nutzenfunktionen der ökonomischen Agenten in FRG unterstellt werden.

3.1.3 Statisches allgemeines Gleichgewicht

Ein statisches allgemeines Gleichgewicht (für die Periode t ($t=0,1,....,\infty$)) liegt definitionsgemäß vor, wenn (in der Periode t) alle Faktor- und Gütermärkte geräumt und die Budgets aller Individuen in FRG und ROW (Unternehmen, Haushalte, Staat) ausgeglichen sind. Die formalen Bedingungen, die im Falle eines statischen allgemeinen Gleichgewichts halten müssen, sind in der Tabelle 3-1 festgehalten.[8] Hierzu sei bemerkt, daß die Ausgeglichenheit der Haushaltsbudgets implizit durch die Verwendung der Marshallschen Nachfragefunktionen berücksichtigt wird; die Ausgeglichenheit der Unternehmensbudgets ist durch die Null-Profit-Bedingungen gewährleistet.

---

8 Das Superskript "F" indiziert im folgenden die Wirtschaftsregion FRG und das Superskript "R" die Wirtschaftsregion ROW.

Tabelle 3-1: Gleichgewichtsbedingungen (Statisches allgemeines Gleichgewicht)

	FRG	ROW
1. Null-Profit-Bedingungen des primären Unternehmenssektors	$\left[1-\frac{\theta_{Q,j}}{1+\theta_{Q,j}}\right]p_j-\sum_{k=1}^{12}p_k a_{k,j}-\sum_{k=1}^{12}p_{k+12}a_{k+12,j}$ $=w_{L,j}f_{L,j}+w_{K,j}f_{K,j}$, $j=1,2,\ldots,12$	$\left[1-\frac{\theta_{Q,j+12}}{1+\theta_{Q,j+12}}\right]p_{j+12}-\sum_{k=1}^{12}p_k a_{k,j}-\sum_{k=1}^{12}p_{k+12}a_{k+12,j}$ $=p_L^R f_{L,j+12}+p_K f_{K,j+12}$, $j=1,2,\ldots,12$
2. Null-Profit-Bedingungen der sekundären Produktionsbereiche 1 bis 10	$\pi_i^F=\sum_{j=1}^{12}q_j^F z_{j,i}^F+\sum_{j=1}^{12}q_{j+12}^F z_{j+12,i}^F$, $i=1,2,\ldots,10$	$\pi_i^R=\sum_{j=1}^{12}q_j^R z_{j,i}^R+\sum_{j=1}^{12}q_{j+12}^R z_{j+12,i}^R$, $i=1,2,\ldots,10$
3. Null-Profit-Bedingungen des elften sekundären Produktionsbereichs	$\pi_S^F=\sum_{j=1}^{12}p_j z_{j,11}^F+\sum_{j=1}^{12}p_{j+12}z_{j+12,11}^F$	$\pi_S^R=\sum_{j=1}^{12}p_j z_{j,11}^R+\sum_{j=1}^{12}p_{j+12}z_{j+12,11}^R$
4. Nationaler Arbeitsmarkt	$\sum_{h=1}^{16}l_h^F=\sum_{j=1}^{12}L_j+L_{St}^F$	$l^R=\sum_{j=1}^{12}L_{j+12}+L_{St}^R$
5. Internationaler Kapitalmarkt	$\sum_{h=1}^{16}K_h^F+K^R=\sum_{j=1}^{12}K_j+\sum_{j=1}^{12}K_{j+12}+K_{St}^F+K_{St}^R$	

	FRG	ROW
6. Internationale Produzentengütermärkte (in FRG hergestellte Produzentengüter)	$QP_j = \sum_{k=1}^{12} a_{j,k} QP_k + \sum_{k=1}^{12} a_{j,k+12} QP_{k+12} + \sum_{i=1}^{11} z_{j,i}^F QS_i^F + \sum_{i=1}^{11} z_{j,i}^R QS_i^R + X_{j,St}^F + X_{j,St}^R \quad , \quad j = 1,2,\ldots,12$	
7. Internationale Produzentengütermärkte (in ROW hergestellte Produzentengüter)	$QP_{j+12} = \sum_{k=1}^{12} a_{j+12,k} QP_k + \sum_{k=1}^{12} a_{j+12,k+12} QP_{k+12} + \sum_{i=1}^{11} z_{j+12,i}^F QS_i^F + \sum_{i=1}^{11} z_{j+12,i}^R QS_i^R + X_{j+12,St}^F + X_{j+12,St}^R \quad , \quad j = 1,2,\ldots,12$	
8. Nationale Konsumgütermärkte	$QS_i^F = \sum_{h=1}^{16} x_{i,h}^F \quad , \quad i = 1,2,\ldots,10$	$QS_i^R = x_i^R \quad , \quad i = 1,2,\ldots,10$
9. Nationaler Spargutmarkt	$QS_{11}^F = \sum_{h=1}^{16} S_h^F$	$QS_{11}^R = S^R$
10. Staatliche Budgetrestriktion	$TQ^F + TL + TK + TY^F + TC^F = G_{St}^F + TR_{St}^F$	$TQ^R + TY^R + TC^R = G_{St}^R + TR_{St}^R$

Legende:
TQ: Produktionssteueraufkommen
TL: Aufkommen aus der Besteuerung des Faktors Arbeit
TK: Aufkommen aus der Besteuerung des Faktors Kapital
TC: Mehrwertsteueraufkommen
TR_{St}: Transferzahlungen des Staates

3.2 Das "dynamische" Modell

Während es sich bei dem "statischen" Teilmodell um eine isolierte Betrachtung für einzelne Perioden handelt, im Rahmen derer die Effekte der heutigen Ersparnis auf die zukünftigen Kapitalausstattungen der Haushalte in FRG und ROW unberücksichtigt bleiben, betrachtet das "dynamische" Modell explizit den Wachstumspfad, den die Weltökonomie aufgrund der in den einzelnen Perioden getroffenen Sparentscheidungen im Zeitablauf einschlägt.

Das "dynamische" Modell beruht auf den beiden folgenden grundlegenden Annahmen:

1. Alle ökonomischen Entscheidungseinheiten in FRG und ROW besitzen eine unendliche Lebenserwartung.

2. Alle Individuen in FRG und ROW wiederholen ihre Produktions- und Konsumentscheidungen in jeder Periode in der durch das "statische" Teilmodell beschriebenen Art und Weise.

Der dynamische Pfad der Weltökonomie wird als unendliche Sequenz von statischen allgemeinen Gleichgewichten abgebildet. Die einzelnen Gleichgewichte einer Sequenz sind über das modellexogene Wachstum der Zeitausstattungen sowie das modellendogene Wachstum der Kapitalausstattungen der Haushalte in FRG und ROW miteinander gekoppelt. Zur Berechnung der einzelnen statischen allgemeinen Gleichgewichte einer Sequenz wird jeweils von den zu Beginn der entsprechenden Periode vorhandenen Zeit- und Kapitalausstattungen ausgegangen. Die Spargutnachfrage in der jeweils aktuellen Periode erhöht die zu Beginn der nächsten Periode zur Verfügung stehende Kapitalausstattung. Bewegt man sich entlang einer Sequenz, so wachsen die Kapitalausstattungen der Haushalte endogen infolge der Ersparnis.

Ein gleichgewichtiger Wachstumspfad ist definitionsgemäß eine Situation, in der sich die Steuerpolitik im Zeitablauf nicht ändert und in der die Zeit- und Kapitalausstattungen der Haushalte in FRG und ROW jeweils mit derselben konstanten Rate wachsen. Der letztgenannte Aspekt ist in der Tabelle 3-2 formal dargestellt.[9]

---

[9] Das Subskript "t" indiziert im folgenden die Periode t.

Tabelle 3-2: Gleichgewichtiger Wachstumspfad

	FRG	ROW
Wachstumsrate der Zeitausstattungen der Haushalte	$g^F_{L,h,t} = g_{ss}$ $h = 1,2,\ldots,16,$ $t = T+1, T+2, \ldots, \infty$	$g^R_{L,t} = g_{ss}$ $t = T+1, T+2, \ldots, \infty$
Wachstumsrate der Kapitalausstattungen der Haushalte	$g^F_{K,h,t} = g_{ss}$ $h = 1,2,\ldots,16,$ $t = T+1, T+2, \ldots, \infty$	$g^R_{K,t} = g_{ss}$ $t = T+1, T+2, \ldots, \infty$

Legende:

$g^F_{L,h}$: Wachstumsrate der Zeitausstattung des Haushalts h in FRG
g^R_L: Wachstumsrate der Zeitausstattung des Haushalts in ROW
$g^F_{K,h}$: Wachstumsrate der Kapitalausstattung des Haushalts h in FRG
g^R_K: Wachstumsrate der Kapitalausstattung des Haushalts in ROW
g_{SS}: Gleichgewichtige Wachstumsrate (steady-state-Wachstumsrate)
T: Periode, ab der die Weltökonomie einen steady-state-Wachstumspfad realisiert

Die Wachstumsrate der Zeitausstattung der Haushalte in FRG ist definiert als

$$(3.48)\quad g^F_{L,h,t} := \frac{L^F_{h,t} - L^F_{h,t-1}}{L^F_{h,t-1}}, \quad h = 1,2,\ldots,16, \quad t = 1,2,\ldots,\infty$$

und die Wachstumsrate der Zeitausstattung des Haushalts in ROW als

$$(3.49)\quad g^R_{L,t} := \frac{L^R_t - L^R_{t-1}}{L^R_{t-1}}, \quad t = 1,2,\ldots,\infty \quad .$$

Aufgrund der modellexogenen Spezifizierung der Wachstumsraten der Zeitausstattungen der Haushalte in FRG und ROW stimmen diese stets, d.h. auch dann, wenn sich die Weltökonomie auf einem Übergangspfad befindet, mit der zeitlich konstanten steady-state-Wachstumsrate überein; formal:

$$(3.50)\quad g^F_{L,h,t} := g_{SS}, \quad h = 1,2,\ldots,16, \quad t = 1,2,\ldots,\infty$$

und

$$(3.51)\quad g^R_{L,t} := g_{SS}, \quad t = 1,2,\ldots,\infty \quad .$$

Die Wachstumsraten der Zeitausstattungen der Haushalte setzen sich jeweils aus zwei Komponenten zusammen, dem Bevölkerungswachstum und dem Harrod-neutralen technischen Fortschritt.[10] Diese beiden Komponenten werden als im Zeitablauf konstant unterstellt. Es gilt somit für FRG

(3.52) $g_{L,h,t}^{F} := (1+g_{B}^{F})(1+g_{H}^{F})-1, \quad h=1,2,\ldots,16, \quad t=1,2,\ldots,\infty$

und entsprechend für ROW

(3.53) $g_{L,t}^{R} := (1+g_{B}^{R})(1+g_{H}^{R})-1, \quad t=1,2,\ldots,\infty$,

g_B^F: Bevölkerungswachstumsrate in FRG,
g_H^F Harrod-Fortschrittsrate in FRG,
g_B^R: Bevölkerungswachstumsrate in ROW,
g_H^R: Harrod-Fortschrittsrate in ROW.

Die Wachstumsrate der Kapitalausstattungen der Haushalte in FRG ist definiert als

(3.54) $$g_{K,h,t}^{F} := \frac{\sum_{h=1}^{16} K_{h,t}^{F} - \sum_{h=1}^{16} K_{h,t-1}^{F}}{\sum_{h=1}^{16} K_{h,t-1}^{F}}, \quad h=1,2,\ldots,16, \quad t=1,2,\ldots,\infty$$

und die Wachstumsrate der Kapitalausstattung des Haushalts in ROW als

(3.55) $$g_{K,t}^{R} := \frac{K_t^R - K_{t-1}^R}{K_{t-1}^R}, \quad t=1,2,\ldots,\infty .$$

Berücksichtigt man die Bestimmungsgleichung für die Kapitalausstattung des Haushaltssektors in FRG,

(3.56) $$\sum_{h=1}^{16} K_{h,t}^{F} = \sum_{h=1}^{16} K_{h,t-1}^{F} + \mu^{F} \sum_{h=1}^{16} S_{h,t-1}^{F}, \quad t=1,2,\ldots,\infty ,$$

in der Gleichung (3.54), so erhält man für die Wachstumsrate der Kapitalausstattung des Haushalts h in FRG

---

[10] Diese Aufteilung erlaubt es, sich bei der Berechnung der dynamischen Wohlfahrtseffekte von Steuerreformprogrammen stets auf eine Bevölkerung der Größe des Jahres 1988, dem Basisjahr der mikrokonsistenten Datenbasis, zu beziehen. Hierdurch vermeidet man eine stärkere Gewichtung der Wohlfahrtseffekte zukünftiger Perioden allein aufgrund des Bevölkerungswachstums.

$$\text{(3.57)}\quad g_{K,h,t}^{F} := \frac{\mu^{F}\sum_{h=1}^{16} S_{h,t-1}^{F}}{\sum_{h=1}^{16} K_{h,t-1}^{F}}, \quad h=1,2,\ldots,16, \quad t=1,2,\ldots,\infty \quad .$$

Diese Schreibweise verdeutlicht, daß jeder Haushalt am Ende einer Periode nicht seine eigenen Ersparnisse erhält, sondern eine Umverteilung in dem Sinne stattfindet, daß die Ersparnisse des Haushaltssektors im Verhältnis zu dem Kapitalstock der einzelnen Haushalte aufgeteilt werden. Wäre dies nicht der Fall, so würden die Reichen immer reicher und die Armen immer ärmer. Die am Ende einer jeden Periode vorgenommene Umverteilung läßt sich als Approximation der nicht explizit berücksichtigten Wanderung der Haushalte zwischen den Einkommensklassen über ihren Lebenszyklus interpretieren.[11] Setzt man die analog zu der Gleichung (3.56) aufgebaute Bestimmungsgleichung für die Kapitalausstattung des Haushalts in ROW in die Gleichung (3.55) ein, so gelangt man zu folgender Darstellung für die Wachstumsrate der Kapitalausstattung des Haushalts in ROW

$$\text{(3.58)}\quad g_{K,t}^{R} = \frac{\mu^{R} S_{t-1}^{R}}{K_{t-1}^{R}}, \quad t=1,2,\ldots,\infty \quad .$$

Befindet sich die Weltökonomie auf einem gleichgewichtigen Wachstumspfad, so vermehren sich die Kapitalausstattungen der Haushalte in FRG und ROW (modellendogen) mit der steady-state-Rate; formal:

$$\text{(3.59)}\quad \frac{\mu^{F}\sum_{h=1}^{16} S_{h,t-1}^{F}}{\sum_{h=1}^{16} K_{h,t-1}^{F}} = g_{SS}, \quad h=1,2,\ldots,16, \quad t=T+1,T+2,\ldots,\infty$$

und

$$\text{(3.60)}\quad \frac{\mu^{R} S_{t-1}^{R}}{K_{t-1}^{R}} = g_{SS}, \quad t=T+1,T+2,\ldots,\infty .$$

Realisiert die Weltökonomie dagegen einen Übergangspfad, verursacht durch eine alternative Steuerpolitik, so gilt:

$$\text{(3.61)}\quad \frac{\mu^{F}\sum_{h=1}^{16} S_{h,t-1}^{F}}{\sum_{h=1}^{16} K_{h,t-1}^{F}} \neq g_{SS}, \quad h=1,2,\ldots,16, t=s,s+1,\ldots,T-1$$

---

11 Siehe hierzu auch D. Fullerton/J.B. Shoven/J. Whalley (1983), S. 19.

und

$$\text{(3.62)} \quad \frac{\mu^R S_{t-1}^R}{K_{t-1}^R} \neq g_{ss} \, , \quad t = s, s+1, \ldots, T-1 \quad .$$

4. Kapitel: Empirische Datenbasis

In diesem Kapitel wird die Erstellung der mikrokonsistenten Datenbasis für das im vorangegangenen Kapitel beschriebene EAG-Modell dargestellt. Die mikrokonsistente Datenbasis spiegelt dabei den "empirisch beobachtbaren" Gleichgewichtszustand der Weltökonomie im Jahr 1988 wider.[1] Das Ziel der Erstellung der Datenbasis ist es, die wirtschaftlichen Vorgänge und die Strukturen der Weltwirtschaft für das Ausgangsjahr 1988 möglichst genau widerzugeben. Gemäß der Modellkonzeption wird angenommen, daß in diesem Jahr die Ökonomien einen Gleichgewichtszustand realisiert haben, so daß bei der Erstellung der Datenbasis die folgenden Konsistenzbedingungen beachtet werden müssen:[2]

- Alle Güter- und Faktormärkte sind geräumt.
- Die Budgets der primären und sekundären Produktionsbereiche, der Haushalte und des Staates sind jeweils in FRG und ROW ausgeglichen.
- Die Budgets der primären und sekundären Unternehmenssektoren in FRG und ROW und des Haushaltssektors in FRG sind ausgeglichen.
- Die Handels- und Dienstleistungsbilanz von FRG (ROW) ist ausgeglichen.

Programmtechnisch gesehen stellt die Datenbasis das statische allgemeine Gleichgewicht der Periode 0 der Referenz- und der Alternativsequenz dar.

Als Datengerüst zur Beschreibung der wirtschaftlichen Beziehungen in einer Ökonomie bzw. zwischen verschiedenen Ökonomien dienen in EAG-Modellen üblicherweise Input-Output-Tabellen (IOT).[3] Abbildung 4-1 zeigt die Input-Output-Struktur des EAG-Modells. Die IOT gliedert sich grundsätzlich in die Vorleistungs-, Endnachfrage- und Primärinputmatrix. Vorleistungen zur Produktion von Gütern können jeweils von in- und ausländischen Unternehmen hergestellt bzw. bezogen werden. Entsprechend können die produzierten Güter in die Endnachfrage von FRG oder ROW einfließen.

---

[1] Vgl. F. St-Hilaire/J. Whalley (1983), S. 175.
[2] Siehe K.-J. Duschek (1993), S. 104.
[3] Vgl. J.B. Shoven/J. Whalley (1984), S. 1027.

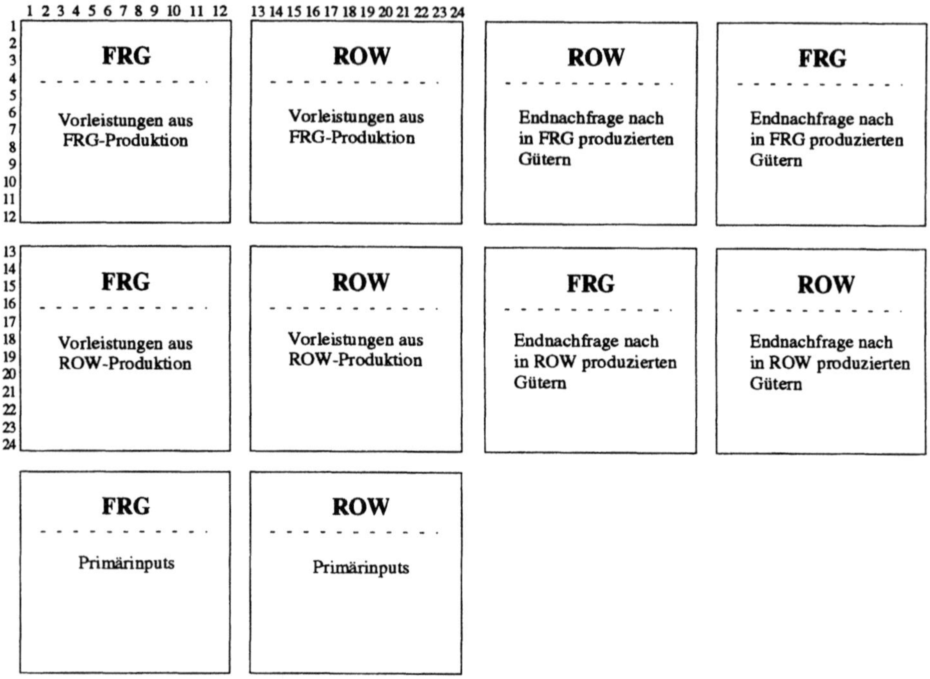

Abbildung 4-1: Input-Output-Struktur des EAG-Modells

Bevor die verschiedenen Schritte der Erstellung einer mikrokonsistenten Datenbasis für dieses Modell aufgezeigt werden, soll auf die folgende Konvention bei der Erstellung einer Datenbasis im Rahmen eines EAG-Modells hingewiesen werden. Typischerweise erfolgt der Ausweis von Daten in den amtlichen nationalen und internationalen Statistiken in Form von Wertgrößen. Für die empirische Aufbereitung eines EAG-Modells ist es notwendig, die verschiedenen Wertgrößen jeweils in eine Preis- und in eine Mengenkomponente aufzuteilen. Daher wird hier die in EAG-Modellen übliche Konvention getroffen, daß sämtliche Preise vor Steuern gleich Eins gesetzt werden.[4] Dies sind im Modell die Preise der Zeit- und Kapitaldiensteinheiten vor Faktor- bzw. Einkommensteuern sowie die Ab-Werk-Preise der 12 inländischen und der 12 ausländischen Produzentengüter, formal:

(4.1) $P_L^F := 1$,

---

4 Siehe A. Mansur/J. Whalley (1984), S. 101: "A convenient and widely used definition of physical units for all factors is that amount of a factor that can in equilibrium earn a reward of 1 currency unit ($1) net of taxes and before receipt of subsidies in any of its alternative uses. Units for commodities are similarly defined as those amounts that in equilibrium sell for $1 net of all consumer taxes and subsidies."

(4.2) $P_L^R := 1$,

(4.3) $P_K := 1$,

(4.4) $p_1 := p_2 := \ldots := p_{12} := 1$

und

(4.5) $p_{13} := p_{14} := \ldots := p_{24} := 1$.[5]

Das vorliegende Kapitel gliedert sich in drei Abschnitte. Im ersten Abschnitt soll zunächst die Erstellung der Datenbasis für FRG und im Anschluß daran im zweiten Abschnitt die Konstruktion der Datenbasis für ROW beschrieben werden. Im dritten Abschnitt erfolgt die empirische Fundierung des "dynamischen" Modells.

4.1 Die Datenbasis für FRG

Den Ausgangspunkt der Erstellung der Datenbasis für FRG stellen die IOT des Statistischen Bundesamtes (StBA) für das Jahr 1988 dar.[6] Wie aus der Modellbeschreibung hervorgeht, gliedert sich der primäre Produktionsbereich in FRG in 12 Unternehmen. Deshalb wird zur Erstellung der Datenbasis nicht die IOT nach der Systematik der Produktionsbereiche in Input-Output-Rechnungen (SIO) der Gliederung nach 58 Produktionsbereichen (PB), sondern die auf 12 PB aggregierte Version verwendet.[7] Die Gliederung des primären Unternehmenssektors stimmt - bis auf den PB 12 - vollständig mit der SIO des StBA überein.

---

[5] Auf eine Indexierung der im Zeitablauf variierenden Modellgrößen mit dem Subskript "0" zur Hervorhebung der Betrachtung der Periode 0 der Referenz- bzw. der Alternativsequenz wird im vorliegenden Kapitel aus Gründen der Notationsvereinfachung verzichtet.

[6] Siehe Statistisches Bundesamt (1990a), S. 164 ff.

[7] Die auf 12 Produktionsbereiche aggregierten Input-Output-Tabellen für das Jahr 1988 wurden vom Statistischen Bundesamt freundlicherweise zur Verfügung gestellt. Siehe Statistisches Bundesamt (1992a), Tabelle 1-7. Eine Gegenüberstellung der Gliederung der IOT nach 58 bzw. 12 PB findet sich in Statistisches Bundesamt (1990a), Übersicht 2, S. 341. Zu dem Konzept der IOT und insbesondere der Abgrenzung der Volkswirtschaft und der PB siehe Statistisches Bundesamt (1990a), S. 8 ff. Bezüglich des Übergangs von den Ergebnissen der Input-Output-Rechnung zu den Ergebnissen der Sozialproduktsrechnung siehe Statistisches Bundesamt (1990a), Tabelle 3, S. 27.

Tabelle 4-1: Gliederung der primären Produktionsbereiche

j	Primärer Produktionsbereich
1 (13)	Erzeugung von Produkten der Land- und Forstwirtschaft, Fischerei
2 (14)	Erstellung von Energie, Gewinnung von Wasser und Bergbauerzeugnisse
3 (15)	Herstellung von chemischen und Mineralölerzeugnissen, Gewinnung von Steinen und Erden
4 (16)	Erzeugung und Bearbeitung von Eisen, Stahl, NE-Metalle, Gießereierzeugnissen u.ä.
5 (17)	Herstellung von Stahl- und Maschinenbauerzeugnissen, ADV-Einrichtungen, Fahrzeuge
6 (18)	Herstellung von elektrotechnischen und feinmechanischen Erzeugnissen, EBM-Waren u.ä.
7 (19)	Herstellung von Holz-, Papier-, Lederwaren, Textilien, Bekleidung
8 (20)	Herstellung von Nahrungsmitteln, Getränken, Tabakwaren
9 (21)	Bauleistungen
10 (22)	Dienstleistungen des Handels, Verkehrs, Postdienstes u.ä.
11 (23)	Übrige marktbestimmte Dienstleistungen
12 (24)	Nichtmarktbestimmte Dienstleistungen gegen spezielles Entgelt

In der Abgrenzung des StBA umfaßt der PB 12 sowohl die nichtmarktbestimmten Dienstleistungen (nmbD), die gegen spezielles Entgelt, als auch die nmbD, die ohne spezielles Entgelt zur Verfügung gestellt werden. Im Modell hingegen soll zwischen diesen beiden Arten staatlicher Aktivitäten unterschieden werden. Die nmbD gegen spezielles Entgelt (Gebühren für Abwasser- und Abfallbeseitigung, Eintrittsgelder für staatliche Schwimmbäder, Museen etc.) werden im Modell als im primären PB 12 hergestelltes Produzentengut 12 und die nmbD ohne spezielles Entgelt (Benutzung öffentlicher Parkanlagen, Straßenbenutzung etc.) als vom Staat kostenlos bereitgestellte öffentliche Güter abgebildet.[8]
Zur Aufteilung des Produktionswerts des PB 12 soll im folgenden ein sogenannter staatlicher Verteilungsschlüssel bestimmt werden. Der gesamte Produktionswert des PB 12 beträgt gemäß der Abgrenzung des Statistisches Bundesamtes (1992a, Tabelle 6 und 7) 537.210 Mill. DM. Da der primäre Produktionssektor im Modell nicht mit Konsumsteuern belegt wird, erfolgt zunächst die Ausbuchung der nichtabzugsfähigen (nabzf.) Umsatzsteuer des PB 12 in Höhe von 15.373 Mill. DM, so daß man den vorläufigen Produktionswert des PB 12 in Höhe von 521.837 Mill. DM erhält.

[8] Der Begriff der "Bereitstellung von öffentlichen Gütern" wird hier R.A. Musgrave/P.B. Musgrave/L. Kulmer (1987), S. 65, FN 2 folgend so verstanden, daß sich die "Bereitstellung" auf den Entscheidungs- und Zahlungsprozeß bezieht und nicht darauf, ob die Güter von privaten Unternehmen oder der öffentlichen Hand produziert werden.

Der Staatsverbrauch - als Komponente der Endnachfragematrix der IOT - beträgt 412.650 Mill. DM. Der Staatsverbrauch umfaßt diejenigen Verwaltungsleistungen der Gebietskörperschaften und der Sozialversicherung, die der Allgemeinheit ohne spezielles Entgelt zur Verfügung gestellt werden.[9] In der Abgrenzung der IOT des StBA enthält der private Verbrauch an Gut 12 auch den Eigenverbrauch der privaten Organisationen ohne Erwerbszweck. Im Gegensatz dazu wird in der EVS diese Komponente nicht zum privaten Verbrauch gezählt. Um die Konsistenz der Daten der IOT mit denen der EVS sicherzustellen, wird der Eigenverbrauch der privaten Organisationen o.E. in Höhe von 15.373 Mill. DM als Vorleistungsinput für die Erstellung von öffentlichen Gütern und somit vom privaten Verbrauch zum Staatsverbrauch gebucht. Diese Vorgehensweise wird gewählt, da der Eigenverbrauch der privaten Organisationen o.E. denjenigen Teil des Produktionswertes dieser Organisationen umfaßt, der nicht verkauft, sondern bestimmten Gruppen der Bevölkerung ohne spezielles Entgelt zur Verfügung gestellt wird und daher Ähnlichkeiten mit den Eigenschaften eines öffentlichen Gutes aufweist. Unter Berücksichtigung dieser Umbuchung und der (vorläufigen) Ausbuchung der nabzf. Umsatzsteuer ergibt sich ein Wert für den Staatsverbrauch in Höhe von 415.827 Mill. DM.

Staatsverbrauch laut IOT 1988	412.650 Mill. DM
% nichtabzugsfähige Umsatzsteuer	18.550 Mill. DM
+ Eigenverbrauch der privaten Organisationen o.E.	15.373 Mill. DM
Staatsverbrauch im Modell (vorl.)	415.827 Mill. DM

Der Produktionswert des primären PB 12 im Modell ergibt sich, indem von dem gesamten Produktionswert des PB 12 laut IOT 1988 der oben ermittelte Wert des (vorl.) Staatsverbrauchs abgezogen wird.

Produktionswert (gesamt) des PB 12 laut IOT 1988 (ohne nichtabzugsfähige Umsatzsteuer)	521.837 Mill. DM
% Staatsverbrauch im Modell (vorl.)	415.827 Mill. DM
Produktionswert PB 12 im Modell	106.010 Mill. DM

Weiter wird die Annahme getroffen, daß die Einfuhr von Vorleistungen des ursprünglichen PB 12 in Höhe von 1.706 Mill. DM, sowie die Produktionssteuern in Höhe von 280 Mill. DM in dem PB 12 verbleiben. Zieht man entsprechend den vorausgegangenen Ausführungen von dem gesamten Produktionswert des PB 12 laut IOT die nabzf. Umsatzsteuer sowie die Einfuhr des PB 12 und die Produktionssteuern ab, so erhält man den Produktionswert, der zwischen dem PB 12 und dem Staatsverbrauch aufgeteilt werden muß (519.851 Mill. DM).

[9] Vgl. Statistisches Bundesamt (1990a), S. 33 f. und Statistisches Bundesamt (1991e), S. 12.

Tabelle 4-2: Aufteilung der Staatsaktivitäten in FRG[10] (in Mill. DM)

j	Produktionswert des Staates (gesamt)	primärer PB 12	Endnachfrage des Staates für die Bereitstellung öff. Güter
1	1043	209	834
2	7602	1521	6081
3	16777	3357	13420
4	182	36	146
5	10552	2112	8440
6	10118	2025	8093
7	4906	982	3924
8	4289	858	3431
9	8287	1658	6629
10	22020	4406	17614
11	82584	16525	66059
12	59343	11875	47468
Σ	227703	45564	182139
13	865	173	692
14	98	20	78
15	3888	778	3110
16	106	22	84
17	3622	724	2898
18	2348	469	1879
19	1171	234	937
20	620	124	496
21	13	3	10
22	669	134	535
23	2742	549	2193
24	1706	1706	0
Σ	17848	4936	12912
Vorl. ges.	245551	50500	195051
D	18565	3715	14850
TQ	280	280	0
$p_l L$	150425	34565	115860
$p_K K$	0	0	0
TK	0	0	0
TL	107016	16950	90066
BWS	276286	55510	220776
Prod.wert	521837	106010	415827

Der staatliche Verteilungsschlüssel ergibt sich aus dem Verhältnis des Staatsverbrauchs im Modell an dem gesamten Produktionswert, der zu verteilen ist

[10] Der Produktionswert der Unternehmen des Staates, wie z.B. die Deutsche Bundespost oder die Deutsche Bundesbahn, wird nach der Art der von ihnen produzierten Güter in dem PB 10 erfaßt.

(415.827/519.851=0,8). Danach bestimmt sich die Quote des Staatsverbrauchs mit ca. 80% und die Quote des primären PB 12 mit ca. 20%.
Mittels dieser Quoten wird nun der Produktionswert des ursprünglichen PB 12 auf den primären PB 12 des Modells und die Nachfrage des Staates zur Bereitstellung öffentlicher Güter aufgeteilt. Somit wird in der Matrix der Endnachfrage der Staatsverbrauch nicht mehr wie ursprünglich in der IOT allein in der 12. Zeile ausgewiesen, sondern es wird in der Endnachfragekomponente zur Erstellung öffentlicher Güter, analog zum PB 12, getrennt der Verbrauch an Vorleistungen und Primärinputs zur Erstellung der öffentlichen Güter ausgewiesen. Tabelle 4-2 zeigt die Aufteilung des Produktionswertes des Staates in die Komponenten des (primären) PB 12 und der Bereitstellung öffentlicher Güter.
Zu betonen ist, daß der Produktionswert des Staates für die Bereitstellung öffentlicher Güter sich um die im folgenden noch zu berechnenden Umsatzsteuerzahlungen des Staates von dem letztendlich in der Datenbasis des Modells berücksichtigten Wert unterscheidet.

4.1.1 Vorleistungsmatrizen für FRG

Die Vorleistungsmatrix von FRG aus inländischer Produktion kann für die primären PB 1-11 direkt vom Statistischen Bundesamt (1992a), "Input-Output-Tabelle 1988 zu Ab-Werk-Preisen - inländische Produktion -" übernommen werden.[11]
Die Spalte des primären PB 12 wird wie beschrieben aufgeteilt.
Horizontal betrachtet geben die Felderwerte der Vorleistungsmatrix an, welcher Wert an Vorleistungen eines primären PB zur Leistungserstellung in den übrigen primären PB eingesetzt wird (Verkäufe von Waren und Dienstleistungen eines primären PB). Vertikal sind die Vorleistungen ausgewiesen, die ein primärer PB von den übrigen primären PB bezieht, um seinen spezifischen Output zu produzieren. Die Hauptdiagonale der Vorleistungsmatrix enthält den Eigenverbrauch der PB. Die Vorleistungsmatrix stellt die technisch-wirtschaftlichen Verflechtungen der PB einer Volkswirtschaft dar.
Analog kann auch die Vorleistungsmatrix von FRG aus der Einfuhr von Gütern und Dienstleistungen für die primären PB 1-11 direkt vom StBA übernommen werden. Bildet man die Differenz der in Statistisches Bundesamt (1992a), Tabelle 6, "Input-Output-Tabelle 1988 zu Ab-Werk-Preisen - inländische Produktion und Einfuhr -" ausgewiesenen Vorleistungswerte und der in Tabelle 7 ausgewiesenen Werte der Vorleistungsmatrix von FRG aus inländischer Produktion, so erhält man die in Tabelle 4-4 ausgewiesene Matrix der Vorleistungen für FRG aus Einfuhr. Auch hier erfolgt die Aufteilung des primären PB 12 nach den oben ermittelten Quoten.

---

[11] Siehe Statistisches Bundesamt (1992a), Tabelle 7.

Tabelle 4-3: Vorleistungsmatrix für FRG (inländ. Produktion) (in Mill. DM)

j	1	2	3	4	5	6	7	8	9	10	11	12	Σ
1	6827	32	86	28	24	28	1854	37353	35	168	4774	209	51418
2	2280	33600	13986	13264	4694	2510	4762	3382	507	9264	9994	1521	99764
3	5048	1579	70931	4199	17515	13120	11464	4900	32642	9215	11241	3357	185211
4	658	1069	1442	72331	34280	15834	496	112	5042	775	535	36	132610
5	1089	4485	2536	961	65657	2653	1425	1309	5580	4973	1813	2112	94593
6	392	2146	3652	1290	25183	19087	3329	2538	7795	1862	8508	2025	77807
7	595	359	5082	469	4065	3369	35580	3960	6989	6915	23350	982	91715
8	6536	43	417	22	112	71	32	28828	26	795	15809	858	53549
9	720	4671	1040	359	1841	409	628	539	3375	2437	20346	1658	38023
10	4302	4055	22367	12972	26370	13330	14024	15686	14530	33749	21945	4406	187736
11	3028	8535	32294	7936	42700	23956	16933	14396	21060	63142	217135	16525	467640
12	329	814	2676	832	2447	851	698	1474	910	1845	13499	11875	38250
Σ	31804	61388	156509	114663	224888	95218	91225	114477	98491	135140	348949	45564	1518316

Tabelle 4-4: Vorleistungsmatrix für FRG (Einfuhr) (in Mill. DM)

j	1	2	3	4	5	6	7	8	9	10	11	12	Σ
13	1049	8	514	2	15	28	2656	13726	3	103	2545	173	20822
14	49	5747	15381	3881	75	41	73	47	7	123	88	20	25532
15	2584	1973	29770	936	5153	3310	3390	1546	4724	3711	4206	778	62081
16	30	472	833	13099	8249	6993	123	26	1806	216	10	22	31879
17	284	642	687	309	19548	1161	275	236	760	950	536	724	26112
18	85	433	980	470	7106	8525	951	456	1455	625	3330	469	24885
19	115	80	1397	70	1173	775	20049	395	1546	1025	2761	234	29620
20	917	8	129	5	17	11	6	7801	5	390	1877	124	11290
21	2	1	0	0	0	0	0	0	27	2	41	3	76
22	207	326	857	613	711	381	615	787	395	9884	1106	134	16016
23	81	312	2457	580	3108	1518	937	515	691	2516	4760	549	18024
24	0	0	0	0	0	0	0	0	0	0	0	1706	1706
Σ	5403	10002	53005	19965	45155	22743	29075	25535	11419	19545	21260	4936	268043

4.1.2 Primärinputmatrix für FRG

Die Ausgangstabelle zur Erstellung der Primärinputmatrix für das Modell stellt die Primärinputmatrix der Tabelle 7 des Statistischen Bundesamtes (1992a) dar. Das StBA unterscheidet vier Komponenten:

1. Abschreibungen (D)
2. Produktionssteuern abzüglich Subventionen
3. Einkommen aus unselbständiger Arbeit
4. Einkommen aus Unternehmertätigkeit und Vermögen

1.-4. Bruttowertschöpfung zu Marktpreisen (BWS)

Die Abschreibungen stellen die Wertminderung des reproduzierbaren Anlagevermögens im Zeitablauf durch Verschleiß und wirtschaftliches Veralten dar und werden zu durchschnittlichen Wiederbeschaffungspreisen bewertet. Zu den wichtigsten Komponenten der Produktionssteuern zählen Verwaltungsgebühren, die von Unternehmen bezahlt werden, die Gewerbesteuer, die Grundsteuer A und B sowie einige spezielle Verbrauchsteuern. Die Einkommen aus unselbständiger Arbeit bilden die Summe aus der Bruttolohn- und Gehaltssumme, den tatsächlichen Sozialbeiträgen der Arbeitgeber und den unterstellten Sozialbeiträgen. Das Einkommen aus Unternehmertätigkeit und Vermögen (Nettobetriebsüberschuß) ergibt sich residual aus der Nettowertschöpfung zu Faktorkosten der Produktionsbereiche und dem Einkommen aus unselbständiger Tätigkeit.[12] "Sie schließen - funktional gesehen - einen kalkulatorischen Lohn für die Arbeitsleistungen des Unternehmers und der mithelfenden Familienangehörigen ... mit ein."[13]

Während bei Kapitalgesellschaften die Geschäftsführer ein Gehalt beziehen, das in der Statistik zu den Einkommen aus unselbständiger Arbeit gezählt wird, ist bei Selbständigen und Miteigentümern von Personengesellschaften die Trennung zwischen Arbeits- und Kapitaleinkommen nicht gegeben.[14] Folglich enthält das Einkommen aus Unternehmertätigkeit und Vermögen eine Komponente, die nicht aus dem Einsatz des Faktors Kapital, sondern des Faktors Arbeit zustande gekommen ist. Da man diesen Unternehmerlohn der Selbständigen nicht direkt beobachten kann, wird die Annahme getroffen, daß ein Selbständiger in einem PB das gleiche Arbeitseinkommen erzielt, wie ein unselbständig Beschäftigter in diesem PB. Zunächst wird der Durchschnittslohn eines abhängig Beschäftigten je PB bestimmt, indem das Einkommen aus unselbständiger Arbeit eines PB durch die Anzahl der Unselbständigen in diesem PB dividiert wird. Im nächsten Schritt wird der "kalkulatorische Unternehmerlohn" je PB berechnet, indem der ermit-

---

[12] Vgl. Statistisches Bundesamt (1990a), S. 37 ff.

[13] Siehe Statistisches Bundesamt (1990a), S. 41.

[14] "The return to the labor of self-employed persons is an unknown fraction of the total return to the entrepreneur who invests his time and capital jointly." Siehe C.L. Ballard/D. Fullerton/J.B. Shoven/J. Whalley (1985), S. 56.

telte Durchschnittslohn je PB mit der entsprechenden Anzahl der Selbständigen in diesem PB multipliziert wird.
Der so berechnete kalkulatorische Unternehmerlohn je PB vermindert das ursprünglich ausgewiesene Einkommen aus Unternehmertätigkeit und Vermögen und erhöht das Einkommen aus unselbständiger Tätigkeit um denselben Betrag. Da im primären PB 1 (Produkte der Land- und Forstwirtschaft) der berechnete kalkulatorische Unternehmerlohn größer als das Einkommen aus Unternehmertätigkeit und Vermögen ist, wird die Annahme getroffen, daß der kalkulatorische Unternehmerlohn in diesem Sektor die Hälfte des Bruttobetriebsüberschusses beträgt.

Tabelle 4-5: Berechnung des kalkulatorischen Unternehmerlohns[15]

j	Anzahl der beschäftigten Arbeitnehmer	Anzahl der Selbständigen	Erwerbstätige insgesamt	Durchschnitts-jahreslohn eines beschäftigten Arbeitnehmers	Kalkulatorischer Unternehmer-lohn
	in 1000	in 1000	in 1000	in DM	in Mill. DM
1	236	1066	1302	36330	13863
2	458	0	458	69110	0
3	1217	27	1244	63900	1725
4	621	39	660	52490	2047
5	2241	65	2306	60380	3924
6	1659	55	1714	53260	2929
7	1210	107	1317	43330	4636
8	645	116	761	40360	4681
9	1592	177	1769	44530	7883
10	4261	754	5015	45300	34154
11	3352	844	4196	44020	37150
12	5169	0	5169	49800	0
Σ	22661	3250	25911		112992

In der dem Modell zugrundeliegenden Primärinputmatrix soll der Einsatz des Faktors Arbeit sowie der Einsatz des Faktors Kapital getrennt von den Steuern, die auf diesen beiden Faktoren lasten, ausgewiesen werden. Von daher wird im nächsten Schritt eine zusätzliche Zeile für die Steuern auf den Faktor Kapital eingeführt, die bisher zum Teil mit den Produktionssteuern und zum Teil mit den Einkommen aus Unternehmertätigkeit und Vermögen ausgewiesen wurden.

---

[15] Zu der Struktur der Erwerbstätigen je Produktionsbereich siehe Statistisches Bundesamt (1990a), S. 334 f. Die Aggregation der Daten von 58 auf 12 Produktionsbereiche erfolgt nach dem Schlüssel des Statistischen Bundesamtes (1990a), S. 341.

1. Steuern auf den Primärinputfaktor Kapital (in Mill. DM)[16]

1. Grundsteuer		8.240
- Grundsteuer A	452	
- Grundsteuer B	7.788	
2. Gewerbekapitalsteuer		5.169
3. Sonst. direkte Steuern von Unternehmen mit eigener Rechtspersönlichkeit		5.560
Steuern auf den Faktor Kapital (1.-3.) (*TK*)		18.969

Die Grundsteuer A, die auf land- und forstwirtschaftliche Vermögen erhoben wird, wird von den Produktionssteuern des PB 1 (Produkte der Land- und Forstwirtschaft, Fischerei) zu den Steuern auf den Faktor Kapital dieses PB umgebucht. Analog erfolgt die Verbuchung der Grundsteuer B, die das Grundvermögen belastet, von den Produktionssteuern des primären PB 11 zu den Steuern auf den Faktor Kapital dieses PB.
Die sonstigen Steuern von Unternehmen mit eigener Rechtspersönlichkeit sowie die Gewerbekapitalsteuer[17] werden im Verhältnis des Einkommens aus Unternehmertätigkeit und Vermögen je PB an dem gesamten Einkommen aus Unternehmertätigkeit und Vermögen für die einzelnen PB berechnet. Die Umbuchung erfolgt von den Einkommen aus Unternehmertätigkeit und Vermögen zu den Steuern auf den Faktor Kapital.

Die Verteilung der Gewinnsteuern zu den Steuern auf den Faktor Kapital bzw. den Steuern auf den Faktor Arbeit wird variabel modelliert. Im Standardfall werden die Gewinnsteuern den Steuern auf den Faktor Kapital hinzugerechnet, so daß auch bei der Beschreibung der Datenbasis die Gewinnsteuern zusammen mit den Steuern auf den Faktor Kapital ausgewiesen werden.[18]

2. Gewinnsteuern (in Mill. DM)[19]

1. Körperschaftsteuer	32.030
2. Gewerbeertragsteuer	29.291
3. Kapitalertragsteuer	8.731
Gewinnsteuern (1.-3.) (*TG*)	70.052

---

16 Angaben zu dem Aufkommen der einzelnen Steuerarten liefert das Statistisches Bundesamt (1991a), S. 359.

17 Da seit 1981 in den Steuerstatistiken kein getrennter Ausweis der Gewerbesteuer in Gewerbeertrag- und Gewerbekapitalsteuer vorgenommen wird, wird hier nach Auskunft des Bundesministeriums für Finanzen der Anteil der Gewerbekapitalsteuer mit 15% am gesamten Gewerbesteueraufkommen angenommen.

18 Siehe hierzu die Ausführungen in Abschnitt 4.1.6.

19 Zu der Aufteilung der reinen Faktorsteuern und der Gewinnsteuern, siehe auch M. Rose (1991c), S. 225.

Die Verteilung der Gewinnsteuern auf die einzelnen PB erfolgt nach dem Anteil des Einkommens aus Unternehmertätigkeit und Vermögen je PB am gesamten Einkommen aus Unternehmertätigkeit und Vermögen. Danach erfolgt die Umbuchung der Gewinnsteuern je PB von dem Einkommen aus Unternehmertätigkeit und Vermögen zu den Steuern auf den Faktor Kapital.

3. Die Steuern auf den Primärinputfaktor Arbeit (in Mill. DM)[20]

1. Sozialbeiträge an inländische Sektoren			348.730
1.1 Arbeitgeberbeiträge			160.830
1.2 Arbeitnehmerbeiträge			135.780
1.3 Sonstige Beiträge			52.120
1.3.1	Beiträge des Staates für Empfänger sozialer Leistungen	22.310	
1.3.2	Eigenbeiträge der Empfänger sozialer Leistungen	12.510	
1.3.3	Pflichtbeiträge der Selbständigen an den Staat, bzw. an Versicherungsunternehmen	7.040	
1.3.4	Übrige Beiträge der Selbständigen, Hausfrauen u.a.	10.260	
2. Unterstellte Sozialbeiträge an inländische Sektoren			59.570
2.1 Unterstellte Sozialbeiträge für die Beamtenversorgung			27.330
2.2 Nettozuführungen zu Rückstellungen für betr. Ruhegeldverpflichtungen			12.070
2.3 Unterstellte Sozialbeiträge in Höhe der Betriebsrenten			13.090
Sozialbeiträge an inländische Sektoren (gesamt) (1.+2.) (*TL*)			408.300

Das StBA weist die Sozialbeiträge an inländische Sektoren in der IOT mit den Einkommen aus unselbständiger Arbeit aus. Im Modell soll auch die Belastung des Primärinputfaktors Arbeit mit Steuern je PB in der Primärinputmatrix getrennt aufgeführt werden, so daß diese Matrix um eine weitere Zeile ergänzt wird.

Zunächst müssen für den primären PB 12 und den Staat als Bereitsteller von öffentlichen Gütern die Einkommen aus unselbständiger Arbeit in Gehälter für Beamte und Richter sowie für die übrigen Angestellten unterteilt werden, um die unterstellten Sozialbeiträge für die Beamtenversorgung und die übrigen Sozialbeiträge korrekt aufteilen zu können. Die Einkommen aus unselbständiger Tätigkeit werden nach den Angaben zu den Personalausgaben der öffentlichen Haushalte 1988[21] auf Beamte und Richter bzw. übrige Angestellte aufgeteilt. Danach entfallen 67,8% der Personalausgaben des Staates auf Beamte und Richter und 32,2% auf die übrigen Angestellten. Mittels dieser Quoten wird für den PB 12

[20] Angaben zu den Sozialversicherungsbeiträgen liefert das Statistisches Bundesamt (1991a), S. 362 bzw. 365.
[21] Siehe dazu Statistisches Bundesamt (1991b), S. 496.

und den Staat der Anteil der Gehaltszahlungen an Beamte und an Angestellte bestimmt.

Die unterstellten Sozialbeiträge für die Beamtenversorgung verringern das Einkommen aus unselbständiger Arbeit und werden anhand der Anteile des PB 12 und des Staates auf die Steuern auf den Faktor Arbeit gebucht.
Die Beiträge des Staates für Empfänger sozialer Leistungen in Höhe von 22.130 Mill. DM werden zu den Steuern auf den Faktor Arbeit des Staates verteilt.
Die Arbeitnehmerbeiträge in Höhe von 135.780 Mill. DM, die Arbeitgeberbeiträge zur Sozialversicherung in Höhe von 160.830 Mill. DM und die unterstellten Sozialbeiträge der Arbeitgeber ohne die unterstellten Sozialbeiträge für die Beamtenversorgung in Höhe von 32.240 Mill. DM werden anhand der Quoten des Einkommens aus unselbständiger Arbeit an dem gesamten Einkommen aus unselbständiger Arbeit auf die einzelnen PB und den Staat verteilt. Zu beachten ist hierbei, daß bei dem PB 12 und dem Staat nur die Gehälter der übrigen Angestellten und nicht die Gehälter der Beamten zur Bestimmung der Quote berücksichtigt werden, um nicht die Arbeitnehmerbeiträge zur Sozialversicherung auch mit auf die Beamten zu verteilen. Die so ermittelten Sozialbeiträge werden von den Einkommen aus unselbständiger Arbeit zu den Steuern auf den Faktor Arbeit umgebucht.
Die verbleibenden Pflichtbeiträge und übrige Beiträge der Selbständigen werden nach dem Anteil des Einkommens aus Unternehmertätigkeit und Vermögen auf die PB verteilt und ebenfalls von den Einkommen aus unselbständiger Arbeit zu den Steuern auf den Faktor Arbeit umgebucht. Da es im PB 12 bzw. im Staatssektor keine selbständig Erwerbstätige gibt, bleibt der Staat bei der Verteilung der Beiträge der Selbständigen unberücksichtigt.

4. Produktionssteuern (abzüglich Subventionen) (in Mill. DM)

Produktionssteuern laut IOT 1988	59.640
% Gewerbesteuer	34.460
% Grundsteuer A und B	8.240
Produktionssteuern im Modell (*TQ*)	16.940

Durch die Saldierung von Produktionssteuern und Subventionen ergeben sich für die Produktionsbereiche 1, 9, 10 und 11 negative Werte. Die in der Primärinputmatrix ausgewiesenen Werte der Subventionen sind Zuschüsse des Staates oder von Institutionen der Europäischen Gemeinschaften, die Unternehmen für laufende Produktionszwecke gewährt werden.[22] Weiter zählt dazu die einbehaltene Umsatzsteuer, die keine gezahlte Steuer, sondern eine Steuervergüngstigung darstellt. Der Bereich der Land- und Forstwirtschaft (PB 1) ist bekanntermaßen ein hochsubventionierter Bereich in der deutschen Wirtschaft. In den PB 9

[22] Vgl. Statistisches Bundesamt (1990a), S. 39.

(Bauleistungen) fließen Subventionen für den sozialen Wohnungsbau und im PB 10 (Dienstleistungen des Handels, Verkehrs etc.) ist die Deutsche Bundesbahn der größte Empfänger von staatlichen Zuschüssen.[23] Im PB 11 (marktbestimmte Dienstleistungen) fließen Zahlungen in erster Linie an den Bereich "Dienstleistungen der Wissenschaft, der Kultur und der Verlage".

5. Einkommen aus unselbständiger Arbeit (in Mill. DM)

Einkommen aus unselbständiger Arbeit laut IOT 1988	1.121.600
% Sozialbeiträge an inländische Sektoren (ohne Pflichtbeiträge der Selbständigen zur Sozialvers.)	391.000
+ kalkulatorischer Unternehmerlohn	112.992
Einkommen aus unselbständiger Arbeit im Modell ($p_L L$)	843.592

6. Einkommen aus Unternehmertätigkeit und Vermögen (inkl. Abschreibungen) (in Mill. DM)

Einkommen aus Unternehmertätigkeit und Vermögen laut IOT 1988	519.120
% Körperschaft-, Kapitalertrag- u. sonst. dir. Steuern	46.321
% Pflichtbeiträge der Selbständigen zur Sozialvers.	17.300
% kalkulatorischer Unternehmerlohn	112.992
+ Abschreibungen	260.410
Einkommen aus Unternehmertätigkeit und Vermögen im Modell ($p_K K$)	602.917

Im letzten Schritt wird das Einkommen aus Unternehmertätigkeit noch mit den Abschreibungen zum Bruttobetriebsüberschuß zusammengefaßt. Das Einkommen aus Unternehmertätigkeit und Vermögen - inklusive Abschreibungen - gibt somit das Einkommen an, das durch den Einsatz des Primärinputfaktors Kapital erwirtschaftet wurde.

Aufgrund des getrennten Ausweises der Steuern auf die Primärinputfaktoren und der Zusammenfassung der Abschreibungen mit dem Einkommen aus Unternehmertätigkeit und Vermögen sowie der Unterteilung des primären Unternehmenssektors in 12 PB, ergibt sich für die Primärinputmatrix von FRG eine 5x12-Matrix.

---

23 Als Einzelposten von Bedeutung weist das Statistische Bundesamt (1990a), S. 39 zu dem PB 1 "Zuschüsse zu den Kosten der Vorratshaltung landwirtschaftlicher Erzeugnisse" sowie Stützungsmaßnahmen für die Magermilchverarbeitung und -verwendung aus. Für den PB 10 entfällt der größte Teil der gezahlten Subventionen auf "Zuschüsse an die Deutsche Bundesbahn für den Personennahverkehr", "Liquiditätshilfe an die Deutsche Bundesbahn" und "Betriebszuschüsse für den öffentlichen Nahverkehr".

Tabelle 4-6: Primärinputmatrix für FRG (in Mill. DM)

	j 1	2	3	4	5	6	7	8	9	10	11	12	Σ
TQ	-5805	138	21803	223	1616	213	432	15265	-315	-14855	-2055	280	16940
$p_L L$	19620	21252	53936	23933	94762	62247	39837	22157	55483	163734	136206	34565	727732
$p_K K$	11802	34648	30064	9840	25690	25319	15803	14776	24490	98460	293460	3715	588067
TK	3070	2890	2996	1003	2086	3478	2220	2255	4834	16110	48079	0	89021
TL	3379	11021	26198	10928	44911	29780	17705	9036	24334	66877	57115	16950	318234
BWS	32066	69949	134997	45927	169065	121037	75997	63489	108826	330326	532805	55510	1739994

Die Tabelle 4-6 weist die Primärinputmatrix des primären Unternehmenssektors für FRG aus. Aus Übersichtlichkeitsgründen werden die Zeilenelemente nochmals aufgeführt:

1. Produktionssteuern (TQ)
2. Steuern auf den Faktor Arbeit (TL)
3. Steuern auf den Faktor Kapital (TK)
4. Einkommen aus Unternehmertätigkeit und Vermögen ($p_K K$)
5. Einkommen aus unselbständiger Arbeit ($p_L L$)

4.1.3 Endnachfragematrizen für FRG

Das StBA unterscheidet bei der Matrix der Endnachfrage die folgenden Komponenten:

1. Privater Verbrauch im Inland
2. Staatsverbrauch
3. Anlageinvestitionen
4. Vorratsveränderungen
5. Ausfuhr von Waren und Dienstleistungen

(1.-5.) Letzte Verwendung von Gütern

Der private Verbrauch im Inland umfaßt die Käufe von Waren und Dienstleistungen von privaten Haushalten zu Konsumzwecken sowie den Eigenverbrauch der privaten Organisationen o.E.. Der Staatsverbrauch beinhaltet die Verwaltungsleistungen der Gebietskörperschaften und der Sozialversicherung, die der Allgemeinheit ohne spezielles Entgelt zur Verfügung gestellt werden. In die Anlageinvestitionen geht der Wert aller von inländischen Produktionseinheiten erworbenen Anlagen ein, die länger als ein Jahr im Produktionsprozeß eingesetzt werden, d.h. der Kauf geringwertiger Wirtschaftsgüter ist hierin nicht enthalten. Die Anlageinvestitionen setzen sich aus Ausrüstungsinvestitionen (Maschinen, Betriebsausstattung) und Bauten (Gebäude, Straßen) zusammen. Die Anlageinvestitionen werden inklusive Abschreibungen ausgewiesen und ergeben zusammen mit den Vorratsveränderungen die Bruttoinvestitionen der Volkswirtschaft. Die Veränderungen der Vorratsbestände der Unternehmen sowie die Veränderung der Vorräte für Mineralöl und Kernbrennstoffe des Staates ergeben die Vorratsveränderungen. Die Bewertung erfolgt zu Jahresdurchschnittspreisen. Der Ausweis der Ausfuhr von Waren und Dienstleistungen erfolgt in der Input-Output-Rechnung nach dem Spezialhandelskonzept, bei dem, im Unterschied zum Generalhandelskonzept der Sozialproduktsrechnung, die Ausfuhr aus Lager keine Berücksichtigung findet.[24]

---

[24] Vgl. Statistisches Bundesamt (1990a), S. 33 ff.

Die Basis zur Bestimmung der Endnachfrage für das Modell bilden wieder die IOT des Statistischen Bundesamtes (1992a), Tabelle 6 und 7.
Die Werte der Endnachfrage in FRG nach inländischen Produkten können direkt aus der Endnachfragematrix der Tabelle 7 entnommen werden. Die Einfuhr von Waren und Dienstleistungen zu Zwecken der Endnachfrage ergibt sich aus der Differenz der Werte der Tabellen 6 und 7.

Die korrekte Erfassung des privaten Verbrauchs in der statistischen Datenbasis ist als vorrangiges Ziel bei der Erstellung der Endnachfragematrix zu betrachten, da dieser Wert mit dem in der EVS übereinstimmen muß. Die Werte der EVS erlauben eine Disaggregation des Haushaltssektors, so daß bei der Simulation von Steuerreformen Aussagen bezüglich der Wohlfahrtseffekte für verschiedene Konsumentenklassen getroffen werden können.

Der in der zwölften Zeile des Privaten Verbrauchs enthaltene Eigenverbrauch der Organisationen o.E. in Höhe von 18.550 Mill. DM wird - wie bereits beschrieben zur Sicherstellung der Konsistenz des Privaten Verbrauchs in der IOT mit dem der EVS - in die entsprechende Zeile des Staates als Bereitsteller von öffentlichen Gütern gebucht.

1. Privater Verbrauch (in Mill. DM)

Privater Verbrauch laut IOT 1988	1.053.460
% Eigenverbrauch der privaten Organisationen o. E.	18.550
Privater Verbrauch im Modell	1.034.910

Ebenso wie der private Verbrauch stellen auch die Nettoinvestitionen im Modell eine zentrale Größe dar, die möglichst unverändert ausgewiesen werden soll. Zunächst werden die Anlageinvestitionen mit den Vorratsveränderungen zu den Bruttoinvestitionen zusammengefaßt. Die Aufteilung der Bruttoinvestitionen in die Komponenten "Nettoinvestitionen" und "Abschreibungen" erfolgt nach der Vorgehensweise von Ballard/Fullerton/Shoven/Whalley (1985). Der in der Primärinputmatrix ausgewiesene Wert der Abschreibungen wird in das Verhältnis zu den Bruttoinvestitionen gesetzt und so eine Abschreibungsquote bzw. eine Nettoinvestitionsquote bestimmt.[25] Der Anteil der Abschreibungen an den Bruttoinvestitionen ergibt die Nachfrage nach Ersatzinvestitionen in der Matrix der Endnachfrage.

[25] C.L. Ballard/D. Fullerton/J.B. Shoven/J. Whalley (1985), S. 106 ermitteln für die amerikanische Wirtschaft im Jahr 1973 eine Abschreibungsquote von 58,22% und eine Nettoinvestitionsquote von 41,78%.

2. Netto- und Ersatzinvestitionen

	in Mill. DM	Quote
1. Nettoinvestitionen	152.460	0,3693
2. Ersatzinvestitionen	260.410	0,6307
Bruttoinvestitionen (1.+2.)	412.870	1

Die Multiplikation der Bruttoinvestitionen mit der Nettoinvestitionsquote liefert den gesuchten Wert der Nettoinvestitionen im Modell.

Eine Voraussetzung des allgemeinen Gleichgewichtsmodells besteht in der Ausgeglichenheit der Handelsbilanz zwischen FRG und ROW. Da diese Bedingung für die Bundesrepublik im Basisjahr 1988 nicht erfüllt ist, muß die Datenbasis entsprechend angepaßt werden.
Der Handelsbilanzüberschuß bestimmt sich in den IOT durch die Differenz der Ausfuhr von Waren und Dienstleistungen (zu Ab-Werk-Preisen), die in der Endnachfragematrix erfaßt ist, und dem Wert der Einfuhr gleichartiger Güter (zu Ab-Zoll-Preisen)[26], der als Extra-Zeile in der Primärinputmatrix der Tabelle 6 des Statistischen Bundesamtes (1992a) ausgewiesen wird.
In der Bundesrepublik beträgt der Wert der Exporte im Jahr 1988 541.939 Mill. DM und der Wert der Importe 434.059 Mill. DM.[27] Somit ergibt sich ein Handelsbilanzüberschuß von 107.880 Mill. DM. Aufgrund des großen Handelsbilanzüberschusses in der Bundesrepublik im Basisjahr stellt die Bedingung einer ausgeglichenen Handelsbilanz eine strenge Restriktion des Modells dar. Will man eine Verzerrung der Vorleistungskoeffizienten vermeiden, kann der Weg der Erhöhung der Importe zum Ausgleich der Handelsbilanz nicht eingeschlagen werden. Somit bleibt als gangbare Alternative die Verminderung der Exporte und die entsprechende Erhöhung einer anderen Komponente der Endnachfragematrix in FRG, um die Homogenität von Zeilen- und Spaltensummen in der IOT sicherzustellen. Eine Erhöhung der Werte des privaten Verbrauchs und der Nettoinvestitionen scheidet aufgrund der bereits erläuterten Bedeutung dieser Komponenten aus. Da auch der Staatssektor im Modell eine wichtige Rolle spielt, bleibt die Verminderung der relativ unbedeutenden Komponente "Ersatzinvestitionsnachfrage".

---

26 Die Bewertung importierter Güter zu Ab-Zoll-Preisen entspricht der Bewertung inländischer Güter zu Ab-Werk-Preisen. Ab-Werk-Preise entsprechen dem Marktpreis abzüglich Bruttohandelsspannen und Transportkosten. Ab-Zoll-Preise stellen die Marktpreise importierter Güter minus Bruttohandelsspannen und Transportkosten im Einfuhrland dar. Vgl. auch R. Zwer (1986), S. 151.

27 Der Wert der Reimporte (Vorleistungen der PB aus der Einfuhr für die Ausfuhr von Waren und Dienstleistungen) in Höhe von 40.971 Mill. DM kann in der Datenbasis nicht berücksichtigt werden.

Der Handelsbilanzüberschuß wird nun zunächst anhand der Anteile des Exports der PB an dem gesamten Export auf die PB verteilt, dann die Exporte entsprechend vermindert und die Abschreibungen in gleichem Maße erhöht.
Da es sich hier um ein Zwei-Länder-Modell handelt, sind die Exporte von FRG identisch mit den Importen von Vorleistungen der primären und sekundären PB sowie aufgrund der Endnachfrage von ROW. Die Aufteilung des Exportvektors von FRG in die Vorleistungsmatrix von ROW (Einfuhr) und die Matrix der Endnachfrage von ROW (Einfuhr) wird bei der Behandlung der Datenbasis von ROW beschrieben.

Tabelle 4-7: Endnachfragematrix für FRG (inländische Produktion) (in Mill. DM)

j	Privater Verbrauch	Netto-investitions-nachfrage	Ersatz-investitions-nachfrage	Staatsnachfrage zur Erstellung öffentlicher Güter	Gesamte Verwendung
1	12418	186	1135	834	14573
2	32887	-265	211	6081	38914
3	46998	104	19843	13420	80365
4	101	4094	14294	146	18635
5	55061	33147	94759	8440	191407
6	25168	18430	47039	8093	98730
7	55060	2421	11922	3924	73327
8	126973	-619	3177	3431	132962
9	3159	62367	106931	6629	179086
10	209043	8005	23106	17614	257768
11	346101	5970	3351	66059	421481
12	19262	0	0	47468	66730
Σ	932231	133840	325768	182139	1573978

Im Modell wird die nabzf. Umsatzsteuer in FRG, wie vom Gesetzgeber vorgesehen, als Steuer auf den Konsum modelliert und nicht als Steuer, die den Unternehmenssektor belastet, d.h. es wird von der vollen Überwälzbarkeit der Umsatzsteuer von den Unternehmen auf die Konsumenten ausgegangen. Deshalb wird die nabzf. Umsatzsteuer im PB 10 in Höhe von 409 Mill. DM und im PB 11 in Höhe von 10.308 Mill. DM, die aufgrund der beschränkten Vorsteuerabzugsmöglichkeit dieser PB hier ausgewiesen sind, ebenfalls zu der Ersatzinvestitionsnachfrage der PB 10 und 11 der Endnachfragematrix gebucht.[28]

Tabelle 4-8: Endnachfragematrix für FRG (Einfuhr) (in Mill. DM)

j	Privater Verbrauch	Netto-investitions-nachfrage	Ersatz-investitions-nachfrage	Staatsnachfrage zur Erstellung öffentlicher Güter	Gesamte Verwendung
13	9738	19	32	692	10481
14	462	32	54	78	626
15	14744	887	1515	3110	20256
16	381	893	1525	84	2883
17	10674	11374	19428	2898	44374
18	14684	4661	7962	1879	29186
19	31436	515	880	937	33768
20	18552	-30	-50	496	18968
21	0	267	456	10	733
22	1353	2	3	535	1893
23	655	0	0	2193	2848
24	0	0	0	0	0
Σ	102679	18620	31805	12912	166016

Nach Bestimmung der Endnachfragematrizen für FRG kann nun die Belastung der Endnachfrage des Haushalts- und des Staatssektors mit nabzf. Umsatzsteuer bestimmt werden. Die Belastung der in den PB produzierten Waren und Dienstleistungen mit nabzf. Umsatzsteuer je PB sind in Tabelle 2 des Statistischen Bundesamtes (1992a) "Output-Tabelle 1988 nach Gütergruppen und Wirtschaftsbereichen - Konzept der Sozialproduktsrechnung -" ausgewiesen. Der Gesamtwert in Höhe von 130.200 Mill. DM entspricht dem in der IOT ausgewiesenen Wert.[29] Dieser Betrag setzt sich aus dem Wert der nabzf. Umsatzsteuer, die ursprünglich bei den PB 10, 11 und 12 verbucht war (26.090 Mill. DM), der auf dem privaten Verbrauch (81.850 Mill. DM) und den Anlageinvestitionen (21.860 Mill. DM) lastenden Umsatzsteuer sowie dem Wert der nabzf. Umsatzsteuer auf Exporte (400 Mill. DM) zusammen.

---

28 Zur Modellierung der Umsatzsteuer als Konsumsteuer in EAG-Modellen siehe z.B. E. Stöß (1991), S. 195, FN 9.

29 Statistisches Bundesamt (1992a), Tabelle 6 und 7.

Im Modell stellt die Bemessungsgrundlage für die nabzf. Umsatzsteuer im Haushaltssektor der private Verbrauch, sowie die Ersatzinvestitionsnachfrage dar. Nach dem bei der europäischen Mehrwertsteuer geltenden Bestimmungslandprinzip werden sowohl die inländischen als auch die eingeführten Waren und Dienstleistungen mit Umsatzsteuer belastet. Dabei unterliegen in- und ausländische Produzentengüter gleicher physisch-technischer Art demselben Umsatzsteuersatz. Die Endnachfrage des Staates zur Bereitstellung öffentlicher Güter wird ebenfalls mit nabzf. Umsatzsteuer belastet, da auch der Staat auf seine Käufe von Waren und Dienstleistungen zur Erstellung öffentlicher Güter Umsatzsteuer zahlen muß (z.B. Kauf eines Computers für die Universität). Allein die Nettoinvestitionen gehen bei einer Mehrwertsteuer vom Konsumtyp nicht mit in die Bemessungsgrundlage ein.

Tabelle 4-9: Umsatzsteuerbelastung der Endnachfrage je primärem PB in FRG (Inland und Einfuhr)

j	Bemessungs-grundlage	TC_j	$\tau_{C,j}$
	in Mill. DM	in Mill. DM	in %
1	24849	2408	9,69
2	39773	5779	14,53
3	99630	15132	15,19
4	16531	699	4,23
5	191260	14650	7,66
6	104825	12933	12,34
7	104159	19846	19,05
8	152579	15368	10,07
9	117185	18357	15,66
10	251654	3905	1,55
11	418359	20585	4,92
12	66730	538	0,81
Σ	1587534	130200	

Tabelle 6 weist die Belastung der Endnachfrage mit Umsatzsteuer, gegliedert nach den 12 primären PB, aus. Wie in EAG-Modellen üblich, stellen die in Tabelle 4-9 ausgewiesenen Mehrwertsteuersätze durchschnittliche effektive Steuersätze dar, d.h. die in der Statistik ausgewiesenen Steuerzahlungen werden in das Verhältnis zu den ebenfalls den verschiedenen Statistiken entnehmbaren Bemessungsgrundlagen gesetzt.[30]

30 Wie man Tabelle 4-9 entnehmen kann, weichen die durchschnittlichen effektiven Mehrwertsteuersätze je Produzentengut aufgrund der im deutschen Umsatzsteuergesetz

Auffallend ist die hohe Umsatzsteuerbelastung der Gütergruppen "Chemische und Mineralölerzeugnisse" mit 15,2%, "Bauleistungen" mit 15,7% und "Textilien und Bekleidung" mit 19,1%. Die staatlichen Dienstleistungen von Post und Bahn und die nichtmarktbestimmten Dienstleistungen gegen spezielles Entgelt werden dagegen mit einem Steuersatz von ca. 1% kaum belastet.
Mit Kenntnis der Umsatzsteuersätze je Produzentengut können die Umsatzsteuerzahlungen des Haushalts- und des Staatssektors bestimmt werden. Dies ergibt für den Haushaltssektor eine Belastung mit Umsatzsteuer in Höhe von 118.153,78 Mill. DM und für den Staat in Höhe von 12.046,22 Mill. DM.

4.1.4 Transformationsmatrix zwischen Produzenten- und Konsumgütern für FRG

Der bisher beschriebene Unternehmenssektor (primärer Unternehmenssektor) produziert unter dem Einsatz von Primärinputfaktoren und in- und ausländischen Vorleistungen 12 Produzentengüter. Diese Produzentengüter stimmen jedoch nicht mit den Gütern überein, die Konsumenten zur Befriedigung ihrer Bedürfnisse nachfragen. So fragt z.B. ein Konsument nicht direkt eine Automobilkarosserie als Erzeugnis des PB "Erzeugung von Eisen und Stahl" nach. Er kauft vielmehr das Konsumgut "Automobil", zu dessen Herstellung verschiedene Produkte des primären Unternehmenssektors notwendig sind. Daher wird ein weiterer Unternehmenssektor (sekundärer Unternehmenssektor) modelliert, der unter Verwendung der Produzentengüter des primären Unternehmenssektors mit fixen Einsatzverhältnissen (Leontief-Technologie) die von den Konsumenten letztlich nachgefragten Konsumgüter produziert.
Bei dem sekundären Unternehmenssektor findet keine eigene Wertschöpfung statt. Er dient vielmehr der Überführung von Produzenten- in Konsumgüter. Die Einteilung der Konsumgüter ist in Tabelle 4-10 dargestellt.
Weiterhin fragen die Haushalte das "Ersatzinvestitionsgut" (Konsumgut 10) und das Spargut nach. Somit gliedert sich der sekundäre Unternehmenssektor in 11 PB. Als Verbindung zwischen den 12 im primären Unternehmenssektor erstellten Produzentengütern und den 11 im sekundären Unternehmenssektor produzierten Konsumgütern soll eine 12x11 Überführungsmatrix erstellt werden, die als Elemente die Anteile der Produzentengüter enthält, die jeweils zur Herstellung eines Konsumgutes benötigt werden. Als Matrix zur Überführung der 12 Produzenten- in die in Tabelle 4-11 aufgeführten 9 Konsumgüter kann die Tabelle "Käufe der privaten Haushalte im Inland 1988 nach Gütergruppen und Verwendungszwecken zu Ab-Werk-Preisen" des Statistischen Bundesamtes (1990a)[31] verwendet werden. Die Tabelle 4-11 stellt die auf 12 Produktions- und 9

---

vorgesehenen zahlreichen Steuerbefreiungen und Steuervergütungen (§§ 4-9 UStG) sowie besonderer Besteuerungsformen (§§ 23-25a UStG) von den Steuersätzen des § 12 UStG ab. Allein bei der Bestimmung der Einkommensteuersätze wird nicht das Konzept der durchschnittlichen effektiven Steuersätze angewandt. Siehe dazu Abschnitt 4.1.6.

[31] Siehe Statistisches Bundesamt (1990a), S. 330 f.

Verwendungsbereiche aggregierte Tabelle des StBA dar, die den gesamten in der Endnachfragematrix ausgewiesenen 12x1-Vektor des privaten Verbrauchs in Höhe von 1.034.910 Mill. DM auf die 9 Verwendungsbereiche verteilt.

Tabelle 4-10: Gliederung der Konsumgüter

i	Konsumgut
1	Nahrungsmittel, Getränke und Tabakwaren
2	Bekleidung, Schuhe
3	Wohnungsmieten u.ä.
4	Elektrizität, Gas, Brennstoffe
5	Übrige Güter in der Haushaltsführung
6	Gesundheits- und Körperpflege
7	Verkehr, Nachrichtenübermittlung
8	Bildung und Unterhaltung
9	Persönliche Ausstattung u.ä.

Tabelle 4-11: Käufe der privaten Haushalte im Inland 1988 nach Gütergruppen und Verwendungszwecken zu Ab-Werk-Preisen (in Mill. DM)

	i 1	2	3	4	5	6	7	8	9	Σ
j 1	15506	0	0	241	0	0	0	6221	188	22156
2	135	0	0	33153	0	0	0	61	0	33349
3	52	662	0	5917	11283	11074	27223	3192	2339	61742
4	0	0	0	0	35	0	63	384	0	482
5	0	0	0	0	658	10	63673	1394	0	65735
6	0	41	0	0	13440	2528	400	19380	4063	39852
7	0	50290	0	155	29003	2442	10	2019	2577	86496
8	144475	0	0	0	0	0	0	1050	0	145525
9	0	0	0	0	3159	0	0	0	0	3159
10	37566	36691	0	2662	32552	8291	61842	22117	8675	210396
11	33881	35	181441	0	3842	21541	7972	42443	55601	346756
12	98	0	305	0	1679	8004	1255	6877	1044	19262
Σ	231713	87719	181746	42128	95651	53890	162438	105138	74487	1034910

Da das StBA eine Umrechnungstabelle nur für den privaten Verbrauch aus inländischer Produktion und Einfuhr gesamt ausweist, erfolgt die Aufteilung anhand des Verhältnisses von privatem Verbrauch aus inländischer Produktion bzw. Einfuhr zu dem gesamten privaten Verbrauch je PB der Endnachfragematrix. So erhält man die Werte der Waren und Dienstleistungen eines inländischen PB, die zur Erstellung der Kosumgüter 1-9 notwendig sind, durch zeilenweise

Multiplikation der Werte mit der inländischen Mengenquote des privaten Verbrauchs. Analog erhält man die Zeilen 13-24 der Umrechnungsmatrix durch zeilenweise Multiplikation mit der Mengenquote des privaten Verbrauchs (Einfuhr).

24 x 9 Z-Matrix für 24 Produzenten- und 1-9 Konsumgüter	X	**9 x 1** Vektor der Konsum- nachfrage für 1-9 Konsumgüter	=	**24 x 1** Vektor der Konsum- nachfrage für 24 Produzentengüter

Die Spalten 10 und 11 der Umrechnungsmatrix erhält man direkt durch Übernahme der Werte der Ersatz- und Nettoinvestitionsnachfrage der Endnachfragematrizen von FRG inländische Produktion bzw. Einfuhr. Eine Aufteilung in die Mengen der Produzentengüter aus inländischer Produktion bzw. Einfuhr, die zur Erstellung der beiden Güter notwendig sind, entfällt somit.
Spaltenweise Division der einzelnen Felderwerte durch die jeweilige Spaltensumme der 24 Produzentengüter liefert die gesuchte Koeffizientenmatrix zur Überführung der Produzenten- in Konsumgüter, im folgenden mit Z-Matrix bezeichnet.
Der Preis eines Konsumgutes ergibt sich unter Beachtung der Null-Profit-Bedingungen der sekundären Unternehmen als gewichtetes Mittel der (Anschaffungs)preise der Produzentengüter. Die Gewichte stellen dabei die Koeffizienten der jeweiligen Spalte der Z-Matrix dar.[32]
Horizontal betrachtet zeigt die Z-Matrix, mit welchen Anteilen die in einem in- oder ausländischen PB produzierten Produzentengüter zur Herstellung der 10 Konsumgüter bzw. des Spargutes eingesetzt werden. Vertikal betrachtet wird ersichtlich, welche Anteile der in- und ausländischen Produzentengüter zur Erstellung eines Konsumgutes bzw. des Spargutes notwendig sind.
So kann man aus Spalte 4 der Z-Matrix z.B. erkennen, daß zur Produktion des Konsumgutes "Elektrizität, Gas, Brennstoffe" in erster Linie Produkte des primären PB 2 bzw. 14 "Erstellung von Energie, Gewinnung von Wasser und Bergbauerzeugnisse" eingesetzt werden. Weiter werden Waren und Dienstleistungen des primären PB "Herstellung von chemischen Erzeugnissen" z.B. zur Veredelung von Rohstoffen benötigt, sowie "Dienstleistungen des Handels- und Verkehrs" zum Transport des Energieträgers zum Konsumenten.

32 Vgl. C.L. Ballard/D. Fullerton/J.B. Shoven/J. Whalley (1985), S. 77.

Tabelle 4-12: Z-Matrix für FRG

i \ j	1	2	3	4	5	6	7	8	9	10	11
1	0,037507	0	0	0,003206	0	0	0	0,033164	0,001415	0,003174	0,001220
2	0,000575	0	0	0,776057	0	0	0	0,000572	0	0,000590	-0,001738
3	0,000171	0,005745	0	0,106913	0,089791	0,156421	0,127570	0,023110	0,023903	0,055494	0,000682
4	0	0	0	0	0,000077	0	0,000081	0,000765	0	0,039975	0,026853
5	0	0	0	0	0,005762	0,000155	0,328333	0,011106	0	0,265006	0,217414
6	0	0,000295	0	0	0,088738	0,029626	0,001555	0,116411	0,034448	0,131551	0,120884
7	0	0,364946	0	0,002342	0,193016	0,028845	0,000039	0,012224	0,022023	0,033341	0,015880
8	0,544022	0	0	0	0	0	0	0,008714	0	0,008885	-0,004060
9	0	0	0	0	0,033026	0	0	0	0	0,299047	0,409071
10	0,161080	0,415589	0	0,062782	0,338132	0,152861	0,378263	0,209009	0,115714	0,064619	0,052506
11	0,145943	0,000398	0,996436	0	0,040091	0,398967	0,048984	0,402926	0,745042	0,009372	0,039158
12	0,000423	0	0,001678	0	0,017553	0,148525	0,007726	0,065409	0,014016	0	0
13	0,029412	0	0	0,002514	0	0	0	0,026006	0,001109	0,000089	0,000125
14	0,000008	0	0	0,010902	0	0	0	0,000008	0	0,000151	0,000210
15	0,000054	0,001802	0	0,033540	0,028169	0,049072	0,040021	0,007250	0,007499	0,004237	0,005818
16	0	0	0	0	0,000289	0,000000	0,000307	0,002887	0	0,004265	0,005857
17	0	0	0	0	0,001117	0,000030	0,063650	0,002153	0	0,054333	0,074603
18	0	0,000172	0	0	0,051773	0,017285	0,000907	0,067919	0,020098	0,022267	0,030572
19	0	0,208362	0	0,001337	0,110201	0,016469	0,000022	0,006979	0,012574	0,002461	0,003378
20	0,079487	0	0	0	0	0	0	0,001273	0	-0,000140	-0,000197
21	0	0	0	0	0	0	0	0	0	0,001275	0,001751
22	0,001043	0,002690	0	0,000406	0,002189	0,000989	0,002448	0,001353	0,000749	0,000008	0,000013
23	0,000276	0,000001	0,001886	0	0,000076	0,000755	0,000093	0,000763	0,001410	0	0
24	0	0	0	0	0	0	0	0	0	0	0
Σ	1	1	1	1	1	1	1	1	1	1	1

Im Rahmen des Modells wird ein Konsumgut jeweils von einem sekundären Produktionsbereich hergestellt.

In einem letzten Schritt soll nun der 11x1-Vektor des privaten Konsums zu Anschaffungspreisen ermittelt werden.[33] Die Mehrwertsteuersätze je Produzentengut wurden bereits in Tabelle 4-9 aufgeführt. Wie bei der Ermittlung der Preise der Konsumgüter ergibt sich auch der Umsatzsteuersatz je Konsumgut - da im Ausgangsgleichgewicht die Preise aller Produzentengüter gleich Eins sind - als gewichtetes Mittel der Umsatzsteuersätze der Produzentengüter. Die Gewichte ergeben sich dabei wieder aus den Koeffizienten der Z-Matrix.

Tabelle 4-13: Berechnung des privaten Konsums zu Anschaffungspreisen je Konsumgut in FRG

i	Privater Konsum zu Ab-Werk-Preisen	Mehrwertsteuersatz	Mehrwertsteuerzahlung	Privater Konsum zu Anschaffungspreisen
	in Mill. DM	in %	in Mill. DM	in Mill. DM
1	231713	7,91	18333	250046
2	87719	11,69	10259	97978
3	181746	4,91	8930	190676
4	42128	13,79	5810	47938
5	95651	10,61	10152	105803
6	53890	6,89	3713	57603
7	162438	6,42	10428	172866
8	105138	6,27	6588	111726
9	74487	5,70	4245	78732
10	357573	11,10	39696	397269
11	152460	0	0	152460
Σ	1544943		118154	1663097

33 Nach dem Anschaffungspreiskonzept des StBA gilt folgender Zusammenhang: Ab-Werk-Preis + Handels- und Transportquote + nichtabzugsfähige Umsatzsteuer = Anschaffungspreis. Beim Anschaffungspreiskonzept des Modells werden die Handels- und Transportdienstleistungen als Güter eigener Art im primären PB 10 erfaßt und nicht unmittelbar dem Preis der einzelnen Güter zugeschlagen.

4.1.5 Disaggregation des Haushaltssektors

Um Aussagen bezüglich der Wirkungen von Steuerreformprogrammen (Verteilungseffekte, Wohlfahrtseffekte) auf verschiedene Konsumentengruppen in FRG treffen zu können, ist es notwendig, den Haushaltssektor zu disaggregieren.

Als Datengrundlage zur Disaggregation des Haushaltssektors in FRG werden die Vorabtabellen der EVS 1988 des StBA verwendet.[34] Es handelt sich hierbei um eine Unterstichprobe von rund 8.000 Haushalten, die aus der Grundgesamtheit der in der EVS 1988 erfaßten Haushalte gezogen wurde. Sie repräsentieren etwa 90% aller privaten Haushalte in den alten Bundesländern.[35] Erfaßt werden private Haushalte aller Größen, sozialer Schichten und Einkommensklassen. Nicht einbezogen werden die Haushalte von Ausländern, Personen in Anstalten und Gemeinschaftsunterkünften, Haushalte mit einem monatlichen Haushaltsnettoeinkommen von 25.000 DM und mehr sowie Haushalte von Arbeitslosen. Die Nichterfassung von Haushalten mit einem monatlichen Haushaltsnettoeinkommen über 25.000 DM haben alle EVS, die in den letzten Jahren veröffentlicht wurden, gemeinsam. Der fehlenden Erfassung der Arbeitslosen, die in erster Linie in den unteren Einkommensklassen vertreten sein dürften, für die das StBA in den Vorabtabellen nur das gesamte Bruttoeinkommen sowie die Besetzungszahlen ausweist, wird so begegnet, daß für die unterste Einkommensklasse die Struktur der EVS 1983 zugrunde gelegt wird.

4.1.5.1 Disaggregation des privaten Konsums der Haushalte in FRG

Die Datenbasis für die Disaggregation des privaten Konsums des Haushaltssektors bildet die Tabelle 5 der Vorabtabellen des Statistischen Bundesamtes (1992a) zur EVS 1988, "Aufwendungen für den privaten Verbrauch sowie Mengenangaben über den Energieverbrauch privater Haushalte 1988 nach Haushaltsgröße, sozialer Stellung der Bezugsperson und monatlichem Haushaltsnettoeinkommen".

Als Kriterium für die Unterteilung des Haushaltssektors wird das monatliche Haushaltsnettoeinkommen[36] verwendet, wobei 16 Einkommensklassen unterschieden werden. Die Gruppierung der Einkommensklassen sowie die Besetzungszahlen je Einkommensklasse zeigt die Tabelle 4-14. Danach gibt es in der Bundesrepublik Deutschland im Basisjahr 1988 ca. 23,3 Mill. Haushalte.

---

[34] Die Vorabtabellen der EVS 1988 wurden vom Statistischen Bundesamt freundlicherweise zur Verfügung gestellt. Zum Zeitpunkt der Erstellung der Datenbasis sind dies die aktuellsten verfügbaren Daten zur Aufteilung des Haushaltssektors.

[35] Vgl. Statistisches Bundesamt (1992c), S. 3. Eine Einkommens- und Verbrauchsstichprobe für das vereinte Deutschland ist erstmals für 1993 geplant. Siehe dazu M. Euler (1992).

[36] Grundsätzlich ist auch eine Unterteilung nach sozioökonomischen Klassen möglich; siehe z.B. B. Kühn (1988).

Tabelle 4-14: Einkommensklassen und Besetzungszahlen in FRG

h	Monatliches Haushaltsnettoeinkommen	Anzahl der Haushalte
	in DM	in 1000
1	0 - 1.200	1.433
2	1.200 - 1.600	1.498
3	1.600 - 1.800	1.141
4	1.800 - 2.000	1.303
5	2.000 - 2.200	1.113
6	2.200 - 2.500	1.733
7	2.500 - 3.000	2.592
8	3.000 - 3.500	1.978
9	3.500 - 4.000	1.932
10	4.000 - 4.500	1.676
11	4.500 - 5.000	1.414
12	5.000 - 6.000	2.131
13	6.000 - 7.000	1.268
14	7.000 - 8.000	715
15	8.000 - 10.000	809
16	> 10.000	598
Σ		22.334

Zur Verteilung des 11x1-Vektors der Nachfrage nach Konsumgütern (zu Anschaffungspreisen) auf die 16 Einkommensklassen werden zunächst die von den einzelnen Haushalten nachgefragten Mengen der Konsumgüter ermittelt. Die Nachfrage nach den Konsumgütern 1-9 kann unmittelbar aus der EVS übernommen werden. Die Bestimmung der Nachfrage nach dem Konsumgut 10 und dem Spargut wird über die Ersparnisse je Einkommensklasse, die in der Vorabtabelle des Statistischen Bundesamtes zur Einkommens- und Verbrauchsstichprobe (1992b), Tabelle 1, "Einkommen und Einnahmen sowie Ausgaben privater Haushalte 1988 nach Haushaltsgröße, sozialer Stellung der Bezugsperson und monatlichem Haushaltsnettoeinkommen", ausgewiesen sind, bestimmt. Multiplikation mit der entsprechenden Besetzungszahl einer Einkommensklasse ergibt die Struktur des privaten Verbrauchs je Einkommensklasse.

Tabelle 4-15: Anteile der Einkommensklassen an dem gesamten Konsum eines Konsumgutes in FRG

	i 1	2	3	4	5	6	7	8	9	10	11
h 1	0,024618	0,020907	0,035489	0,034063	0,014743	0,014265	0,011868	0,018328	0,004842	0	0
2	0,030529	0,023436	0,045607	0,043317	0,020881	0,022593	0,015406	0,023615	0,011964	0,000676	0,000676
3	0,028619	0,019656	0,032491	0,040543	0,018556	0,020307	0,018069	0,022908	0,013319	0,002163	0,002163
4	0,032598	0,035731	0,038881	0,041190	0,032001	0,031837	0,022413	0,035656	0,035622	0,005528	0,005528
5	0,031116	0,025825	0,034813	0,040366	0,023456	0,028202	0,024716	0,027312	0,025984	0,007434	0,007434
6	0,057279	0,050264	0,057093	0,063702	0,052340	0,046525	0,049997	0,046908	0,042055	0,007508	0,007508
7	0,098199	0,087936	0,094815	0,102899	0,090757	0,082878	0,086339	0,084036	0,088379	0,035094	0,035094
8	0,080881	0,078232	0,077898	0,085310	0,072540	0,081145	0,073447	0,070895	0,072912	0,040885	0,040885
9	0,087329	0,080488	0,083549	0,086167	0,086563	0,069934	0,087564	0,084475	0,067062	0,069231	0,069231
10	0,086924	0,088972	0,077809	0,080499	0,082602	0,102123	0,080843	0,086991	0,083402	0,069134	0,069134
11	0,077492	0,078792	0,071536	0,068608	0,081422	0,079334	0,089567	0,077598	0,079486	0,066112	0,066112
12	0,122911	0,123241	0,119914	0,111230	0,138621	0,129847	0,138475	0,128038	0,130919	0,142337	0,142337
13	0,079430	0,090048	0,077690	0,069603	0,089427	0,093710	0,094398	0,089386	0,091533	0,111590	0,111590
14	0,047965	0,057061	0,046136	0,041350	0,058376	0,056723	0,059411	0,056252	0,066329	0,093966	0,093966
15	0,062356	0,072242	0,057593	0,051148	0,071823	0,079066	0,075321	0,075919	0,088468	0,128226	0,128226
16	0,051756	0,067170	0,048686	0,040006	0,065892	0,061511	0,072166	0,071682	0,097724	0,220116	0,220116
Σ	1	1	1	1	1	1	1	1	1	1	1

Tabelle 4-16: Privater Verbrauch zu Anschaffungspreisen je Konsumgut und Einkommensklasse in FRG (in Mill. DM)

i	1	2	3	4	5	6	7	8	9	10	11	Σ
h 1	6155,54	2048,45	6766,85	1632,89	1559,91	821,68	2051,57	2047,73	381,22	0	0	23465,85
2	7633,62	2296,17	8696,21	2076,51	2209,29	1301,44	2663,11	2638,43	941,94	268,58	103,07	30828,38
3	7156,18	1925,81	6195,35	1943,54	1963,24	1169,72	3123,45	2559,46	1048,60	859,20	329,73	28274,26
4	8150,94	3500,83	7413,67	1974,58	3385,84	1833,89	3874,41	3983,74	2804,62	2195,99	842,75	39961,24
5	7780,42	2530,29	6638,00	1935,07	2481,76	1624,49	4272,52	3051,46	2045,73	2953,35	1133,41	36446,51
6	14322,32	4924,75	10886,30	3053,73	5537,72	2679,98	8642,85	5240,81	3311,04	2982,82	1144,72	62727,04
7	24554,28	8615,77	18079,00	4932,76	9602,36	4774,02	14925,03	9389,01	6958,20	13941,65	5350,38	121122,49
8	20223,90	7664,97	14853,27	4089,59	7675,02	4674,22	12696,55	7920,85	5740,46	16242,38	6233,33	108014,53
9	21836,22	7886,01	15930,73	4130,65	9158,65	4028,39	15136,86	9438,06	5279,89	27503,35	10554,95	130883,76
10	21734,96	8717,32	14836,34	3858,96	8739,59	5882,59	13974,91	9719,14	6566,41	27464,91	10540,20	132035,33
11	19376,51	7719,88	13640,12	3288,93	8614,69	4569,89	15483,10	8669,70	6258,06	26264,38	10079,47	123964,73
12	30733,24	12074,83	22864,65	5332,16	14666,63	7479,60	23937,62	14305,18	10307,48	56546,16	21700,70	219948,25
13	19861,05	8822,72	14813,58	3336,63	9461,69	5397,95	16318,18	9986,79	7206,53	44331,44	17013,06	156549,62
14	11993,36	5590,67	8797,07	1982,25	6176,35	3267,42	10270,13	6284,78	5222,18	37329,77	14326,04	111240,02
15	15591,75	7078,06	10981,68	2451,93	7599,12	4554,46	13020,37	8482,16	6965,26	50940,24	19549,32	147214,34
16	12941,40	6581,18	9283,29	1917,80	6971,56	3543,23	12475,10	8008,75	7693,99	87445,27	33558,85	190420,42
Σ	250045,68	97977,71	190676,11	47938,00	105803,41	57602,98	172865,78	111726,04	78731,59	397269,47	152460,00	1663096,78

Aufgrund konzeptioneller Unterschiede der Erfassung des privaten Verbrauchs in der Input-Output-Rechnung und der EVS, wie z.B. die bereits erwähnte Ausgrenzung bestimmter Haushalte, sowie aus Konsistenzgründen wird hier die Vorgehensweise gewählt, daß die Werte des privaten Verbrauchs an Konsumgütern der IOT anhand der Anteile einer Einkommensklasse an dem Verbrauch eines Konsumgutes gemäß der EVS auf die Einkommensklassen verteilt werden. Die Anteile der Einkommensklassen an dem gesamten Konsum eines Konsumgutes sind in Tabelle 4-15 ausgewiesen. Tabelle 4-16 stellt die Verteilung des Konsums zu Anschaffungspreisen gemäß der Quoten aus Tabelle 4-15 auf die Einkommensklassen dar.

4.1.5.2 Struktur des privaten Verbrauchs und der Ersparnisse der Haushalte in FRG

Aus der Abbildung 4-2 kann man deutliche Unterschiede in der Struktur des privaten Verbrauchs der Haushalte in Abhängigkeit vom Nettoeinkommen beobachten. In der niedrigsten Einkommensklasse (bis 1.200 DM) werden 24% des privaten Verbrauchs für Nahrungsmittel, Getränke und Tabakwaren und 31% für Wohnungsmieten verwendet. Im Vergleich dazu betragen die Ausgabenanteile der obersten Einkommensklasse (über 10.000 DM) für diese Güter nur 19% bzw. 15%. Die Gutverdienenden geben hingegen 19% ihrer gesamten Ausgaben für den privaten Verbrauch für Verkehr und Nachrichtenübermittlung und 8% für persönliche Ausstattung und Reisen aus. In der untersten Einkommensklasse betragen die Anteile hierfür lediglich 6% bzw. 1%.[37]
Auch die Struktur der Ersparnisse je Einkommensklasse zeigt eine starke Abhängigkeit vom Haushaltsnettoeinkommen. Während die Haushalte in den untersten Einkommensklassen keine oder nur geringe Ersparnisse bilden, kann für die übrigen Einkommensklassen eine positive und mit zunehmenden Einkommen stark ansteigende Spartätigkeit beobachtet werden.[38] Die höchste Ersparnisbildung findet - wie Abbildung 4-3 zeigt - erwartungsgemäß bei den Haushalten der obersten Einkommensklasse statt.

---

[37] Vgl. auch Statistisches Bundesamt (1992c), S. 3.

[38] Die negative Ersparnisbildung der Haushalte der untersten Einkommensklasse wird im Rahmen des Modells über einen negativen Mindestkonsum dieser Klasse berücksichtigt. Siehe dazu auch C.L. Ballard/D. Fullerton/J.B. Shoven/J. Whalley (1985), S. 144, FN 4.

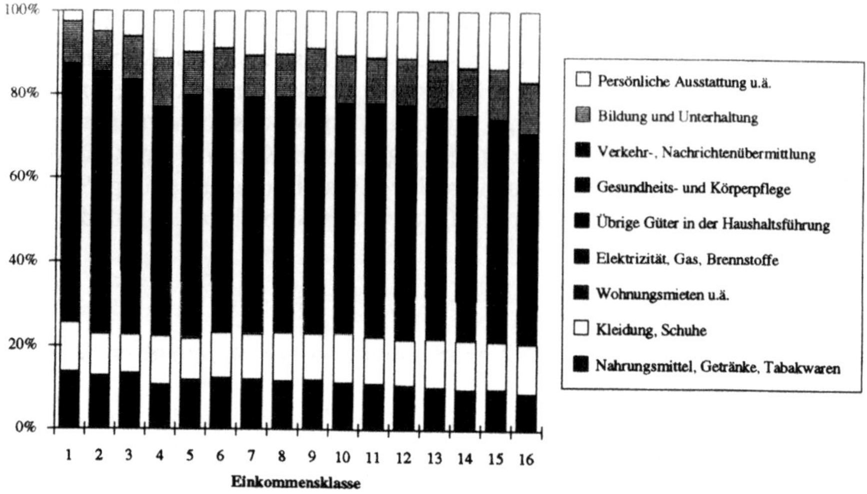

Abbildung 4-2: Struktur der Aufwendungen je Einkommensklasse für den privaten Verbrauch in FRG

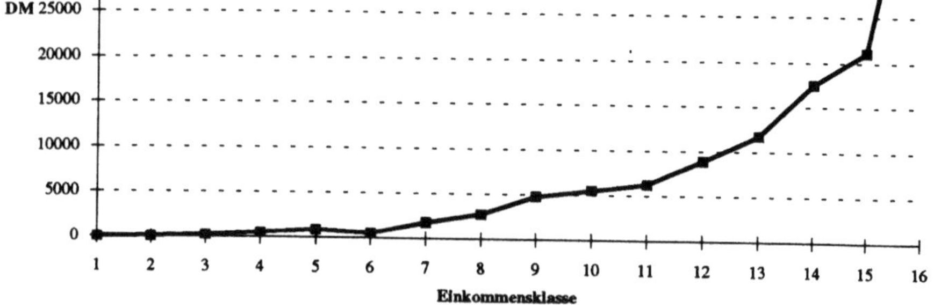

Abbildung 4-3: Jährliche Ersparnisse je Haushalt gegliedert nach Einkommensklassen in FRG

4.1.5.3 Disaggregation des verfügbaren Einkommens der Haushalte in FRG
Die Tabelle 1 der Vorabtabellen des StBA zur EVS 1988 bildet die Grundlage zur Disaggregation des verfügbaren Einkommens der Haushalte. Das verfügbare Einkommen bestimmt sich wie folgt:

	Einkommen aus unselbständiger Arbeit ($p_L L$)
+	Einkommen aus Unternehmertätigkeit und Vermögen ($p_K K$)
+	Transfereinkommen (TR)
%	Einkommensteuerzahlungen (TY)
	Verfügbares Einkommen (Y^{verf})

Nach Erfassung dieser Daten für die einzelnen Einkommensklassen muß auch das in der EVS ausgewiesene Einkommen aus Unternehmertätigkeit und Vermögen wie bei der Bestimmung dieser Komponente in der Primärinputmatrix von FRG um den kalkulatorischen Unternehmerlohn bereinigt werden. Die Berechnung des kalkulatorischen Unternehmerlohns erfolgt aufgrund fehlender anderer Datenquellen anhand des durchschnittlichen Anteils des kalkulatorischen Unternehmerlohns am Bruttobetriebsüberschuß in der Primärinputmatrix von FRG. Diesem Verfahren liegt implizit die Annahme zugrunde, daß der Prozentsatz der in einem bestimmten PB Beschäftigten für alle Einkommensklassen gleich groß ist.[39] Der Anteil des kalkulatorischen Unternehmerlohns am Bruttobetriebsüberschuß beträgt gemäß dieser Vorgehensweise 14,5%. Multiplikation der Einkommen aus Unternehmertätigkeit und Vermögen je Haushalt mit dieser Quote ergibt den kalkulatorischen Unternehmerlohn, der als Lohnkomponente zu dem Einkommen aus unselbständiger Arbeit gebucht wird. Im nächsten Schritt werden die Elemente des verfügbaren Einkommens mit der entsprechenden Besetzungszahl je Einkommensklasse multipliziert und so die Werte je Einkommensklasse ermittelt. Aufgrund der bereits erwähnten konzeptionellen Unterschiede zwischen der EVS und der IOT können jedoch auch hier nicht die absoluten Werte der Einkommenskomponenten der Einkommensklassen, sondern nur die Quoten verwendet werden. Ferner müssen aus Konsistenzgründen die Zahlungen des Unternehmens- und Staatssektors für den Faktor Kapital und Arbeit mit den Kapitaleinkommen bzw. Arbeitseinkommen der Haushalte übereinstimmen.
Die Werte für die Steuern auf das Einkommen und Vermögen in Höhe von 210.090 Mill. DM werden der Statistik entnommen.[40] Den Transfers kommt im Modell eine besondere Bedeutung zu. Sie werden nicht aus der EVS übernommen, sondern residual so bestimmt, daß die Budgetgleichungen für jeden Haushalt erfüllt sind.[41]

---

39 Dieses Verfahren zur Bestimmung des kalkulatorischen Unternehmerlohns im Haushaltssektor wenden auch C.L. Ballard/D. Fullerton/J.B. Shoven/J. Whalley (1985), S. 100 an.
40 Siehe Statistisches Bundesamt (1991a), S. 359.
41 Siehe auch B. Kühn (1988), S. 20 und E. Stöß (1991), S. 207.

Tabelle 4-17: Anteile der Einkommenskomponenten des verfügbaren Einkommens je Einkommensklasse in FRG

h	$p_L L$	$p_K K$	TR	TY
1	0,001655	0,006677	0,040833	0,001992
2	0,003540	0,007372	0,061753	0,002850
3	0,007115	0,009498	0,053017	0,005844
4	0,014607	0,010096	0,058376	0,012489
5	0,018765	0,012877	0,048382	0,016856
6	0,033960	0,020686	0,081606	0,030938
7	0,063871	0,046001	0,122594	0,051772
8	0,068455	0,047945	0,090509	0,050652
9	0,088968	0,056034	0,082940	0,067850
10	0,093497	0,056155	0,073274	0,082771
11	0,093501	0,062922	0,050938	0,076557
12	0,156095	0,122495	0,086341	0,130812
13	0,112322	0,094130	0,051639	0,103070
14	0,072241	0,076173	0,031022	0,077632
15	0,093639	0,111472	0,043715	0,119031
16	0,077769	0,259468	0,023060	0,168884
Σ	1	1	1	1

Somit stimmen die im Modell verwendeten Werte für die Transfers je Haushaltsgruppe nicht mit den tatsächlichen Transferzahlungen des Staates an die Haushalte überein, wenn auch die Abweichungen nicht allzu sehr ins Gewicht fallen. Die im Modell als Pauschtransfers modellierte Größe eignet sich zu diesem Zweck am besten, da sie, wie aus der Theorie der optimalen Besteuerung bekannt, keine verzerrenden Auswirkungen auf die Konsumentscheidungen der Haushalte ausübt.

Tabelle 4-18: Komponenten des Bruttoeinkommens des Haushaltssektors in FRG

$p_L L$	$p_K K$	TR	TY
843.592 Mill. DM	602.917 Mill. DM	426.678 Mill. DM	210.090 Mill. DM

Die Verteilung der Gesamtwerte der Einkommenskomponenten des privaten Konsums anhand der Quoten der EVS ergibt nach Anpassung der Transfers die in Tabelle 4-19 aufgeführten Werte, die im Modell verwendet werden.
Der Vergleich des 16x1-Vektors des privaten Verbrauchs zu Anschaffungspreisen mit dem 16x1-Vektor des verfügbaren Einkommens zeigt die Erfüllung der Budgetrestriktion der 16 Einkommensklassen.

Tabelle 4-19: Einkommenskomponenten des verfügbaren Einkommens je Einkommensklasse in FRG (in Mill. DM)

h	$p_L L$	$p_K K$	TR	TY	Y^{verf}
1	1396,00	4025,56	18462,80	418,51	23465,85
2	2985,99	4444,57	23996,49	598,68	30828,38
3	6002,30	5726,29	17773,37	1227,69	28274,26
4	12322,50	6086,91	24175,58	2623,75	39961,24
5	15830,20	7763,87	16393,81	3541,37	36446,51
6	28648,32	12471,65	28106,79	6499,72	62727,04
7	53881,12	27734,81	50383,43	10876,87	121122,49
8	57748,45	28906,65	32000,86	10641,45	108014,53
9	75052,86	33783,72	36301,77	14254,59	130883,76
10	78873,08	33856,69	36694,94	17389,38	132035,33
11	78877,09	37936,64	23234,75	16083,76	123964,73
12	131680,63	73854,40	41895,44	27482,22	219948,25
13	94753,80	56752,64	26697,26	21654,08	156549,62
14	60941,68	45926,25	20681,80	16309,71	111240,02
15	78992,90	67208,62	26020,13	25007,31	147214,34
16	65605,07	156437,72	3858,55	35480,92	190420,42
Σ	843592	602917	426677,78	210090	1663096,78

In Abbildung 4-4 ist die Struktur des Bruttoeinkommens der 16 Einkommensklassen in FRG dargestellt. Hieraus wird die Bedeutung der staatlichen Transferzahlungen für die unteren Einkommensklassen ersichtlich, die bei den Haushalten der untersten Einkommensklasse einen Anteil von nahezu 80% ausmachen. Der Anteil des Arbeitseinkommens an dem Bruttoeinkommen der Haushalte nimmt bis zur 12. Einkommensklasse ständig zu. Bei den Beziehern hoher Einkommen reduziert sich die Bedeutung des Arbeitseinkommens hingegen wieder. Die Einkommensstrukur dieser Haushalte wird in zunehmendem Maße von der Komponente Kapitaleinkommen dominiert.

Abschließend wird in Abbildung 4-5 die Verwendung des Bruttoeinkommens der Haushalte in FRG für Konsumausgaben, Ersparnisse und Einkommensteuerzahlungen betrachtet. Der Anteil des Bruttoeinkommens, der von den Haushalten für den privaten Konsum verwendet wird, nimmt mit steigendem Einkommen ab, während die Sparquote - wie bereits in Abbildung 4-3 gesehen - ansteigt. Die Abbildungen 4-3 bis 4-5 werden insbesondere im Hinblick auf die Interpretation der Auswirkungen von Steuerreformen auf die einzelnen Einkommensklassen hilfreich sein.

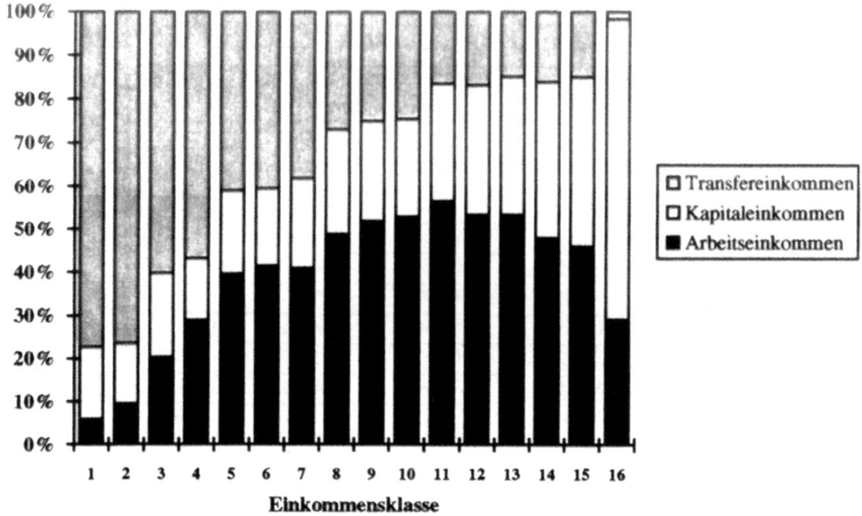

Abbildung 4-4: Struktur des Bruttoeinkommens je Einkommensklasse in FRG (Entstehungsseite)

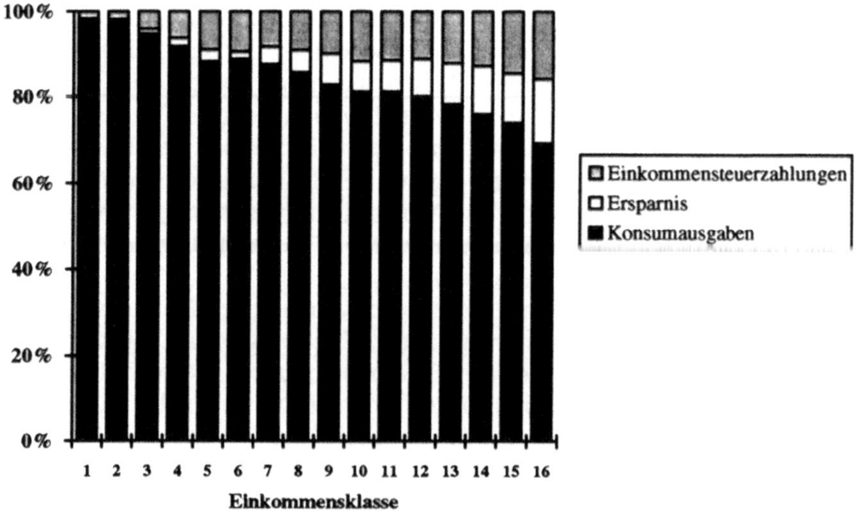

Abbildung 4-5: Einkommensteuerzahlungen, Ersparnis und Konsumausgaben in Prozent des Bruttoeinkommens je Einkommensklasse in FRG (Verwendungsseite)

4.1.6 Modellierung der Steuern in FRG

Die übliche Vorgehensweise bei der Bestimmung von Steuersätzen in EAG-Modellen besteht darin, durchschnittliche effektive Steuersätze zu berechnen. Diese sollen im vorliegenden Abschnitt für die Steuern in FRG bestimmt werden. Allein die Ermittlung der durchschnittlichen effektiven Umsatzsteuersätze wurde notwendigerweise schon vorweggenommen. Ausführlich soll dabei auf die Modellierung des deutschen Einkommensteuertarifs eingegangen werden, da hier aufgrund der besonderen Tarifstruktur von dem Konzept der durchschnittlichen effektiven Steuersätze abgewichen wird.

a) Produktionssteuern

Der Staat erhebt Produktionssteuern auf den zum Herstellungspreis bewerteten Output der primären Unternehmen. Bei Beibehaltung der Bewertung zu Ab-Werk-Preisen[42] ergibt sich der durchschnittliche effektive Produktionssteuersatz je Produktionsbereich als

$$(4.6)\quad \theta_{Q,j} = \frac{TQ_j}{(p_j QP_j - TQ_j)}, \quad j = 1,2,\ldots,12 \quad .$$

Tabelle 4-20: Produktionssteuersätze in FRG

j	1	2	3	4	5	6
$\theta_{Q,j}$	-7,73	0,09	6,76	0,12	0,37	0,09

j	7	8	9	10	11	12
$\theta_{Q,j}$	0,22	8,11	-0,14	-2,97	-0,23	0,26

b) Steuern auf die Faktoren Arbeit und Kapital sowie Gewinnsteuern

Wie bei der Beschreibung der Datenbasis bereits erwähnt, wird im Modell zwischen "reinen" Steuern auf den Faktor Arbeit, "reinen" Steuern auf den Faktor Kapital sowie Gewinnsteuern unterschieden.

Die Steuersätze für den Faktor Kapital ohne Berücksichtigung von Gewinnsteuern ermitteln sich dabei als

$$(4.7)\quad \theta_{KK,j} = \frac{TKK_j}{p_K K_j}, \quad j = 1,2,\ldots,12 \quad ,$$

---

42 Der Ab-Werk-Preis ist definiert als Herstellungspreis zuzüglich Produktionssteuern und abzüglich Subventionen.

$\theta_{KK,j}$: Steuersatz auf den Faktor Kapital des primären Unternehmens j (ohne Berücksichtigung von Gewinnsteuern),
TKK_j: Steuerzahlungen auf den Faktor Kapital des primären Unternehmens j (ohne Berücksichtigung von Gewinnsteuern)

und die Steuersätze für den Faktor Arbeit ohne Berücksichtigung von Gewinnsteuern als

$$(4.8) \quad \theta_{LL,j} = \frac{TLL_j}{p_L L_j}, \quad j = 1,2,...,12 \quad ,$$

$\theta_{LL,j}$: Steuersatz auf den Faktor Arbeit des primären Unternehmens j (ohne Berücksichtigung von Gewinnsteuern),
TLL_j: Steuerzahlungen auf den Faktor Arbeit des primären Unternehmens j (ohne Berücksichtigung von Gewinnsteuern).

Die Gewinnsteuersätze auf den Primärinputfaktor Kapital bestimmen sich als

$$(4.9) \quad \theta_{GK,j} = D_j \frac{TG_j}{(1+\theta_{KK}) p_K K_j}, \quad 0 \le D_j \le 1, \quad j = 1,2,...,12 \quad ,$$

$\theta_{GK,j}$: Gewinnsteuersatz auf den Faktor Kapital des primären Unternehmens j,
TG_j: Gewinnsteuerzahlungen des primären Unternehmens j,
D_j: Gewinnsteuerverteilungsparameter des primären Unternehmens j

und für den Primärinputfaktor Arbeit als

$$(4.10) \quad \theta_{GL,j} = (1-D_j) \frac{TG_j}{(1+\theta_{LL}) p_L L_j}, \quad 0 \le D_j \le 1, \quad j = 1,2,...,12 \quad ,$$

$\theta_{GL,j}$: Gewinnsteuersatz auf den Faktor Arbeit des primären Unternehmens j.

Die Gesamtsteuersätze, unter Berücksichtigung der "reinen" Faktorsteuersätze und der Gewinnsteuersätze, auf die Faktoren Arbeit und Kapital ergeben sich als

$$(4.11) \quad \theta_{K,j} = (1+\theta_{GK,j})(1+\theta_{KK,j}), \quad j = 1,2,...,12$$

und

$$(4.12) \quad \theta_{L,j} = (1+\theta_{GL,j})(1+\theta_{LL,j}), \quad j = 1,2,...,12 \quad .$$

Bei der Modellierung der Gewinnsteuern als Faktorsteuern werden drei Verteilungssituationen betrachtet:

Fall A: Ausschließliche Belastung des Produktionsfaktors Kapital mit Gewinnsteuern (Standardfall) $\left[D_j = 1, \quad j = 1,2,\ldots,12\right]$,

Fall B: Aufteilung der Gewinnsteuern, so daß das ursprüngliche Verhältnis von Kapital zu Arbeit unverändert bleibt $\left[D_j = 1 / \frac{(p_L L_j + TLL_j)}{(p_K K_j + TKK_j)}, \quad j = 1,2,\ldots,12\right]$,

Fall C: Ausschließliche Belastung des Produktionsfaktors Arbeit mit Gewinnsteuern $\left[D_j = 0, \quad j = 1,2,\ldots,12\right]$.

Die übliche Vorgehensweise in EAG-Modellen (Standardfall) besteht darin, die Gewinnsteuern der Unternehmen (Körperschaft-, Gewerbeertrag- und Kapitalertragsteuern) als Steuern zu betrachten, die ausschließlich den Faktor Kapital belasten.[43] Diese Annahme erscheint jedoch etwas problematisch, da selbst eine Einkommensteuer vom Schanz/Haig/Simons-Typ (SHS-Steuer) im neoklassischen Investitionsmodell eine neutrale Wirkung haben kann. Die Allokation der Faktoren erfolgt im vorliegenden Modell anhand der Grenzproduktivitätsregel. Kurzgefaßt hat eine SHS-Kapitaleinkommensbesteuerung dann die Wirkung, die Wertgrenzprodukte aller Faktoren und die Grenzkosten des Arbeitseinsatzes um den gleichen Prozentsatz zu reduzieren. Läßt der Fiskus jedoch steuerliche Abschreibungen zu, die höher als der tatsächliche ökonomische Werteverzehr des Realkapitalstocks sind, werden die Grenzkosten des Kapitaleinsatzes um einen verhältnismäßig kleineren Prozentsatz reduziert. Somit kommt es über die indirekte Subventionierung des Faktors Kapital zu dem Steuerparadoxon, daß die Unternehmen nach Einführung einer solchen Steuer ihren Realkapitalstock erhöhen werden.[44] Eine wesentliche Voraussetzung ist dabei, daß Renditen alternativer Kapitalanlagen ebenfalls mit dem Satz der Kapitaleinkommensteuer belastet sind. Wären diese steuerfrei, so würde dies den Kapitaleinsatz der Unternehmen im Vergleich zum Arbeitseinsatz relativ verteuern.

Für die Spezifikation der Gewinnsteuern im Referenzjahr ist nun von Bedeutung, daß sich das existierende Steuersystem zwar zu einem großen Teil am SHS-Konzept orientiert, der Fiskus jedoch in einigen Bereichen steuerliche Abschreibungen zuläßt, die über dem tatsächlichen ökonomischen Werteverzehr der Anlagen liegen, und zudem die Hinterziehung von Steuern auf Wertpapierzinsen in bestimmtem Umfang faktisch toleriert.

Von daher ist a priori keine klare Aussage möglich, ob Gewinnsteuern den Kapitaleinsatz oder den Arbeitseinsatz diskriminieren oder ob sie sogar neutral

---

43 Vgl. z.B. D. Fullerton/J.B. Shoven/J. Whalley (1983), S. 8 und C.L. Ballard (1990), S. 151. Hierzu sei angemerkt, daß die in der Ausgangssituation gegebenen Unternehmensgewinnsteuern im Modell nur als Faktor- oder Produktsteuern modelliert werden können, da im allgemeinen Gleichgewicht definitionsgemäß keine "reinen" Unternehmensgewinne auftreten.

44 Zum Steuerparadoxon siehe H.-W. Sinn (1985), S. 131 ff.

wirken.[45] Aus diesem Grund werden die Simulationsrechnungen für die Grenzfälle A, B und C durchgeführt.
Tabelle 4-21 weist die "reinen" effektiven Steuersätze auf die Faktoren Arbeit und Kapital sowie die Gewinnsteuersätze auf die Primärinputfaktoren bei unterschiedlicher Gewinnsteuerverteilung aus.

Tabelle 4-21: Faktor- und Gewinnsteuersätze bei verschiedenen Gewinnsteuerverteilungssituationen in FRG

j	$\theta_{KK,j}$	$\theta_{LL,j}$	$\theta_{GK,j}$ Fall A[1)]	$\theta_{GK,j} = \theta_{GL,j}$ Fall B	$\theta_{GL,j}$ Fall C[2)]
1	6,77	17,22	18,02	6,38	9,87
2	1,11	51,86	7,15	3,72	7,77
3	1,32	48,57	8,53	2,35	3,24
4	1,35	45,66	8,72	1,94	2,50
5	1,08	47,39	6,96	1,09	1,29
6	1,82	47,84	11,70	2,56	3,28
7	1,87	44,44	11,96	2,61	3,35
8	2,02	40,78	12,98	4,23	6,27
9	2,62	43,86	16,68	3,99	5,25
10	2,17	40,84	13,89	4,22	6,06
11	4,48	41,93	11,40	6,99	18,07
12	0,00	49,04	0,00	0,00	0,00

1) $\theta_{GL,j} = 0, \quad j = 1,2,\ldots,12$
2) $\theta_{GK,j} = 0, \quad j = 1,2,\ldots,12$

c) Umsatzsteuer

Die effektiven durchschnittlichen Mehrwertsteuersätze je Produzentengut sind in der Tabelle 4-9 ausgewiesen.

45 Zur Problematik der Modellierung von Gewinnsteuern in EAG-Modellen siehe M. Rose (1991b), S. 223 f.

d) Einkommensteuer

Da das Jahr 1988 das Basisjahr für die Datenbasis des Modells darstellt und somit die Einkommensteuerzahlungen auf Basis des Einkommensteuertarifs von 1988 über die Ergebnisse der Einkommens- und Verbrauchsstichprobe 1988 in die Berechnung des verfügbaren Einkommens je Haushalt eingehen, soll trotz der in der Zwischenzeit durchgeführten Tarifänderungen der Einkommensteuertarif des Basisjahres zugrunde gelegt werden.[46]

Bei dem bundesdeutschen Einkommensteuertarif handelt es sich um einen nichtlinearen Formeltarif, der sich aus mehreren Teilformeln zusammensetzt, die jeweils für einen bestimmten Einkommensbereich definiert sind. In Tabelle 4-22 sind die fünf Tarifzonen mit der dazugehörigen Steuerbetrags- und Grenzsteuersatzfunktion aufgeführt.

Tabelle 4-22: Einkommensteuertarif 1988

1. Null-Zone	**2. Untere Proportionalzone**	**3. Untere Progressions-Zone**	**4. Obere Progressions-Zone**	**5.Obere Proportional-Zone**
$y \leq 4.752$	$4.753 \leq y \leq 18.035$	$18.036 \leq y \leq 80.027$	$80.028 \leq y \leq 130.031$	$130.032 \leq y$
$TY_{88} = 0$	$TY_{88}=0,22y-1.045$	$TY_{88}=0,34z^4-21,58z^3 +392z^2+2.200z+2.911$ $z=(y-17.982)/10.000$	$TY_{88}=70z^2+4.900z +26.974$ $z=(y-79.974)/10.000$	$TY_{88}=0,56y -19.561$
$\tau_{Y,88}=0$	$\tau_{Y,88}=0,22$	$\tau_{Y,88}=(1,36z^3-64,74z^2 +784z+2.200)/10.000$	$\tau_{Y,88}=(140z+4.900) /10.000$	$\tau_{Y,88}=0,56$

y: zu versteuerndes Einkommen,

TY_{88}: Steuerbetragsfunktion des deutschen Einkommensteuertarifs 1988,

$\tau_{Y,88}$: Grenzsteuersatzfunktion des deutschen Einkommensteuertarifs 1988.

Hervorstechendes Kennzeichen dieses Tarifs ist seine Progressivität in dem Sinn, daß der durchschnittliche Steuersatz mit der Bemessungsgrundlage ansteigt und der marginale über dem durchschnittlichen Steuersatz liegt. Diese Eigenschaft bedingt, daß das im Gesetz angegebene Tarifpolynom nicht unmittelbar in das Modell übernommen werden kann, da sonst die Homogenitätseigenschaft des Modells (Homogenität vom Grad 0) verletzt würde.[47] Zur Lösung dieses Pro-

46 Die Modellierung des deutschen Einkommensteuertarifs 1990, entsprechend der im folgenden beschriebenen Vorgehensweise, ist dargestellt in M. Rose (1988), S. 32 ff. und B. Kühn (1988), S. 182 ff.

47 Sieht man von dem Transfereinkommen ab, so würde sich beispielsweise das Einkommen eines Haushalts, der mit seinen bisherigen Einkünften knapp unter der Grenze zu einer höheren

blems wird der realiter existierende nichtlineare Formeltarif durch eine Serie von linearen Tarifpolynomen - für jede Einkommensklasse eines - approximiert. Hierbei wird in drei Schritten vorgegangen:
Im ersten Schritt ist bei der Modellierung des deutschen Einkommensteuertarifs zu berücksichtigen, daß sich jede Einkommensklasse aus Ledigen- und Verheirateten-Haushalten zusammensetzt. Während Ledigen-Haushalte nach dem Grundtarif besteuert werden, gilt für Verheirateten-Haushalte der Splittingtarif. Hiernach erhält man die Steuerschuld über die Anwendung des Grundtarifs auf das halbierte zu versteuernde Einkommen des Haushalts und eine Verdopplung der sich damit ergebenden Steuerschuld.

Um diesem Sachverhalt bei der Modellierung des Einkommensteuersystems Rechnung zu tragen, wird zunächst die Steueraufkommensfunktion eines individuellen Haushalts der Einkommensklasse h als gewichtetes Mittel des Steueraufkommens nach der Grund- und nach der Splittingtabelle ermittelt - im folgenden als gewichtete Steueraufkommensfunktion bezeichnet -, wobei als Gewichte der Anteil der Verheirateten- bzw. der Anteil der Ledigen-Haushalte an der Gesamtzahl aller individuellen Haushalte der Einkommensklasse h berücksichtigt werden.
Gemäß der EVS (1988) setzt sich eine Haushaltsklasse durchschnittlich zu 58% aus Verheirateten-Haushalten und zu 42% aus Ledigen-Haushalten zusammen. Diese Verteilung wird vereinfachend für alle Haushaltsklassen zugrunde gelegt.
Die gewichtete Steueraufkommensfunktion eines individuellen Haushalts der Einkommensklassen lautet somit

$$(4.13)\quad TY_h(y_h) = 2b\,TY_{88,h}(y_h/2) + (1-b)\,TY_{88,h}(y_h)\,,\quad h = 1,2,\ldots,16\,,\quad 0 \le b \le 1$$

$TY_h(y_h)$: gewichtete Steueraufkommensfunktion eines individuellen Haushalts h einer Einkommensklasse,

$TY_{88,h}(y_h)$: Steueraufkommensfunktion nach dem gesetzlichen Einkommensteuertarif 1988 eines individuellen Haushalts der Einkommensklasse h,

b: Anteil der Verheirateten-Haushalte,

y_h: zu versteuerndes Einkommen eines individuellen Haushalts h.

Steuerklasse liegt, bei einer Verdoppelung der Faktorpreise um weniger als den Faktor 2 vervielfachen.

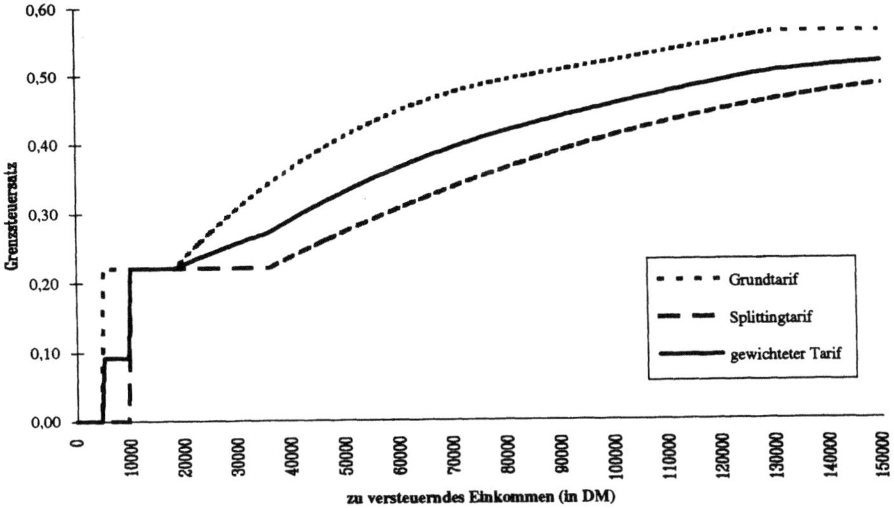

Abbildung 4-6: **Einkommensteuer-Grenzsatzfunktion nach Grund-, Splitting- und gewichtetem Tarif**

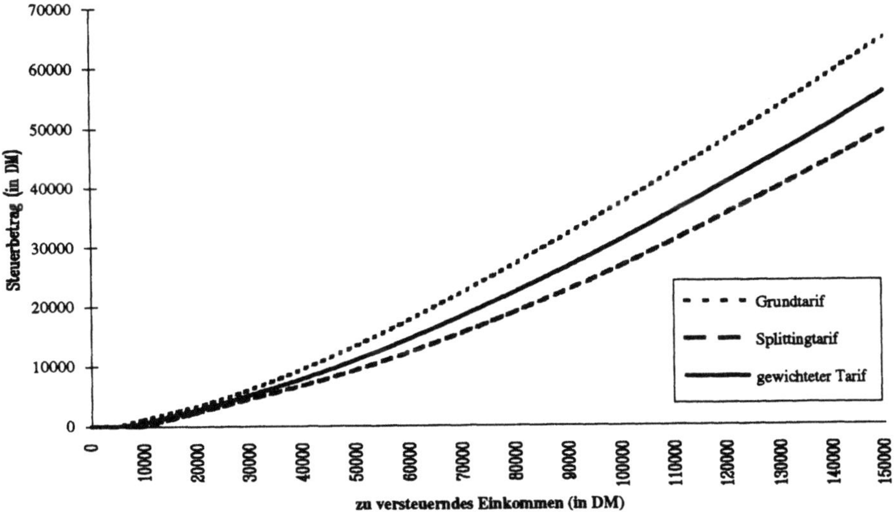

Abbildung 4-7: **Einkommensteuer-Betragsfunktion nach Grund-, Splitting- und gewichtetem Tarif**

Im zweiten Schritt wird anhand der beobachteten Einkommensteuerzahlungen je individuellem Haushalt einer Einkommensklasse und der gewichteten Steueraufkommensfunktion auf den gewichteten Grenzsteuersatz zurückgeschlossen, dem dieser Haushalt unterliegt. Die gewichtete Grenzsteuersatzfunktion erhält man als erste Ableitung der gewichteten Steueraufkommensfunktion nach dem zu versteuernden Einkommen.

(4.14) $\tau_{Y,h}(y_h) = b\,\tau_{Y,88,h}(y_h/2) + \tau_{Y,88,h}(y_h)$

$\tau_{Y,h}$: Grenzsteuersatzfunktion des gewichteten Einkommensteuertarifs,
$\tau_{Y,88,h}$: Grenzsteuersatzfunktion des gesetzlichen Einkommensteuertarifs 1988.

Im dritten Schritt wird die gewichtete Steueraufkommensfunktion, d.h. der gesetzliche Tarif durch ein lineares Tarifpolynom der Form (vgl. Gleichung 3.21)

(4.15) $TY_h = \tau_{Y,h} Y_h^b - AB_h\,, \quad h = 1,2,\ldots,16$,

mit

(4.16) $Y_h^b = p_L l_h + p_K K_h\,, \quad h = 1,2,\ldots,16$,

approximiert, wobei der Abzugsbetrag gerade so gewählt wird, daß sich die beobachteten Einkommensteuerzahlungen ergeben.

Unter Kenntnis der beobachtbaren Einkommensteuerzahlungen und der Bruttoeinkommen (Arbeits- und Kapitaleinkommen ohne Transfereinkommen) sowie der oben ermittelten gewichteten Grenzsteuersätze können die jeweiligen Abzugsbeträge (Freibeträge) je Haushalt ermittelt werden:

(4.17) $AB_h = \tau_{Y,h} Y_h^b - TY_h\,, \quad h = 1,2,\ldots,16$.

Der Abzugsbetrag, der die Differenz zwischen beobachtbarer Einkommensteuerschuld und Einkommensteuerschuld nach Tarif ausgleicht, beinhaltet dabei die folgenden Komponenten:

1. Eine Approximationskomponente, bedingt durch die Approximation des nichtlinearen gesetzlichen Tarifs durch ein lineares Tarifpolynom.

2. Eine Bemessungskomponente, bedingt durch den Umstand, daß im Rahmen des gesetzlichen Tarifpolynoms das zu versteuernde Einkommen, im Rahmen des linearen Approximationstarifs hingegen das Bruttoeinkommen zugrunde gelegt wird.

Die Bemessungskomponente läßt sich wiederum in drei Einzelkomponenten zerlegen:

a) Eine gesetzlich bedingte Komponente, die diejenigen Aufwendungen und Freibeträge erfaßt (z.B. Versorgungsaufwendungen, Haushaltsfreibeträge, Kinderfreibeträge), die bei der Ermittlung des zu versteuernden Einkommens gesetzlich vom Bruttoeinkommen absetzbar sind.

b) Eine Steuerhinterziehungskomponente, die den Umstand erfaßt, daß ein Teil des Einkommens bei der Steuererklärung nicht oder nicht in vollem Umfang deklariert wird.

c) Eine Konsistenzkomponente, bedingt durch den Umstand, daß die statistisch ausgewiesenen Bruttoeinkommen bei der Erstellung der mikroökonomischen Datenbasis korrigiert werden müssen.

In Abbildung 4-8 ist die Vorgehensweise bei der linearen Approximation des gewichteten Einkommensteuertarifs exemplarisch für einen Haushalt graphisch dargestellt. Aufgrund der aus der Datenbasis bekannten Einkommensteuerzahlungen eines Haushalts kann auf den dazugehörigen Grenzsteuersatz geschlossen werden; weiter erhält man somit Informationen über das zu versteuernde Einkommen des Haushalts. Das Arbeits- und Kapitaleinkommen eines Haushalts, das der Einkommensteuer unterliegt, kann ebenfalls aus der Datenbasis entnommen werden, so daß nach Ermittlung des Grenzsteuersatzes der Abzugsbetrag des Haushalts berechnet werden kann. Der Abzugsbetrag kann problemlos in einen entsprechenden Freibetrag (FB_h) umgerechnet werden.

Durch die Vorgehensweise der linearen Approximation des deutschen progressiven Einkommensteuertarifs wird sichergestellt, daß ein Haushalt einer höheren Einkommensklasse sich in der Regel auch einem höheren Grenzsteuersatz und einem höheren Abzugsbetrag gegenübersieht. Eine Ausnahme hiervon bilden lediglich die Haushaltsklassen 1 und 2 sowie 3 und 4. Dies liegt daran, daß die mit der in der Statistik ausgewiesenen Einkommensteuerzahlungen dieser Haushaltspaare einhergehenden zu versteuernden Einkommen jeweils in einem proportionalen Abschnitt der Grenzsteuersatzfunktion des gewichteten Einkommensteuertarifs liegen. Somit wird in diesen Fällen Haushalten zweier verschiedener Einkommensklassen derselbe Grenzsteuersatz zugewiesen. Da die Einkommensteuerzahlungen eines Haushalts jedoch mit jeder Einkommensklasse ansteigen, erfolgt der Ausgleich über die Abzugsbeträge.

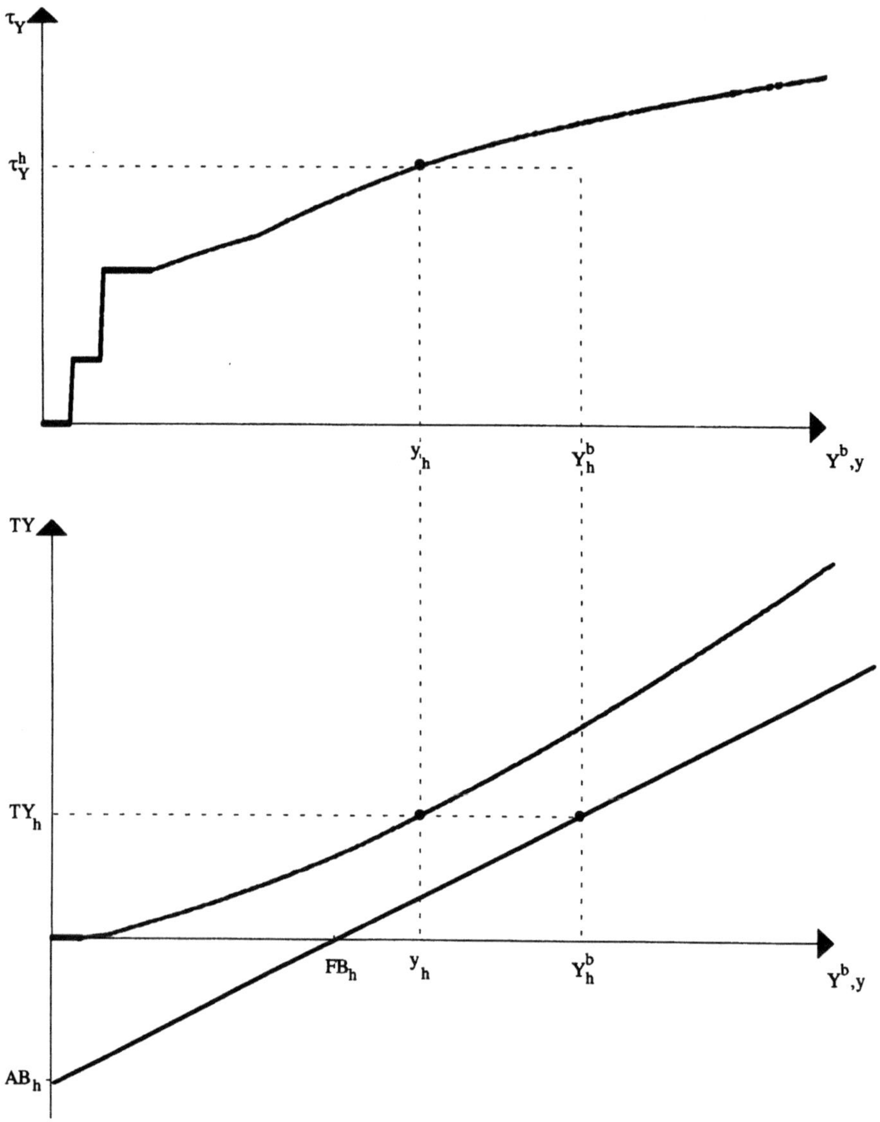

Abbildung 4-8: Lineare Approximation des gewichteten Einkommensteuertarifs

Zu betonen ist, daß sowohl der Steuersatz als auch der Abzugsbetrag eines Haushalts einer Einkommensklasse im Rahmen von Simulationsrechnungen unverändert bleiben, auch wenn sich sein Einkommen aufgrund der Durchführung einer Steuerreform erhöht. D.h. bei dieser Form der Modellierung der Einkommensteuer wird zwar die Progression des deutschen Einkommensteuertarifs berücksichtigt, jedoch bewegt sich jeder Haushalt bei der Durchführung von Simulationsrechnungen nur entlang seines ursprünglichen Tarifpolynoms, verläßt dieses aber nicht.[48]

Tabelle 4-23: Einkommensteuersätze und Abzugsbeträge je Haushalt

h	Y_h^b	TY_h	$\tau_{Y,h}$	AB_h
	in DM	in DM	in %	in DM
1	3783	292	9,00	48
2	4960	399	9,00	47
3	10279	1076	22,00	1185
4	14128	2014	22,00	1094
5	21199	3182	23,23	1741
6	23728	3751	23,94	1930
7	31488	4196	24,45	3501
8	43809	5380	25,72	5888
9	56334	7378	28,03	8415
10	67261	10376	32,16	11257
11	82612	11375	33,32	16148
12	96450	12896	34,87	20741
13	119485	17077	38,37	28771
14	149466	22811	41,80	39667
15	180719	30911	45,38	51097
16	371309	59333	51,75	132819

Eine Veränderung der Steuersätze und Abzugsbeträge bei der Durchführung von Simulationsrechnungen berücksichtigen Gottfried/Stöß/Wiegard (1990, S. 228 ff.) und Stöß (1992, S. 66 ff.). Dabei wird auf das Konzept des virtuellen Einkommens zurückgegriffen.[49] Hierbei wird ebenfalls zunächst das nichtlineare gesetzliche Tarifpolynom durch eine Serie von linearen Tarifpolynomen, die jeweils eine Tangente an das gesetzliche Tarifpolynom in einem bestimmten Punkt darstellen, approximiert. Anschließend werden die Steuerklassengrenzen so bestimmt, daß die einzelnen linearen Tarifpolynome stetig ineinander übergehen. Aufgrund der abschnittsweise linearen Approximation des gesetzlichen Tarifs ergibt sich für einen Haushalt bei einer Betrachtung in einem Konsum-Arbeitsangebot-Diagramm eine Budgetmenge, die zwar nach wie vor konvex ist, jedoch, bedingt durch die Berücksichtigung des möglichen Wechsels in andere Steuer-

48 Diese Modellierung entspricht der üblichen Vorgehensweise in EAG-Modellen. Siehe z.B. C.L. Ballard/D. Fullerton/J.B. Shoven/J. Whalley (1985), S. 43.

49 Zum Konzept des virtuellen Einkommens siehe z.B. J.A. Hausman (1985).

klassen, Knickpunkte aufweist. Diese Knickpunkte sind jeweils identisch mit einem bestimmten Arbeitsangebot des Haushalts.
Bei der Simulation von Steuerreformprogrammen wird jetzt zunächst unter Berücksichtigung des ursprünglichen Grenzsteuersatzes das aktuelle Arbeitsangebot des Haushalts ermittelt. Anschließend wird überprüft, in welcher Steuerklasse der Haushalt aufgrund seines Arbeitsangebotes einzustufen ist. Ist die "korrekte" Steuerklasse ermittelt, wird das maximal verfügbare Einkommen des Haushalts als Summe aus dem maximalen Nettoarbeitseinkommen und dem virtuellen Einkommen berechnet. Das virtuelle Einkommen verkörpert dabei dasjenige Nettonichtarbeitseinkommen, bei dem der Haushalt unter dem aktuellen Grenzsteuersatz gerade das aktuelle Arbeitsangebot gewählt hätte. Graphisch gesehen handelt es sich bei dem virtuellen Einkommen in einem Konsum-Arbeitszeit-Diagramm, in dem der Konsum auf der Ordinate abgetragen ist, um die Verlängerung des relevanten Budgetsegments bis zur Ordinate. Mit dem so gewählten virtuellen Einkommen läßt sich jedes Haushaltsgleichgewicht über einen Tarif mit konstantem Grenzsteuersatz reproduzieren, so daß die Homogenitätseigenschaften des Modells nicht verletzt werden.
Die Problematik dieses Verfahrens besteht jedoch darin, daß bei einer Verwendung des Konzepts des virtuellen Einkommens die jeweilige Steuerklasse, in die ein Haushalt fällt, ausschließlich auf Basis des aktuellen Arbeitsangebotes, d.h. auf der Grundlage des aktuellen Bruttoarbeitseinkommens, ermittelt wird. Das Bruttokapitaleinkommen, das inbesondere bei den mittleren und höheren Einkommensklassen einen erheblichen Anteil am Gesamteinkommen ausmacht, bleibt dabei vollkommen unberücksichtigt. Abgesehen vom simulationstechnischen Mehraufwand dieses Verfahrens wird diese Modellierung des Einkommensteuertarifs aus diesem Grund hier nicht verwendet.

4.1.7 Konsolidierte Budgets der Wirtschaftssubjekte in FRG

Zum Abschluß der Betrachtung der Datenbasis von FRG werden die konsolidierten Budgets der Wirtschaftssubjekte in FRG aufgestellt. Alle Zahlenangaben in diesem Abschnitt sind in Mill. DM.

1. Haushaltssektor

S	Haushaltssektor		H
EKG^F	1.510.636,78	YL^F_{PU}	727.732
ESG^F	152.460	YL^F_{St}	115.860
TY^F	210.090	YK^F_{PU}	588.067
		YK^F_{St}	14.850
		TR^F_{St}	426.677,78
Summe	**1.873.186,78**	**Summe**	**1.873.186,78**

2. Staatssektor

S	Staatssektor		H
EPG^{FF}	182.139	TQ^F	16.940
EPG^{FR}	12.912	TL^F_{PU}	318.234
YL^F_{St}	115.860	TL^F_{St}	90.066
YK^F_{St}	14.850	TK^F_{PU}	89.021
TL^F_{St}	90.066	TC^F_{SU}	118.153,78
TC^F_{St}	12.046,22	TC^F_{St}	12.046,22
TR^F_{St}	426.677,78	TY^F	210.090
Summe	**854.551**	**Summe**	**854.551**

3. Primärer Unternehmenssektor

S	Primärer Unternehmenssektor		H
VPG_{PU}^{FF}	1.518.316	VPG_{PU}^{FF}	1.518.316
VPG_{PU}^{FR}	268.043	VPG_{SU}^{FF}	1.391.839
YL_{PU}^{F}	727.732	EPG^{FF}	182.139
YK_{PU}^{F}	588.067	EX^{F}	434.059
TQ^{F}	16.940		
TL_{PU}^{F}	318.234		
TK_{PU}^{F}	89.021		
Summe	**3.526.353**	**Summe**	**3.526.353**

4. Sekundärer Unternehmenssektor

S	Sekundärer Unternehmenssektor		H
VPG_{SU}^{FF}	1.391.839	EKG^{F}	1.510.636,78
VPG_{SU}^{FR}	153.104	ESG^{F}	152.460
TC_{SU}^{F}	118.153,78		
Summe	**1.663.096,78**	**Summe**	**1.663.096,78**

5. Handels- und Dienstleistungsbilanz

S	Handels- und Dienstleistungsbilanz		H
VPG_{PU}^{FR}	268.043	EX^{F}	434.059
VPG_{SU}^{FR}	153.104		
EPG^{FR}	12.912		
Summe	**434.059**	**Summe**	**434.059**

Legende:

EKG^F: Endnachfrage des Haushaltssektors nach Konsumgütern in FRG (zu Anschaffungspreisen)

EPG^{FF}: Endnachfrage des Staates in FRG nach Produzentengütern aus FRG (zu Ab-Werk-Preisen)

EPG^{FR}: Endnachfrage des Staates in FRG nach Produzentengütern aus ROW (zu Ab-Werk-Preisen)

ESG^F: Endnachfrage des Haushaltssektors in FRG nach dem Spargut (Ersparnis des Haushaltssektors in FRG)

EX^F: Exporte des primären Unternehmenssektors in FRG (zu Ab-Werk-Preisen)

TC^F_{St}: Konsumsteuerzahlungen des Staates in FRG

TC^F_{SU}: Konsumsteuerzahlungen des sekundären Unternehmenssektors in FRG

TK^F_{PU}: Steuerzahlungen auf den Faktor Kapital des primären Unternehmenssektors in FRG

TK^F_{St}: Steuerzahlungen auf den Faktor Kapital des Staates in FRG

TL^F_{PU}: Steuerzahlungen auf den Faktor Arbeit des primären Unternehmenssektors in FRG

TL^F_{St}: Steuerzahlungen auf den Faktor Arbeit des Staates in FRG

TQ^F: Produktionssteuerzahlungen des primären Unternehmenssektors in FRG

TR^F_{St}: Transferzahlungen des Staates in FRG

TY^F: Einkommensteuerzahlungen des Haushaltssektors in FRG

VPG^{FF}_{PU}: Vorproduktsnachfrage des primären Unternehmenssektors in FRG nach Produzentengütern aus ROW (zu Ab-Werk-Preisen)

VPG^{FR}_{PU}: Vorproduktsnachfrage des primären Unternehmenssektors in FRG nach Produzentengütern aus ROW (zu Ab-Werk-Preisen)

VPG^{RF}_{PU}: Vorproduktsnachfrage des primären Unternehmenssektors in ROW nach Produzentengütern aus FRG (zu Ab-Werk-Preisen)

VPG^{FF}_{SU}: Vorproduktsnachfrage des sekundären Unternehmenssektors in FRG nach Produzentengütern aus FRG (zu Ab-Werk-Preisen)

VPG^{FR}_{SU}: Vorproduktsnachfrage des sekundären Unternehmenssektors in FRG nach Produzentengütern aus ROW (zu Ab-Werk-Preisen)

YK^F_{PU}: Vom primären Unternehmenssektor in FRG ausgezahlte Kapitaleinkommen

YK^F_{St}: Vom Staat in FRG ausgezahlte Kapitaleinkommen

YL^F_{PU}: Vom primären Unternehmenssektor in FRG ausgezahlte Arbeitseinkommen

YL^F_{St}: Vom Staat in FRG ausgezahlte Arbeitseinkommen

4.2 Die Datenbasis für ROW

Im Unterschied zum StBA muß bei den Ländern der Europäischen Gemeinschaft und den übrigen Ländern der Welt von weit größeren Zeiträumen zwischen dem Jahr der Erhebung und dem Jahr der Veröffentlichung von IOT ausgegangen werden. So liegen Ende 1992 für die Europäische Gemeinschaft gerade die harmonisierten IOT für das Erhebungsjahr 1985 für die Länder Dänemark, Italien und Spanien vor.[50] Bei dem noch vergleichsweise gut ausgebauten statistischen System der Mitgliedsländer der Europäischen Gemeinschaft kann man ermessen, daß es dem Statistischen Amt der Vereinten Nationen nicht möglich ist, IOT für seine Mitgliedsländer in einem angemessenen Zeitraum zu veröffentlichen.
Ziel der Erstellung einer Datenbasis kann es nicht sein, die wirtschaftlichen Vorgänge eines solch inhomogenen Länderblocks wie dem Rest der Welt in allen Details zu erfassen. Die Aufgabe besteht vielmehr darin, der Bundesrepublik Deutschland einen großen Wirtschaftsblock gegenüberzustellen, um die Außenhandelsbeziehungen adäquat zu erfassen.

Basis für die Erstellung der Datenbasis für ROW bildet die Arbeit von Kühn (1988), der für eine Vorgängerversion des hier verwendeten EAG-Modells eine detaillierte Datenbasis für den Rest der Welt mit dem Basisjahr 1980 erstellt hat. Da zum einen die von Kühn verwendeten Daten für das Jahr 1988 noch nicht vorliegen und zum anderen der Zeitaufwand der Erstellung einer vollständig neuen Datenbasis für ROW in keinem Verhältnis zu der damit erreichten verbesserten Genauigkeit der Daten steht, soll hier der folgende Weg zur Erstellung der Datenbasis für ROW eingeschlagen werden:

1. Die Struktur der von Kühn (1988) ausgewiesenen Tabellen wird beibehalten.
2. Die Tabellen werden - soweit notwendig - an die neue Modellstruktur angepaßt. Dies betrifft insbesondere die Aufteilung des PB 12 sowie die Änderungen, die aufgrund der "dynamischen" Struktur des hier verwendeten Modells notwendig sind.
3. Zur Aktualisierung der Daten wird die Bruttowertschöpfung von ROW für das Basisjahr der Datenbasis des Modells 1988 ermittelt.
4. Die für das Basisjahr 1988 ermittelten Gesamtgrößen werden anhand der Struktur der jeweiligen Spalten- und Zeilensummen der von Kühn (1988) ermittelten Matrizen aufgeteilt.
5. Die Bestimmung der neuen Felderwerte der jeweiligen Matrizen erfolgt auf Basis der Struktur der Matrizen von Kühn (1988) mit Hilfe des RAS-Verfahrens.[51]

---

[50] Siehe Statistisches Amt der Europäischen Gemeinschaften (1992a-c).

[51] Das RAS-Verfahren besteht darin, die Zeilen- und Spaltenelemente einer Basismatrix so lange abwechselnd anzupassen, bis die Zeilen- und die Spaltensummen mit separat vorgege-

4.2.1 Primärinputmatrix für ROW

Der Volkswirtschaft der Bundesrepublik Deutschland, deren gesamte BWS in der IOT erfaßt ist, soll nun in einer zweiten IOT die gesamte BWS des "Rest der Welt" gegenübergestellt werden. Dazu wird zunächst der Tabelle 1 der United Nations (UN) (1991a) "Estimates of Total and Per Capita Gross Domestic Product in US Dollars: World, Developed and Developing Regions and Individual Countries or Areas" das Bruttoinlandsprodukt (BIP) je Land entnommen. Der nächste Schritt besteht in der Zusammenfassung der einzelnen Länder der Welt zu Ländergruppen.
Der Rest der Welt gliedert sich in 7 Länderblöcke[52]:

1. Europäische Gemeinschaft (EG 11 ohne Bundesrepublik Deutschland)
2. Westeuropa (WE)
3. Außereuropäische Industrieländer (AI)
4. Ölexportierende Länder (OP)
5. Staatshandelsländer (SH)
6. Schwellenländer (SL)
7. Entwicklungsländer (EL)

Die Zugehörigkeit der einzelnen Länder zu einem Länderblock sowie das BIP je Land ist im Anhang D aufgeführt.
Da in den IOT nicht das BIP, sondern die BWS erfaßt wird, ist eine entsprechende Umrechnung der Größen erforderlich.

	Bruttoinlandsprodukt zu Marktpreisen (BIP)
%	nichtabzugsfähige Umsatzsteuer
%	Einfuhrabgaben
+	Bankdienstleistungen gegen unterstellte Entgelte
	Bruttowertschöpfung zu Marktpreisen (BWS)

Für die Schätzung der BWS der Länder von ROW wird die Struktur der Länder der EG zugrunde gelegt. Für 7 europäische Länder betrug die Differenz zwischen BIP und BWS im Durchschnitt der Jahre 1979 bis 1987 ca. 7%.[53] Somit erhält man die BWS der Länderblöcke durch Verminderung des BIP um 7% und der Umrechnung von Dollar in DM.[54]

---

benen Werten übereinstimmen. Zum RAS-Verfahren siehe M. Bacharach (1970), R. Friedmann (1978) und B. Kühn (1988), S. 34-37; vgl. auch H.J. Jaksch/C. Conrad (1971/72).

[52] Die Gruppierung der Länder zu Länderblöcken erfolgt nach der Einteilung der in der Außenhandelsstatistik des Statistischen Bundesamtes ausgewiesenen Ländergruppen.

[53] Der Ausweis des BIP und der BWS für die Ländergruppe EUR-7 findet sich in Statistisches Amt der Europäischen Gemeinschaften (1990), S. 46 f.

[54] 1 US-Dollar entsprach 1988 1,7803 DM. Siehe Statistisches Bundesamt (1990b), S. 328.

Tabelle 4-24: Bruttowertschöpfung und Bruttoinlandsprodukt der Länderblöcke von ROW

	BIP in Mill. Dollar	BIP in Mill. DM (gerundet)	BWS in Mill. DM
EG 11	3.504.203	6.238.532	5.785.615
WE	761.786	1.356.208	1.257.747
AI	8.545.078	15.212.802	14.108.353
OP	832.684	1.482.427	1.374.803
SH	1.833.086	3.263.443	3.026.517
SL	914.617	1.628.293	1.510.079
EL	485.895	1.753.270	1.625.982
ROW	16.877.349	30.934.975	28.689.096

Um die unterschiedlichen Strukturen der Primärinputmatrizen zu berücksichtigen, werden im folgenden zunächst die Primärinputmatrizen der sieben Länderblöcke erstellt und dann zu der Primärinputmatrix für ROW aggregiert. Diese modulare Struktur hat außerdem den Vorteil, daß bei Bedarf auch einzelne Länderblöcke getrennt dargestellt werden können. Denkbar ist z.B ein Modell, das in die Länderblöcke Bundesrepublik, EG und den Rest der Welt aufgeteilt ist.

Ablauf der Aktualisierung der Primärinputmatrizen der 7 Länderblöcke:

1. Erfassen des Wertes der Bruttowertschöpfung zu Marktpreisen eines Länderblocks für das Jahr 1988.
2. Bestimmung der Quoten der Zeilen- und Spaltensummen der Basismatrix 1980 an der Bruttowertschöpfung dieses Jahres des Länderblocks.
3. Bestimmung des neuen Vektors der Zeilen- und Spaltensummen durch Multiplikation der unter 2. ermittelten Quoten mit der Bruttowertschöpfung 1988 des Länderblocks.
4. Verwenden des RAS-Algorithmus zur Berechnung der Felderwerte der Primärinputmatrix des Länderblocks für das Jahr 1988. Als Basismatrix dient die Primärinputmatrix des Jahres 1980.

Als Basismatrizen dienen die von Kühn (1988) veröffentlichten Primärinputmatrizen für die 7 Länderblöcke. In den folgenden Tabellen werden für die 7 Länderblöcke von ROW jeweils die Quoten der Zeilen- (QZ) und Spaltensummen (QS) an der BWS sowie der geschätzte Vektor der Zeilen- (Z) und Spaltensummen (S) der Primärinputmatrix ausgewiesen. Daran anschließend erfolgt der Ausweis der mittels des RAS-Verfahrens ermittelten Primärinputmatrix je Länderblock.

Legende:
QZ: Quote der Zeilensummen an der BWS
QS: Quote der Spaltensummen an der BWS
Z: Geschätzter Vektor der Zeilensummen der Primärinputmatrix (in Mill. DM)
S: Geschätzter Vektor der Spaltensummen der Primärinputmatrix (in Mill. DM)

Tabelle 4-25: Randdaten zur Ermittlung der Primärinputmatrix der Region Europäische Gemeinschaft (EG)

	13	14	15	16	17	18	19
QS	0,0464	0,0524	0,0698	0,0066	0,0959	0,0424	0,0302
S	268628	303124	403965	38167	554871	245144	174568

	20	21	22	23	24	Σ
QS	0,0426	0,0729	0,1676	0,2289	0,1443	1
S	246231	421899	969775	1324269	834974	5785615

	TQ	$p_L L$	$p_K K$	TK	TL	Σ
QZ	0,0440	0,6284	0,3276	0	0	1
Z	254276	3635730	1895609	0	0	5785615

Tabelle 4-26: Randdaten zur Ermittlung der Primärinputmatrix der Region Westeuropa (WE)

	13	14	15	16	17	18	19
QS	0,0849	0,0882	0,0393	0,0181	0,0530	0,0291	0,0488
S	106862	110962	49482	22792	66624	36640	61352

	20	21	22	23	24	Σ
QS	0,0326	0,0730	0,1689	0,2249	0,1392	1
S	41012	91799	212397	282812	175013	1257747

	TQ	$p_L L$	$p_K K$	TK	TL	Σ
QZ	0,0261	0,6548	0,3191	0	0	1
Z	32867	823535	401345	0	0	1257747

Tabelle 4-27: Primärinputmatrix der Region Europäische Gemeinschaft (EG) (in Mill. DM)

	13	14	15	16	17	18	19	20	21	22	23	24	Σ
TQ	-16509	47785	59061	604	3626	3724	1032	65196	9680	-23309	90401	12985	254276
$p_L L$	79222	128676	194543	31477	455737	182189	126311	108533	267800	560151	715165	785926	3635730
$p_K K$	205915	126663	150361	6086	95508	59231	47225	72502	144419	432933	518703	36063	1895609
TK	0	0	0	0	0	0	0	0	0	0	0	0	0
TL	0	0	0	0	0	0	0	0	0	0	0	0	0
BWS	268628	303124	403965	38167	554871	245144	174568	246231	421899	969775	1324269	834974	5785615

Tabelle 4-28: Primärinputmatrix der Region Westeuropa (WE) (in Mill. DM)

	13	14	15	16	17	18	19	20	21	22	23	24	Σ
TQ	-6493	11835	6470	-600	-441	-402	379	7362	2448	-2993	12814	2489	32868
$p_L L$	34085	45052	29583	19599	57457	30819	48106	22828	66134	143788	163580	162503	823534
$p_K K$	79270	54075	13429	3793	9608	6223	12867	10822	23217	71602	106418	10021	401345
TK	0	0	0	0	0	0	0	0	0	0	0	0	0
TL	0	0	0	0	0	0	0	0	0	0	0	0	0
BWS	106862	110962	49482	22792	66624	36640	61352	41012	91799	212397	282812	175013	1257747

Tabelle 4-29: Randdaten zur Ermittlung der Primärinputmatrix der Region Außereuropäische Industrieländer (AI)

	13	14	15	16	17	18	19
QS	0,0338	0,0727	0,0312	0,0370	0,0649	0,0364	0,0387
S	477651	1025062	439865	521872	915193	513636	545748

	20	21	22	23	24	Σ
QS	0,0247	0,0612	0,2149	0,2150	0,1695	1
S	348647	863237	3031929	3036031	2391482	14108353

	TQ	$p_L L$	$p_K K$	TK	TL	Σ
QZ	0,0305	0,6291	0,3404	0	0	1
Z	430722	8874856	4802775	0	0	14108353

Tabelle 4-30: Randdaten zur Ermittlung der Primärinputmatrix der Region Ölexportierende Länder (OP)

	13	14	15	16	17	18	19
QS	0,1026	0,2608	0,2215	0,0036	0,0109	0,0060	0,0098
S	141133	358491	304502	5005	14937	8321	13522

	20	21	22	23	24	Σ
QS	0,0106	0,0821	0,1010	0,1485	0,0426	1
S	14512	112909	138856	204098	58517	1374803

	TQ	$p_L L$	$p_K K$	TK	TL	Σ
QZ	0,0410	0,6122	0,3468	0	0	1
Z	56327	841732	476744	0	0	1374803

Tabelle 4-31: Primärinputmatrix der Region Außereuropäische Industrieländer (AI) (in Mill. DM)

	13	14	15	16	17	18	19	20	21	22	23	24	Σ
TQ	-3505	77196	30929	11288	8779	8067	6056	39116	11022	113998	119962	7814	430722
$p_L L$	114301	425994	274608	322354	711192	379675	397502	197732	578624	2023629	1492884	1956361	8874856
$p_K K$	366855	521872	134328	188230	195222	125894	142190	111799	273591	894302	1421185	427307	4802775
TK	0	0	0	0	0	0	0	0	0	0	0	0	0
TL	0	0	0	0	0	0	0	0	0	0	0	0	0
BWS	477651	1025062	439865	521872	915193	513636	545748	348647	863237	3031929	3034031	2391482	14108353

Tabelle 4-32: Primärinputmatrix der Region Ölexportierende Länder (OP) (in Mill. DM)

	13	14	15	16	17	18	19	20	21	22	23	24	Σ
TQ	-9268	29602	27406	33	43	40	38	1767	1270	-2575	7775	196	56327
$p_L L$	50786	204354	197054	3890	12706	6857	10616	7787	82399	90730	117873	56680	841732
$p_K K$	99615	124535	80042	1082	2188	1424	2868	4958	29240	50701	78450	1641	476744
TK	0	0	0	0	0	0	0	0	0	0	0	0	0
TL	0	0	0	0	0	0	0	0	0	0	0	0	0
BWS	141133	358491	304502	5005	14937	8321	13522	14512	112909	138856	204098	58517	1374803

Tabelle 4-33: Primärinputmatrix der Region Schwellenländer (SL) (in Mill. DM)

	13	14	15	16	17	18	19	20	21	22	23	24	Summe
TQ	-10658	17197	13028	293	397	369	241	13517	2241	-4820	35371	683	67859
$p_L L$	53489	63781	50731	15202	65263	35142	49363	27892	75549	156949	283271	82361	958993
$p_K K$	111462	31271	20952	2535	9490	6174	10456	11569	28073	83575	164842	2828	483227
TK	0	0	0	0	0	0	0	0	0	0	0	0	0
TL	0	0	0	0	0	0	0	0	0	0	0	0	0
BWS	154293	112249	84711	18030	75150	41685	60060	52978	105863	235704	483484	85872	1510079

Tabelle 4-34: Randdaten zur Ermittlung der Primärinputmatrix der Region Schwellenländer (SL)

	13	14	15	16	17	18	19
QS	0,0473	0,0591	0,0555	0,0152	0,0633	0,0351	0,0506
S	143282	178708	167842	45942	191496	106219	153042

	20	21	22	23	24	Σ
QS	0,0446	0,0756	0,1984	0,2040	0,1513	1
S	134995	228926	600479	617560	458026	3026517

	TQ	$p_L L$	$p_K K$	TK	TL	Σ
QZ	0,0447	0,6311	0,3242	0	0	1
Z	135160	1910138	981219	0	0	3026517

Tabelle 4-35: Randdaten zur Ermittlung der Primärinputmatrix der Region Staatshandelsländer (SH)

	13	14	15	16	17	18	19
QS	0,1022	0,0743	0,0561	0,0119	0,0498	0,0276	0,0398
S	145293	112249	84711	18030	75150	41685	60060

	20	21	22	23	24	Σ
QS	0,0351	0,0701	0,1561	0,3202	0,0568	1
S	52978	105863	235704	483484	85872	1510079

	TQ	$p_L L$	$p_K K$	TK	TL	Σ
QZ	0,0449	0,6351	0,3200	0	0	1
Z	67859	958993	483227	0	0	1510079

Tabelle 4-36: Primärinputmatrix der Region Staatshandelsländer (SH) (in Mill. DM)

	13	14	15	16	17	18	19	20	21	22	23	24	Σ
TQ	-9897	29799	28399	880	1206	1108	718	37434	5459	-12279	47834	4499	135160
$p_L L$	39065	88253	88314	36524	158071	84340	117449	61693	146932	350862	305933	432702	1910138
$p_K K$	114114	60656	51129	8538	32219	20771	34875	35868	76535	261896	263793	20825	981219
TK	0	0	0	0	0	0	0	0	0	0	0	0	0
TL	0	0	0	0	0	0	0	0	0	0	0	0	0
BWS	143282	178708	167842	45942	191496	106219	153042	134995	228926	600479	617560	458026	3026517

Tabelle 4-37: Primärinputmatrix der Region Entwicklungsländer (EL) (in Mill. DM)

	13	14	15	16	17	18	19	20	21	22	23	24	Σ
TQ	-33772	25706	18373	405	552	514	340	16824	3164	-4822	45479	861	73624
$p_L L$	219507	60911	45711	13457	57850	31326	44538	22181	68153	177885	232702	66264	1040485
$p_K K$	303174	19794	12515	1487	5576	3648	6253	6098	16784	62781	72256	1507	511873
TK	0	0	0	0	0	0	0	0	0	0	0	0	0
TL	0	0	0	0	0	0	0	0	0	0	0	0	0
BWS	488909	106411	76599	15349	63978	35488	51131	45103	88101	235844	350437	68632	1625982

Tabelle 4-38: Primärinputmatrix für ROW (in Mill. DM)

j	13	14	15	16	17	18	19	20	21	22	23	24	Σ
TQ	-90102	239120	183666	12903	14162	13420	8804	181216	35284	63200	359636	29527	1050836
$p_L L$	590455	1017021	880544	442503	1518276	750348	793885	448646	1285591	3503994	3311408	3542797	18085468
$p_K K$	1280405	938866	462756	211751	349811	223365	256734	253616	591859	1857790	2625647	500192	9552792
TK	0	0	0	0	0	0	0	0	0	0	0	0	0
TL	0	0	0	0	0	0	0	0	0	0	0	0	0
BWS	1780758	2195007	1526966	667157	1882249	987133	1059423	883478	1912734	5424984	6296691	4072516	28689096

Tabelle 4-39: Randdaten zur Ermittlung der Primärinputmatrix der Region Entwicklungsländer (EL)

	13	14	15	16	17	18	19
QS	0,3007	0,0654	0,0471	0,0094	0,0394	0,0218	0,0315
S	488909	106411	76599	15349	63978	35488	51131

	20	21	22	23	24	Σ
QS	0,0277	0,0542	0,1451	0,2155	0,0422	1
S	45103	88101	235844	350437	68632	1625982

	TQ	$p_L L$	$p_K K$	TK	TL	Σ
QZ	0,0453	0,6399	0,3148	0	0	1
Z	73624	1040485	511873	0	0	1625982

Durch Aggregation der Primärinputmatrizen der 7 Länderblöcke erhält man die im Modell verwendete Primärinputmatrix von ROW (Tabelle 4-38).

4.2.2 Vorleistungsmatrizen für ROW

Entsprechend der Input-Output-Struktur des Modells (siehe Abbildung 4-1) ist zum einen die Vorleistungsmatrix für ROW aus inländischer Produktion und zum anderen die Vorleistungsmatrix für ROW aus Einfuhr zu bestimmen.

Ablauf der Aktualisierung der Vorleistungsmatrix von ROW (inländ. Produktion):

1. Zur Bestimmung der Spaltensummen wird zunächst das Verhältnis der Vorleistungen je PB zu der gesamten BWS je PB in der auf 12 PB aggregierten IOT der EG 1975[55] (inländische Produktion) bestimmt. Multiplikation der so ermittelten Quote je PB mit dem in der Primärinputmatrix (ROW) jeweils ausgewiesenen Wert der BWS ergibt den Wert der Spaltensumme der Vorleistungen je PB.
2. Die Quoten der Zeilensummen an dem gesamten Wert der Vorleistungen werden ebenfalls aus der EG-Basismatrix entnommen und der unter 1. ermittelte Wert der Vorleistungen entsprechend auf die PB verteilt.
3. Als Basisstruktur zur Bestimmung der Felderwerte der Vorleistungsmatrix dient ebenfalls die EG-Matrix. Die Felderwerte werden mit Hilfe des RAS-Algorithmus ermittelt.

---

[55] Die Input-Output-Tabelle der EG 1975 stellt eine aggregierte Tabelle der damaligen Mitgliedsländer ohne die Bundesrepublik Deutschland dar. Siehe Statistisches Amt der Europäischen Gemeinschaften (1983).

Tabelle 4-40: Randdaten zur Ermittlung der Vorleistungsmatrix für ROW (inländ. Produktion)

	13	14	15	16	17	18	19
BWS	1780758	2195007	1526966	667157	1882249	987133	1059423
QS	1,4443	1,4444	1,8388	2,6147	1,9566	1,6816	1,9378
S	2571949	3170468	2807785	1744415	3682808	1659963	2052950
QZ	0,0708	0,0873	0,0773	0,0480	0,1014	0,0457	0,0565
Z	3203573	4407980	3761977	1652167	3434952	1587836	2720496

	20	21	22	23	24	Σ
BWS	883478	1912734	5424984	6296691	4072516	28689096
QS	3,2547	1,5275	0,6050	1,1570	0,5521	
S	2875456	2921701	3282115	7285272	2248436	36303318
QZ	0,0792	0,0804	0,0904	0,2007	0,0619	
Z	2122591	1217903	4301776	6866592	1025475	36303318

Legende:

QS: Quote der Spaltensummen der Vorleistungen an der BWS je PB in der EG-Basismatrix[56],

S: Geschätzter Vektor der Spaltensummen der Vorleistungsmatrix (inländ. Produktion) (in Mill. DM),

QZ: Quote der Zeilensummen der Vorleistungen an den gesamten Vorleistungen je PB in der EG-Basismatrix,

Z: Geschätzter Vektor der Zeilensummen der Vorleistungsmatrix (inländ. Produktion) (in Mill. DM).

Der Ausweis der Vorleistungsmatrix für ROW aus inländischer Produktion erfolgt in Tabelle 4-41.

[56] Siehe B. Kühn (1988), S. 112.

Tabelle 4-41: Vorleistungsmatrix für ROW (inländ. Produktion) (in Mill. DM)

j	13	14	15	16	17	18	19	20	21	22	23	24	Σ
13	1071740	3531	21690	550	135	2602	112757	1767579	4157	4565	181275	32992	3203573
14	79276	1372940	449150	610654	395567	220032	63851	60885	479857	331336	247798	96634	4407980
15	246193	458488	1236264	83203	209566	149400	195532	78379	456938	272913	282357	92744	3761977
16	11852	256177	47683	406482	463384	218668	15277	17252	161001	7516	36381	10494	1652167
17	82456	124306	82512	97332	1487640	209100	45222	33255	289417	138951	524911	319850	3434952
18	4898	93977	43967	77417	418919	404068	19672	17360	192718	70951	156394	87495	1587836
19	31004	47209	134023	22555	83666	70092	1140048	63495	290603	220784	523727	93290	2720496
20	675195	3709	79694	[illegible]	652	1975	24069	487092	1023	31593	749237	67474	2122591
21	45544	109642	26194	[illegible]	38261	15613	9195	7322	370651	112319	280828	187518	1217903
22	196045	279199	293307	160777	280195	161013	188445	182276	335179	1286095	767745	171500	4301776
23	117444	409513	368096	246533	273883	187395	225134	149510	326546	765049	3386180	411309	6866592
24	10302	11777	25205	23218	30940	20005	13748	11051	13611	40043	148439	677136	1025475
Σ	2571949	3170468	2807785	1744415	3682808	1659963	2052950	2875456	2921701	3282115	7285272	2248436	36303318

Der in Abschnitt 4.1.3 bestimmte 12x1-Vektor der Exporte der Bundesrepublik Deutschland stellt aufgrund der Konzeption des Modells als 2-Länder-Modell die gesamte Einfuhr von ROW dar. Da die Importe von ROW aus FRG sowohl als Vorleistungen in die Produktion als auch direkt in die Endnachfrage zu Konsumzwecken eingehen können, ist zunächst eine Aufteilung der Exporte in diese beiden Komponenten notwendig.
Dazu wird wieder die Struktur der EG-Basismatrix zugrunde gelegt.[57]

Ablauf der Aktualisierung der Vorleistungsmatrix von ROW (Einfuhr):

1. Der Vektor der Zeilensummen bestimmt sich direkt aus der Aufteilung des Vektors der Exporte von FRG in den Importvektor der Vorleistungen und den Importvektor der Endnachfrage von ROW.
2. Der unter 1. ermittelte Wert der gesamten Importe von Vorleistungen von ROW wird anhand der Anteile der Spaltensummen der EG-Basismatrix (Einfuhr) auf die PB verteilt.
3. Die EG-Basismatrix (Einfuhr) dient ebenfalls zur Schätzung der Felderwerte der Vorleistungsmatrix (Einfuhr). Die konkrete Ermittlung der Felderwerte erfolgt wieder mit dem RAS-Algorithmus.

Tabelle 4-42: Aufteilung des Importvektors für ROW

j	Importe von ROW (gesamt)	Z-Quote	Importe für Vorleistungen	Importe für die Endnachfrage
	in Mill. DM		in Mill. DM	in Mill. DM
1	3282	0,7492	2459	823
2	2661	0,9784	2604	57
3	78935	0,9648	76156	2779
4	29310	0,9036	26484	2826
5	153108	0,3772	57752	95356
6	62461	0,3942	24622	37839
7	31255	0,6860	21441	9814
8	16990	0,5611	9533	7457
9	1627	0,0626	102	1525
10	39507	0,9213	36398	3109
11	13893	0,9434	13107	786
12	1030	1	1030	0
Σ	434059		271688	162371

[57] Die Quote der Vorleistungen (Einfuhr) an der gesamten Einfuhr der EG-Basismatrix ist ausgewiesen bei B. Kühn (1988), S. 114.

Tabelle 4-43: Randdaten zur Ermittlung der Spaltensummen der Vorleistungsmatrix für ROW (Einfuhr)

	1	2	3	4	5	6	7
QS	0,0222	0,2251	0,2325	0,0372	0,0565	0,0441	0,0857
S	6028	61143	63157	10117	15368	11986	23296

	8	9	10	11	12	Σ
QS	0,1134	0,0350	0,0831	0,0506	0,0146	1
S	30814	9504	22567	13751	3957	271688

Legende:

QS: Quote der Spaltensummen an den gesamten Vorleistungen (Einfuhr) der EG-Basismatrix

S: Geschätzter Vektor der Spaltensummen der Vorleistungsmatrix von ROW (Einfuhr) (in Mill. DM)

Tabelle 4-44: Vorleistungsmatrix für ROW (Einfuhr) (in Mill. DM)

j	13	14	15	16	17	18	19	20	21	22	23	24	Σ
1	166	1	4	0	0	0	67	2216	0	0	5	0	2459
2	11	1342	1117	63	4	10	2	22	12	18	2	1	2604
3	1815	28757	41324	246	44	88	752	1996	242	556	235	101	76156
4	115	15405	1887	5769	513	1056	129	692	822	12	63	21	26484
5	2874	6983	4990	2111	12479	2387	3277	5473	3539	3998	7326	2315	57752
6	262	3422	1899	965	1691	7815	756	1696	2588	559	2286	683	24622
7	205	241	1728	56	61	92	13958	1932	1476	165	1474	53	21441
8	252	5	307	0	0	1	93	8810	0	19	44	2	9533
9	0	39	40	0	0	0	0	1	16	6	0	0	102
10	194	3207	6408	565	468	391	1998	5712	216	16689	430	120	36398
11	95	1708	3336	322	99	136	2232	2066	582	520	1788	223	13107
12	39	33	117	20	9	10	32	198	11	25	98	438	1030
Σ	6028	61143	63157	10117	15368	11986	23296	30814	9504	22567	13751	3957	271688

4.2.3 Endnachfragematrizen für ROW

Der Vektor der Zeilensummen der Endnachfrage von ROW aus Einfuhr wurde im vorhergehenden Abschnitt bereits ermittelt. Aufgrund der Homogenitätsbedingungen der IOT, d.h. der Übereinstimmung von Zeilen- und Spaltensummen, kann der Vektor der Zeilensummen mit Hilfe der bereits erstellten Matrizen direkt ermittelt werden. Die Spaltensumme ergibt sich aus dem Wert der Summe der Vorleistungen von ROW aus FRG (VRF), der Vorleistungen von ROW aus ROW (VRR) und der Primärinputs von ROW (PRR). Die Zeilensummen setzen sich aus dem Wert der Vorleistungen von FRG aus ROW (VFR), der Vorleistungen von ROW aus ROW (VRR), der Endnachfrage von FRG aus ROW (EFR) sowie der zu bestimmenden Endnachfrage von ROW aus ROW (ERR) zusammen:

$$PRR + VRF + VRR = VFR + VRR + EFR + ERR \quad .$$

Die linke Seite der Gleichung stellt das gesamte Aufkommen an Gütern und die rechte Seite die gesamte Verwendung von Gütern in ROW dar. Auflösen der Gleichung nach ERR ergibt den gesuchten Zeilenvektor der Endnachfrage von ROW (inländ. Produktion).

Tabelle 4-45: Bestimmung des Vektors der Endnachfrage für ROW (inländ. Produktion) (in Mill. DM)

j	PRR+VRR+VRF	VFR+VRR+EFR	ERR
13	4358735	3234876	1123859
14	5426618	4434138	992480
15	4397908	3844314	553594
16	2424689	1686929	734760
17	5580425	3505438	2074987
18	2659082	1641907	1017175
19	3135669	2783884	351785
20	3789748	2152849	1636899
21	4843939	1218712	3625227
22	8729666	4319685	4409981
23	13595714	6887464	6708250
24	6324909	1027181	5297728
Σ	65267102	36737377	28526725

Bei der Bestimmung der Endnachfragematrizen kann nicht der Vorgehensweise von Kühn (1988) gefolgt werden, der den Vektor des Endverbrauchs von ROW (Einfuhr) vereinfachend als Vektor des privaten Verbrauchs und den Vektor des Endverbrauchs von ROW (inländ. Produktion) in privaten Verbrauch (PB 13-23) und Staatsverbrauch (PB 24) aufteilt. Aufgrund der dynamischen Modellstruktur ist es auch in ROW notwendig, die Nettoinvestitionen als eigenständige Komponente in der Endnachfragematrix auszuweisen. Weiter soll der Staat in ROW analog zu der Vorgehensweise in FRG behandelt werden.

Zur Bestimmung der Endnachfragematrix wird analog zu dem Verfahren der Bestimmung der Vorleistungsmatrizen in ROW zunächst eine EG-Basismatrix für Einfuhr und inländische Produktion bestimmt.[58] Diese wird wieder als repräsentativ für die Struktur der Endnachfragematrix in ROW angesehen.
Wie in FRG gliedert sich die Endnachfragematrix von ROW zunächst in die Komponenten Privater Verbrauch, Staatsverbrauch und Bruttoinvestitionen (Nettoinvestitionen und Vorratsveränderungen).

Ablauf der Aktualisierung der Endnachfragematrizen von ROW:

1. Die Vektoren der Zeilensummen der Endnachfrage von ROW aus inländischer Produktion bzw. Einfuhr wurden bereits ermittelt.
2. Zur Bestimmung der Spaltensummen werden zunächst die Quoten der einzelnen Komponenten der Endnachfrage in der EG-Basismatrix ermittelt und dann mit dem Gesamtwert der Endnachfrage in ROW aus Einfuhr bzw. inländischer Produktion multipliziert.
3. Als Basismatrix zur Bestimmung der Felderwerte dient die Struktur der EG-Basismatrix. Die Ermittlung der Werte erfolgt mit Hilfe des RAS-Algorithmus.
4. Der Spaltenvektor der Bruttoinvestitionen der durch die Schritte 1.-3. geschätzten, aktualisierten Endnachfragematrizen von ROW aus Einfuhr bzw. inländischer Produktion wird in die Komponenten Netto- und Ersatzinvestitionen aufgespaltet.
5. Die Werte des Staatsverbrauchs und des PB 24 sind analog zu der Vorgehensweise in FRG zu bestimmen.

Zur Aufteilung der Bruttoinvestitionen in Netto- und Ersatzinvestitionen muß zunächst der Wert der Abschreibungen in ROW bestimmt werden. Dazu werden die in den Primärinputmatrizen ausgewiesenen Werte des Bruttobetriebsüberschusses (BBÜ) in die Werte des Nettobetriebsüberschusses und der Abschreibungen aufgeteilt. Der Anteil der Abschreibungen am BBÜ je Länderblock,[59]

---

[58] Die EG-Basismatrix für die Endnachfrage (Einfuhr, inländ. Produktion) erhält man durch Aggregation der in Statistisches Amt der Europäischen Gemeinschaften (1983) ausgewiesenen Endnachfragetabellen der neun damaligen EG-Mitgliedsländer gemäß der SIO des Statistischen Bundesamtes.

[59] Der Wert der Abschreibungen (consumption of fixed capital) und des Nettobetriebsüberschusses (net operating surplus) werden für die Länder der EG aus der IOT des Statistischen Amtes der Europäischen Gemeinschaften (1983) und für die übrigen Länder aus United Nations (1983), Tabelle 4.6: "Cost Components of Value Added" entnommen. Das Verhältnis der Abschreibungen am BBÜ eines Länderblocks ergibt sich durch Bestimmung des arithmetischen Mittels der mit der jeweiligen Bruttowertschöpfung eines Landes gewichteten Verhältnisse von Abschreibungen zu BBÜ.

multipliziert mit dem jeweiligen Wert des BBÜ und summiert über die 7 Länderblöcke, ergibt den Wert der gesamten Abschreibungen in ROW.

Tabelle 4-46: Bestimmung der Abschreibungen von ROW

	D / BBÜ	BBÜ	D
		in Mill. DM	in Mill. DM
1. EG	0,35	1895609	663463
2. WE	0,33	401345	132444
3. AI	0,39	4802775	1873082
4. OP	0,11	476744	52442
5. SL	0,13	483227	62820
6. SH	0,24	511873	122849
7. EL	0,24	981219	235493
ROW (1.-7.)		9552792	3142593

Der so berechnete Wert der Abschreibungen in ROW wird in das Verhältnis zu dem in der Endnachfragematrix bestimmten Wert der Bruttoinvestitionen gesetzt und so eine Abschreibungsquote zur Aufteilung der Bruttoinvestitionen ermittelt. Für die Ersatzinvestitionen ergibt sich ein Anteil von 47% und für die Nettoinvestitionen ein Anteil von 53% an den Bruttoinvestitionen.

Im letzten Schritt erfolgt wieder die Aufteilung des Produktionswertes des Staates in ROW in die Komponente "nichtmarktbestimmte Dienstleistungen gegen spezielles Entgelt" (PB 24) und in die Komponente "Endnachfrage des Staates zur Bereitstellung von öffentlichen Gütern", wobei die für die Bereitstellung von öffentlichen Gütern eingesetzten Vorleistungen und Primärinputs wiederum getrennt ausgewiesen werden sollen. Der gesamte Produktionswert des PB 24 in Höhe von 6.324.909 Mill. DM setzt sich zusammen aus den bezogenen Vorleistungen des PB 24 (inländ. Produktion) (2.248.436 Mill. DM), den Vorleistungen des PB 24 (Einfuhr) (3.957 Mill. DM) sowie dem Einsatz an Primärinputs in diesem PB (4.072.516 Mill. DM). Der mit den Schritten 1.-3. bestimmte Staatsverbrauch in ROW beträgt 5.079.753 Mill. DM (Wert der Einfuhr ist Null). Die Differenz des gesamten Produktionswertes und des Staatsverbrauchs ergibt den Produktionswert des PB 24 (nmbD gegen spezielles Entgelt) im Modell.

Die Produktionssteuern (29.527 Mill. DM) und die Vorleistungen des PB 12 für den PB 24 verbleiben im ursprünglichen PB 24, so daß der zu verteilende Produktionswert 6.294.944 Mill. DM beträgt.
Als Verteilungsschlüssel zur Aufteilung der Vorleistungen und der Primärinputs ergibt sich somit für den PB 24 eine Quote von 19,3% und für den Staat zur Bereitstellung öffentlicher Güter eine Quote von 80,7%. Der Ausweis der Aufteilung des Staates erfolgt in Tabelle 4-47.

Tabelle 4-47: Aufteilung der Staatsaktivitäten in ROW (in Mill. DM)

j	Produktionswert des Staates (gesamt)	PB 24	Endnachfrage des Staates zur Bereitstellung öffentlicher Güter
1	0	0	0
2	1	0	1
3	101	20	81
4	21	4	17
5	2315	447	1868
6	683	132	551
7	53	10	43
8	2	0	2
9	0	0	0
10	120	23	97
11	223	43	180
12	438	438	0
Σ	3957	1117	2840
13	32992	6369	26623
14	96634	18654	77980
15	92744	17904	74840
16	10494	2026	8468
17	319850	61745	258105
18	87495	16890	70605
19	93290	18009	75281
20	67474	13025	54449
21	187518	36199	151319
22	171500	33107	138393
23	411309	79400	331909
24	677136	130716	546420
Σ	2248436	434044	1814392
Vorl. ges.	2252393	435161	1817232
TQ	29527	29527	0
$p_L L$	3542797	683910	2858887
$p_K K$	500192	96558	403634
BWS	4072516	809995	3262521
Prod.wert	6324909	1245156	5079753

In den ausgewiesenen Vorleistungsmatrizen von ROW (Einfuhr bzw. inländ. Produktion) und der Primärinputmatrix von ROW wurde die Aufteilung der Staatsaktivitäten bereits berücksichtigt. Von daher erklärt sich der Unterschied der in den Einzeltabellen ausgewiesenen Zeilensummen und der Spaltensumme des PB 24 und den entsprechenden Werten der im Modell verwendeten Matrizen.

Tabelle 4-48: Endnachfragematrix für ROW (inländ. Produktion) (in Mill. DM)

j	Privater Verbrauch	Netto-investitions-nachfrage	Ersatz-investitions-nachfrage	Staatsnachfrage zur Bereitstel-lung öff. Güter	Gesamte Verwendung
13	1200515	-36028	-40628	26623	1150482
14	972557	9364	10559	77980	1070460
15	579941	-12383	-13964	74840	628434
16	339141	185941	209678	8468	743228
17	630656	678836	765495	258105	2333092
18	543675	222545	250955	70605	1087780
19	335605	7605	8575	75281	427066
20	1627699	4324	4876	54449	1691348
21	176925	1620702	1827600	151319	3776546
22	4234907	82285	92789	138393	4548374
23	6660086	22637	25527	331909	7040159
24	216288	793	894	546420	764395
Σ	17517995	2786621	3142356	1814392	25261364

Tabelle 4-49: Endnachfragematrix für ROW (Einfuhr) (in Mill. DM)

j	Privater Verbrauch	Netto-investitions-nachfrage	Ersatz-investitions-nachfrage	Staatsnachfrage zur Bereitstel-lung öff. Güter	Gesamte Verwendung
1	822	0	1	0	823
2	59	-1	-1	1	58
3	2993	-101	-113	81	2860
4	2136	324	366	17	2843
5	52958	19927	22471	1868	97224
6	32555	2483	2801	551	38390
7	9849	-16	-19	43	9857
8	7473	-8	-8	2	7459
9	0	717	808	0	1525
10	3013	45	51	97	3206
11	741	21	24	180	966
12	0	0	0	0	0
Σ	112599	23391	26381	2840	165211

4.2.4 Transformationsmatrix zwischen Produzenten- und Konsumgütern für ROW

Aufgrund fehlender anderer Daten wird für ROW dieselbe Transformationsmatrix zwischen Produzenten- und Konsumgütern zugrunde gelegt wie für FRG (siehe Tabelle 4-12).

4.2.5 Modellierung der Steuern in ROW

In ROW erhebt der Staat Produktions-, Umsatz- und Einkommensteuern. Steuern auf die Faktoren Arbeit und Kapital sowie Gewinnsteuern werden aufgrund der für diesen großen Länderblock fehlenden statistischen Daten nicht getrennt ausgewiesen.

a) Produktionssteuern

Die Produktionssteuerzahlungen der 12 PB in ROW sind in der Primärinputmatrix ausgewiesen. Unter Kenntnis des Outputs je PB können, analog zu der für FRG in Abschnitt 4.1.6 beschriebenen Vorgehensweise, die durchschnittlichen effektiven Produktionssteuersätze je PB ermittelt werden. Der Ausweis dieser Steuersätze erfolgt in Tabelle 4-50.

Tabelle 4-50: Produktionssteuersätze in ROW

j	13	14	15	16	17	18
$\theta_{Q,j}$	3,25	9,65	14,05	5,77	5,96	8,99
j	19	20	21	22	23	24
$\theta_{Q,j}$	11,16	6,22	7,60	5,48	4,06	0,0

b) Einkommensteuer

Aufgrund der Vielfalt der Varianten von Einkommensteuersystemen der Länder in ROW wird hier vereinfachend angenommen, daß in ROW ein durchgehend proportionaler Einkommensteuertarif existiert. Der Steuersatz wird exogen mit 20% festgelegt.[60] Von daher wird bei der Modellierung der Einkommensteuer in ROW der umgekehrte Weg zu dem in FRG gegangen. Hier wird im ersten Schritt der Steuersatz festgelegt und in einem zweiten Schritt durch Anwendung auf das gesamte erwirtschaftete Bruttoeinkommen in ROW die Einkommensteuerzahlungen des repräsentativen Konsumenten ermittelt.

c) Umsatzsteuer

Ebenso wie bei der Modellierung der Einkommensteuer werden bei der Modellierung der Umsatzsteuer in ROW zunächst die Steuersätze je PB bestimmt. Hierzu werden die effektiven Umsatzsteuersätze je Produktionsbereich von Kühn (1988, S. 192, Tabelle 79) verwendet, die er für die EG 1975 ermittelt hat. Der Ausweis dieser Steuersätze erfolgt in Tabelle 4-51.

---

60 Siehe zur Wahl des Einkommensteuersatzes in ROW auch B. Kühn (1988), S. 193.

Tabelle 4-51: Umsatzsteuersätze in ROW

j	13	14	15	16	17	18
$\tau_{C,j}$	-2,02	4,61	4,36	0,53	0,25	0,51
j	19	20	21	22	23	24
$\tau_{C,j}$	0,28	5,02	0,73	0,73	2,72	2,43

4.2.6 Konsolidierte Budgets der Wirtschaftssubjekte in ROW

Abschließend werden wiederum die konsolidierten Budgets der Wirtschaftssubjekte in ROW erstellt. Alle Angaben in diesem Abschnitt sind in Mill. DM.

1. Haushaltssektor

S	Haushaltssektor		H
EKG^R	22.008.704	YL^R_{PU}	15.226.581
ESG^R	2.810.012	YL^R_{St}	2.858.887
TY^R	5.527.652	YK^R_{PU}	9.149.158
		YK^R_{St}	403.634
		TR^R_{St}	2.708.108
Summe	**30.346.368**	**Summe**	**30.346.368**

2. Staatssektor

S	Staatssektor		H
EPG^{RR}	1.814.392	TQ^R	1.050.836
EPG^{RF}	2.840	TC^R_{SU}	1.209.373
YL^R_{St}	2.858.887	TC^R_{St}	85.663
YK^R_{St}	403.634	TY^R	5.527.652
TC^R_{St}	85.663		
TR^R_{St}	2.708.108		
Summe	**7.873.524**	**Summe**	**7.873.524**

3. Primärer Unternehmenssektor

S	Primärer Unternehmenssektor		H
VPG_{PU}^{RR}	34.488.926	VPG_{PU}^{RR}	34.488.926
VPG_{PU}^{RF}	268.848	VPG_{SU}^{RR}	23.446.972
YL_{PU}^{R}	15.226.581	EPG^{RR}	1.814.392
YK_{PU}^{R}	9.149.158	EX^{R}	434.059
TQ^{R}	1.050.836		
Summe	**60.184.349**	**Summe**	**60.184.349**

4. Sekundärer Unternehmenssektor

S	Sekundärer Unternehmenssektor		H
VPG_{SU}^{RR}	23.446.972	EKG^{R}	22.008.704
VPG_{SU}^{RF}	162.371	ESG^{R}	2.810.012
TC_{SU}^{R}	1.209.373		
Summe	**24.818.716**	**Summe**	**24.818.716**

5. Handels- und Dienstleistungsbilanz

S	Handels- und Dienstleistungsbilanz		H
VPG_{PU}^{RF}	268.848	VPG_{PU}^{FR}	268.043
VPG_{SU}^{RF}	162.371	VPG_{SU}^{FR}	153.104
EPG^{RF}	2.840	EPG^{FR}	12.912
Summe	**434.059**	**Summe**	**434.059**

Legende:

EKG^R: Endnachfrage des Haushaltssektors in ROW nach Konsumgütern (zu Anschaffungspreisen)

EPG^{RF}: Endnachfrage des Staates in ROW nach Produzentengütern aus FRG (zu Ab-Werk-Preisen)

EPG^{RR}: Endnachfrage des Staates in ROW nach Produzentengütern aus ROW (zu Ab-Werk-Preisen)

ESG^R: Endnachfrage des Haushaltssektors in ROW nach dem Spargut (zu Ab-Werk-Preisen) (Ersparnis des Haushaltssektors in ROW)

EX^R: Exporte des primären Unternehmenssektors von ROW (zu Ab-Werk-Preisen)

TC_{St}^R: Konsumsteuerzahlungen des Staates in ROW

TC_{SU}^R: Konsumsteuerzahlungen des sekundären Unternehmenssektors in ROW

TQ^R: Produktionssteuerzahlungen des primären Unternehmenssektors in ROW

TR_{St}^R: Transferzahlungen des Staates in ROW

TY^R: Einkommensteuerzahlungen des Haushaltssektors in ROW

VPG_{PU}^{RF}: Vorproduktsnachfrage des primären Unternehmenssektors in ROW nach Produzentengütern aus FRG (zu Ab-Werk-Preisen)

VPG_{PU}^{RR}: Vorproduktsnachfrage des primären Unternehmenssektors in ROW nach Produzentengütern aus ROW (zu Ab-Werk-Preisen)

VPG_{SU}^{RF}: Vorproduktsnachfrage des sekundären Unternehmenssektors in ROW nach Produzentengütern aus FRG (zu Ab-Werk-Preisen)

VPG_{SU}^{RR}: Vorproduktsnachfrage des sekundären Unternehmenssektors in ROW nach Produzentengütern aus ROW (zu Ab-Werk-Preisen)

YK_{PU}^R: Vom primären Unternehmenssektor in ROW ausgezahlte Kapitaleinkommen

YK_{St}^R: Vom Staat in ROW ausgezahlte Kapitaleinkommen

YL_{PU}^R: Vom primären Unternehmenssektor in ROW ausgezahlte Arbeitseinkommen

YL_{St}^R: Vom Staat in ROW ausgezahlte Arbeitseinkommen

5. Kapitel: Kalibration

Um die zahlreichen Parameter der Produktions- und Nutzenfunktionen zu bestimmen, wird in EAG-Modellen üblicherweise das Verfahren der Kalibration angewandt. Dabei wird so verfahren, daß die Funktionen nach den unbekannten Parametern aufgelöst und die entsprechenden aus der Datenbasis bekannten Werte eingesetzt werden. Die auf diese Weise ermittelten Werte für die verschiedenen Parameter stellen sicher, daß die Datenbasis als Ausgangsgleichgewicht repliziert werden kann.
Da die verwendeten Produktionsfunktionen im primären Unternehmenssektor sowie die obersten Stufen des Nutzenbaums durch Funktionen vom CES-Typ spezifiziert sind, reichen die im vorhergehenden Kapitel ermittelten Werte der Datenbasis nicht aus, um sämtliche Funktionsparameter zu bestimmen. Es tritt das Problem der Unteridentifikation auf, dem in EAG-Analysen üblicherweise in der Art begegnet wird, daß verschiedene Elastizitäten aus ökonometrischen Untersuchungen übernommen werden.[1] Dies sind in dem hier zugrundeliegenden Modell die Substitutionselastizität je PB zwischen den Faktoren Arbeit und Kapital, die Nettozinselastizität des Sparens sowie die Nettolohnelastizität des Arbeitsangebotes. Nachdem die Werte für diese Elastizitäten gewählt sind, ist man in der Lage, mit Hilfe der oben beschriebenen Kalibrationsprozedur sämtliche Parameter des Modells zu spezifizieren.
Das vorliegende Kapitel gliedert sich in zwei Abschnitte. Im ersten Abschnitt soll die Kalibration des "statischen" Teilmodells zum einen für FRG und zum anderen für ROW und im zweiten Abschnitt die Kalibration des "dynamischen" Teilmodells beschrieben werden.

5.1 Die Kalibration des "statischen" Teilmodells[2]

5.1.1 Kalibration des Submodells für FRG

5.1.1.1 Primärer Unternehmenssektor

a) Distributionsparameter der CES-Wertschöpfungsfunktion

---

[1] Weitere Möglichkeiten, wie z.B. die ökonometrische Schätzung sämtlicher Parameter der Nutzen- und Produktionsfunktionen, diskutieren A. Mansur/J. Whalley (1984), S. 70-85.

[2] Eine allgemeine Darstellung der Kalibrationsprozedur bei EAG-Modellen bieten A. Mansur/J. Whalley (1984). Zur detaillierten Beschreibung der Kalibration für dieses Modell siehe K.-J. Duschek (1993), S. 158-178.

Der Distributionsparameter ε_j der CES-Wertschöpfungsfunktion ergibt sich aus der Optimalbedingung des Kostenminimierungsansatzes des primären Unternehmenssektors:

$$(5.1) \qquad \varepsilon_j = \frac{1}{1+\left[\frac{(1+\theta_{K,j})p_K}{(1+\theta_{L,j})p_L^F}\right]^{\sigma_j} \frac{K_j}{L_j}} , \quad j=1,2,\ldots,12 \ .$$

Zur Bestimmung des Wertes des Distributionsparameters je Produktionsbereich ist es notwendig, für jeden Produktionsbereich einen Wert für die Substitutionselastizität zwischen Arbeit und Kapital (σ_j) festzulegen. Hierzu werden die von Ballard/Fullerton/Shoven/Whalley (1985, Tab. 6.11, S. 134) ausgewiesenen Durchschnittswerte aus Querschnitts- und Zeitreihenanalysen verwendet, nachdem eine entsprechende Umschlüsselung der Gütersystematiken stattgefunden hat.[3]

b) Wertschöpfungs-Koeffizient der Leontief-Produktionsfunktion

$$(5.2) \qquad a_{0,j} = \frac{\left[\varepsilon_j^{\frac{1}{\sigma_j}} L_j^{\frac{(\sigma_j-1)}{\sigma_j}} + (1-\varepsilon_j)^{\frac{1}{\sigma_j}} K_j^{\frac{(\sigma_j-1)}{\sigma_j}}\right]^{\frac{\sigma_j}{(\sigma_j-1)}}}{QP_j} , \quad j=1,2,\ldots,12 \ .$$

Tabelle 5-1: Parameter der Wertschöpfungsfunktion in FRG

j	σ_j	ε_j	$a_{0,j}$	j	σ_j	ε_j	$a_{0,j}$
1	0,6759	0,6129	0,4534	7	0,9060	0,7574	0,2821
2	0,9500	0,4581	0,3903	8	0,7117	0,6335	0,1809
3	0,8852	0,7007	0,2417	9	0,9500	0,7295	0,3644
4	0,7373	0,7492	0,1860	10	0,9500	0,6660	0,5385
5	0,8253	0,8264	0,2727	11	0,9500	0,3592	0,4738
6	0,7373	0,7489	0,3646	12	0,9500	0,9315	0,3592

[3] Die von C.L. Ballard/D. Fullerton/J.B. Shoven/J. Whalley (1985) verwendeten Werte für die Substitutionselastizität der verschiedenen Produktionsbereiche basieren auf der Studie von V. Caddy (1976) für die Vereinigten Staaten und Großbritannien. Für die Bundesrepublik existieren keine neueren Schätzungen, so daß auf die Werte für andere Länder zurückgegriffen werden muß. Zu Schätzungen von Substitutionselastizitäten im Unternehmenssektor für die Bundesrepublik siehe E. Stöß (1991), S. 223.

Tabelle 5-2: Input-Output-Koeffizienten für den Vorprodukteinsatz in FRG (inländ. Produktion)

j	1	2	3	4	5	6	7	8	9	10	11	12
1	0,098552	0,000226	0,000250	0,000155	0,000055	0,000117	0,009445	0,183552	0,000160	0,000346	0,005287	0,001972
2	0,032913	0,237726	0,040597	0,073462	0,010690	0,010502	0,024259	0,016619	0,002318	0,019101	0,011067	0,014348
3	0,072871	0,011172	0,205889	0,023256	0,039888	0,054896	0,058401	0,024079	0,149230	0,019000	0,012448	0,031667
4	0,009499	0,007563	0,004186	0,400604	0,078067	0,066252	0,002527	0,000550	0,023051	0,001598	0,000593	0,000340
5	0,015720	0,031732	0,007361	0,005323	0,149524	0,011101	0,007259	0,006432	0,025510	0,010253	0,002008	0,019923
6	0,005659	0,015183	0,010601	0,007145	0,057350	0,079863	0,016959	0,012472	0,035637	0,003839	0,009422	0,019102
7	0,008589	0,002540	0,014751	0,002598	0,009257	0,014096	0,181256	0,019459	0,031952	0,014257	0,025858	0,009263
8	0,094351	0,000304	0,001210	0,000122	0,000255	0,000297	0,000163	0,141660	0,000119	0,001639	0,017507	0,008094
9	0,010394	0,033048	0,003019	0,001988	0,004193	0,001711	0,003199	0,002649	0,015430	0,005025	0,022531	0,015640
10	0,062102	0,028690	0,064924	0,071845	0,060054	0,055775	0,071443	0,077081	0,066427	0,069584	0,024302	0,041562
11	0,043711	0,060387	0,093739	0,043953	0,097243	0,100235	0,086262	0,070742	0,096280	0,130187	0,240456	0,155882
12	0,004749	0,005759	0,007768	0,004608	0,005573	0,003561	0,003556	0,007243	0,004160	0,003804	0,014949	0,112018

Tabelle 5-3: Input-Output-Koeffizienten für den Vorprodukteinsatz in FRG (Einfuhr)

j	1	2	3	4	5	6	7	8	9	10	11	12
13	0,015143	0,000057	0,001492	0,000011	0,000034	0,000117	0,013531	0,067449	0,000014	0,000212	0,002818	0,001632
14	0,000707	0,040661	0,044646	0,021495	0,000171	0,000172	0,000372	0,000231	0,000032	0,000254	0,000098	0,000189
15	0,037302	0,013959	0,086412	0,005184	0,011735	0,013850	0,017270	0,007597	0,021597	0,007651	0,004658	0,007339
16	0,000433	0,003340	0,002418	0,072549	0,018786	0,029260	0,000627	0,000128	0,008257	0,000445	0,000011	0,000208
17	0,004100	0,004542	0,001994	0,001711	0,044518	0,004858	0,001401	0,001160	0,003475	0,001959	0,000594	0,006830
18	0,001227	0,003064	0,002845	0,002603	0,016183	0,035670	0,004845	0,002241	0,006652	0,001289	0,003688	0,004424
19	0,001660	0,000566	0,004055	0,000388	0,002671	0,003243	0,102136	0,001941	0,007068	0,002113	0,003058	0,002207
20	0,013238	0,000057	0,000374	0,000028	0,000039	0,000046	0,000031	0,038334	0,000023	0,000804	0,002079	0,001170
21	0,000029	0,000007	0	0	0	0	0	0	0,000123	0,000004	0,000045	0,000028
22	0,002988	0,002307	0,002488	0,003395	0,001619	0,001594	0,003133	0,003867	0,001806	0,020379	0,001225	0,001264
23	0,001169	0,002208	0,007132	0,003212	0,007078	0,006352	0,004773	0,002531	0,003159	0,005188	0,005271	0,005179
24	0	0	0	0	0	0	0	0	0	0	0	0,016093

c) Input-Output-Koeffizienten
Die Input-Output-Koeffizienten des primären Unternehmenssektors können direkt aus dem Datensatz ermittelt werden:

$$(5.3) \quad a_{k,j} = \frac{VP_{k,j}}{QP_j}, \quad k,j = 1,2,\ldots,12 \quad ,$$

bzw.

$$(5.4) \quad a_{k+12,j} = \frac{VP_{k+12,j}}{QP_j}, \quad k,j = 1,2,\ldots,12 \quad .$$

5.1.1.2 Sekundärer Unternehmenssektor

Für den sekundären Unternehmenssektor müssen die Input-Output-Koeffizienten der elf sekundären Produktionsbereiche bestimmt werden; formal

$$(5.5) \quad z_{j,i}^F = \frac{VS_{j,i}^F}{QS_i^F}, \quad j = 1,2,\ldots,12\,, \quad i = 1,2,\ldots,11$$

und

$$(5.6) \quad z_{j+12,i}^F = \frac{VS_{j+12,i}^F}{QS_i^F}, \quad j = 1,2,\ldots,12\,, \quad i = 1,2,\ldots,11 \quad .$$

Da die Input-Output-Koeffizienten des sekundären Produktionsbereichs mit den Koeffizienten der Z-Matrix identisch sind, sollen sie an dieser Stelle nicht nochmals aufgeführt werden (siehe Tabelle 4-12).

5.1.1.3 Haushaltssektor

Aus den Optimalbedingungen der Nutzenmaximierung im Haushaltssektor resultieren die Budgetanteilsparameter der CD-Subnutzenfunktion, die Distributionsparameter der CES-Subnutzenfunktion und der CES-Gesamtnutzenfunktion.

a) Budgetanteilsparameter der CD-Subnutzenfunktion

$$(5.7) \quad \delta_{i,h}^F = \frac{\pi_i^F x_{i,h}^F}{\sum_{i=1}^{10} \pi_i^F x_{i,h}^F}, \quad i = 1,2,\ldots,10\,, \quad h = 1,2,\ldots,16 \quad .$$

Die Annahme einer CD-Nutzenfunktion ist insofern unproblematisch, als die zur Bestimmung des Budgetanteilparameters notwendigen Größen bereits aus der

Datenbasis bekannt sind. Eine Übernahme von Werten für Parameter aus (ökonometrischen) Schätzungen erübrigt sich somit.

b) Distributionsparameter der CES-Subnutzenfunktion

$$(5.8)\quad \beta_h^F = \frac{1}{1+\frac{C_h^F}{x_{0,h}^F}\left[\frac{\pi_{C,h}^F}{q_{0,h}^F}\right]^{\sigma_h^F}}, \quad h=1,2,\dots,16 \ .$$

c) Distributionsparameter der CES-Gesamtnutzenfunktion

$$(5.9)\quad \alpha_h^F = \frac{1}{1+\frac{F_h^F}{H_h^F}\left[\frac{\pi_{F,h}^F}{\pi_{H,h}^F}\right]^{\rho_h^F}}, \quad h=1,2,\dots,16 \ .$$

Werden die Präferenzen der Haushalte mittels CES-Nutzenfunktionen abgebildet, so müssen externe Datenquellen zur Spezifikation der Parameter bemüht werden. Zur Bestimmung des Distributionsparameters der CES-Subnutzenfunktion wird nicht direkt ein Wert für die Substitutionselastizität zwischen Freizeit und Konsumgütern (σ_h^F) vorgegeben. Der bei der Kalibration dieser Größe eingeschlagene Weg besteht vielmehr darin, durch Übernahme eines Wertes für die partielle direkte Nettolohnelastizität des Arbeitsangebotes aus der ökonometrischen Literatur zunächst die Substitutionselastizität zwischen Freizeit und Konsumgütern für die verschiedenen Haushaltsklassen zu ermitteln, und in einem zweiten Schritt die entsprechenden Distributionsparameter zu berechnen. Im Standardfall wird für die Nettolohnelastizität des Arbeitsangebotes im Modell ein Wert von 0,15 angenommen.[4] Die mittels dieser Vorgehensweise bestimmten Werte für die Substitutionselastizität zwischen Freizeit und Konsumgütern sind in Tabelle 5-5 aufgeführt.

---

4 Zur Wahl der partiellen direkten Lohnelastizität des Arbeitsangebotes siehe ebenfalls C.L. Ballard/D. Fullerton/J.B. Shoven/J. Whalley (1985), S. 135. Sie bestimmen den Standardwert von 0,15 als gewichtetes Mittel aus der (positiven) Elastizität für Frauen und der (negativen) Elastizität für Männer. Zu einem Überblick über die Studien zum Arbeitsangebot von Frauen siehe M.R. Killingsworth/J.J. Heckman (1986) und zu dem Arbeitsangebot von Männern siehe J. Pencavel (1986).

Tabelle 5-4: Budgetanteilsparameter der Cobb-Douglas-Subnutzenfunktion in FRG

h \ i	1	2	3	4	5	6	7	8	9	10
1	0,245141	0,081579	0,269486	0,065029	0,062123	0,032723	0,081703	0,081550	0,015182	0,065484
2	0,248447	0,074732	0,283031	0,067583	0,071904	0,042357	0,086675	0,085872	0,030657	0,008741
3	0,256085	0,068916	0,221702	0,069550	0,070255	0,041859	0,111773	0,091591	0,037524	0,030747
4	0,208365	0,089493	0,189518	0,050477	0,086554	0,046880	0,099043	0,101838	0,071695	0,056137
5	0,220327	0,071653	0,187976	0,054798	0,070279	0,046003	0,120990	0,086412	0,057931	0,083633
6	0,232572	0,079970	0,176776	0,049588	0,089924	0,043519	0,140346	0,085103	0,053766	0,048436
7	0,212092	0,074420	0,156160	0,042608	0,082942	0,041236	0,128917	0,081099	0,060103	0,120423
8	0,198700	0,075308	0,145933	0,040180	0,075407	0,045924	0,124744	0,077822	0,056400	0,159581
9	0,181471	0,065537	0,132393	0,034328	0,076114	0,033478	0,125796	0,078436	0,043879	0,228568
10	0,178896	0,071750	0,122115	0,031762	0,071934	0,048418	0,115025	0,079996	0,054047	0,226058
11	0,170141	0,067787	0,119771	0,028879	0,075644	0,040127	0,135954	0,076127	0,054951	0,230621
12	0,155025	0,060908	0,115334	0,026897	0,073981	0,037729	0,120746	0,072158	0,051993	0,285230
13	0,142336	0,063229	0,106163	0,023912	0,067808	0,038685	0,116946	0,071571	0,051646	0,317705
14	0,123753	0,057687	0,090772	0,020454	0,063730	0,033715	0,105972	0,064849	0,053885	0,385185
15	0,122130	0,055442	0,086020	0,019206	0,059524	0,035675	0,101989	0,066441	0,054559	0,399015
16	0,082502	0,041955	0,059181	0,012226	0,044444	0,022588	0,079529	0,051056	0,049050	0,557468

Zur Bestimmung der Distributionsparameter der CES-Gesamtnutzenfunktion werden analog zu der obigen Vorgehensweise nicht direkt Werte für die Substitutionselastizitäten zwischen heutigem und zukünftigem Konsum (ρ_h^F) aus der Literatur übernommen. Vielmehr erfolgt die Bestimmung über die Vorgabe eines Wertes für die partielle direkte Nettozinselastizität des Sparens.[5] Im Standardfall wird für die partielle Nettozinselastizität des Sparens ein Wert von 0,4 gewählt.[6] Die Werte der Substitutionselastizität zwischen heutigem und zukünftigem Konsum für die 16 Haushaltsklassen in FRG, die sich bei der Vorgabe dieses Standardwertes ergeben, sind in Tabelle 5-5 ausgewiesen.

Zur numerischen Spezifikation der Konsum-/Freizeitentscheidung der Haushalte ist es weiterhin notwendig, eine Annahme bezüglich des Verhältnisses zwischen der Zeitausstattung und dem tatsächlichen Arbeitsangebot der Haushalte zu treffen. Im Modell wird davon ausgegangen, daß bei einer Regelarbeitszeit von 40 Stunden pro Woche im Referenzjahr 1988 die wöchentliche Arbeitszeit im Durchschnitt eine Grenze von 48 Stunden nicht überschreitet. Im Standardfall wird deshalb ein Verhältnis von Zeitausstattung zu Arbeitsangebot von 1,2 zugrunde gelegt.[7]

---

5 Zur Berechnung der verschiedenen Substitutionselastizitäten über die Vorgabe von Werten bzgl. der partiellen direkten Nettozinselastizität des Sparens bzw. der Nettolohnelastizität des Arbeitsangebots siehe K.-J. Duschek (1993), S. 160 ff.

6 Die Wahl des Standardwertes für die partielle Nettozinselastizität des Sparens erfolgt in Analogie zu C.L. Ballard/D. Fullerton/J.B. Shoven/J. Whalley (1985), S. 138, die auf den ökonometrischen Schätzungen von M. Boskin (1978) beruhen. Eine Sensitivitätsanalyse bezüglich der Nettozinselastizität des Sparens erfolgt im Anhang C.

7 Diesen Wert legen auch B. Kühn (1988), S. 187, bzw. M. Rose (1990), S. 20 zugrunde. C.L. Ballard/D. Fullerton/J.B. Shoven/J. Whalley (1985), S. 135 gehen im Standarfall dagegen von einem Wert von 1,75 aus. Daß die Haushalte im Jahresdurchschnitt in der Lage sind, ihre maximale Wochenarbeitszeit auf 70 Stunden auszudehnen, erscheint jedoch unrealistisch.

Tabelle 5-5: Parameter der Nutzenfunktion in FRG

h	σ_h^F	β_h^F	ρ_h^F	α_h^F
1	1,4106	0,0111	0,8112	0,9279
2	1,4013	0,1781	0,8513	0,9907
3	1,4046	0,0330	0,9402	0,9661
4	1,4082	0,0465	1,0262	0,9400
5	1,4120	0,0617	1,1329	0,9131
6	1,4069	0,0629	1,1492	0,9483
7	1,4173	0,0628	1,1357	0,8773
8	1,4226	0,0724	1,2057	0,8421
9	1,4322	0,0757	1,2232	0,7819
10	1,4319	0,0738	1,2146	0,7790
11	1,4324	0,0760	1,2366	0,7745
12	1,4403	0,0726	1,1965	0,7276
13	1,4450	0,0704	1,1767	0,6968
14	1,4551	0,6381	1,1137	0,6395
15	1,4574	0,0600	1,0839	0,6215
16	1,4822	0,0407	0,9374	0,5005

5.1.1.4 Staatssektor

Für den Staat sind die Budgetanteilsparameter der CD-Nutzenfunktion zu bestimmen. Diese resultieren aus dem Nutzenmaximierungsansatz des Staates.

a) Budgetanteilsparameter des Faktors Arbeit:

$$(5.10)\quad \psi_L^F = \frac{(1+\theta_{L,St})\,p_L^F L_{St}^F}{G_{St}^F} \quad .$$

b) Budgetanteilsparameter des Faktors Kapital:

$$(5.11)\quad \psi_K^F = \frac{p_K^F K_{St}^F}{G_{St}^F} \quad .$$

Der Budgetanteil des Primärinputfaktors Arbeit beträgt 0,4812 und des Faktors Kapital 0,0347.
Die Werte der Anteilsparameter der in- und ausländischen Produzentengüter in der Nutzenfunktion des Staates,

$$(5.12)\quad \psi_j^F = \frac{(1+\tau_c^F)\,p_j^F X_{j,St}^F}{G_{St}^F}, \quad j = 1,2,\ldots,12$$

und

$$(5.13)\quad \psi^F_{j+12} = \frac{(1+\tau^F_c)p^F_{j+12}X^F_{j+12,St}}{G^F_{St}}, \quad j=1,2,\ldots,12 \quad ,$$

sind in der nachfolgenden Tabelle ausgewiesen.

Tabelle 5-6: Budgetanteilsparameter der Nutzenfunktion des Staates in FRG

j	1	2	3	4	5	6	7	8	9	10	11	12
ψ^F_j	0,0021	0,0162	0,0361	0,0003	0,0212	0,0212	0,0109	0,0088	0,0179	0,0418	0,1620	0,1118
j	13	14	15	16	17	18	19	20	21	22	23	24
ψ^F_j	0,0018	0,0002	0,0084	0,0002	0,0073	0,0049	0,0026	0,0013	0,00003	0,0126	0,0054	0

5.1.2 Kalibration des Submodells für ROW

Die Vorgehensweise bei der Kalibration für den Rest der Welt erfolgt analog zu der in FRG. Die Unterschiede bestehen nur darin, daß für ROW die Steuern auf die Primärinputfaktoren Arbeit und Kapital nicht getrennt erfaßt werden und in ROW der Haushaltssektor nicht disaggregiert wird, so daß in ROW nur ein repräsentativer Konsument existiert.

Daher beschränkt sich die Darstellung der Kalibration in ROW auf den Ausweis der Werte der verschiedenen Parameter der Angebots- und Nachfragefunktionen, die für die numerische Spezifikation des Modells notwendig sind.

5.1.2.1 Primärer Unternehmenssektor

In den Produktionsbereichen in ROW werden die gleichen Werte für die Substitutionselastizitäten zwischen Arbeit und Kapaital zugrunde gelegt, wie in den entsprechenden Produktionsbereichen in FRG.

Tabelle 5-7: Parameter der Wertschöpfungsfunktion in ROW

j	σ_j	ε_j	$a_{0,j}$	j	σ_j	ε_j	$a_{0,j}$
13	0,6759	0,3156	0,4292	19	0,9060	0,7556	0,3351
14	0,9500	0,5200	0,3604	20	0,7117	0,6388	0,1853
15	0,8852	0,6555	0,3054	21	0,9500	0,6847	0,3876
16	0,7373	0,6763	0,2702	22	0,9500	0,6535	0,6142
17	0,8253	0,8127	0,3347	23	0,9500	0,5577	0,4367
18	0,7373	0,7706	0,3662	24	0,9500	0,8763	0,6268

Tabelle 5-8: Input-Output-Koeffizienten für den Vorprodukteinsatz von ROW (Einfuhr)

j	13	14	15	16	17	18	19	20	21	22	23	24
1	0,000038	0	0,000001	0	0	0	0,000021	0,000585	0	0	0	0
2	0,000003	0,000247	0,000254	0,000026	0,000001	0,000004	0,000001	0,000006	0,000003	0,000002	0	0
3	0,000416	0,005299	0,009396	0,000102	0,000008	0,000033	0,000240	0,000527	0,000050	0,000064	0,000017	0,000016
4	0,000026	0,002839	0,000429	0,002382	0,000092	0,000397	0,000041	0,000183	0,000170	0,000001	0,000005	0,000003
5	0,000659	0,001287	0,001135	0,000872	0,002236	0,000898	0,001045	0,001444	0,000731	0,000458	0,000539	0,000359
6	0,000060	0,000631	0,000432	0,000399	0,000303	0,002939	0,000241	0,000448	0,000534	0,000064	0,000168	0,000106
7	0,000047	0,000044	0,000393	0,000023	0,000011	0,000035	0,004451	0,000510	0,000305	0,000019	0,000108	0,000008
8	0,000058	0,000001	0,000070	0	0	0	0,000030	0,002325	0	0,000002	0,000003	0
9	0,000000	0,000007	0,000009	0	0	0	0	0	0,000003	0,000001	0	0
10	0,000045	0,000591	0,001457	0,000233	0,000084	0,000147	0,000637	0,001507	0,000045	0,001912	0,000032	0,000019
11	0,000022	0,000315	0,000759	0,000133	0,000018	0,000051	0,000712	0,000545	0,000120	0,000060	0,000132	0,000035
12	0,000009	0,000006	0,000027	0,000008	0,000002	0,000004	0,000010	0,000052	0,000002	0,000003	0,000007	0,000352

Tabelle 5-9: Input-Output-Koeffizienten für den Vorprodukteinsatz von ROW (inländ. Produktion)

j	13	14	15	16	17	18	19	20	21	22	23	24
13	0,245883	0,000651	0,004932	0,000227	0,000024	0,000979	0,035960	0,466411	0,000858	0,000523	0,013333	0,005115
14	0,018188	0,253001	0,102128	0,252160	0,070885	0,827474	0,020363	0,016066	0,099063	0,037955	0,018226	0,149813
15	0,056483	0,084489	0,281103	0,034357	0,037554	0,056185	0,062357	0,020682	0,094332	0,031263	0,020768	0,014379
16	0,002719	0,047208	0,010842	0,167851	0,083037	0,082234	0,004872	0,004552	0,033238	0,000861	0,002676	0,001627
17	0,018917	0,022907	0,018762	0,040192	0,266582	0,078636	0,014422	0,008775	0,059748	0,015917	0,038609	0,049588
18	0,001124	0,017318	0,009997	0,031968	0,075069	0,151958	0,006274	0,004581	0,039785	0,008128	0,011503	0,013565
19	0,007113	0,008700	0,030474	0,009314	0,014993	0,026360	0,363574	0,016754	0,059993	0,025291	0,038522	0,014463
20	0,154906	0,000684	0,018121	0,000363	0,000117	0,000743	0,007676	0,128529	0,000211	0,003619	0,055108	0,010461
21	0,010449	0,020205	0,005956	0,006118	0,006856	0,005872	0,002932	0,001932	0,076519	0,012866	0,020656	0,029072
22	0,044978	0,051450	0,066692	0,066390	0,050210	0,060552	0,060097	0,048097	0,069196	0,147325	0,056470	0,026589
23	0,026945	0,075464	0,083698	0,101802	0,049079	0,070474	0,071798	0,039451	0,067413	0,087638	0,249062	0,063767
24	0,002364	0,002170	0,005731	0,009588	0,005544	0,007523	0,004384	0,002916	0,002810	0,004587	0,010918	0,104980

Die Tabellen 5-8 und 5-9 weisen die Input-Output-Koeffizienten der Leontief-Produktionsfunktionen in ROW aus, die sich wiederum direkt aus der Datenbasis bestimmen lassen.

5.1.2.2 Sekundärer Unternehmenssektor

Die Input-Output-Koeffizienten der Leontief-Produkionsfunktionen des sekundären Unternehmenssektors in ROW stimmen, analog zu FRG, mit den Koeffizienten der Z-Matrix für ROW überein. Aus diesem Grund erübrigt sich ein Ausweis dieser Matrix an dieser Stelle (siehe Tabelle 4-12).

5.1.2.3 Haushaltssektor

Aufgrund der fehlenden Disaggregation des Haushaltssektors in ROW sind die Parameter der CD-/CES-Nutzenfunktionen nur für den repräsentativen Haushalt in ROW zu bestimmen. Tabelle 5-10 und 5-11 weisen die entsprechenden Parameter der Nutzenfunktionen des repräsentativen Haushalts in ROW aus.

Tabelle 5-10: Budgetanteilsparameter der CD-Subnutzenfunktion in ROW

i	1	2	3	4	5
δ_i^R	0,1887	0,0723	0,1464	0,0358	0,0793
i	6	7	8	9	10
δ_i^R	0,0438	0,1338	0,0855	0,0602	0,1542

Tabelle 5-11: Parameter der Nutzenfunktion in ROW

σ^R	β^R	ρ^R	α^R
1,4201	0,1047	1,4451	0,7073

5.1.2.4 Staatssektor

Für den Staat sind wiederum die Budgetanteilsparameter der CD-Nutzenfunktion zu bestimmen. Für den Anteilsparameter des Faktors Kapital $\psi_{K,St}^R$ ergibt sich ein Wert von 0,0781 und für den Anteilsparameter des Faktors Arbeit $\psi_{L,St}^R$ ein Wert von 0,5535.

Die Werte der Anteilsparameter der in- und ausländischen Produzentengüter in der Nutzenfunktion des Staates sind in Tabelle 5-12 aufgeführt.

Tabelle 5-12: Budgetanteilsparameter der Nutzenfunktion des Staates in ROW

j	1	2	3	4	5	6	7	8	9	10	11	12
ψ_i^R	0	0	0	0	0,0004	0,0001	0	0	0	0	0	0
j	13	14	15	16	17	18	19	20	21	22	23	24
ψ_i^R	0,0053	0,0165	0,0165	0,0017	0,0529	0,0149	0,0162	0,0112	0,0315	0,0283	0,0669	0,1058

5.2 Die Kalibration des "dynamischen" Modells

Auch bei der Spezifikation des "dynamischen Modells" wird das Verfahren der Kalibration angewandt. Zu spezifizieren sind hierbei die modellexogenen Wachstumsraten der Zeitausstattungen, die modellendogenen Wachstumsraten der Kapitalausstattungen der Haushalte sowie die steady-state-Wachstumsrate der Weltwirtschaft.

Da mit Hilfe dieses EAG-Modells in erster Linie die Wirkungen von Steuerpolitiken auf die inländische Volkswirtschaft untersucht werden sollen, wird als gleichgewichtige Wachstumsrate (g_{SS}) die Änderungsrate des realen Bruttosozialprodukts in der Bundesrepublik Deutschland zugrunde gelegt. Da die steady-state-Rate die langfristige Entwicklung der Ökonomien in FRG und ROW determiniert, wird hierbei nicht die Wachstumsrate des Bruttosozialprodukts in FRG im Basisjahr 1988 verwendet, sondern die Entwicklung über einen längeren Betrachtungszeitraum herangezogen. Für den Zeitraum von 1975 bis 1989 ergibt sich eine reale Wachstumsrate des BSP für die Bundesrepublik von 2,047%.[8]

Wie in Abschnitt 3.2 beschrieben, setzen sich die Wachstumsraten der Zeitausstattungen der Haushalte jeweils aus den Komponenten Bevölkerungswachstumsrate und der Rate des Harrod-neutralen technischen Fortschritts zusammen.

Als Datengrundlage für die Bevölkerungswachstumsraten für FRG und ROW dienen die Bevölkerungsstatistiken des Statistischen Bundesamtes und der Vereinten Nationen. Für die Bundesrepublik ergibt sich für den Betrachtungszeitraum 1960 bis 1989 eine durchschnittliche jährliche Wachstumsrate von 0,409% und somit eine nahezu stagnierende Bevölkerungszahl. Für die Weltbevölkerung weisen die Bevölkerungsstatistiken der Vereinten Nationen für den Zeitraum von 1975 bis 1990 ein konstantes Wachstum von 1,7% aus.[9]

Nachdem die steady-state- und die Bevölkerungswachstumsraten bestimmt sind, können die jeweiligen Harrod-Fortschrittsraten für FRG und ROW berechnet werden.

---

[8] Siehe Statistisches Bundesamt (1990b), Tab. 3.1, S. 43.

[9] Siehe United Nations (1992), Tab. 1, S. 141.

Für FRG errechnet sich bezüglich der Harrod-Fortschrittsrate ein Wert von 1,543% und für ROW von 0,341%.

Die modellendogene Wachstumsrate des Kapitals in FRG in der Periode t bestimmt sich, unter Berücksichtigung der Bestimmungsgleichung für die Kapitalausstattung des Haushaltssektors (siehe Gleichung 3.57), gemäß

$$(5.14)\quad g^F_{K,h,t} = \frac{\mu^F \sum_{h=1}^{16} S^F_{h,t-1}}{\sum_{h=1}^{16} K^F_{h,t-1}}, \quad h = 1,2,\ldots,16, \quad t = 1,2,\ldots,\infty \quad .$$

Analog erhält man die Wachstumsrate der Kapitalausstattung des repräsentativen Haushalts in ROW wie folgt:

$$(5.15)\quad g^R_{K,t} = \frac{\mu^R S^R_{t-1}}{K^R_{t-1}}, \quad t = 1,2,\ldots,\infty \quad .$$

Damit sich die Volkswirtschaften in der Referenzsequenz entlang eines gleichgewichtigen Wachstumspfades bewegen, müssen die Kapitalausstattungen der Haushalte in FRG und ROW mit der steady-state-Rate wachsen.

$$(5.16)\quad g^F_{K,h,1} = g_{SS}, \quad h = 1,2,\ldots,16$$

und

$$(5.17)\quad g^R_{K,1} = g_{SS} \quad .$$

Mit Hilfe dieser Bedingungen sowie der Bestimmungsgleichung für die Wachstumsrate der Kapitalausstattungen ist es möglich, den Konvertierungsfaktor μ, der besagt, wieviel Einheiten Kapitaldienste eine Einheit des Spargutes in jeder zukünftigen Periode liefern wird, zu bestimmen[10]:

$$(5.18)\quad \mu^F = \frac{g_{SS} \sum_{h=1}^{16} K^F_{h,0}}{\sum_{h=1}^{16} S^F_{h,0}}$$

und

$$(5.19)\quad \mu^R = \frac{g_{SS} K_0}{S^R_0} \quad .$$

---

[10] Vgl. C.L.Ballard/D. Fullerton/J.B. Shoven/J. Whalley (1985), S. 34.

Da im Referenzjahr die Preise für den Faktor Kapital und für das Spargut gleich Eins sind, entspricht der Konvertierungsfaktor μ^F dem Bruttozinssatz in FRG und μ^R dem Bruttozinssatz in ROW. Der Bruttozinssatz in FRG hat im Basisjahr den Wert 8,09% und in ROW 6,96%.

TEIL III: Die Besteuerung von Ersparnissen und Kapitaleinkommen

6. Kapitel: Steuerliche Behandlung von Ersparnissen und Kapitaleinkommen privater Haushalte im Rahmen des gegenwärtigen Einkommensteuersystems

Bei der Untersuchung eines Übergangs von der bestehenden Einkommensteuer zu einer Konsumsteuer wäre es sicherlich unrealistisch, davon auszugehen, daß die gegenwärtige Einkommensteuer auch nur annähernd einer idealen Einkommensteuer nach Schanz/Haig/Simons entsprechen würde. Vielmehr enthält die gegenwärtige Einkommensteuer bereits eine Vielzahl von Elementen einer Konsumbesteuerung.
Zu einer ähnlichen Feststellung kommen auch Ballard/Fullerton/Shoven/Whalley (1985, S. 174) für das amerikanische Steuersystem: "The U.S. tax system is very complex and does not even vaguely approximate a true income tax. In fact, in its aggregate treatment of saving, it is roughly halfway between an income and a consumption tax. Many forms of saving are already taxed on a consumption tax basis."
Die Behandlung von Ersparnissen erfolgt im bestehenden Einkommensteuersytem zum einen bereits nach dem Konzept einer sparbereinigten Einkommensteuer, d.h. die Ersparnisbildung erfolgt aus unversteuertem Einkommen und daraus resultierende Kapitaleinkommen werden versteuert, und zum anderen nach dem Konzept einer zinsbereinigten Einkommensteuer, d.h. die Ersparnisse werden aus versteuertem Einkommen gebildet und die daraus resultierenden Kapitaleinkommen bleiben unversteuert. Ein weiterer Teil der Ersparnisse wird nach dem Konzept einer klassischen Einkommensteuer behandelt, d.h. Ersparnisse werden aus versteuertem Einkommen akkumuliert, und die Kapitaleinkommen unterliegen nochmals der Einkommensteuer, so daß eine Doppelbelastung der Ersparnisse erfolgt.
Um im Rahmen von Simulationsrechnungen einen realitätsnäheren Übergang von dem bestehenden Einkommensteuersystem zu einem konsumbasierten Steuersystem durchführen zu können, soll im folgenden analysiert werden, inwieweit

das gegenwärtige Einkommensteuersystem bereits konsumorientiert ausgestaltet ist.
Deshalb müssen zunächst diejenigen Elemente identifiziert werden, die in der deutschen Einkommensteuer bereits nach dem Konzept einer Konsumbesteuerung behandelt werden. Dazu ist es in einem ersten Schritt notwendig, die Vermögensbildung, -bestände und -einkommen der privaten Haushalte abzugrenzen und empirisch zu erfassen. In einem zweiten Schritt soll die steuerliche Behandlung der Vermögensbildung und -einkommen betrachtet werden. Auf der Basis dieser Ergebnisse erfolgt die Wahl für eine Abbildung der gegenwärtigen Einkommensteuer im Rahmen des Modells.
Es soll an dieser Stelle bereits erwähnt werden, daß aufgrund der Komplexität und der Vielfältigkeit der Behandlung verschiedener Formen der Vermögensbildung und Kapitaleinkommen im deutschen Einkommensteuersystem lediglich eine Annäherung an das gegenwärtige Einkommensteuersystem gefunden werden kann. Von daher sollen die Ergebnisse dieses Kapitels nicht im Sinne einer detailgetreuen Abbildung der deutschen Steuerrealität verstanden werden.

6.1 Vermögensbildung, -bestände und -einkommen der privaten Haushalte

6.1.1 Vermögensbildung der privaten Haushalte

"Der Reinvermögenszuwachs durch den nicht in Konsum umgesetzten Teil des Einkommens kann grundsätzlich in zwei Formen stattfinden: entweder als eine Erhöhung des Sachvermögens oder als eine Erhöhung des Geldvermögens."[1] Ersparnisbildung in Form von Geldvermögen kann in verschiedenen Formen der Geldanlage bei Banken und anderen Finanzintermediären wie Bausparkassen und Versicherungen durchgeführt werden. Eine Aufstellung der verschiedenen Formen der Geldvermögensbildung erfolgt in Abbildung 6-1.[2] Sparen in Form von Sachvermögensbildung erfolgt bei Privathaushalten zu einem großen Teil über den Erwerb von Wohnungseigentum (Eigenheime, Mietwohnungen, Sanierung und Modernisierung). Eine weitere Form des Sparens stellt das Einbringen von Kapital in persönlich geführte Unternehmen, sogenannte Unternehmen ohne eigene Rechtspersönlichkeit (im folgenden: Unternehmen o.e.R.), bzw. die Nichtentnahme von Gewinnen bei dieser Art von Unternehmen dar. Diese Komponente wird in Abbildung 6-1 bei der Sachvermögensbildung erfaßt, da der größte Teil des in persönlich geführten Unternehmen eingebrachten Kapitals für die Anschaffung von Anlagen, also für Investitionszwecke, verwendet wird, aus denen zukünftig Gewinne resultieren.

---

[1] Siehe W. Kitterer (1981), S. 332.

[2] Das staatlich verordnete (Zwangs-)Sparen in Form von Sozialbeiträgen privater Haushalte an Rentenversicherungsträger wird hier nicht erfaßt, da Sozialversicherungsbeiträge im Modell zu den Steuern auf den Faktor Arbeit zählen.

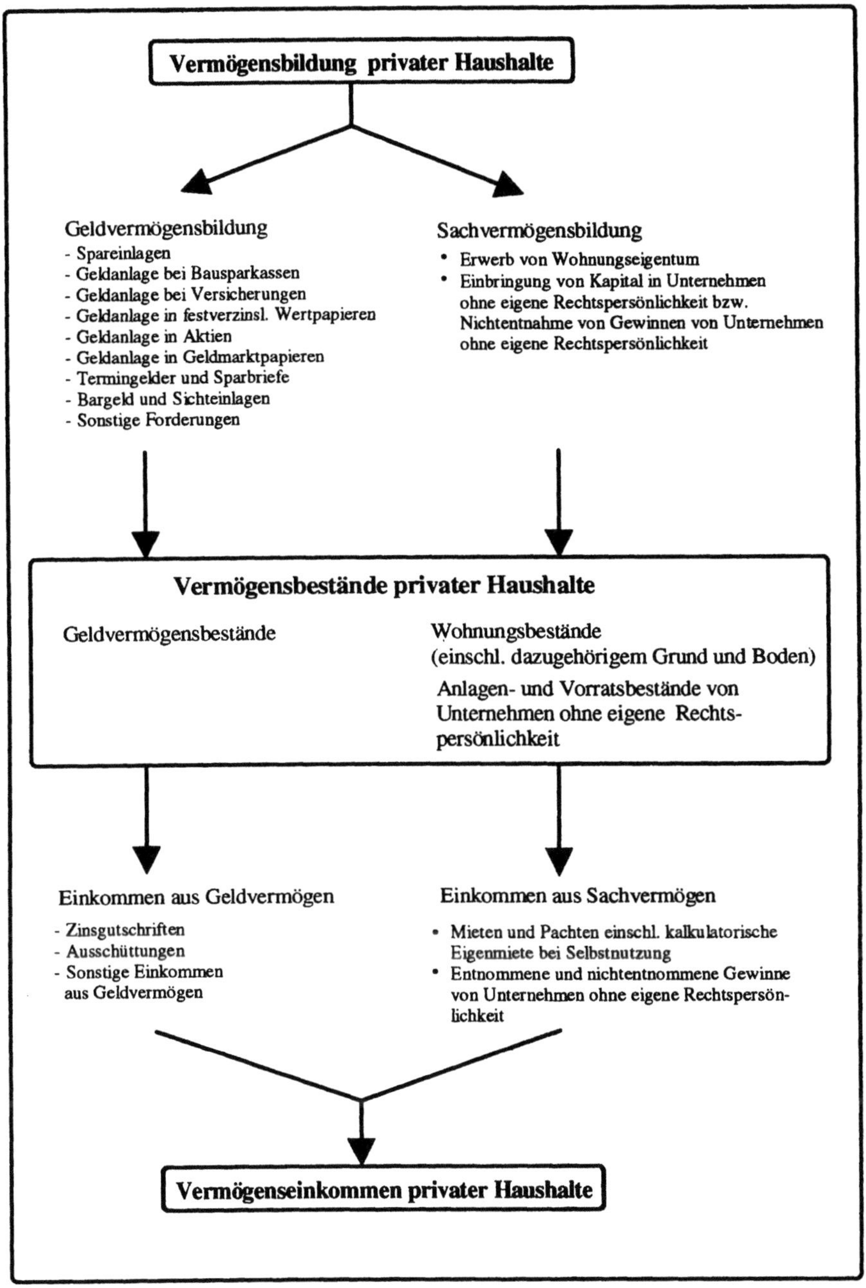

Abbildung 6-1: Vermögensbildung, -bestände und -einkommen privater Haushalte

Vermögensbildung der privaten Haushalte

1. Geldvermögen,
2. Erwerb von Wohnungseigentum,
3. Einbringung von Kapital in Unternehmen o.e.R. bzw. Nichtentnahme von Gewinnen von Unternehmen o.e.R.

zu 1.)
Die gesamtwirtschaftliche Finanzierungsrechnung der Deutschen Bundesbank[3] liefert Daten über die Geldvermögensbildung der privaten Haushalte für das Jahr 1988. Die gesamten verfügbaren Anlagemittel (184,8 Mrd. DM) setzen sich aus privaten Ersparnissen (181,5 Mrd. DM) und empfangenen Vermögensübertragungen (3,3 Mrd. DM) zusammen. Von diesen verfügbaren Mitteln verwendeten die Haushalte im Jahr 1988 150,5 Mrd. DM zur Geldvermögensbildung und dabei insbesondere für den Erwerb festverzinslicher Wertpapiere sowie für die Geldanlage bei Versicherungen. Anlagemittel in Höhe von 13,2 Mrd. DM resultierten aus der Kreditaufnahme (siehe Tabelle 6-1).

zu 2.)
Die gesamtwirtschaftliche Vermögensrechnung gibt ebenfalls Auskunft über den Erwerb von Wohnungseigentum der privaten Haushalte. Im Jahr 1988 flossen 47,5 Mrd. DM in den Erwerb von Wohnungseigentum.
Da die Wohnungsbauinvestitionen in der gesamtwirtschaftlichen Finanzierungsrechnung geschlossen im Unternehmenssektor gebucht werden, müssen auch die Eigenmittel der privaten Haushalte für Wohnungsbauzwecke im Unternehmenssektor aufgeführt werden. Dies erfolgt durch die Buchung des Erwerbs von Wohnungseigentum der privaten Haushalte als Vermögensübertragung an die Wohnungswirtschaft. Kritisch anzumerken ist jedoch, daß die für Wohnungsbauzwecke bereitgestellten Eigenmittel der privaten Haushalte nur insoweit Berücksichtigung finden, als sie über Bausparkassen fließen,[4] so daß es weitgehend zu einer Unterschätzung der Erfassung des Sparens in Form des Erwerbs von Wohnungseigentum kommen dürfte.

zu 3.)
Noch schwieriger als bei der Bestimmung des Sparvolumens, das in den Erwerb von Wohnungseigentum fließt, dürfte sich die Ermittlung einer annähernd fundierten Größe für das Sparen der privaten Haushalte in Form der Einbringung von

---

[3] Zahlenübersichten und methodische Erläuterungen zur gesamtwirtschaftlichen Finanzierungsrechnung der Deutschen Bundesbank für den Zeitraum 1960 bis 1989 finden sich in Deutsche Bundesbank (1990). Ein Ausweis der Zahlen für das Jahr 1988 erfolgt in Deutsche Bundesbank (1989), S. 18 ff. und Deutsches Institut für Wirtschaftsforschung (1989a), S. 313 ff.
[4] Vgl. Deutsche Bundesbank (1990), S. 143 f.

Kapital in Unternehmen o.e.R. bzw. der Nichtentnahme von Gewinnen von Unternehmen o.e.R. gestalten.

Ersparnis, Geldvermögensbildung und Kreditaufnahme der privaten Haushalte

Mrd DM

Position	1980	1982	1986 p)	1987 p)	1988 p)
Einkommen und Ersparnis					
Verfügbares Einkommen	978,1	1 065,4	1 234,8	1 286,0	1 338,7
Privater Verbrauch	840,8	918,1	1 068,6	1 113,8	1 157,2
Private Ersparnis	137,3	147,3	166,2	172,1	181,5
nachr.: Sparquote in % 1)	14,0	13,8	13,5	13,4	13,6
Empfangene Vermögensübertragungen	7,1	6,0	4,1	3,8	3,3
Verfügbare Anlagemittel	144,4	153,3	170,3	175,9	184,8
Geldvermögensbildung					
Längerfristig					
Geldanlage bei Banken	15,6	15,4	26,2	20,2	– 3,7
Geldanlage bei Bausparkassen	6,3	4,8	– 1,7	– 3,3	1,0
Geldanlage bei Versicherungen 2)	22,0	28,2	36,5	35,8	40,0
Erwerb festverzinslicher Wertpapiere	24,8	16,0	8,0	26,4	48,1
Erwerb von Aktien	– 0,9	0,5	3,6	5,9	2,6
Ansprüche gegen betriebliche Pensionsfonds 3)	13,3	8,8	11,6	11,4	10,3
zusammen	81,0	73,7	84,3	96,4	98,3
Kurzfristig					
Geldanlage bei Banken	35,8	46,0	47,0	39,6	46,7
Sonstige Forderungen 4)	3,2	5,5	5,2	4,5	5,5
zusammen	39,0	51,5	52,2	44,0	52,2
Geldvermögensbildung insgesamt	120,0	125,3	136,5	140,4	150,5
Erwerb von Wohnungseigentum 5)	37,0	37,5	43,8	47,1	47,5
Kreditaufnahme 6)	12,7	9,5	10,0	11,6	13,2
Nachrichtlich:					
Gesamtes Geldvermögen 7) 8)	1 416	1 674	2 264	2 378	2 510
darunter:					
ertragbringend	1 236	1 467	1 961	2 057	2 169
Zinsforderungen und Dividenden	69	92	98,5	98,5	102
desgl. in % 9)	5,5	6,5	5	5	4,5
Gesamte Verpflichtungen 7)	137	155	198	208	220
darunter:					
verzinslich	135	152	192	201	215
Zinsverpflichtungen	14	21	18	18	18
desgl. in % 10)	10,5	14	9,5	9	8,5

1 Private Ersparnis in % des Verfügbaren Einkommens. — 2 Lebensversicherungen, Pensions- und Sterbekassen sowie berufsständische Versorgungswerke. — 3 Einschl. sonstiger Forderungen. — 4 Geldmarktpapiere sowie Forderungen gegen Sach- und Krankenversicherungsunternehmen. — 5 Auszahlungen von Bausparguthaben nach Vertragszuteilung und Tilgungen von Bauspardarlehen, die gemäß der Methode der Volkswirtschaftlichen Gesamtrechnungen als „Vermögensübertragung an die Wohnungswirtschaft" gebucht werden; einschl. sonstiger Übertragungen an andere Sektoren. — 6 Für Konsumzwecke. — 7 Jahresdurchschnitte. — 8 Wertpapiere zu Tageskursen. — 9 In % des ertragbringenden Geldvermögens. — 10 In % der verzinslichen Verbindlichkeiten. — p Vorläufige Ergebnisse.
Differenzen in den Summen durch Runden der Zahlen. BBk

Tabelle 6-1: Ersparnis, Geldvermögensbildung und Kreditaufnahme der privaten Haushalte

Quelle: Deutsche Bundesbank (1989), S. 19.

Näherungsweise könnten dafür die eigenfinanzierten Investitionen der Unternehmen o.e.R. herangezogen werden. Das Problem besteht jedoch darin, daß die hierfür benötigten Daten in den amtlichen Statistiken für den Unternehmenssektor nur insgesamt ausgewiesen werden und eine Aufteilung nach Rechtsformen nicht erfolgt. Da eine Approximation mit zu großen Ungenauigkeiten behaftet wäre, soll hier auf eine Bestimmung dieser Größe verzichtet werden.

6.1.2 Vermögensbestände der privaten Haushalte

Die Vermögensbestände privater Haushalte gliedern sich wie Abbildung 6-1 verdeutlicht in:

1. Geldvermögensbestände,
2. Wohnungsbestände (einschl. dazugehörigem Grund und Boden),
3. Anlagen- und Vorratsbestände der Unternehmen o.e.R.

zu 1.)
Gemäß der gesamtwirtschaftlichen Finanzierungsrechnung ermittelte die Deutsche Bundesbank (1989, S. 48) im Jahresdurchschnitt 1988 einen Bestand an Geldvermögen (einschl. Aktien zu Tageskursen) in Höhe von 2.515 Mrd. DM. Dem stand eine Verschuldung der privaten Haushalte für Konsumzwecke in Höhe von 226,8 Mrd. DM gegenüber. Somit ergab sich ein Nettogeldvermögensbestand in Höhe von 2.288,2 Mrd. DM.

zu 2.)
Zur Erfassung des gesamten privaten Grundvermögens kann auf die Ergebnisse der EVS 1988 des Statistischen Bundesamtes (1991c, S. 38) zurückgegriffen werden: "Im Durchschnitt aller privaten Haushalte mit Grundvermögen wurde ein Einheitswert in Höhe von 44.432 DM ermittelt. Daraus ergibt sich für das gesamte private Grundvermögen für den hier repräsentierten Teil der Bevölkerung am Jahresende 1988 ein Einheitswert von 512,2 Mrd. DM. Nach privaten Schätzungen müßte dieser Wert mit einem Faktor zwischen 6 und 7 multipliziert werden, um sich eine Größenvorstellung von dem Verkehrswert des Grundvermögens zu verschaffen; danach läge der Verkehrswert des hier erfaßten Grundvermögens zwischen 3,1 und 3,6 Bill. DM, also im Bereich der eingangs erwähnten gesamtwirtschaftlichen Schätzung für 1983.[5] Wenn auch gewisse Zweifel an der Höhe der verwendeten Umrechnungsfaktoren geäußert worden sind, dürfte das Ergebnis der Berechnung zumindest als Anhaltspunkt für den Marktwert brauchbar sein." Die Verpflichtungen in Form von Baukrediten betrugen 1988 ca. 650 Mrd. DM. Somit ergibt sich ein Nettovermögensbestand an Wohnungseigen-

---

[5] "Der Verkehrswert des Wohnungsgrundvermögens privater Haushalte belief sich Ende 1982 nach einer groben Schätzung auf rund 3 Bill. DM gegenüber 1,7 Bill. DM Geldvermögen privater Haushalte nach Berechnungen der Deutschen Bundesbank". Siehe Statistisches Bundesamt (1991c), S. 34.

tum einschließlich dazugehörigem Grund und Boden der privaten Haushalte in Höhe von ca. 2,5 Bill. DM.

zu 3.)
Das Nettoanlagevermögen des gesamten Unternehmenssektors ohne den Wirtschaftsbereich Wohnungsvermietung bewertet zu Wiederbeschaffungspreisen weist das Statistische Bundesamt in der Volkswirtschaftlichen Gesamtrechnung zum Ende des Jahres 1988 mit 2.549 Mrd. DM und das Vorratsvermögen aller Wirtschaftsbereiche bewertet zu Buchwerten mit 450 Mill. DM aus.[6] Hier besteht analog zum Abschnitt 6.1.1 die Problematik der Bestimmung des Anteils des Anlagevermögens der Unternehmen o.e.R..

6.1.3 Vermögenseinkommen der privaten Haushalte

Bei der Untersuchung der Vermögenseinkommen der privaten Haushalte soll eine kombinierte Vorgehensweise gewählt werden:
Zum einen stellt der Ausgangspunkt dieser Untersuchung das "Einkommen aus Unternehmertätigkeit und Vermögen" dar, das vom Statistischen Bundesamt (1991a, S. 263) in der Tabelle "Verteilung der Erwerbs- und Vermögenseinkommen" an private Haushalte bezüglich ihrer Zusammensetzung aufgeteilt ist. Zum anderen sollen die hier ausgewiesenen Größen, was ihre Zusammensetzung betrifft, um Daten aus weiteren Statistiken ergänzt werden.[7, 8]

---

6 Siehe Statistisches Bundesamt (1991a), S. 225 und S. 392.

7 Im Rahmen der mikrokonsistenten Datenbasis verkörpern die Einkommen aus Unternehmertätigkeit und Vermögen, bereinigt um einen kalkulatorischen Unternehmerlohn, der dem Lohneinkommen zugeschlagen wird, die Kapitaleinkommen der privaten Haushalte. Aufgrund der Modellkonzeption müssen die privaten Haushalte Empfänger sämtlicher im Unternehmens- und Staatssektor entstandener Einkommen aus Unternehmertätigkeit und Vermögen sein. Dazu gehören auch die empfangenen Einkommen dieser Art aus dem Ausland. Gemäß den Ergebnissen der VGR des Statistischen Bundesamtes (1991a, S. 260 ff.) entfallen auf die privaten Haushalte zwar über 80% der empfangenen Einkommen aus Unternehmertätigkeit und Vermögen; dennoch sind die den privaten Haushalten im Modell zugewiesenen Kapitaleinkommen um die eigentlich den übrigen Sektoren zufließenden Einkommen zu hoch. Zusätzlich werden die Abschreibungen im Unternehmenssektor ebenfalls dieser Komponente zugeschlagen. Folglich kann das Einkommen aus Unternehmertätigkeit und Vermögen, was die absoluten Werte betrifft, nicht anhand der VGR-Statistiken in seine Bestandteile aufgeteilt werden. Jedoch wird die Struktur, die das Bruttoeinkommen aus Unternehmertätigkeit und Vermögen der privaten Haushalte in der VGR aufweist, auf das Modell übertragen. Für die weitere Analyse im Rahmen des Modells sollen daher die prozentualen Anteile der Komponenten des Kapitaleinkommens der privaten Haushalte ermittelt werden.

8 C.L. Ballard/D. Fullerton/J.B. Shoven/J. Whalley (1985), S. 100 können für die Vereinigten Staaten aufgrund der ihnen zur Verfügung stehenden detaillierten Informationen über die in dem Einkommen aus Unternehmertätigkeit und Vermögen enthaltenen Größen eine Aufschlüsselung in verschiedene Komponenten je Einkommensklasse vornehmen. Jedoch verwenden auch sie einige ad hoc-Annahmen, um die einzelnen Anteile bestimmen zu können.

Grundsätzlich entspringen alle Kapitaleinkommen der privaten Haushalte den oben aufgeführten aus Ersparnissen akkumulierten Vermögensbeständen dieses Sektors. Der Zusammenhang zwischen Vermögensbeständen und Kapitaleinkommen privater Haushalte ist in Abbildung 6-1 dargestellt. Danach werden bei den Kapitaleinkommen privater Haushalte folgende Komponenten erfaßt:

Kapitaleinkommen der privaten Haushalte:

1. Verzinsung des Geldvermögens,
2. Mieten, Pachten sowie kalkulatorische Miete bei selbstgenutzten Wohnungen,
3. Entnommene und nichtentnommene Gewinne von Unternehmen ohne eigene Rechtspersönlichkeit, die auf den Faktor Kapital entfallen

zu 1.)
Die Vermögenseinkommen als Bestandteil des Einkommens aus Unternehmertätigkeit und Vermögen stellen die Verzinsung des Geldvermögensbestandes der privaten Haushalte dar. Den Ergebnissen der Volkswirtschaftlichen Gesamtrechnung des Statistischen Bundesamtes (1991a, S. 263) folgend, entfielen von den Vermögenseinkommen auf Zinsen, Nettopachten u.ä. 86,870 Mrd. DM, auf Ausschüttungen der Unternehmen mit eigener Rechtspersönlichkeit 11,420 Mrd. DM, auf Zinsen auf öffentliche Schulden 6,250 Mrd. DM und auf Vermögenseinkommen von der übrigen Welt 10,640 Mrd. DM. Davon sind geleistete Vermögenseinkommen für Konsumentenkreditzinsen in Höhe von 18,140 Mrd. DM abzuziehen. Somit beträgt der Wert der Nettovermögenseinkommen privater Haushalte im Jahr 1988 97,040 Mrd. DM.

Jahr	Zinsgutschriften auf Spar-einlagen	Bauspar-einlagen	Ver-sicherungen	fest-verzinsliche Wertpapiere	Ausschüttungen d. Unternehmen mit eigener Rechtspersönlichkeit	Sonstige Vermögens-einkommen[2]	Vermögens-einkommen insgesamt	Nachrichtlich: Zinsen auf Konsumenten-schulden	Vermögens-einkommen nach Abzug d. Zinsen auf Konsumenten-schulden
1970	10,1	1,0	4,0	2,4	2,2	3,7	23,4	3,3	20,0
1975	16,9	2,0	8,6	6,6	2,7	7,2	43,9	6,8	37,1
1980	24,2	2,9	15,9	13,7	2,9	14,2	73,7	13,9	59,9
1981	26,6	3,1	19,0	16,8	2,9	20,4	88,7	17,5	71,3
1982	27,9	3,2	22,2	18,8	2,8	24,1	99,0	19,4	79,6
1983	21,3	3,4	24,2	21,9	2,3	20,3	93,4	18,0	75,4
1984	21,4	3,4	26,7	23,9	3,0	24,7	103,2	18,0	85,2
1985	21,9	3,4	28,8	27,1	3,2	23,9	108,3	18,3	90,0
1986	20,7	3,4	30,8	27,7	3,4	22,4	108,4	18,2	90,2
1987	20,0	3,3	32,5	27,9	4,1	22,0	109,7	17,8	91,9
1988	20,1	3,3	34,5	28,5	4,2	23,0	113,6	17,9	95,7

[1]) Einschließlich privater Organisationen ohne Erwerbszweck und Anstaltsbevölkerung. Abweichungen in den Summen durch Rundung der Zahlen. — [2]) Emissionsdisagio bei Geldmarktpapieren, Zinsen auf Termingelder und Sparbriefe, Nettopachten und Einkommen aus immateriellen Werten.

Quellen: Statistisches Bundesamt (Herausgeber): Fachserie 18, Volkswirtschaftliche Gesamtrechnungen, Reihe 1.2, Konten und Standardtabellen 1988 Vorbericht; Berechnungen des DIW nach Kreditstatistiken der Deutschen Bundesbank.

Tabelle 6-2: Vermögenseinkommen der privaten Haushalte
Quelle: Deutsches Institut für Wirtschaftsforschung (DIW) (1989b), S. 324

Bezüglich der Geldvermögenseinkommen kann außerdem auf die Ergebnisse der gesamtwirtschaftlichen Finanzierungsrechnung der Deutschen Bundesbank (1989) bzw. die darauf basierenden Ergebnisse des DIW (1989b) zurückgegriffen werden. Danach betragen im Jahr 1988 die Geldvermögenseinkommen der privaten Haushalte insgesamt (einschl. privater Organisationen ohne Erwerbscharakter) 113,6 Mrd. DM. Auf Konsumentenschulden zahlten die Haushalte ca. 18 Mrd. DM, so daß sich per Saldo rund 96 Mrd. DM ergeben.
Die geringfügigen Differenzen zwischen den Ergebnissen der Deutschen Bundesbank und des Statistischen Bundesamtes erklären sich dadurch, daß es sich bei den Zahlen des Statistischen Bundesamtes um revidierte Ergebnisse der Volkswirtschaftlichen Gesamtrechnung handelt.

zu 2.)
In den revidierten Ergebnissen der Volkswirtschaftlichen Gesamtrechnung werden bei den Einkommen aus Unternehmertätigkeit und Vermögen lediglich die Einkommen aus Wohnungsvermietung (30,720 Mrd. DM) ausgewiesen.[9] Hierin sind jedoch nur die tatsächlich gezahlten Mieten enthalten, während eine kalkulatorische Eigenmiete nicht berücksichtigt wird.
Gemäß § 21 Abs. 2 Satz 1 EStG gilt: "Zu den Einkünften aus Vermietung und Verpachtung gehört auch der Nutzungswert der Wohnung im eigenen Haus oder der Nutzungswert einer dem Steuerpflichtigen ganz oder teilweise unentgeltlich überlassenen Wohnung einschließlich der zugehörigen sonstigen Räume und Gärten."[10] Aufgrund dieser Regelung ist in den Einnahmen aus Vermietung und Verpachtung auch eine kalkulatorische Eigenmiete enthalten.
Zur Ermittlung der Kapitaleinkommen aus Wohnungsvermögen privater Haushalte soll folgende Vorgehensweise gewählt werden:
Es wird angenommen, daß der Bestand an Wohnungsvermögen die gleiche durchschnittliche Rendite erwirtschaftet wie bei der Komponente Geldvermögen. Wendet man auf die Schätzung des Wohnungsgrundvermögens von 2,5 Bill. DM die durchschnittliche Rendite des Geldvermögens im Jahr 1988 von 4,5%[11] an, so erhält man ein Kapitaleinkommen aus dem Wohnungsgrundvermögen in Höhe von ca. 112,5 Mrd. DM. Dieser Wert umfaßt somit die Verzinsung von vermieteten als auch von eigengenutzten Wohngebäuden.

zu 3.)
Bezüglich der Kapitaleinkommen aus Unternehmen o.e.R. wird wiederum auf die Volkswirtschaftliche Gesamtrechnung des Statistischen Bundesamtes (1991a, S. 263) zurückgegriffen. Hiernach belaufen sich die entnommenen Gewinne der

---

[9] Vgl. Statistisches Bundesamt (1991a), S. 263.
[10] Diese Bestimmung ist letztmals für den Veranlagungszeitraum (VZ) 1986 anzuwenden. Diese Regelung gilt allerdings weiterhin für Steuerpflichtige, bei denen die Voraussetzungen für die Ermittlung des Nutzungswertes im VZ 1986 bereits vorgelegen haben, soweit sie nicht für die Neuregelung optieren. Siehe zu den Übergangsbestimmungen § 52 Abs. 21 Satz 1 bis 4 EStG.
[11] Vgl. Deutsche Bundesbank (1989), S. 20.

Unternehmen o.e.R. (313,990 Mrd. DM) saldiert um den (negativen) Wert der nichtentnommenen Gewinne dieser Art von Unternehmen (-5450 Mrd. DM) im Jahr 1988 auf 308,540 Mrd. DM. Diese Komponente stellt gleichzeitig das gesamte empfangene Einkommen aus Unternehmertätigkeit der privaten Haushalte dar. Da in dieser Größe auch das Einkommen aus Wohnungsvermietung erfaßt ist, das bereits unter Punkt 2 aufgeführt wurde, müssen die nichtentnommenen Gewinne noch um diese Größe bereinigt werden. Desweiteren enthalten die entnommenen Gewinne der Unternehmen o.e.R. in der Abgrenzung des Statistischen Bundesamtes noch einen Einkommensteil, der auf den Faktor Arbeit entfällt (kalkulatorischer Unternehmerlohn). Bei der Erstellung der Datenbasis wurde ein im Einkommen aus Unternehmertätigkeit enthaltener kalkulatorischer Unternehmerlohn in Höhe von 112,992 Mrd. DM bereits berechnet. Setzt man diesen Wert in Relation zu dem Bruttoeinkommen aus Unternehmertätigkeit und Vermögen laut IOT 1988 (519,120 Mrd. DM), so berechnet sich der Anteil der Lohnkomponente in Höhe von ca. 22% am Bruttoeinkommen aus Unternehmertätigkeit und Vermögen. Wendet man diese Quote entsprechend auf das Einkommen aus Unternehmertätigkeit und Vermögen der privaten Haushalte aus der VGR an, so ergibt sich hier ein kalkulatorischer Unternehmerlohn in Höhe von 93,218 Mrd. DM. Korrigiert man den Wert der entnommenen Gewinne der Unternehmen o.e.R. um die beiden genannten Komponenten, so ergibt sich ein Einkommen aus dem in Unternehmen o.e.R. eingesetzten Faktor Kapital in Höhe von 184,602 Mrd. DM.

Tabelle 6-3: Zusammensetzung des Kapitaleinkommens der privaten Haushalte

		in Mill. DM	in %
(1)	Einkommen aus Geldvermögen	97.040	24,62
(2)	Einkommen aus Wohnungsvermögen (einschl. kalkul. Eigenmiete)	112.500	28,54
(3)	Entnommene und nichtentnommene Gewinne der Unternehmen o.e.R. (ohne kalkul. Unternehmerlohn)	184.602	46,84
Σ	Kapitaleinkommen der privaten Haushalte	394.142	100

Somit ist zwar das Einkommen aus Unternehmertätigkeit und Vermögen entsprechend der Datenbasis, was die absolute Zahl betrifft, nicht vollständig bestimmt; jedoch soll davon ausgegangen werden, daß die in Tabelle 6-3 ausgewiesenen Verhältnisse der verschiedenen Komponenten an dem gesamten Einkommen aus Unternehmertätigkeit und Vermögen die "tatsächlichen" Relationen widerspiegeln. Daß diese Aufstellung zu den Kapitaleinkommen nur eine mehr oder weniger grobe Abschätzung der Realität darstellt und somit mit einem

Bias behaftet sein wird, dürfte aus der Beschreibung der Probleme bei der empirischen Ermittlung dieser Größen deutlich geworden sein.

6.2 Steuerliche Behandlung von Vermögensbildung und -einkommen der privaten Haushalte im Rahmen der deutschen Einkommensteuer und modellmäßige Umsetzung

6.2.1 Steuerliche Behandlung der Ersparnisse der privaten Haushalte

Was das Sparen in Form von Geldvermögen betrifft, kann weitgehend davon ausgegangen werden, daß dies aus bereits versteuertem Einkommen erfolgt.[12] Haushalte können lediglich aus unversteuertem Einkommen sparen, wenn man den gesetzlichen Tatbestand berücksichtigt, daß bestimmte Sparformen im Rahmen der Höchstbeträge für Vorsorgeaufwendungen als Sonderausgaben steuerlich abzugsfähig sind (§ 10 EStG). In den Genuß dieser Vergünstigung dürften nur wenige Haushalte gelangen, da aufgrund der Pflichtbeiträge zur Sozialversicherung der Höchstbetrag insbesondere bei Arbeitnehmern zumeist bereits ausgeschöpft ist. Bei der Modellierung der gegenwärtigen Einkommensteuer soll deshalb davon ausgegangen werden, daß Ersparnisse in Form der Geldvermögensbildung aus versteuertem Einkommen getätigt werden.

Eine besondere steuerliche Behandlung erfährt in der Bundesrepublik das Sparen in Form von Wohnungseigentum. Hier sieht der Gesetzgeber umfangreiche Begünstigungen beispielsweise durch großzügige Abschreibungsmöglichkeiten (§ 7 b bzw. § 10 e EStG) vor, da der Erlangung der "eigenen vier Wände" gesellschaftlich nach wie vor eine große Bedeutung beigemessen wird.[13] Daraus erklärt sich insbesondere die staatliche Förderung beim Erwerb von Eigenheimen. Von den gesamten Investitionen der Wohnungswirtschaft flossen in den letzten Jahren ungefähr 90% in den Bau von Ein- und Zweifamilienhäusern und Altbaumodernisierungen. Ein Blick in die Einkommensteuerstatistiken der vergangenen Jahre zeigt, daß positiven Einkünften aus Vermietung und Verpach-

---

[12] Auf die Problematik der "Schattenwirtschaft" in der Bundesrepublik soll in diesem Zusammenhang nicht eingegangen werden.

[13] So heißt es in einer Verlautbarung der Deutschen Bundesbank (1992, S. 17): "Neben der dominierenden Geldvermögensbildung hat auch der Erwerb von Wohnungseigentum in den Anlageüberlegungen der privaten Haushalte eine vergleichsweise hohe Bedeutung. Häufig geht insbesondere die Vorsorge für Familie und Alter mit dem Wunsch nach den "eigenen vier Wänden" einher. Die Realisierung dieses Wunsches wird in Deutschland zudem durch vielfältige Formen staatlicher Hilfen gefördert. Den hohen Stellenwert, den die privaten Investitionen in Wohngebäude oder Eigentumswohnungen ... zum Zweck der Eigennutzung, zum Teil auch zur Vermietung, im Anlagekalkül privater Haushalte einnehmen, zeigen die entsprechenden Mietaufwendungen."

tung stets ein noch wesentlich größerer Verlust gegenüberstand.[14] Wenger (1989, S. 287) stellt fest, daß der Wohnungsbestand einschließlich des zugehörigen Grund und Bodens als bedeutende Vermögensposition nichts zum Steueraufkommen beiträgt und darüber hinaus noch mit einer negativen Einkommensteuer entlastet wird.[15]
Das Zentrum für Europäische Wirtschaftsforschung (ZEW) kommt in einer Analyse zur Steuervermeidung und -hinterziehung bei der Einkommensteuer in der Bundesrepublik auf Basis der Daten der EVS 1983 zu dem Ergebnis, daß Steuerarbitrage nach deutschem Recht insbesondere durch den Erwerb von Realvermögen möglich ist. "Vergleicht man zwei Haushalte, die sich nur dadurch unterscheiden, daß der eine in Miete wohnt und kein Realvermögen besitzt, während der andere in seinen eigenen vier Wänden lebt, so hat der Hausbesitzer bei gleichem Bruttoeinkommen ein um schätzungsweise 6,5% niedrigeres zu versteuerndes Einkommen. Hauseigentümer, die neben ihrem selbstgenutzten auch vermietetes Wohneigentum besitzen, haben bei gleichem Bruttoeinkommen sogar ein um 15% niedrigeres zu versteuerndes Einkommen als Mieter ohne Realvermögen."[16]
Somit kann festgestellt werden, daß das Sparen in Form des Erwerbs von Wohnungseigentum im gegenwärtigen Einkommensteuersystem in bedeutendem Umfang steuerlich subventioniert wird.

Bei der Vermögensbildung in Form des Sparens in Unternehmen o.e.R. sind analog zu dem Sparen in Wohnungseigentum die steuerlichen Abschreibungsmöglichkeiten von besonderer Relevanz. In Höhe der Abschreibungen erfolgen die Ausgaben für die Anschaffung von Investitionsgütern aus unversteuertem Einkommen.

Die bedeutendste Komponente dafür, inwieweit Kapital, das in Unternehmen o.e.R. eingebracht wird, aus unversteuertem Einkommen gebildet wird, stellen die Abschreibungen dar. Der Übergang zu einer Cash-flow-Consumption Tax im Rahmen einer sparbereinigten Einkommensteuer impliziert, daß von den gegenwärtigen Abschreibungsverfahren zu einer "Sofortabschreibung" übergegangen wird. Da die Bemessungsgrundlage dieser Steuer sich aus der Differenz von

---

14 Siehe z.B. die Ergebnisse der Einkommensteuerstatistik des Statistischen Bundesamtes (1986), S. 30 f. sowie H. Richter/H.-U. Richter (1994), S. 622.

15 P.B. Spahn (1991), S. 255 vermerkt zu dieser Problematik: "Bei Einkünften aus Vermietung und Verpachtung - die im Durchschnitt permanent negativ ausfallen - ist unzweifelhaft, daß dem Fiskus auf Dauer Steuereinnahmen entgehen. Würde man diese Einkunftsart morgen abschaffen - was in der Öffentlichkeit vermutlich fälschlich als Begünstigung der Vermieter und Verpächter verstanden werden würde - so würde es keineswegs zu Steuerausfällen kommen: wie die empirische Mikroanalyse gezeigt hat, würde die Lohn- und Einkommensteuer etwa 10 Prozent mehr Aufkommen erbringen. Wo bleibt da die Fairneß? Allein dieses Ergebnis mag Steuerpolitikern zu denken geben."

16 Siehe O. Lang (1993), S. 16 und zur Studie des ZEW: O. Lang/K.-H. Nöhrbaß/K. Stahl (1993).

Einzahlungen und Auszahlungen einer Periode ergibt, bedeutet dies, daß sämtliche Ausgaben für Investitionsgüterkäufe im Jahr der Anschaffung abzugsfähig sind.
Um den Anteil an den Ersparnissen zu ermitteln, der aus unversteuertem Einkommen in Unternehmen o.e.R. eingebracht wird, wird hier die folgende Vorgehensweise gewählt:

> Ausgehend von den durchschnittlichen steuerlichen Abschreibungsmöglichkeiten für Anlagevermögen im Jahr 1988 wird der Barwert der steuerlichen Abschreibungen berechnet. Dieser als Prozentsatz der Anschaffungskosten ermittelte Wert ergibt den Anteil der Ersparnisse in dieser Anlageform, der bereits unter dem bestehenden Einkommensteuersystem nach dem Konzept einer sparbereinigten Einkommensteuer behandelt wird. Dabei wird von den steuerlichen Gegebenheiten des Jahres 1988 ausgegangen, da die Wirtschaftssubjekte ihre Anlageentscheidungen auf Basis der steuerlichen Bestimmungen dieses Jahres getroffen haben.

Bei Wirtschaftsgütern ist zwischen beweglichen und unbeweglichen Wirtschaftsgütern zu unterscheiden, weil davon die Zulässigkeit verschiedener Abschreibungsverfahren und damit die Höhe der Abschreibungen abhängt.

a) Zu den unbeweglichen Wirtschaftsgütern zählen insbesondere Gebäude oder selbständige Gebäudeteile, z.B. Außenanlagen wie Einfriedungen und Bodenbefestigungen. Bei einem Wirtschaftsgebäude wird die Abschreibung für Abnutzung (AfA) abweichend von § 7 Abs. 1 EStG nicht nach der Nutzungsdauer des Gebäudes bemessen, sondern gemäß § 7 Abs. 4 Satz 1 eine lineare AfA in Höhe von 4% festgelegt. Die Nutzungsdauer wird nur dann zugrunde gelegt, wenn sie bei Wirtschaftsgebäuden kürzer als 25 Jahre ist.[17] Gemäß § 7 Abs. 5 EStG kann bei Herstellung oder bei Anschaffung spätestens im Jahr der Fertigstellung eine degressive Wirtschaftsgebäude-AfA angewendet werden. Diese schnellere Abschreibungsvariante soll hier zugrunde gelegt werden.

Degressive Wirtschaftsgebäude-AfA (§ 7 Abs. 5 EStG)	
im 1. bis 4. Jahr je	10 v.H.
im 5. bis 7. Jahr je	5 v.H.
im 8. bis 25. Jahr je	2,5 v.H.

Gemäß der Berechnung des Gegenwartswerts der Abschreibungen bei Verwendung dieses Abschreibungsverlaufs entspricht dies einer "Sofortabschreibung" von ca. 61% der Anschaffungskosten.

[17] Vgl. G. Zitzmann (1992), S. 36.

Hierbei wird bei den Berechnungen für die Diskontierung der durchschnittliche Zinssatz für langfristige Staatsanleihen über die Jahre 1973-1992 von ca. 8% verwendet.[18]

b) Zu den beweglichen Wirtschaftsgütern zählen nur körperliche Gegenstände, insbesondere Maschinen, maschinelle Anlagen, Werkzeuge, Einrichtungsgegenstände und Betriebsvorrichtungen. Die vom Bundesministerium der Finanzen veröffentlichten AfA-Tabellen für allgemein verwendbare Anlagegüter (Zitzmann (1992), Tabelle 2) gibt einen Überblick über die Abschreibungsmöglichkeiten bei diesen Gütern. In der AfA-Tabelle sind solche Anlagegüter enthalten, deren betriebsgewöhnliche Nutzungsdauer von der Verwendung in einem bestimmten Wirtschaftszweig in der Regel unabhängig ist. Zusätzlich werden vom Bundesministerium der Finanzen AfA-Tabellen für bestimmte Wirtschaftszweige (Branchentabellen) veröffentlicht. Die Nutzungsdauer und die Abschreibungsverfahren unterscheiden sich nach Anlagegut und Produktionssektor, in dem das Gut eingesetzt wird.

Vereinfachend soll im weiteren eine durchschnittliche Nutzungsdauer für bewegliche Anlagegüter im Unternehmenssektor zugrunde gelegt werden, die sich an den Maschinen der Stoffver- und -bearbeitung orientiert. Die durchschnittliche Nutzungsdauer dieser Anlagegüter beträgt 10 Jahre und stellt einen Mittelwert dar zwischen Anlagegütern z.B. der Betriebs- und Geschäftsausstattung, die eine Nutzungsdauer von mindestens 5 Jahren, und z.B. Betriebsanlagen allgemeiner Art, die eine Nutzungsdauer von maximal 25 Jahren aufweisen.[19]
Zusätzlich wird angenommen, daß der Unternehmer sich für die schnellstmögliche Abschreibungsvariante entscheidet. Das bedeutet bei einer zehnjährigen Nutzungsdauer, daß der Unternehmer die Anlage die ersten sieben Jahre degressiv und den am Ende des siebten Jahres verbleibenden Restwert linear über die folgenden 3 Jahre abschreibt. Durch diesen zulässigen Wechsel von der degressiven zur linearen AfA wird außerdem das Restwertproblem, das bei einem rein degressiven Abschreibungsverfahren besteht, vermieden.[20]
Entsprechend dem Gegenwartswert der Abschreibungen kommt es bei dieser Abschreibungsvariante zu einer "Sofortabschreibung" von ca. 86%.

[18] Zur Entwicklung des Zinssatzes für langfristige Staatsanleihen für die Jahre 1973-1992 siehe die Kapitalmarktstatistiken, die von der Deutschen Bundesbank als Statistisches Beiheft zum Monatsbericht herausgegeben werden.

[19] Vgl. G. Zitzmann (1992), Tabelle 3.

[20] Zu der hier verwendeten Abschreibungsmethode eines beweglichen Anlageguts mit einer Nutzungsdauer von 10 Jahren, siehe G. Zitzmann (1992), Tabelle 1, S. 18. Der Hundertsatz darf bei der Verwendung einer degressiven Abschreibung höchstens das dreifache des linearen Hundertsatzes sein und 30% nicht übersteigen. Von etwaigen Sonderabschreibungen soll hier abgesehen werden.

Betrachtet man das Verhältnis von Ausrüstungsinvestitionen zu Bauinvestitionen (ohne Wohnbauten) der Unternehmen im Jahr 1988, so ergibt sich ein Verhältnis von 70% zu 30%.[21]
Unter Verwendung dieser Anteile erhält man einen gewichteten Gegenwartswert der Abschreibungsmöglichkeiten bei Unternehmen o.e.R. in Höhe von ca. 78% der Anschaffungskosten.
Geht man davon aus, daß von den Anteilen der verschiedenen Formen der Kapitaleinkommen auf die Struktur der Vermögensbildung geschlossen werden kann, folgt daraus:

- 37% der gesamten Ersparnisse der privaten Haushalte werden aufgrund der Abschreibungsmöglichkeiten bei dem Erwerb von Anlagen bei Unternehmen o.e.R. bereits gemäß dem Konzept einer sparbereinigten Einkommensteuer behandelt.

Bei der Ersparnisbildung in Form des Erwerbs von Wohnungseigentum wird analog zu der Vorgehensweise bei der Vermögensbildung in Unternehmen o.e.R. verfahren. Anhand der steuerlichen Abschreibungsmöglichkeiten im Basisjahr 1988 wird der Barwert mittels eines "repräsentativen" gesetzlichen Abschreibungsverfahrens für diese Güter ermittelt.

Abschreibungen auf Gebäude, die Wohnzwecken dienen, werden gemäß § 7 Abs. 4 EStG in einem festen Vonhundertsatz in Höhe von 2% (bei Anschaffung vor dem 1. 1. 1925: 2,5%) jährlich abgeschrieben. Berücksichtigt man dazu die Abschreibungsregeln für die Herstellung bzw. Anschaffung im Jahr der Fertigstellung von Wohngebäuden (§ 7 Abs. 5 EStG) gilt folgendes Abschreibungsverfahren:

Degressive Wohngebäude-AfA (§ 7 Abs. 5 EStG)	
im 1. bis 8. Jahr je	5 v.H.
im 9. bis 15. Jahr je	2,5 v.H.
im 16. bis 50. Jahr je	1,25 v.H.

Eine lineare AfA in Höhe von 2% ergibt einen Gegenwartswert der steuerlichen Abschreibungsmöglichkeiten von ca. 23%. Aufgrund der staatlichen Förderung des Erwerbs von Wohnungseigentum über den § 7 Abs. 5 EStG erhöht sich der Gegenwartswert für Wohnungsgebäude, die im Jahr 1988 angeschafft wurden, auf ca. 43%. Dies entspricht sozusagen einer "Sofortabschreibung" in Höhe von 43% der Anschaffungskosten. Eine ähnliche Begünstigung erfährt die Anschaffung von selbstgenutztem Wohnungseigentum durch die Abschreibungsmöglichkeiten des § 10 e EStG.

---

[21] Vgl. Statistisches Bundesamt (1991a), S. 191.

- Aus diesen Berechnungen folgt, daß 12% der gesamten Ersparnisse der privaten Haushalte aufgrund der Abschreibungsmöglichkeiten bei dem Erwerb von Wohnungseigentum bereits nach dem Konzept einer sparbereinigten Einkommensteuer behandelt werden.

Somit bleibt als Ergebnis der Berechnungen für die verschiedenen Sparformen festzuhalten: Die privaten Haushalte in der Bundesrepublik Deutschland bilden approximativ 49% ihrer Ersparnisse aus unversteuertem Einkommen.
Für die Modellierung des gegenwärtigen Einkommensteuersystems im Rahmen des Modells bedeutet dies, daß 49% der gesamten Ersparnisse der privaten Haushalte bereits nach dem Konzept einer sparbereinigten Einkommensteuer behandelt werden.

6.2.2 Steuerliche Behandlung von Kapitaleinkommen der privaten Haushalte

Die jüngste und detaillierteste Studie zu der Besteuerung von Zinseinkünften privater Haushalte, die in der deutschen Einkommensteuer durch die Einkunftsart "Einkünfte aus Kapitalvermögen" (§ 20 EStG) erfaßt wird, stammt von Krischausky (1989) und basiert auf Daten für das Jahr 1983. Die Methodik bei dieser Untersuchung besteht darin, im ersten Schritt die erzielten Geldvermögenseinkommen, basierend auf der gesamtwirtschaftlichen Finanzierungsrechnung der Deutschen Bundesbank, mit der Summe der im Rahmen der Einkommensteuer versteuerten Einkünfte aus Kapitalvermögen zu vergleichen.[22] In einem zweiten Schritt wird ermittelt,

1. welcher Teil der Geldvermögenseinkommen auf "private Organisationen ohne Erwerbscharakter", die in der gesamtwirtschaftlichen Finanzierungsrechnung dem Sektor "Private Haushalte" zugeordnet werden, entfällt,
2. welcher Teil der Geldvermögenseinkommen aufgrund gesetzlicher Bestimmungen steuerfrei bleibt, und
3. welcher Teil der Geldvermögenseinkommen hinterzogen wird.

Wie Tabelle 6-4 zeigt, berechnet sich der Anteil der hinterzogenen Zinseinkünfte residual als Differenz von Geldvermögenseinnahmen nach der gesamtwirtschaftlichen Finanzierungsrechnung und der versteuerten Einkünfte aus Kapitalvermögen nach der Einkommensteuerstatistik des Statistischen Bundesamtes (1983) unter Berücksichtigung der Punkte 1 und 2.

Die Zinseinkünfte der Organisationen ohne Erwerbscharakter betragen nach Schätzungen der Deutschen Bundesbank etwa 5% der Geldvermögenseinkommen

---

[22] Eine ähnliche Berechnung führte die Deutsche Bundesbank im Rahmen eines Gutachtens für das Bundesverfassungsgericht durch. Siehe Deutsche Bundesbank (1979), Tabelle 6, S. 28.

privater Haushalte.[23] Den größten Anteil von steuerbefreiten Zinsen machen die Zinseinkünfte aus Lebensversicherungen aus, die etwa 30% der gesamten Geldvermögenseinkommen der privaten Haushalte umfassen. Nach § 20 Abs. 1 Nr. 6 EStG sind Zinsen, die auf Kapitalansprüche aus Lebensversicherungsverträgen entfallen und die erst bei Fälligkeit ausgezahlt werden, steuerbefreit, sofern die Laufzeit der Verträge mindestens zwölf Jahre beträgt. Da die Versicherungsverträge normalerweise so ausgestaltet sind, daß dieser Steuervorteil berücksichtigt wird, dürfte der größte Teil der Zinseinkünfte aus Lebensversicherungen den Haushalten steuerfrei zufließen. Weiter können alle Steuerpflichtige bei der Ermittlung der Einkünfte aus Kapitalvermögen einen sogenannten Sparer-Freibetrag abziehen (§ 20 Abs. 4 EStG); Steuerpflichtige mit Einkünften aus nichtselbständiger Arbeit, die mit ihrem Einkommen unterhalb der Veranlagungsgrenze liegen, können als "Härteausgleich" Nebeneinkünfte bis zu 800 DM steuerfrei beziehen (§ 46 Abs. 3 EStG). Zusätzlich können die Bezieher von Kapitaleinkünften Werbungskosten (in Höhe des Pauschbetrages) unabhängig von den tatsächlichen Kosten der Einkunftserzielung geltend machen (§ 9 a Nr. 2 EStG).

Tabelle 6-4: Ermittlung der Steuerhinterziehung bei Geldvermögenseinkünften privater Haushalte

Quelle: D. Krischausky (1989), S. 101

		Geldvermögenseinnahmen nach der gesamtwirtschaftl. Finanzierungsrechnung
	%	Werbungskosten
		Geldvermögenseinkünfte nach der gesamtwirtschaftl. Finanzierungsrechnung
(1)	%	Zinseinkünfte von Organisationen ohne Erwerbscharakter
		Geldvermögenseinkünfte privater Haushalte
(2)	%	Steuerfreie Zinseinkünfte aus Versicherungsverträgen
(3)	%	Durch Sparer-Freibetrag steuerfreie Zinseinkünfte
(4)	%	Durch Freigrenzen für Nebeneinkünfte steuerfreie Zinseinkünfte (Haushalt ohne sonstige Nebeneinkünfte)
(5)	%	Steuerfreie Zinseinkünfte im Rahmen des Grundfreibetrages (Haushalt ohne weitere Einkünfte)
		Steuerpflichtige Zinseinkünfte privater Haushalte
(6)	%	Versteuerte Einkünfte aus Kapitalvermögen
		Der Einkommensteuer hinterzogene Zinseinkünfte

Krischausky kommt zu dem Ergebnis, daß infolge der Steuerbefreiung von Zinsen aus Lebensversicherungen 31% (25 Mrd. DM) und aufgrund der Steuerbefreiung von Haushalten (Sparer-Freibetrag, Nebeneinkunfts-Freigrenze und Differenz von Werbungskostenfreibetrag und tatsächlichen Werbungskosten) weitere 29% (24

23 Vgl. Bundesministerium der Finanzen (1986), S. 4.

Mrd. DM) der Zinserträge privater Haushalte bereits steuerbefreit sind. 24% aller Zinserträge wurden angegeben und führten gleichzeitig zu einer zusätzlichen Steuerlast in Höhe von 8% (6,2 Mrd. DM) aller Zinserträge. Somit verbleibt ein Anteil der hinterzogenen Zinserträge in Höhe von 16%. Demnach bestätigen sich die Vermutungen vieler Autoren nicht, die von einer Steuerhinterziehungsquote bei Kapitaleinkünften von 50% bis 90% ausgehen.[24] Es kann festgehalten werden: "Nicht die Steuerhinterziehung, sondern das Einkommensteuerrecht selbst ist die primäre Ursache für die Aushöhlung des Postulats der allgemeinen Steuerpflicht von Einkünften privater Haushalte aus Kapitalvermögen."[25] Der Steueraufkommensverlust durch Hinterziehung von Zinsen, der sich gemäß der Analyse von Krischausky ergibt, beträgt in Relation zu dem gesamten Einkommensteueraufkommen im Jahr 1983 gerade 3,7%. Von daher scheint die Problematik der Hinterziehung von Zinserträgen quantitativ von geringerer Bedeutung zu sein, als es oftmals in der öffentlichen Diskussion den Anschein hat.

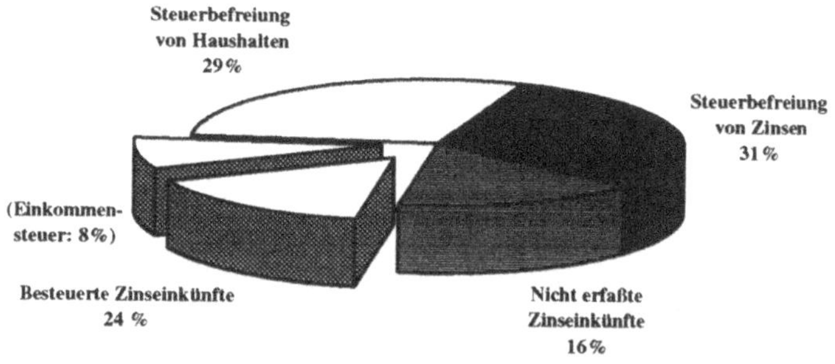

Abbildung 6-2: Besteuerung der Zinserträge privater Haushalte
Quelle: D. Krischausky (1989), S. 118

Gemäß der Studie von Krischausky sind im gegenwärtigen System 31% der Zinsen bereits steuerbefreit und 16% werden nicht erfaßt. Daher sind 47% der Zinseinkünfte privater Haushalte im bestehenden System (legal und illegal) de facto steuerbefreit. Für diesen Teil der Kapitaleinkommen erfolgt demnach bereits eine Besteuerung nach dem Konzept einer zinsbereinigten Einkommensteuer. Der Anteil der Zinserträge in Höhe von 29%, der aufgrund der Steuerbefreiung von Haushalten (Grundfreibetrag etc.) steuerbefreit ist, soll wie bei den Einkommen aus unselbständiger Arbeit im Rahmen der Modellierung der Einkommensteuer über den allgemeinen Abzugsbetrag erfaßt werden.

---

24 Zu einem Literaturüberblick über die Schätzungen bzw. Vermutungen zur Steuerhinterziehung bei Kapitaleinkünften siehe D. Krischausky (1989), S. 97, FN 20.
25 Siehe R. Hagedorn (1991), S. 67.

Bei der Modellierung des gegenwärtigen Einkommensteuersystems wird somit folgendes berücksichtigt:

- 12% der gesamten Ersparnisse der privaten Haushalte werden aufgrund der Steuerbefreiung und -hinterziehung von Kapitaleinkommen aus Geldvermögen im gegenwärtigen Einkommensteuersystem nach dem Konzept einer zinsbereinigten Einkommensteuer behandelt.

Die Kapitaleinkommen aus Wohnungsvermögen werden in der deutschen Einkommensteuer durch die Einkunftsart "Einkünfte aus Vermietung und Verpachtung" (§ 21 EStG) erfaßt. Dies beinhaltet, wie oben bereits erwähnt, auch den Nutzungswert von selbstgenutzten Wohnungen. Diese Einkünfte sind grundsätzlich steuerpflichtig. Auf die Problematik bei dieser "Einkunftsart" wurde bereits oben eingegangen.
Kapitaleinkommen in der Form entnommener und nichtentnommener Gewinne von Unternehmen o.e.R. werden bei der deutschen Einkommensteuer als Bestandteil (neben der Lohnkomponente) der Einkunftsarten "Einkünfte aus Gewerbebetrieb" (§ 15 EStG), "Einkünfte aus selbständiger Tätigkeit" (§ 18 EStG) und "Einkünfte aus Land- und Forstwirtschaft" (§ 13 EStG) erfaßt und unterliegen unter Berücksichtigung verschiedener Freibeträge und Abzugsbeträge grundsätzlich der Steuerpflicht.
Für diese beiden Formen von Kapitaleinkommen wird im Modell angenommen, daß sie der Besteuerung unterliegen und die Differenz zwischen Bruttoeinkommen und tatsächlich zu versteuerndem Einkommen im Rahmen des allgemeinen Abzugsbetrags erfaßt wird.

Da auf Basis der verfügbaren Daten keine fundierte Aufteilung der Komponenten der Ersparnisse bzw. Kapitaleinkommen auf die verschiedenen Einkommensklassen möglich ist, wird bei allen Haushalten davon ausgegangen, daß 49% der Ersparnisse aus unversteuertem Einkommen getätigt werden und 12% der Kapitaleinkommen unbesteuert bleiben.

TEIL IV: Simulationsrechnungen

7. Kapitel: Einführung einer sparbereinigten Einkommensteuer

Als erste Steuerreformsimulation soll die Einführung einer sparbereinigten Einkommensteuer (S-ESt) untersucht werden. Dabei wird so vorgegangen, daß zusätzlich zu den bereits unter dem bestehenden Einkommensteuersystem in FRG abzugsfähigen 49% der Ersparnisse weitere 51% steuerlich absetzbar sind, so daß die Ersparnisse der Haushalte in FRG vollständig aus unversteuertem Einkommen gebildet werden können. Dadurch wird erreicht, daß die intertemporale Konsumentscheidung der Haushalte durch die Besteuerung nicht verzerrt wird.
Bezüglich der Kapitaleinkommen, die bei dem gegenwärtigen Einkommensteuersystem in Höhe von 12% steuerbefreit sind, wird angenommen, daß diese versteuert werden müssen. Dadurch wird sichergestellt, daß es bei dieser Steuerreform zu einer "echten" Neutralität zwischen heutigem und zukünftigem Konsum kommt und das Sparen nicht subventioniert wird.
Die Steuerreform wird aufkommensneutral durchgeführt in dem Sinne, daß Steuerminder- bzw. -mehreinnahmen nicht durch Verschuldung bzw. Schuldenabbau gedeckt werden und der Nutzen des Staates aus der Erstellung öffentlicher Güter im Vergleich zu der Referenzsequenz unverändert bleibt. Die Transferzahlungen des Staates an die privaten Haushalte werden mit Hilfe eines Laspeyres-Preisindexes für jede Einkommensklasse real konstant gehalten, sofern nicht die Transferzahlungen als Finanzierungsinstrument der Steuerreform gewählt werden. Als Finanzierungsvariante des Staates wird als Standardfall eine multiplikative Anpassung der Einkommensteuersätze gewählt, d.h. alle Steuersätze werden zur Aufrechterhaltung eines ausgeglichenen Staatsbudgets proportional adjustiert. In einer weiteren Simulation werden die Einkommensteuersätze additiv angepaßt, d.h. alle Einkommensteuersätze verändern sich um die gleichen Prozentpunkte. Hierbei sollen insbesondere die Unterschiede bei den Ergebnissen zwischen diesen beiden möglichen Anpassungen des Einkommensteuertarifs herausgearbeitet werden. Schließlich werden als weitere Finanzierungsarten noch die Anpassung der Transferzahlungen, der Mehrwertsteuersätze und der Staatsausgaben betrachtet. Da die Mehrzahl der Vorschläge zur Konsumbesteuerung darauf abzielt, die Einkommensteuer zu reformieren, stehen die Simulationen mit Anpassung der Einkommensteuersätze im Vordergrund.

7.1 Finanzierung über multiplikative Anpassung der Einkommensteuersätze

7.1.1 Wohlfahrtseffekte

Im Sinne der modernen Allokationstheorie werden Wohlfahrtseffekte als Veränderungen des Nutzenniveaus definiert. Über ein adäquates Maß ist es dann möglich, die durch Steuerreformprojekte ausgelösten Nutzenänderungen in Geldeinheiten (sogenannten Einkommensäquivalenten) auszudrücken.[1] Ein Beispiel für ein derartiges Maß ist die periodische Äquivalente Variation (EV), die im folgenden die Grundlage für die Beurteilung der durch die untersuchte Steuerreform ausgelösten individuellen Wohlfahrtseffekte darstellt. Der Nutzen eines Haushalts in einer bestimmten Periode resultiert dabei aus der Nachfrage nach heutigem Konsum (Freizeitnachfrage und Nachfrage nach Konsumgütern) in dieser Periode.[2] Die EV vergleicht die Ausgaben für den heutigen Konsum in einer bestimmten Periode der Alternativsequenz mit den Ausgaben für den heutigen Konsum in der entsprechenden Periode der Referenzsequenz, jeweils bewertet zu Preisen der Referenzsequenz. Die Differenz dieser beiden Ausgabengrößen gibt Aufschluß über die Wohlfahrtsveränderung des betrachteten Haushalts. Die EV wird so definiert, daß ein negativer Wert eine Wohlfahrtseinbuße und ein positiver Wert einen Wohlfahrtsgewinn indiziert.[3] Bei dem Ausweis der periodischen EV für die verschiedenen Perioden handelt es sich stets um Werte in der entsprechenden Periode bereinigt um das Bevölkerungswachstum, da dieses als solches nicht als ausreichender Grund dafür angesehen wird, den Wohlfahrtseffekten in zukünftigen Perioden ein stärkeres Gewicht zu verleihen. Von daher wird bei Berechnung der Wohlfahrtseffekte stets eine Bevölkerung der Größe des Basisjahres zugrunde gelegt.[4]

---

[1] Zur Messung individueller Wohlfahrt mittels Nutzeinkommensmaßen siehe M. Ahlheim/M. Rose (1992), Kapitel 6.

[2] Eine auf den ersten Blick plausibel erscheinende Zugrundelegung des Nutzens aus dem intertemporalen Konsum (heutiger und - aus der heutigen Ersparnis finanzierter - zukünftiger Konsum) wäre insofern inkonsistent, als eine Aufsummierung der periodischen Wohlfahrtseffekte über die Zeit eine Doppelzählung des aus der Ersparnis resultierenden Nutzens implizieren würde. Diese Vorgehensweise erfolgt in Analogie zu C.L. Ballard/D. Fullerton/J.B. Shoven/J. Whalley (1985, S. 144), die bemerken: "The H function is the appropriate one to use in our dynamic welfare evaluations. Since savings are to be used to buy future consumption, we would be double counting if we included savings in our evaluation of utility in the current period."

[3] Die formale Darstellung der im folgenden verwendeten Wohlfahrtsmaße erfolgt im Anhang B.

[4] Auf eine Gegenwartswertbetrachtung wird bei den periodischen Wohlfahrtseffekten aus Gründen der Interpretierbarkeit der Ergebnisse verzichtet. Aufgrund der Diskontierung bei Gegenwartswertbetrachtung kann der Gegenwartswert der EV sinken, obwohl die EV von Periode zu Periode noch ansteigt. Somit bestände das Problem, aufzuschlüsseln, inwieweit eine Verminderung des Wertes der EV auf die Diskontierung bzw. auf einen tatsächlichen Rückgang zurückzuführen ist.

Tabelle 7-1: Periodische Wohlfahrtseffekte einer S-ESt
(Finanzierung: Multiplikative Anpassung der Einkommensteuersätze)

	1. Periode			**10. Periode**		
h	EV_h	EV_h je HH	EV_h	EV_h	EV_h je HH	EV_h
	in Mrd. DM	in DM	in %	in Mrd. DM	in DM	in %
1	-0,129	-90,29	-0,54	0,223	155,72	0,81
2	-0,121	-80,63	-0,38	0,343	229,09	0,94
3	-0,430	-377,18	-1,47	0,393	344,25	1,17
4	-0,615	-471,98	-1,48	0,659	505,40	1,38
5	-0,837	-752,43	-2,19	0,792	711,25	1,80
6	-1,479	-853,30	-2,21	1,411	814,20	1,84
7	-3,122	-1204,56	-2,48	2,490	960,52	1,72
8	-3,493	-1766,04	-3,12	2,439	1233,26	1,90
9	-4,829	-2499,55	-3,63	2,580	1335,19	1,69
10	-5,832	-3480,00	-4,34	2,154	1285,34	1,40
11	-6,303	-4457,91	-4,99	2,041	1443,15	1,41
12	-11,859	-5565,01	-5,42	2,749	1289,90	1,09
13	-9,750	-7688,90	-6,35	1,227	967,67	0,70
14	-7,688	-10752,58	-7,28	0,099	138,08	0,08
15	-11,525	-14246,30	-8,33	-0,599	-739,90	-0,38
16	-20,535	-34339,36	-12,39	-3,939	-6586,79	-2,07
	EVHS		EVHS	EVHS		EVHS
	in Mrd. DM		in %	in Mrd. DM		in %
1-16	-88,549		-5,38	15,061		0,80

	20. Periode			**50. Periode**		
h	EV_h	EV_h je HH	EV_h	EV_h	EV_h je HH	EV_h
	in Mrd. DM	in DM	in %	in Mrd. DM	in DM	in %
1	0,602	420,34	1,87	1,882	1313,37	3,69
2	0,847	565,67	2,00	2,565	1712,03	3,82
3	1,278	1119,64	3,26	4,261	3734,74	6,86
4	2,045	1569,56	3,67	6,771	5196,52	7,67
5	2,558	2298,17	4,99	8,556	7687,52	10,54
6	4,546	2623,41	5,08	15,203	8772,60	10,72
7	8,549	3298,15	5,08	29,050	11207,59	10,90
8	8,824	4460,90	5,89	30,364	15351,02	12,80
9	10,526	5448,42	5,91	37,258	19284,53	13,22
10	10,672	6367,60	5,94	39,191	23383,64	13,79
11	10,898	7707,28	6,45	40,439	28598,66	15,12
12	18,177	8529,98	6,21	69,387	32560,95	14,98
13	12,748	10053,33	6,21	50,768	40037,57	15,62
14	8,205	11476,03	5,81	34,743	48590,91	15,54
15	10,712	13241,41	5,79	47,534	58757,01	16,22
16	12,903	21576,11	5,82	66,580	111338,28	18,98
	EVHS		EVHS	EVHS		EVHS
	in Mrd. DM		in %	in Mrd. DM		in %
1-16	124,091		5,64	484,552		13,91

h	100. Periode		
h	EV_h	EV_h je HH	EV_h
	in Mrd. DM	in DM	in %
1	5,297	3696,61	4,83
2	7,173	4788,53	4,96
3	12,202	10694,39	9,14
4	19,409	14895,66	10,23
5	24,565	22071,36	14,08
6	43,657	25191,63	14,32
7	83,644	32269,89	14,60
8	87,629	44301,60	17,18
9	108,152	55979,36	17,84
10	114,584	68367,63	18,75
11	118,374	83715,46	20,59
12	204,068	95761,73	20,50
13	150,372	118589,99	21,51
14	103,875	145279,79	21,61
15	143,095	176878,38	22,71
16	203,924	341010,81	27,04
	EVHS		EVHS
	in Mrd. DM		in %
1-16	1430,021		19,09

Hinweis: Ausgewiesen wird der Wohlfahrtseffekt in der jeweiligen Periode.

Die Tabelle 7-1 weist die kurz- (Periode 1), mittel- (Periode 10, 20 und 50) und langfristige (Periode 100) periodische EV je Einkommensklasse (EV_h), je Haushalt (EV_h je HH) und in Prozent der Ausgaben für den heutigen Konsum (Wert der Freizeitnachfrage zuzüglich Ausgaben für Konsumgüter) in der entsprechenden Periode der Referenzsequenz (EV_h in %) gegliedert nach Einkommensklassen aus. Ferner sind in dieser Tabelle die periodische EV des Haushaltssektors (EVHS) absolut und in Prozent der Ausgaben für den heutigen Konsum des Haushaltssektors in der entsprechenden Periode der Referenzsequenz dargestellt. Die EVHS wird dabei als ungewichtete Summe der periodischen Äquivalenten Variationen der 16 Einkommensklassen definiert.[5]

[5] Die Bestimmung aggregierter Wohlfahrtseffekte durch ungewichtete Summierung steht in der Tradition von A.C. Harberger (1971), der hierzu auf S. 785 (Postulat c) ausführt: "When evaluating the net benefits or costs of a given action (project, program, or policy), the costs and benefits accruing to each member of the relevant group (e.g., a nation) should normally be added without regard to the individual(s) to whom they accrue." Formal betrachtet verbirgt sich hinter dieser Vorgehensweise die Annahme einer Benthamschen Wohlfahrtsfunktion, die voraussetzt, daß die Präferenzen der Wirtschaftssubjekte in vollem Umfang kardinal meßbar und interpersonell vergleichbar sind. Diese beiden Voraussetzungen sind nicht unumstritten, da sie wohl kaum gegeben sein dürften, für die Ermittlung aggregierter Wohlfahrtseffekte letztendlich jedoch unabdingbar sind. Auch die Berechnung aggregierter Wohlfahrtseffekte durch ungewichtete Summierung stellt lediglich eine - wenn auch weit verbreitete - Konvention dar. Eine leichte Verallgemeinerung in dieser Richtung wäre eine gewogene Summierung; vgl.

In der 1. Periode erfahren alle Einkommensklassen bei Einführung einer S-ESt einen Wohlfahrtsverlust. Der Belastungsverlauf ist (abgesehen von der Einkommensklasse 2) durchgehend progressiv, wobei einem Wohlfahrtsverlust der untersten Einkommensklasse von 0,54% ein Verlust der obersten Einkommensklasse von 12,39% gegenübersteht. Die kurzfristigen Wohlfahrtseinbußen nach Einführung einer S-ESt resultieren in erster Linie aus dem durch die Abzugsfähigkeit der Ersparnisse der Haushalte bedingten Steuerausfall, den der Staat durch eine Erhöhung der Einkommensteuersätze auffangen muß, um die Aufkommensneutralität der Steuerreform sicherzustellen. In der 10. Periode ergeben sich lediglich für die beiden obersten Einkommensklassen leichte Wohlfahrtsverluste im Vergleich zu der Situation mit Beibehaltung der Steuerpolitik des Basisjahres 1988, während für die übrigen Haushalte leichte Wohlfahrtsgewinne resultieren. In den Folgeperioden kommt es für alle Haushalte zu positiven und im Zeitablauf steigenden Wohlfahrtseffekten. In den Perioden 10 und 20 hat die Verteilung der Wohlfahrtseffekte über die Einkommensklassen einen bogenförmigen Verlauf; die Betrachtung der Perioden 50 und 100 zeigt, daß sich langfristig ein progressiver Verlauf herausbildet. Im (approximativen) neuen steady-state (Periode 100) beträgt die prozentuale periodische EV für die unterste Einkommensklasse 4,83%. Sie steigt bis auf 27,04% für die oberste Einkommensklasse an.
Die prozentuale periodische EV des Haushaltssektors in FRG ist in der 1. Periode entsprechend der Wohlfahrtseffekte der einzelnen Einkommensklassen negativ (-5,38%); in der Periode 10 verzeichnet der Haushaltssektor bereits einen leicht positiven Wohlfahrtseffekt (0,8%), der langfristig auf 19,09% ansteigt.

Um nicht nur eine Vorstellung von den periodischen, sondern auch von den kumulierten Wohlfahrtseffekten zu vermitteln, wird neben den periodischen Äquivalenten Variationen (EV_h, EVHS) zusätzlich der Gegenwartswert (GW) des Stroms der periodischen Äquivalenten Variationen für die Perioden 0 bis 10, 20, 50, 100 und ∞ berechnet (GWEV, GWEVHS). Dabei wird im folgenden bei dem Gegenwartswert des Stroms der periodischen Äquivalenten Variationen für die Perioden 0 bis 10 von den kurzfristigen, für die Perioden 0 bis 20 bzw. 0 bis 50 von den mittelfristigen und für die Perioden 0 bis 100 von den langfristigen kumulierten Wohlfahrtseffekten gesprochen. Der Begriff dynamische Wohlfahrtseffekte kennzeichnet die Betrachtung der Perioden 0 bis ∞.

Kumuliert betrachtet ergeben sich bis zur 10. Periode lediglich für die untersten beiden Einkommensklassen positive Wohlfahrtseffekte aus der Einführung einer S-ESt, während alle anderen Haushalte bis zu dieser Periode noch Wohlfahrtseinbußen hinnehmen müssen.

---

in diesem Zusammenhang die Diskussion in C.L. Ballard/J.K. Scholz/J.B. Shoven (1987), S. 464 ff.

Tabelle 7-2: Kumulierte Wohlfahrtseffekte einer S-ESt
(Finanzierung: Multiplikative Anpassung der Einkommensteuersätze)

	Perioden 0-1			Perioden 0-10		
h	$GWEV_h$	$GWEV_h$ je HH	$GWEV_h$	$GWEV_h$	$GWEV_h$ je HH	$GWEV_h$
	in Mrd. DM	in DM	in %	in Mrd. DM	in DM	in %
1	-0,120	-83,76	-0,26	0,169	117,86	0,09
2	-0,112	-74,80	-0,18	0,554	370,06	0,21
3	-0,401	-351,46	-0,71	-0,461	-403,95	-0,19
4	-0,573	-439,80	-0,72	-0,372	-285,82	-0,11
5	-0,781	-701,45	-1,06	-0,820	-737,05	-0,26
6	-1,379	-795,70	-1,07	-1,406	-811,52	-0,25
7	-2,912	-1123,46	-1,21	-4,451	-1717,04	-0,42
8	-3,260	-1647,94	-1,52	-6,027	-3047,00	-0,64
9	-4,510	-2334,51	-1,77	-10,769	-5574,07	-0,96
10	-5,457	-3255,68	-2,12	-16,011	-9553,29	-1,40
11	-5,900	-4172,57	-2,43	-18,201	-12872,29	-1,69
12	-11,107	-5212,27	-2,64	-37,707	-17694,41	-2,02
13	-9,146	-7212,61	-3,10	-34,393	-27123,74	-2,61
14	-7,223	-10102,41	-3,55	-30,034	-42004,97	-3,29
15	-10,847	-13407,89	-4,07	-47,703	-58965,02	-3,95
16	-19,390	-32424,19	-6,07	-95,473	-159654,01	-6,51
	GWEVHS		GWEVHS	GWEVHS		GWEVHS
	in Mrd. DM		in %	in Mrd. DM		in %
1-16	-83,117		-2,63	-303,105		-2,16

	Perioden 0-20			Perioden 0-50		
h	$GWEV_h$	$GWEV_h$ je HH	$GWEV_h$	$GWEV_h$	$GWEV_h$ je HH	GWEV
	in Mrd. DM	in DM	in %	in Mrd. DM	in DM	in %
1	1,473	1028,19	0,50	4,072	2841,74	1,05
2	2,436	1626,38	0,63	6,020	4019,01	1,17
3	2,367	2074,22	0,64	9,016	7901,88	1,79
4	4,202	3224,89	0,80	14,787	11348,35	2,06
5	4,888	4391,56	1,01	18,420	16549,61	2,77
6	8,789	5071,55	1,04	33,050	19070,95	2,84
7	14,497	5593,07	0,91	60,896	23493,77	2,77
8	13,455	6802,33	0,94	62,532	31613,65	3,18
9	12,222	6326,13	0,72	73,684	38138,56	3,11
10	7,095	4233,36	0,41	74,643	44536,34	3,05
11	5,294	3744,08	0,32	75,914	53687,29	3,27
12	0,706	331,26	0,02	123,521	57963,96	3,04
13	-8,087	-6377,59	-0,40	85,342	67304,10	2,92
14	-13,979	-19551,54	-0,98	52,276	73113,89	2,54
15	-27,559	-34065,61	-1,46	67,339	83236,86	2,43
16	-76,382	-127728,78	-3,29	66,936	111933,79	1,91
	GWEVHS		GWEVHS	GWEVHS		GWEVHS
	in Mrd. DM		in %	in Mrd. DM		in %
1-16	-48,582		-0,23	828,448		2,71

	Periode 0-100			Perioden 0-∞		
h	$GWEV_h$	$GWEV_h$ je HH	$GWEV_h$	$GWEV_h$	$GWEV_h$ je HH	$GWEV_h$
	in Mrd. DM	in DM	in %	in Mrd. DM	in DM	in %
1	4,832	3372,23	1,19	4,880	3405,12	1,19
2	7,053	4708,49	1,31	7,117	4751,09	1,32
3	11,344	9942,49	2,12	11,528	10103,72	2,15
4	18,488	14188,47	2,43	18,780	14413,04	2,46
5	23,243	20883,53	3,30	23,634	21234,80	3,34
6	41,776	24105,99	3,38	42,493	24519,96	3,42
7	77,805	30017,28	3,34	79,211	30559,77	3,38
8	80,806	40852,44	3,86	82,367	41641,59	3,92
9	97,565	50499,56	3,86	99,711	51610,41	3,93
10	102,833	61356,40	3,91	105,612	63014,38	4,00
11	105,977	74948,67	4,25	109,020	77100,22	4,34
12	177,584	83333,51	4,06	183,265	85999,58	4,16
13	129,359	102018,13	4,09	134,399	105993,13	4,22
14	85,938	120192,65	3,83	90,153	126087,67	3,98
15	119,267	147425,10	3,92	126,429	156277,95	4,11
16	158,705	265393,78	4,07	173,979	290934,82	4,39
	GWEVHS		GWEVHS	GWEVHS		GWEVHS
	in Mrd. DM		in %	in Mrd. DM		in %
1-16	1242,576		3,77	1292,579		3,89

Hinweis: Ausgewiesen wird der Gegenwartswert der Wohlfahrtseffekte.

Somit ist auch die prozentuale kumulierte EV des Haushaltssektors bis zur Periode 10 noch negativ (-2,16%).
Bis zur Periode 20 erweitert sich der Kreis der Einkommensklassen mit einem kumulierten Wohlfahrtsgewinn auf die ersten 12 Klassen. Bedingt durch den starken Wohlfahrtsverlust der oberen vier Einkommensklassen bleibt der Wohlfahrtseffekt des Haushaltssektors noch geringfügig negativ.
Langfristig holen die oberen Einkommensklassen die starken Einbußen aus den ersten Perioden wieder auf, wobei die oberste Einkommensklasse den höchsten dynamischen Wohlfahrtsgewinn erzielt (4,39%). Die Einkommensklassen 14 und 15 können dagegen - prozentual gesehen - auch langfristig nicht ganz zu den drei vor ihnen liegenden Einkommensklassen aufschließen. Insgesamt ergibt sich durch den Wechsel zu einer S-ESt für den Haushaltssektor in FRG ein dynamischer Wohlfahrtsgewinn in Höhe von ca. 1,3 Bill. DM bzw. von ca. 4%.

Zur Identifizierung der für das Zustandekommen der Wohlfahrtseffekte relevanten Wirkungsmechanismen werden im folgenden zunächst die Entscheidungen der Haushalte zwischen heutigem und zukünftigem Konsum im Rahmen einer Partial- bzw. einer Totalanalyse sowie zwischen Konsumgütern und Freizeit bei dem Übergang zu einer S-ESt betrachtet.

7.1.2 Wirkungen auf die Entscheidung zwischen heutigem und zukünftigem Konsum der Haushalte im Rahmen der Partialanalyse

In einem ersten Schritt sollen die Wirkungen des Übergangs von der traditionellen Einkommensteuer zu einer S-ESt auf die Konsum-/Sparentscheidung der Haushalte bei partialanalytischer Betrachtungsweise aufgezeigt werden.

Allgemein bestimmt sich der Gegenwartspreis des zukünftigen Konsums als

$$(7.1)\quad \pi_{F,h} := \frac{\pi_{C,h}}{r_h} = \frac{\pi_{C,h}}{\frac{\left[(1-c)(1-\tau_{Y,h})+c\right]}{\left[(1-a)+a(1-\tau_{Y,h})\right]}i}, \quad h=1,2,\ldots,16 \quad ,$$

a: Anteil der Ersparnisse, der steuerlich abzugsfähig ist,
c: Anteil der Kapitalerträge, der nicht der Besteuerung unterliegt.

Unter dem gegenwärtigen Einkommensteuersystem mit teilweiser steuerlicher Freistellung der Ersparnisse bzw. der Kapitalerträge ergibt sich für den Gegenwartspreis des zukünftigen Konsums ($a^{ESt}=0{,}49, \quad c^{ESt}=0{,}12$)

$$(7.2)\quad \pi_{F,h}^{ESt} := \frac{\pi_{C,h}}{r_h^{ESt}} = \frac{\pi_{C,h}}{\frac{\left[0{,}12+0{,}88(1-\tau_{Y,h})\right]}{\left[0{,}51+0{,}49(1-\tau_{Y,h})\right]}i}, \quad h=1,2,\ldots,16 \quad .$$

Bei Einführung einer S-ESt bestimmt sich der Gegenwartspreis des zukünftigen Konsums als ($a^{S-ESt}=1, \quad c^{S-ESt}=0$)

$$\pi_{F,h}^{S-ESt} := \frac{\pi_{C,h}}{r_h^{S-ESt}} = \frac{\pi_{C,h}}{\frac{(1-\tau_{Y,h})}{(1-\tau_{Y,h})}i}$$

$$(7.3)\quad = \frac{\pi_{C,h}}{i}, \quad h=1,2,\ldots,16 \quad .$$

Bei dem Übergang zu einer S-ESt sinkt c.p. der Preis des zukünftigen Konsums im Vergleich zum Preis des heutigen Konsums.[6] Diese Preisänderung kommt in Abbildung 7-1 durch die Drehung der intertemporalen Budgetgeraden des Haushalts um den Punkt D zum Ausdruck. Durch die Veränderung der relativen Preise wird ein Substitutionseffekt (SE) in der Art ausgelöst, daß der Haushalt den relativ teurer gewordenen heutigen Konsum zum Teil durch zukünftigen Konsum ersetzt. Durch die Preissenkung steigt das verfügbare Einkommen des Haushalts. Von daher hat der Einkommenseffekt (EE), was die Veränderung der Nachfrage

[6] Eine Senkung des Preises des zukünftigen Konsums tritt bei dem Übergang zu einer S-ESt mit $a^{S-ESt}=1$ und $c^{S-ESt}=0$ c.p. nur ein, wenn gilt: $c^{ESt} < 1-a^{ESt}$. Diese Bedingung ist für die hier gegebene Ausgangssituation erfüllt.

nach zukünftigem Konsum betrifft, das gleiche Vorzeichen wie der SE. Bei der Veränderung der Nachfrage nach heutigem Konsum verhalten sich SE und EE entgegengesetzt, so daß der Gesamteffekt (GE) unbestimmt ist. In Abbildung 7-1 ist beispielhaft eine Darstellung gewählt, bei der der SE größer als der EE ist, so daß insgesamt die Nachfrage nach heutigem Konsum zurückgeht.

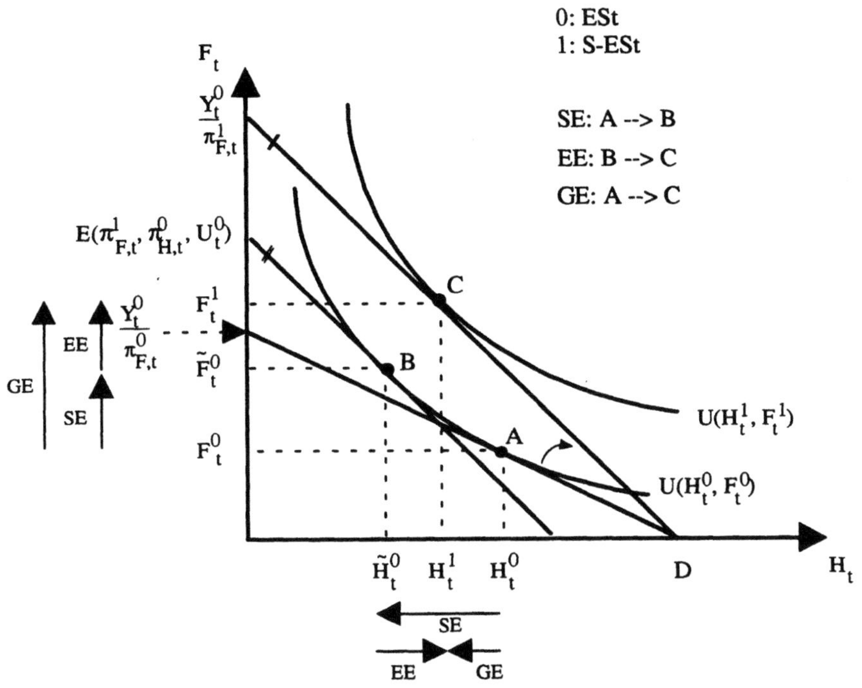

Abbildung 7-1: Intertemporale Konsumentscheidung eines Haushalts bei dem Übergang von einer Einkommen- zu einer Konsumsteuer

Die Auswirkungen des Übergangs zu einer Konsumsteuer auf die Nachfrage nach heutigem und zukünftigem Konsum sind in Tabelle 7-3 aufgeführt. Bei partialanalytischer Betrachtungsweise kommt es zu einer Ausweitung der Nachfrage nach zukünftigem Konsum, während keine eindeutige Aussage bezüglich des GE bei der Nachfrage nach heutigem Konsum möglich ist. Im Rahmen der Totalanalyse ist es zwar wahrscheinlich, daß die SE in die gleiche Richtung wie bei der Partialanalyse gehen werden; jedoch kann dies nicht eindeutig vorhergesagt werden, da durch das Zusammenspiel von verschiedenen Anpassungsprozessen auch ein entgegengesetzter Effekt möglich wäre. Der große Vorteil der EAG-Analyse liegt darin, daß SE und EE quantifiziert werden können und man somit ein eindeutiges Ergebnis für den GE der Nachfrageänderung erhält.

Tabelle 7-3: Veränderung der Nachfrage nach heutigem bzw. zukünftigem Konsum bei dem Übergang von einer Einkommen- zu einer Konsumsteuer

a) Ohne Berücksichtigung von Anpassungsprozessen (Partialanalyse)

	SE	EE (normale Güter)[7]	GE
Heutiger Konsum (H_t)	-	+	?
Zukünftiger Konsum (F_t)	+	+	+

b) Mit Berücksichtigung von Anpassungsprozessen (Totalanalyse)

	SE	EE	GE
Heutiger Konsum (H_t)	?	?	?
Zukünftiger Konsum (F_t)	?	?	?

7.1.3 First-Round-Effekte

Im Rahmen des Modells lassen sich die Partialeffekte einer Steuerreform dadurch simulieren, daß für die Periode 1 unter der alternativen Steuerpolitik eine Modellrechnung bei Konstanz der zentralen Modellvariablen (Preis des Faktors Arbeit in FRG und ROW, Preis des Faktors Kapital, Staatsvariablen in FRG und ROW) und der (Ab-Werk-)Preise der Produzentengüter durchgeführt wird. Hierdurch läßt sich der SE, der durch die Veränderung des Preisverhältnisses zwischen heutigem und zukünftigem Konsum beim Übergang zu einer S-ESt entsteht, losgelöst von feedback-Effekten betrachten. Die aus dieser partialanalytischen Vorgehensweise resultierenden Effekte werden im folgenden als First-Round-Effekte (FRE) bezeichnet. Da eine Anpassung der Preise der zentralen Modellvariablen sowie der Produzentengüterpreise nicht zugelassen wird, stellt sich kein neues allgemeines Gleichgewicht ein. Dies bedeutet insbesondere, daß die Güter- und Faktormärkte sowie das Staatsbudget bei dieser Betrachtung nicht ausgeglichen sind.

In Tabelle 7-4 ist die prozentuale Veränderung des Nettozinssatzes je Einkommensklasse bei Betrachtung der FRE ausgewiesen. Durch den Übergang zu einer S-ESt kommt es zu der Gleichheit von Brutto- und Nettozinssatz für alle Haushalte (siehe Gleichung (7.3)). Die prozentuale Veränderung des Nettozinssatzes je Einkommensklasse hängt von dem jeweiligen Einkommensteuersatz ab. Tabelle 7-4 zeigt, daß die prozentuale Veränderung des Nettozinssatzes von 3,81% für die unterste Einkommensklasse bis zu 37,06% für die oberste Einkom-

7 Gemäß der Spezifikation des Nutzenbaums handelt es sich bei "heutigem Konsum" und "zukünftigem Konsum" um normale Güter.

mensklasse ansteigt. Weiterhin ist in dieser Tabelle die prozentuale Veränderung des Preises des zukünftigen Konsums je Einkommensklasse ausgewiesen. Da bei der Betrachtung der FRE des Übergangs zu einer S-ESt der Preis des heutigen Konsums unverändert bleibt, geben diese Werte gleichzeitig Aufschluß über die relative Verbilligung des Preises des zukünftigen Konsums gegenüber dem des heutigen Konsums. Wie Tabelle 7-4 zeigt, vermindert sich der Preis des zukünftigen Konsums um 3,67% bei der untersten und um bis zu 27,04% bei der obersten Einkommensklasse.

Durch die Abzugsfähigkeit des Teils des Einkommens, der für Sparzwecke verwendet wird, gehen c.p. die Einkommensteuerzahlungen für alle Haushalte zurück. Der Rückgang der Einkommensteuerzahlungen hängt dabei von der individuellen Sparquote und von der Höhe des Einkommensteuersatzes eines Haushalts ab. Wie in Tabelle 7-5 ausgewiesen, kommt es daher nur zu einer geringen Reduzierung der Einkommensteuerzahlungen der unteren Einkommensklassen. Mit zunehmendem Einkommen gehen die Einkommensteuerzahlungen um bis zu 61% zurück.

Tabelle 7-4: Prozentuale Veränderung des Nettozinssatzes und des Preises des zukünftigen Konsums je Einkommensklasse in FRG bei einer S-ESt (First-Round-Effekte)[8]

FRE	Δr_h	$\Delta \pi_{F,h}$
h	in %	in %
1	3,81	-3,67
2	3,81	-3,67
3	10,64	-9,62
4	10,64	-9,62
5	11,39	-10,22
6	11,83	-10,58
7	12,15	-10,83
8	12,96	-11,48
9	14,51	-12,67
10	17,49	-14,89
11	18,38	-15,53
12	19,62	-16,40
13	22,59	-18,43
14	25,79	-20,50
15	29,46	-22,76
16	37,06	-27,04

8 Der Operator Δ wird wie folgt definiert: $\Delta x_t := \frac{x_t^{AS} - x_t^{RS}}{x_t^{RS}} \cdot 100$.

Tabelle 7-5: Prozentuale Veränderung der Einkommensteuerzahlungen je Einkommensklasse in FRG bei einer S-ESt
(First-Round-Effekte)

h	1	2	3	4	5	6	7	8
ΔTY_h (in %)	-0,51	-0,73	-3,88	-4,81	-5,17	-2,92	-8,58	-10,99
h	9	10	11	12	13	14	15	16
ΔTY_h (in %)	-15,83	-15,99	-17,46	-23,75	-27,84	-36,44	-38,06	-61,22

Der Rückgang des Preises des zukünftigen Konsums im Verhältnis zum Preis des heutigen Konsums führt bei Betrachtung der Substitutionswirkungen c.p. zu einer verstärkten Verlagerung des Konsums in die Zukunft. Dieser durch die Veränderung der relativen Preise ausgelöste Effekt wird in Tabelle 7-6 dargestellt. Ohne Berücksichtigung von Rückkopplungseffekten führt der SE zu einem Anstieg der Nachfrage nach zukünftigem Konsum in Höhe von 5,28% für die unterste Einkommensklasse und steigt bis auf fast 50% für die oberste Einkommensklasse an. Die Nachfrage nach heutigem Konsum ist bei allen Haushalten erwartungsgemäß rückläufig. Der positive progressiv ansteigende EE resultiert aus der vollständigen steuerlichen Absetzbarkeit der Ersparnisse unter der S-ESt.
Durch die Steuerpolitikänderung kommt es sowohl auf dem Arbeitsmarkt in FRG als auch auf dem internationalen Kapitalmarkt zu einer Überschußnachfrage. Der Wert der (mit dem entsprechenden Preis bewerteten) Überschußnachfrage beträgt auf dem Arbeitsmarkt 21,319 Mrd. DM und auf dem Kapitalmarkt 17,809 Mrd. DM.
Die ermittelten Überschußnachfragen sind insbesondere bei der Interpretation der Veränderung des Preisverhältnisses zwischen dem Faktor Kapital und dem Faktor Arbeit in FRG von Bedeutung. Aufgrund der höheren Überschußnachfrage auf dem Arbeitsmarkt im Vergleich zum Kapitalmarkt ist zu erwarten, daß der relative Preis des Faktors Kapital sinkt.[9]
Der Staat in FRG realisiert bei dem Übergang zu einer S-ESt ein Defizit in Höhe von 50 Mrd. DM, weshalb gesamtwirtschaftlich mit einer Erhöhung der Einkommensteuersätze zu rechnen ist.

Bei der Partialanalyse bleiben weitere Preis- und Mengenänderungen sowie Anpassungen in den übrigen Sektoren der Volkswirtschaft unberücksichtigt. Insbesondere die Veränderung des maximal verfügbaren Einkommens eines Haushalts durch die Anpassung der Einkommensteuersätze findet keine Beachtung.

---

[9] Wie bereits erläutert, kommt den absoluten Preisen innerhalb des Modells keine Bedeutung zu. Im Rahmen von Simulationsläufen wird deshalb mit normierten Preisen gerechnet, wobei der Preis des Faktors Arbeit in FRG auf Eins normiert wird.

Tabelle 7-6: Prozentuale Veränderung der Nachfrage der Haushalte in FRG nach heutigem und zukünftigem Konsum bei einer S-ESt
(First-Round-Effekte)[10]

FRE	ΔH_h			ΔF_h		
h	GE	SE	EE	GE	SE	EE
	in %	in %	in %	in %	in %	in %
1	-0,13	-0,13	0,00	5,28	5,28	0,00
2	-0,01	-0,02	0,01	5,37	5,36	0,01
3	-0,05	-0,15	0,09	15,20	15,09	0,09
4	-0,08	-0,26	0,18	15,21	15,00	0,18
5	-0,13	-0,40	0,27	16,30	15,98	0,27
6	-0,08	-0,24	0,16	16,94	16,75	0,16
7	-0,19	-0,61	0,42	17,42	16,93	0,42
8	-0,26	-0,83	0,57	18,62	17,95	0,57
9	-0,41	-1,29	0,89	20,93	19,86	0,89
10	-0,47	-1,49	1,04	25,37	24,09	1,04
11	-0,50	-1,58	1,09	26,70	25,34	1,09
12	-0,66	-2,04	1,42	28,60	26,80	1,42
13	-0,82	-2,54	1,76	33,13	30,82	1,76
14	-1,11	-3,40	2,36	38,08	34,89	2,36
15	-1,29	-3,91	2,72	43,81	40,00	2,72
16	-2,24	-6,43	4,48	55,99	49,31	4,48

Will man Richtung und Intensität von SE, EE und GE unter Berücksichtigung sämtlicher (im Modell berücksichtigter) Interdependenzen bestimmen, ist eine Totalanalyse vorzunehmen. Die Totaleffekte sollen im folgenden für die hier untersuchte Steuerreform aufgezeigt werden.

7.1.4 Veränderung der zentralen Modellvariablen

Die zentralen Modellvariablen sind der Lohnsatz vor Faktorsteuern in FRG (PLF), der Mietpreis für eine Kapitaldiensteinheit vor Faktorsteuern in FRG und ROW (PK), der Lohnsatz in ROW (PLR) sowie die sogenannten Staatsvariablen in FRG und ROW (PSTF, PSTR).[11]

[10] Für die Zerlegung der prozentualen Veränderung der Nachfrage in einen Substitutions- und einen Einkommenseffekt gilt allgemein folgender Zusammenhang:

$$\frac{GE}{100} = \frac{SE}{100} + \frac{EE}{100} + \frac{SE}{100} \cdot \frac{EE}{100} \text{ bzw. } GE = SE + EE + \frac{SE \cdot EE}{100}.$$

In der Regel gilt $SE \cdot EE \approx 0$, d.h. $GE \approx SE + EE$, weshalb auf den Ausweis von $SE \cdot EE$ verzichtet wird.

[11] Der Wert der Staatsvariablen in FRG gibt im vorliegenden Fall (Finanzierung über eine multiplikative Anpassung der Einkommensteuersätze) Aufschluß über das Niveau der Einkommensteuersätze in der AS im Vergleich zu der entsprechenden Periode der RS. Der Wert der Staatsvariablen in ROW indiziert generell das Niveau der Transferzahlungen des Staates in ROW in der AS im Vergleich zu der entsprechenden Periode der RS. Die Staats-

Die Abbildung 7-2 zeigt, daß die Einkommensteuersätze in der 1. Periode um ca. 17% angehoben werden müssen (siehe PSTF), um den durch die Steuerreform ausgelösten Einnahmeausfall des Staates auszugleichen. In den folgenden Perioden können die Sätze kontinuierlich reduziert werden; in der 13. Periode erreichen sie wieder das Niveau der Ausgangssituation. Mittel- und langfristig können die Einkommensteuersätze um bis zu 30% gesenkt werden.
Der Preis für den Faktor Kapital sinkt von Beginn an gleichmäßig und liegt im (approximativ) neuen steady-state (Periode 100) um ca. 30% unter dem Preis des Faktors Arbeit in FRG.

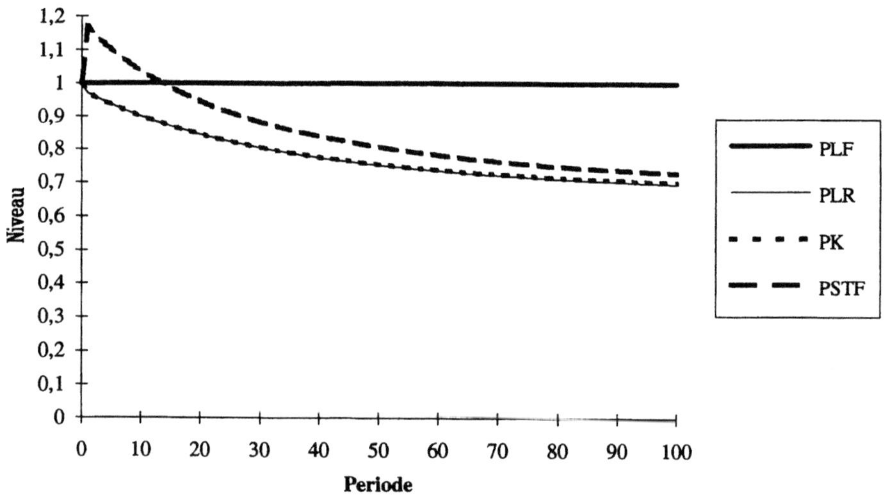

Legende:
PLF: Lohnsatz vor Faktorsteuern in FRG (Preis des Faktors Arbeit)
PLR: Lohnsatz in ROW
PK: (Welt-)Mietpreis für eine Kapitaldiensteinheit vor Faktorsteuern (Preis des Faktors Kapital)
PSTF: Staatsvariable in FRG

Abbildung 7-2: Niveaus der zentralen Modellvariablen bei einer S-ESt
(Finanzierung: Multiplikative Anpassung der Einkommensteuersätze)

---

variable von ROW ist im Rahmen dieser Untersuchung nur von nachgeordneter Bedeutung und wird deshalb nicht weiter betrachtet.

Tabelle 7-7: Niveaus der zentralen Modellvariablen bei einer S-ESt
(Finanzierung: Multiplikative Anpassung der Einkommensteuersätze)

Periode	PLF	PK	PLR	PSTF
1	1	0,9707	0,9704	1,1692
10	1	0,9007	0,9005	1,0378
20	1	0,8449	0,8444	0,9458
50	1	0,7533	0,7511	0,8061
100	1	0,6998	0,6955	0,7279

Der Rückgang des relativen Preises des Faktors Kapital war aufgrund der geringeren Überschußnachfrage bei diesem Faktor im Vergleich zum Faktor Arbeit in FRG zu erwarten. Über die absolute Preisänderung des Faktors Kapital kann im Rahmen dieses Modells keine Aussage getroffen werden. So ist es durchaus vorstellbar, daß es aufgrund der zunächst entstehenden Überschußnachfragen bei der Anpassung zu dem neuen Gleichgewicht absolut zu einem Anstieg der beiden Faktorpreise kommt.
Da die Steuerreform in FRG keine Verzerrungseffekte zwischen Arbeit und Kapital in ROW zur Folge hat, bleibt die Preisrelation zwischen dem Weltmarktpreis des Faktors Kapital und dem Preis des Faktors Arbeit in ROW unverändert. Aus diesem Grund verläuft die Entwicklung dieser Preise in Abbildung 7-2 nahezu deckungsgleich.[12]

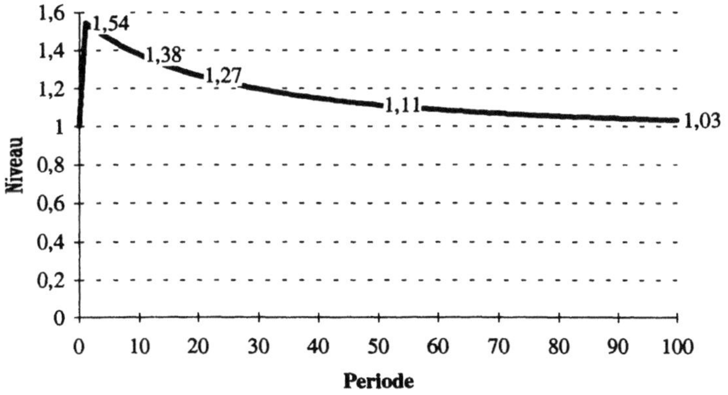

Abbildung 7-3: Niveau der Wachstumsrate des Kapitalstocks in FRG bei einer S-ESt
(Finanzierung: Multiplikative Anpassung der Einkommensteuersätze)

Einen entscheidenden Einfluß hat die Einführung einer S-ESt auf die Kapitalbildung in der inländischen Volkswirtschaft. Die Wachstumsrate des Kapitalstocks in FRG steigt in der 1. Periode auf das 1,54-fache und nähert sich im Zeit-

[12] Bei der Verteuerung des Faktors Arbeit in FRG im Vergleich zu ROW bzw. zum Preis des Faktors Kapital ist zu beachten, daß der Faktor Arbeit international immobil modelliert ist.

ablauf wieder der gleichgewichtigen Wachstumsrate an (siehe Abbildung 7-3). Die Wachstumsrate des Kapitalstocks in ROW wird durch die Steuerpolitikänderung in FRG nur geringfügig beeinflußt, so daß auf einen Ausweis verzichtet wird.

7.1.5 Wirkungen auf die Entscheidung zwischen heutigem und zukünftigem Konsum der Haushalte im Rahmen der Totalanalyse

Tabelle 7-8 zeigt die prozentuale Veränderung der Nachfrage nach heutigem und zukünftigem Konsum je Einkommensklasse bei Einführung einer S-ESt für die 1. und 20. Periode. Hier ist die Richtung und die Intensität von SE, EE und GE dokumentiert.

Betrachtet man zur Erläuterung der Effekte beispielhaft die oberste Einkommensklasse, so sieht man, daß in der 1. Periode der SE bei der Nachfrage nach heutigem Konsum wie zu erwarten negativ, darüber hinaus aber auch der EE negativ ist. Dieser zweite Effekt ist vor allem darauf zurückzuführen, daß das maximal verfügbare Einkommen der Haushalte aufgrund der Erhöhung der Einkommensteuersätze im Vergleich zur entsprechenden Periode der Referenzsequenz zurückgeht. Betrachtet man hingegen den SE bei der Nachfrage nach zukünftigem Konsum, so sieht man, daß dieser stark positiv ist und den (negativen) EE bei weitem überkompensiert.

Tabelle 7-8: Prozentuale Veränderung der Nachfrage der Haushalte in FRG nach heutigem und zukünftigem Konsum bei einer S-ESt
(Finanzierung: Multiplikative Anpassung der Einkommensteuersätze)

1. Periode	ΔH_h			ΔF_h		
h	GE	SE	EE	GE	SE	EE
	in %	in %	in %	in %	in %	in %
1	-0,54	-0,08	-0,46	2,63	3,10	-0,46
2	-0,38	-0,01	-0,37	2,77	3,15	-0,37
3	-1,47	-0,12	-1,35	11,01	12,52	-1,35
4	-1,48	-0,22	-1,26	10,96	12,38	-1,26
5	-2,19	-0,34	-1,86	11,12	13,22	-1,86
6	-2,21	-0,20	-2,01	11,63	13,92	-2,01
7	-2,48	-0,51	-1,98	11,86	14,12	-1,98
8	-3,12	-0,70	-2,43	12,22	15,01	-2,43
9	-3,63	-1,10	-2,56	13,80	16,78	-2,56
10	-4,34	-1,29	-3,09	16,98	20,71	-3,09
11	-4,99	-1,37	-3,67	17,35	21,81	-3,67
12	-5,42	-1,79	-3,70	18,69	23,24	-3,70
13	-6,35	-2,25	-4,20	21,66	26,99	-4,20
14	-7,28	-3,05	-4,37	25,21	30,92	-4,37
15	-8,33	-3,53	-4,97	29,00	35,75	-4,97
16	-12,39	-5,96	-6,84	35,24	45,17	-6,84

20. Periode	ΔH_h			ΔF_h		
h	GE	SE	EE	GE	SE	EE
	in %	in %	in %	in %	in %	in %
1	1,87	0,17	1,70	-4,93	-6,52	1,70
2	2,00	0,02	1,97	-4,68	-6,52	1,97
3	3,26	-0,02	3,28	5,78	2,42	3,28
4	3,67	-0,05	3,72	6,44	2,63	3,72
5	4,99	-0,10	5,10	9,12	3,83	5,10
6	5,08	-0,07	5,15	9,85	4,47	5,15
7	5,08	-0,18	5,27	10,32	4,80	5,27
8	5,89	-0,29	6,19	12,55	5,99	6,19
9	5,91	-0,54	6,48	14,94	7,94	6,48
10	5,94	-0,76	6,75	19,32	11,77	6,75
11	6,45	-0,84	7,35	21,27	12,97	7,35
12	6,21	-1,14	7,44	22,84	14,34	7,44
13	6,21	-1,55	7,87	27,34	18,04	7,87
14	5,81	-2,20	8,19	31,71	21,74	8,19
15	5,79	-2,68	8,70	37,33	26,33	8,70
16	5,82	-4,72	11,06	49,54	34,65	11,06

Bei Betrachtung der 20. Periode erkennt man, daß die Nachfrage nach heutigem Konsum bei allen Haushalten im Vergleich zur entsprechenden Periode der Referenzsequenz zugenommen hat. Zwar ist der SE außer für die beiden untersten Einkommensklassen nach wie vor negativ; dieser wird jedoch von dem EE überkompensiert, so daß sich ein positiver GE ergibt. Bei der Veränderung der Nachfrage nach zukünftigem Konsum erhält man ein differenziertes Bild. Für die zwei untersten Einkommensklassen ergibt sich ein negativer SE, der den positiven EE überwiegt, so daß sich eine Abnahme der Nachfrage nach zukünftigem Konsum bei diesen Klassen ergibt. Für die übrigen Einkommensklassen ist der SE hingegen positiv, aber im Vergleich zu der 1. Periode relativ kleiner. Aufgrund des positiven EE ergibt sich für diese Haushalte und hier insbesondere für die Haushalte in den oberen Einkommensklassen, die einen großen Teil des Kapitals besitzen, weiterhin ein stark positiver GE.

Veränderung der direkten Nachfrage für heutigen bzw. zukünftigen Konsum der Haushalte[13]

1. Periode

$$\underbrace{\downarrow \Delta H_h}_{GE\downarrow} = \underbrace{\Delta\left[\frac{\pi_{U,h}\downarrow}{\pi_{H,h}\downarrow}\right]^{\rho_h}}_{SE\downarrow} + \underbrace{\Delta\frac{Y_h\downarrow}{\pi_{U,h}\downarrow}}_{EE\downarrow} \qquad \underbrace{\uparrow \Delta F_h}_{GE\uparrow} = \underbrace{\Delta\left[\frac{\pi_{U,h}\downarrow}{\pi_{F,h}\downarrow}\right]^{\rho_h}}_{SE\uparrow} + \underbrace{\Delta\frac{Y_h\downarrow}{\pi_{U,h}\downarrow}}_{EE\downarrow}$$

13 Die hier aufgeführten Effekte abstrahieren von dem Nachfragerückgang nach zukünftigem Konsum der untersten beiden Haushaltsklassen in der 20. Periode.

20. Periode

$$\uparrow \underbrace{\Delta H_h}_{GE\uparrow} = \underbrace{\Delta\left[\frac{\pi_{U,h}\downarrow}{\pi_{H,h}\downarrow}\right]^{\rho_h}}_{SE\downarrow} + \underbrace{\Delta\frac{Y_h\downarrow}{\pi_{U,h}\downarrow}}_{EE\uparrow} \qquad \uparrow \underbrace{\Delta F_h}_{GE\uparrow} = \underbrace{\Delta\left[\frac{\pi_{U,h}\downarrow}{\pi_{F,h}\downarrow}\right]^{\rho_h}}_{SE\uparrow} + \underbrace{\Delta\frac{Y_h\downarrow}{\pi_{U,h}\downarrow}}_{EE\uparrow}$$

Zur Erläuterung des SE wird zunächst das Verhältnis des Preises des heutigen Konsums zu dem Preis des zukünftigen Konsums betrachtet. Wie Tabelle 7-9 zeigt, steigt der relative Preis des heutigen Konsums im Vergleich zu dem des zukünftigen Konsums in der 1. Periode von 2,25% bei der untersten bis auf 34,03% bei der obersten Einkommensklasse an. Durch diese Änderung der relativen Preise kommt es zu einem starken SE in Richtung des zukünftigen Konsums. Dies ist darauf zurückzuführen, daß aufgrund der steuerlichen Freistellung der Ersparnisse bei Einführung einer S-ESt - wie oben gesehen - ein Primäreffekt in der Art resultiert, daß der Nettozinssatz je Haushalt - in Abhängigkeit vom jeweiligen Einkommensteuersatz - in mehr oder weniger starkem Maß ansteigt (siehe Gleichung (7.3)). Im Vergleich zu der Partialanalyse (siehe Tabelle 7-4) fällt der Anstieg des Nettozinssatzes der Haushalte geringer aus. Tabelle 7-10 zeigt, daß sich der Nettozinssatz kurzfristig (Periode 1) für die unterste Einkommensklasse um 2,25% und für die oberste Klasse um ca. 35% erhöht. Der geringere Anstieg des Nettozinssatzes ist darauf zurückzuführen, daß es im Rahmen der Simulationsrechnung zu einer Änderung - des für die Bestimmung des Nettozinssatzes wesentlichen Verhältnisses - zwischen dem Preis des Faktors Kapital und dem Preis des Spargutes je Haushalt kommt (siehe Gleichung (3.35)). Da über den gesamten Betrachtungszeitraum der Preis des Faktors Kapital im Verhältnis zum Preis des Spargutes stärker zurückgeht, kommt es insgesamt zu einem geringeren Anstieg des Nettozinssatzes als bei Betrachtung der FRE. Wie Tabelle 7-7 zeigt, sinkt der relative Preis des Faktors Kapital langfristig auf ca. 0,7. Dadurch schwächt sich die prozentuale Erhöhung des Nettozinssatzes je Haushalt im Zeitablauf ab, und im neuen steady-state ist der Nettozinssatz für die Einkommensklassen 1 bis 10 sogar gestiegen. Über diesen Zusammenhang erklärt sich auch, daß das Preisverhältnis von heutigem zu zukünftigem Konsum in der Periode 100 bei diesen Klassen prozentual gesunken ist.

Tabelle 7-9: Prozentuale Veränderung des Preisverhältnisses zwischen heutigem und zukünftigem Konsum je Einkommensklasse bei einer S-ESt
(Finanzierung: Multiplikative Anpassung der Einkommensteuersätze)

	$\Delta\frac{\pi_{H,h}}{\pi_{F,h}}$				
h	1. Periode	10. Periode	20. Periode	50. Periode	100. Periode
	in %	in %	in %	in %	in %
1	2,25	-1,58	-4,78	-10,36	-13,81
2	2,25	-1,54	-4,71	-10,25	-13,68
3	8,86	5,00	1,74	-3,99	-7,55
4	8,81	5,07	1,89	-3,71	-7,20
5	9,45	5,85	2,77	-2,70	-6,13
6	9,87	6,28	3,21	-2,26	-5,70
7	10,17	6,58	3,49	-1,99	-5,44
8	10,88	7,40	4,38	-1,02	-4,43
9	12,30	8,87	5,88	0,48	-2,94
10	15,09	11,67	8,66	3,19	-0,29
11	15,88	12,52	9,53	4,08	0,61
12	17,08	13,66	10,63	5,10	1,58
13	19,85	16,44	13,38	7,77	4,18
14	22,93	19,41	16,24	10,44	6,73
15	26,41	22,84	19,61	13,66	9,84
16	34,03	29,92	26,27	19,66	15,47

Tabelle 7-10: Prozentuale Veränderung des Nettozinssatzes der Haushalte in FRG bei einer S-ESt
(Finanzierung: Multiplikative Anpassung der Einkommensteuersätze)

	Δr_h				
h	1. Periode	10. Periode	20. Periode	50. Periode	100. Periode
	in %	in %	in %	in %	in %
1	2,25	-1,64	-4,88	-10,53	-14,02
2	2,25	-1,64	-4,88	-10,53	-14,02
3	8,97	4,83	1,37	-4,64	-8,36
4	8,97	4,83	1,37	-4,64	-8,36
5	9,71	5,54	2,06	-4,00	-7,75
6	10,14	5,96	2,46	-3,62	-7,38
7	10,46	6,26	2,76	-3,35	-7,12
8	11,26	7,03	3,50	-2,64	-6,44
9	12,79	8,50	4,92	-1,31	-5,16
10	15,72	11,33	7,65	1,26	-2,69
11	16,60	12,17	8,47	2,03	-1,95
12	17,82	13,34	9,61	3,10	-0,92
13	20,75	16,16	12,33	5,66	1,54
14	23,89	19,19	15,25	8,41	4,18
15	27,51	22,67	18,62	11,58	7,23
16	34,99	29,86	25,58	18,12	13,52

Abbildung 7-4 stellt die Niveaus der Nachfrage nach heutigem bzw. zukünftigem Konsum sowie des maximal verfügbaren Einkommens für den Haushaltssektor in FRG im Zeitablauf dar. Es zeigt sich, daß die Nachfrage nach zukünftigem Konsum durch den Übergang zu einer S-ESt in der 1. Periode bereits auf das 1,2-fache des ursprünglichen Niveaus ansteigt und sich langfristig auf einem Niveau von 1,3 stabilisiert. Die Nachfrage nach heutigem Konsum sinkt zunächst auf ein Niveau von 0,95, steigt dann aber kontinuierlich an und erreicht in der 9. Periode wieder das ursprüngliche Niveau. Im neuen steady-state ist die Nachfrage nach heutigem Konsum um 19% höher als im ursprünglichen steady-state.
Da das maximal verfügbare Einkommen eine Wertgröße darstellt, wurde hier die Vorgehensweise gewählt, zunächst einen Laspeyres-Preisindex für den intertemporalen Konsum der Haushalte zu berechnen. Im nächsten Schritt wird das nominale maximal verfügbare Einkommen des Haushaltssektors unter Verwendung dieses Preisindexes in eine reale Größe überführt. Das auf diese Weise ermittelte reale maximal verfügbare Einkommen des Haushaltssektors ist in Abbildung 7-4 über den Betrachtungszeitraum abgetragen. Erwartungsgemäß verläuft die Entwicklung des realen maximal verfügbaren Einkommens zwischen der Entwicklung des heutigen und des zukünftigen Konsums. Entsprechend dem Niveau des heutigen Konsums kommt es in der 1. Periode zu einem Rückgang des maximal verfügbaren Einkommens. Aufgrund des SE in Richtung zukünftigen Konsum fällt dieser Rückgang jedoch geringer aus. In der 6. Periode erreicht das maximal verfügbare Einkommen bereits wieder das Ausgangsniveau und steigt im Zeitablauf kontinuierlich bis auf das 1,2-fache an.

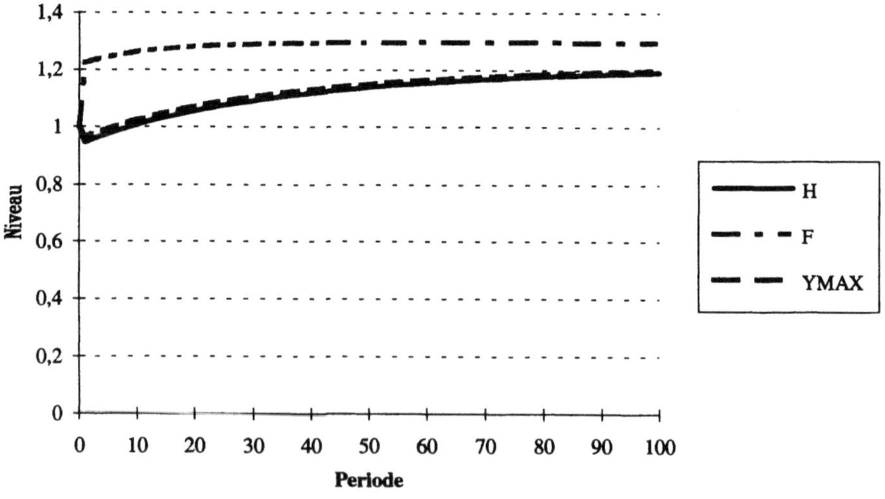

Abbildung 7-4: Niveaus der Nachfrage nach heutigem Konsum, zukünftigem Konsum und des maximal verfügbaren Einkommens des Haushaltssektors in FRG bei einer S-ESt
(Finanzierung: Multiplikative Anpassung der Einkommensteuersätze)

Tabelle 7-11: Niveaus der Nachfrage nach heutigem Konsum, zukünftigem Konsum und des maximal verfügbaren Einkommens des Haushaltssektors in FRG bei einer S-ESt
(Finanzierung: Multiplikative Anpassung der Einkommensteuersätze)

Periode	H	F	YMAX
1	0,94616	1,22406	0,96443
10	1,00799	1,26314	1,02491
20	1,05643	1,28205	1,07160
50	1,13920	1,29635	1,15021
100	1,19108	1,29654	1,19884

7.1.6 Wirkungen auf die Ersparnisbildung der Haushalte

Zur Beurteilung der Wirkungen der Einführung einer S-ESt auf die Ersparnisbildung der Haushalte soll die Sparquote je Haushalt betrachtet werden. Die Sparquote bestimmt sich als der Quotient aus den Ersparnissen und dem verfügbaren Einkommen eines Haushalts in einer bestimmten Periode. In Tabelle 7-12 sind die Sparquoten je Einkommensklasse in der Referenzsequenz und nach Einführung einer S-ESt ausgewiesen. Eine graphische Darstellung der Sparquoten je Haushalt für die Ausgangssituation sowie die Perioden 1 und 100 nach Einführung einer S-ESt erfolgt in Abbildung 7-5. Hier erkennt man, daß die Sparquoten mit zunehmendem Einkommen ansteigen; allein die Einkommensklasse 6 weist mit 1,83% eine geringere Sparquote als die beiden vor ihr liegenden Klassen auf. Auffällig ist die hohe Sparquote von über 18% bei der obersten Einkommensklasse.

Die beobachtete starke Erhöhung der Nachfrage nach zukünftigem Konsum aller Haushalte in der 1. Periode bei Einführung einer S-ESt schlägt sich auch in einer starken Erhöhung der Sparquoten in dieser Periode nieder. Abbildung 7-5 macht deutlich, daß insbesondere ab der 6. Einkommensklasse die Differenz zwischen der Sparquote bei Übergang zu einer Konsumsteuer im Vergleich zu einer unveränderten Steuerpolitik immer größer wird. Bei der obersten Einkommensklasse kommt es in der 1. Periode zu einer mehr als Verdoppelung der Sparquote von 18,45% auf 39,32%, da zum einen bei dieser Klasse der Nettozinssatz um ca. 35% ansteigt und zum anderen der hohe Grenzsteuersatz dazu führt, daß sich die Abzugsfähigkeit der Ersparnisse in starkem Maße auf die Einkommensteuerschuld auswirkt.

Die Sparquote des Haushaltssektors steigt bei Einführung einer S-ESt in der 1. Periode von 9,33% in der Referenzsequenz[14] auf 15,25% an. Dies bedeutet eine

[14] Der Unterschied zwischen der Sparquote des Haushaltssektors im Modell in Höhe von 9,33% und der Sparquote gemäß der VGR des Statistischen Bundesamtes in Höhe von 14,3% für das Basisjahr 1988 ergibt sich aus den Erfassungsunterschieden zwischen der EVS und der VGR. Siehe dazu auch Kapitel 4.3. Zur Bestimmung der Sparquote des Haushaltssektors gemäß der VGR siehe Statistisches Bundesamt (1991), S. 623.

Zunahme der Sparquote des Haushaltssektors von 63,45%. Entsprechend dem Verlauf der Spargutnachfrage reduziert sich die Sparquote bis zur 100. Periode auf 11,07%. Somit kommt es langfristig durch den Übergang zu einer S-ESt zu einer um ca. 19% höheren Sparquote als bei Beibehaltung der Steuerpolitik der Ausgangssituation.

Tabelle 7-12: Sparquoten der Haushalte in FRG bei einer S-ESt
(Finanzierung: Multiplikative Anpassung der Einkommensteuersätze)

h	RS	1. Periode	10. Periode	20. Periode	50. Periode	100. Periode
	in %	in %	in %	in %	in %	in %
1	0,00	0,07	-0,04	-0,14	-0,33	-0,46
2	0,33	0,36	0,35	0,34	0,33	0,32
3	1,17	1,45	1,38	1,32	1,25	1,20
4	2,11	2,63	2,49	2,40	2,26	2,18
5	3,12	3,94	3,73	3,58	3,36	3,24
6	1,83	2,33	2,20	2,11	1,98	1,90
7	4,44	5,69	5,37	5,15	4,82	4,64
8	5,81	7,58	7,13	6,82	6,36	6,11
9	8,15	10,97	10,26	9,78	9,07	8,69
10	8,08	11,56	10,68	10,10	9,28	8,84
11	8,24	12,00	11,04	10,42	9,54	9,07
12	10,04	14,99	13,72	12,91	11,77	11,17
13	11,09	17,60	15,91	14,85	13,40	12,66
14	13,23	22,38	19,96	18,47	16,49	15,49
15	13,68	24,95	21,87	20,04	17,65	16,48
16	18,45	39,32	33,13	29,70	25,46	23,47
1-16	9,33	15,25	13,80	12,91	11,69	11,07

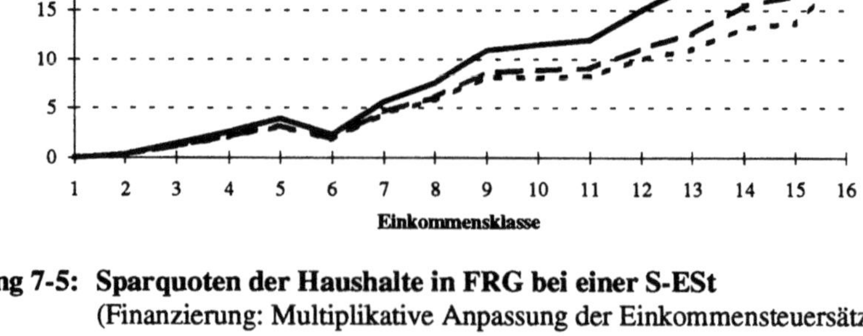

Abbildung 7-5: Sparquoten der Haushalte in FRG bei einer S-ESt
(Finanzierung: Multiplikative Anpassung der Einkommensteuersätze)

7.1.7 Wirkungen auf die Konsum-/Freizeitentscheidung der Haushalte

Bei Betrachtung des verwendeten Wohlfahrtsmaßes, der EV, sieht man, daß die Veränderung der Nachfrage nach heutigem Konsum die zentrale Bestimmungsgröße für die individuelle Wohlfahrt der Haushalte darstellt. Entsprechend der Nutzenbaumstruktur determiniert die Nachfrage nach heutigem Konsum die Freizeit- sowie die Konsumgüternachfrage der Haushalte. Die Auswirkungen der Steuerpolitikänderung auf diese beiden Komponenten sollen im folgenden näher betrachtet werden.

Dazu wird der GE der Veränderung der Nachfrage nach Freizeit bzw. Konsumgütern in einen SE und einen Mengeneffekt (ME) zerlegt. Der Ausweis der Ergebnisse erfolgt exemplarisch für die Perioden 1 und 20 in Tabelle 7-13. Betrachtet man die Wirkung der Einführung einer S-ESt auf die Konsum-/Freizeitentscheidung der Haushalte, so kann man in der 1. Periode für die Mehrzahl der Einkommensklassen eine Ausweitung der Freizeitnachfrage feststellen. Eine essentielle Rolle spielt dabei der Preis der Freizeit - der Nettolohnsatz -, der wie folgt definiert ist: $q_{0,h} := (1 - \tau_{Y,h}) p_L$.

Tabelle 7-13: Prozentuale Veränderung der Nachfrage nach Freizeit und Konsumgütern der Haushalte in FRG bei einer S-ESt
(Finanzierung: Multiplikative Anpassung der Einkommensteuersätze)

1. Periode	$\Delta x_{0,h}$			ΔC_h		
h	GE	SE	ME	GE	SE	ME
	in %	in %	in %	in %	in %	in %
1	-0,54	0,00	-0,54	-0,54	0,00	-0,54
2	-0,39	-0,01	-0,38	-0,38	0,00	-0,38
3	1,45	2,96	-1,47	-1,56	-0,10	-1,47
4	1,67	3,19	-1,48	-1,63	-0,15	-1,48
5	1,61	3,88	-2,19	-2,44	-0,26	-2,19
6	1,87	4,17	-2,21	-2,49	-0,29	-2,21
7	1,73	4,31	-2,48	-2,77	-0,30	-2,48
8	1,74	5,01	-3,12	-3,52	-0,41	-3,12
9	2,17	6,01	-3,63	-4,13	-0,53	-3,63
10	3,13	7,81	-4,34	-4,98	-0,67	-4,34
11	3,09	8,51	-4,99	-5,71	-0,76	-4,99
12	3,17	9,08	-5,42	-6,14	-0,75	-5,42
13	3,87	10,91	-6,35	-7,16	-0,87	-6,35
14	4,34	12,53	-7,28	-8,08	-0,87	-7,28
15	5,22	14,77	-8,33	-9,18	-0,93	-8,33
16	3,50	18,14	-12,39	-12,98	-0,67	-12,39

20. Periode	$\Delta x_{0,h}$			ΔC_h		
h	GE	SE	ME	GE	SE	ME
	in %	in %	in %	in %	in %	in %
1	-5,97	-7,69	1,87	1,96	0,09	1,87
2	-6,25	-8,08	2,00	2,15	0,15	2,00
3	-6,53	-9,48	3,26	3,60	0,34	3,26
4	-6,81	-10,11	3,67	4,21	0,52	3,67
5	-6,50	-10,95	4,99	5,82	0,80	4,99
6	-6,65	-11,16	5,08	5,95	0,83	5,08
7	-6,45	-10,97	5,08	5,94	0,81	5,08
8	-6,32	-11,52	5,89	6,97	1,03	5,89
9	-6,51	-11,73	5,91	7,09	1,11	5,91
10	-6,89	-12,12	5,94	7,14	1,13	5,94
11	-6,73	-12,38	6,45	7,74	1,21	6,45
12	-6,72	-12,18	6,21	7,40	1,12	6,21
13	-6,96	-12,40	6,21	7,38	1,10	6,21
14	-7,14	-12,24	5,81	6,82	0,95	5,81
15	-7,43	-12,49	5,79	6,74	0,90	5,79
16	-6,84	-11,96	5,82	6,37	0,52	5,82

Da der Preis des Faktors Arbeit in FRG auf Eins normiert ist, ist eine Änderung des Nettolohnsatzes definitionsgemäß stets durch eine Änderung des Einkommensteuersatzes des betrachteten Haushalts bedingt. Bei der hier gewählten Finanzierungsvariante kommt es - wie die Betrachtung der Veränderung der zentralen Modellvariablen gezeigt hat - bis zur 13. Periode zu einer Erhöhung der Einkommensteuersätze.

In der 1. Periode müssen alle Einkommensteuersätze zunächst um ca. 17% angehoben werden, um den Ausfall an Steuereinnahmen auszugleichen (siehe PSTF in Tabelle 7-7). Dadurch steigt beispielsweise der Grenzsteuersatz der obersten Einkommensklasse von ca. 52% auf 61%. Die zunächst notwendige Erhöhung der Einkommensteuersätze führt zu einer Verstärkung der bereits in dem bestehenden Einkommensteuersystem existierenden Verzerrung der Freizeit-/Konsumentscheidung der Haushalte.[15] Die Satzanhebungen haben für alle Einkommensklassen zur Folge, daß der Nettolohnsatz sinkt und zwar in stärkerem Maß als der Preis für den heutigen Konsum. Somit kommt es zu einem positiven SE, der größer als der ihm entgegengesetzte ME ist, so daß die Haushalte ihr Arbeitsangebot reduzieren und mehr Freizeit nachfragen.
Bei der Veränderung der Nachfrage nach Konsumgütern kommt es zu einem negativen SE, wodurch es - wegen des ebenfalls negativen ME - zu einem Rückgang der privaten Nachfrage nach Konsumgütern kommt. Im Zeitablauf können - wie Tabelle 7-14 zeigt - die Einkommensteuersätze wieder reduziert werden.

[15] Vgl. C.L. Ballard/D. Fullerton/J.B. Shoven/J. Whalley (1985), S. 152

Dadurch kommt es zu einem Anstieg des Nettolohnsatzes und somit des relativen Preises der Freizeit. Folglich erhöhen die Haushalte in der 20. Periode und den darauffolgenden Perioden ihre Konsumgüternachfrage wieder und reduzieren die Freizeitnachfrage.

Veränderung der direkten Nachfrage für Freizeit bzw. Konsumgüter der Haushalte

1. Periode

$$\underbrace{\uparrow \Delta x_{0,h}}_{GE\uparrow} = \underbrace{\Delta\left[\frac{\pi_{H,h}\downarrow}{q_{0,h}\downarrow}\right]^{\sigma_h}}_{SE\uparrow} + \underbrace{\Delta H_h\downarrow}_{ME\downarrow} \qquad \underbrace{\downarrow \Delta C_h}_{GE\downarrow} = \underbrace{\Delta\left[\frac{\pi_{H,h}\downarrow}{\pi_{C,h}\downarrow}\right]^{\sigma_h}}_{SE\downarrow} + \underbrace{\Delta H_h\downarrow}_{ME\downarrow}$$

20. Periode

$$\underbrace{\downarrow \Delta x_{0,h}}_{GE\downarrow} = \underbrace{\Delta\left[\frac{\pi_{H,h}\downarrow}{q_{0,h}\uparrow}\right]^{\sigma_h}}_{SE\downarrow} + \underbrace{\Delta H_h\uparrow}_{ME\uparrow} \qquad \underbrace{\uparrow \Delta C_h}_{GE\uparrow} = \underbrace{\Delta\left[\frac{\pi_{H,h}\downarrow}{\pi_{C,h}\downarrow}\right]^{\sigma_h}}_{SE\uparrow} + \underbrace{\Delta H_h\uparrow}_{ME\uparrow}$$

Die Tabelle 7-14 verdeutlicht weiterhin die Wirkungsweise einer multiplikativen Anpassung der Einkommensteuersätze. Die Erhöhung aller Einkommensteuersätze um 17% in der 1. Periode bedeutet für die unterste Einkommensklasse lediglich eine geringe Erhöhung des Satzes von 9% auf 10,52% (1,52 Prozentpunkte), für die oberste Einkommensklasse hingegen eine starke Erhöhung von 51,75% auf 60,50% (8,75 Prozentpunkte). Wie Abbildung 7-6 verdeutlicht, erreichen die Steuersätze in der 13. Periode wieder das Niveau der Referenzsequenz und können danach kontinuierlich weiter gesenkt werden. Entsprechend führt der Rückgang der Einkommensteuersätze im Zeitablauf zu einer stärkeren Satzreduzierung bei den oberen Einkommensklassen. Langfristig reduziert sich der Einkommensteuersatz für die unterste Einkommensklasse von 9% auf 6,55% (2,45 Prozentpunkte) und für die oberste Einkommensklasse von 51,75% auf 37,67% (14,08 Prozentpunkte).

Aufgrund der starken Ersparnisbildung gehen die Einkommensteuerzahlungen der Einkommensklassen 14-16 trotz gestiegener Einkommensteuersätze in der 1. Periode zurück, während die Steuerzahlungen der Einkommensklassen 1-13 um mehr als 10% ansteigen (siehe Tabelle 7-15). Bis zur 20. Periode vermindern sich die Einkommensteuerzahlungen bei allen Haushalten. Im neuen steady-state steigt der Rückgang der Steuerzahlungen von 29% bei der ersten Einkommensklasse bis auf 85% bei der obersten Einkommensklasse an.

Tabelle 7-14: Einkommensteuersätze der Haushalte in FRG bei einer S-ESt
(Finanzierung: Multiplikative Anpassung der Einkommensteuersätze)

	$\tau_{Y,h}^{RS}$	$\tau_{Y,h}^{AS}$				
h		1. Periode	10. Periode	20. Periode	50. Periode	100. Periode
	in %	in %	in %	in %	in %	in %
1	9,00	10,52	9,34	8,51	7,26	6,55
2	9,00	10,52	9,34	8,51	7,26	6,55
3	22,00	25,72	22,83	20,81	17,73	16,01
4	22,00	25,72	22,83	20,81	17,73	16,01
5	23,23	27,15	24,10	21,97	18,72	16,91
6	23,94	27,99	24,85	22,64	19,30	17,43
7	24,45	28,58	25,37	23,12	19,71	17,80
8	25,72	30,07	26,69	24,32	20,73	18,72
9	28,03	32,78	29,10	26,52	22,60	20,41
10	32,16	37,60	33,38	30,42	25,93	23,41
11	33,32	38,95	34,58	31,51	26,86	24,25
12	34,87	40,77	36,19	32,98	28,11	25,39
13	38,37	44,86	39,82	36,29	30,93	27,93
14	41,80	48,87	43,38	39,53	33,70	30,43
15	45,38	53,05	47,09	42,92	36,58	33,03
16	51,75	60,50	53,71	48,94	41,72	37,67

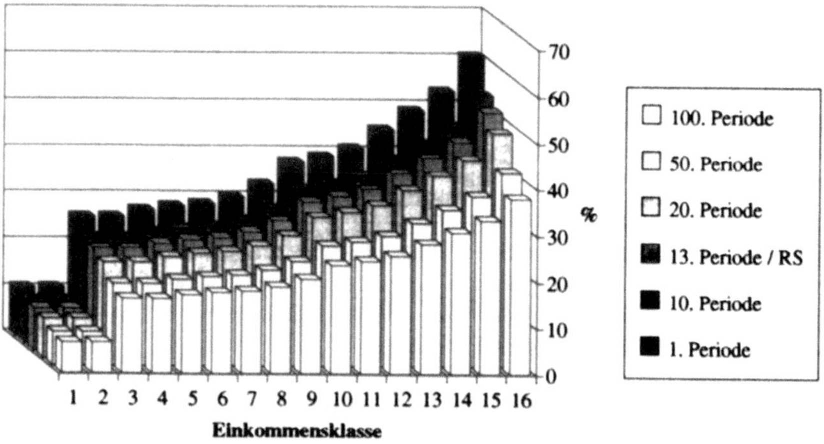

Abbildung 7-6: Einkommensteuersätze der Haushalte in FRG bei einer S-ESt
(Finanzierung: Multiplikative Anpassung der Einkommensteuersätze)

Tabelle 7-15: Prozentuale Veränderung der Einkommensteuerzahlungen der Haushalte in FRG bei einer S-ESt
(Finanzierung: Multiplikative Anpassung der Einkommensteuersätze)

	ΔTY_h				
h	1. Periode	10. Periode	20. Periode	50. Periode	100. Periode
	in %	in %	in %	in %	in %
1	16,85	4,05	-5,36	-20,19	-28,71
2	15,84	3,01	-6,34	-20,94	-29,27
3	28,29	8,70	-5,30	-26,91	-39,14
4	18,45	3,57	-7,11	-23,72	-33,19
5	18,11	3,13	-7,60	-24,25	-33,75
6	20,55	5,26	-5,67	-22,58	-32,19
7	18,45	2,11	-9,60	-27,75	-38,11
8	19,82	1,86	-10,95	-30,74	-41,99
9	14,25	-2,72	-14,90	-33,86	-44,72
10	12,73	-3,34	-15,02	-33,36	-43,93
11	16,44	-2,12	-15,51	-36,41	-48,39
12	11,03	-7,28	-20,63	-41,68	-53,82
13	6,40	-11,04	-24,01	-44,71	-56,77
14	-5,01	-19,93	-31,56	-50,73	-62,12
15	-9,51	-22,57	-33,24	-51,30	-62,19
16	-32,99	-43,76	-54,10	-72,85	-84,52

7.1.8 Wirkungen auf den Kapital-/Arbeitseinsatz und Outputeffekte im primären Unternehmenssektor

Bei der Untersuchung der Wirkungen einer S-ESt auf den Haushaltssektor wurde festgestellt, daß die Nachfrage nach Konsumgütern in den ersten Perioden zunächst rückläufig ist. Gleichzeitig kommt es allerdings aufgrund der zunehmenden Verlagerung des Konsums in die Zukunft zu einem starken Anstieg der Nachfrage der Haushalte nach dem Spargut. Da unter den Bedingungen der vollkommenen Konkurrenz produziert wird, führt der erste Effekt dazu, daß das Angebot der Unternehmen zurückgeht. Der zweite Effekt bringt hingegen eine Outputsteigerung für diejenigen primären Unternehmen mit sich, deren Output mit einem großen Anteil in die Produktion des Sparguts eingeht. Bei Betrachtung der Z-Matrix für FRG sieht man, daß dies insbesondere die Produktionsbereiche "Herstellung von Stahl- und Maschinenbauerzeugnissen" (PB 5) mit einem Anteil von 21%, "Herstellung von elektrotechnischen und feinmechanischen Erzeugnissen" (PB 6) mit 12% und insbesondere der Produktionsbereich "Bauleistungen" (PB 9) mit 41% sind. Dadurch erklärt sich der in Tabelle 7-16 ausgewiesene stark positive Outputeffekt (OE) in der 1. Periode des PB Bauleistungen mit ca. 11% sowie der etwas schwächere Anstieg um ca. 2% der übrigen PB, die einen größeren Anteil zur Produktion des Sparguts beitragen. Für die übrigen PB ergibt sich aufgrund der gesunkenen Konsumgüternachfrage der Haushalte ein Rückgang der Produktion. Da im Zeitablauf die Nachfrage nach heutigem Konsum und nach Konsumgütern wieder steigt, nimmt die Produktion in Periode 20 bei allen PB - im Vergleich zu der entsprechenden Situation ohne Steuerpolitikänderung - zu.

Tabelle 7-16: Prozentuale Veränderung der Nachfrage der primären Unternehmen in FRG nach den Faktoren Arbeit und Kapital bei einer S-ESt
(Finanzierung: Multiplikative Anpassung der Einkommensteuersätze)

1. Periode	ΔK_j	$\Delta f_{K,j}$	ΔQP_j	ΔL_j	$\Delta f_{L,j}$	ΔQP_j
j	GE	SE	OE	GE	SE	OE
	in %	in %	in %	in %	in %	in %
1	-2,56	1,23	-3,74	-4,50	-0,78	-3,74
2	-0,32	1,32	-1,62	-3,10	-1,51	-1,62
3	1,71	1,88	-0,17	-0,94	-0,77	-0,17
4	4,24	1,69	2,51	1,98	-0,52	2,51
5	4,16	2,07	2,05	1,63	-0,41	2,05
6	4,43	1,69	2,69	2,16	-0,52	2,69
7	0,56	2,08	-1,48	-2,11	-0,64	-1,48
8	-2,96	1,38	-4,29	-5,00	-0,74	-4,29
9	13,82	2,09	11,49	10,64	-0,76	11,49
10	0,20	1,91	-1,68	-2,60	-0,93	-1,68
11	-0,78	1,03	-1,79	-3,55	-1,79	-1,79
12	1,33	2,67	-1,31	-1,50	-0,19	-1,31
1-12	0,63			-0,59		

20. Periode	ΔK_j	$\Delta f_{K,j}$	ΔQP_j	ΔL_j	$\Delta f_{L,j}$	ΔQP_j
j	GE	SE	OE	GE	SE	OE
	in %	in %	in %	in %	in %	in %
1	13,77	7,24	6,09	1,52	-4,30	6,09
2	14,58	7,70	6,39	-2,37	-8,23	6,39
3	17,75	11,17	5,92	1,44	-4,23	5,92
4	17,83	9,99	7,13	4,07	-2,86	7,13
5	20,31	12,33	7,10	4,69	-2,25	7,10
6	18,98	9,98	8,19	5,08	-2,87	8,19
7	19,64	12,35	6,49	2,70	-3,55	6,49
8	14,65	8,14	6,02	1,69	-4,08	6,02
9	32,41	12,43	17,77	12,82	-4,20	17,77
10	19,00	11,30	6,92	1,40	-5,16	6,92
11	13,85	5,97	7,43	-2,99	-9,70	7,43
12	20,11	16,11	3,44	2,34	-1,07	3,44
1-12	16,51			2,30		

Wie die Betrachtung der Ergebnisse der Partialanalyse ergeben hat, kommt es bei dem Übergang zu einer S-ESt c.p. zu einer größeren Überschußnachfrage nach dem Faktor Arbeit als nach dem Faktor Kapital. Dadurch kommt es c.p zu einer Senkung des relativen Preises des Faktors Kapital. Dies löst bei den primären

Unternehmen den Effekt aus, den relativ teurer gewordenen Faktor Arbeit durch den Faktor Kapital zu substituieren. So erhöht sich über den gesamten Betrachtungszeitraum der Einsatz des Faktors Kapital im Verhältnis zum Faktor Arbeit. Die Intensität der Faktorsubstitution hängt dabei in ganz entscheidendem Maße davon ab, inwieweit die technischen Produktionsprozesse eine Substitution zulassen. Diese technische Substitutionsmöglichkeit kommt in der Substitutionselastizität zwischen Arbeit und Kapital je PB zum Ausdruck. Die Tabelle 7-17 zeigt die prozentuale Veränderung der Kapitalintensität im primärem Unternehmenssektor. Die PB 2 und 9-12 mit der höchsten Substitutionselastizität (σ_j = 0,95) weisen auch entsprechend die höchste Veränderung der Kapitalintensität aus.

Tabelle 7-17: Prozentuale Veränderung der Kapitalintensität im primären Unternehmenssektor in FRG bei einer S-ESt
(Finanzierung: Multiplikative Anpassung der Einkommensteuersätze)

	$\frac{K_j}{L_j}$	σ_j	$\Delta\frac{K_j}{L_j}$				
j	RS		1. Periode	10. Periode	20. Periode	50. Periode	100. Periode
			in %	in %	in %	in %	in %
1	0,60	0,6759	2,03	7,32	12,06	21,10	27,28
2	1,63	0,9500	2,87	10,44	17,36	30,88	40,37
3	0,56	0,8852	2,67	9,70	16,08	28,50	37,16
4	0,41	0,7373	2,22	8,02	13,23	23,23	30,10
5	0,27	0,8253	2,49	9,01	14,92	26,34	34,25
6	0,41	0,7373	2,22	8,02	13,23	23,23	30,10
7	0,40	0,9060	2,73	9,94	16,49	29,26	38,18
8	0,67	0,7117	2,14	7,73	12,74	22,34	28,92
9	0,44	0,9500	2,87	10,44	17,36	30,88	40,37
10	0,60	0,9500	2,87	10,44	17,36	30,88	40,37
11	2,15	0,9500	2,87	10,44	17,36	30,88	40,37
12	0,11	0,9500	2,87	10,44	17,36	30,88	40,37
1-12	0,81		1,23	7,91	13,89	25,39	33,32

Der Preis des Faktors Kapital ist im Vergleich zum Preis des Faktors Arbeit in FRG in der 1. Periode um ca. 3% und in der 20. Periode um ca. 16% gesunken. Wie man anhand der Abbildung 7-2 gesehen hat, verstärkt sich die Änderung dieses Preisverhältnisses im Zeitablauf noch. Daher erhöht sich auch der SE in Richtung Kapital und die Kapitalintensität über die Zeit. Im neuen steady-state ist die Kapitalintensität im primären Unternehmenssektor um 33% gegenüber der Situation ohne Steuerpolitikänderung gestiegen.
Aufgrund des Rückgangs der Faktorpreise sinken die Grenzkosten der primären Unternehmen. Dies hat zur Folge, daß die über die "Preis gleich Grenzkosten"-

Bedingungen[16] bestimmten Produzentengüterpreise ebenfalls zurückgehen. Tabelle 7-18 zeigt, daß aufgrund des im Zeitablauf sinkenden Preises des Faktors Kapital sich der Rückgang der Produzentengüterpreise in FRG im Zeitablauf noch verstärkt. Da in ROW neben dem Preis des Faktors Kapital auch der Preis des Faktors Arbeit im Vergleich zu dem Preis des Faktors Arbeit in FRG sinkt, fällt die prozentuale Veränderung der Produzentengüterpreise in ROW höher als in FRG aus.

Tabelle 7-18: Prozentuale Veränderung der Ab-Werk-Preise der Produzentengüter bei einer S-ESt
(Finanzierung: Multiplikative Anpassung der Einkommensteuersätze)

	Δp_j				
j	1. Periode	10. Periode	20. Periode	50. Periode	100. Periode
	in %	in %	in %	in %	in %
1	-1,42	-4,84	-7,64	-12,38	-15,24
2	-1,66	-5,70	-9,01	-14,62	-18,01
3	-1,52	-5,18	-8,16	-13,21	-16,26
4	-1,42	-4,85	-7,64	-12,36	-15,21
5	-1,20	-4,11	-6,48	-10,50	-12,94
6	-1,21	-4,15	-6,56	-10,63	-13,10
7	-1,38	-4,73	-7,45	-12,08	-14,88
8	-1,56	-5,31	-8,37	-13,53	-16,63
9	-1,21	-4,14	-6,55	-10,67	-13,18
10	-1,21	-4,17	-6,61	-10,81	-13,38
11	-1,81	-6,18	-9,76	-15,80	-19,45
12	-0,83	-2,86	-4,52	-7,34	-9,05
13	-2,93	-9,89	-15,46	-24,65	-30,06
14	-2,91	-9,82	-15,36	-24,51	-29,92
15	-2,91	-9,80	-15,32	-24,46	-29,87
16	-2,92	-9,86	-15,41	-24,60	-30,04
17	-2,93	-9,88	-15,45	-24,66	-30,13
18	-2,93	-9,87	-15,43	-24,64	-30,09
19	-2,92	-9,85	-15,40	-24,59	-30,03
20	-2,92	-9,85	-15,39	-24,56	-29,97
21	-2,93	-9,88	-15,45	-24,66	-30,12
22	-2,94	-9,91	-15,48	-24,72	-30,18
23	-2,94	-9,90	-15,48	-24,70	-30,16
24	-2,95	-9,92	-15,51	-24,78	-30,29

Durch den Rückgang der Preise der vom primären Unternehmenssektor hergestellten Produzentengüter kommt es auch im sekundären Unternehmenssektor zu einer Reduzierung der Produktionskosten. Die Bestimmung der Konsumgüterpreise erfolgt hier ebenfalls über die "Preis gleich Grenzkosten"-Bedingungen[17],

---

16 Siehe Gleichung (3.7).

17 Siehe Gleichung (3.11).

so daß - wie Tabelle 7-19 zeigt - die Konsumgüterpreise zurückgehen. Da zur Erstellung der Konsumgüter sowohl in- als auch ausländische Produzentengüter verwendet werden, liegt der Preisrückgang bei den Konsumgütern in Abhängigkeit von dem jeweiligen Einsatzverhältnis zwischen dem der Produzentengüterpreise im In- und Ausland.

Tabelle 7-19: Prozentuale Veränderung der Anschaffungspreise der Konsumgüter in FRG bei einer S-ESt
(Finanzierung: Multiplikative Anpassung der Einkommensteuersätze)

	Δq_i				
i	1. Periode	10. Periode	20. Periode	50. Periode	100. Periode
	in %	in %	in %	in %	in %
1	-1,69	-5,76	-9,06	-14,63	-17,98
2	-1,67	-5,68	-8,94	-14,44	-17,75
3	-1,81	-6,19	-9,76	-15,81	-19,45
4	-1,68	-5,76	-9,08	-14,72	-18,13
5	-1,64	-5,59	-8,80	-14,22	-17,48
6	-1,60	-5,48	-8,63	-13,97	-17,19
7	-1,47	-5,01	-7,90	-12,79	-15,75
8	-1,66	-5,65	-8,91	-14,41	-17,72
9	-1,74	-5,95	-9,38	-15,19	-18,70
10	-1,40	-4,78	-7,53	-12,19	-15,01

7.1.9 Außenhandelseffekte

Um eine Informationsgrundlage für die Beurteilung der Außenhandelseffekte des Übergangs zu einer S-ESt zu haben, werden in Anlehnung an Allen/Ely[18] drei terms of trade-Indizes berechnet.
Grundsätzlich erfolgt der Ausweis des Wertes der Exporte bzw. der Importe für ein Land zu laufenden Preisen. Bei einer Betrachtung dieser Wertgrößen über einen längeren Zeitraum stellt sich daher das Problem der Aufteilung, d.h. inwieweit die gesamte Veränderung dieser Größen durch eine Veränderung der Preise bzw. durch eine Mengenänderung bedingt ist. Dieser Problematik wird dadurch begegnet, daß zum einen ein Mengen- und zum anderen ein Preisindex bestimmt wird.
Zur Ermittlung der Mengenänderungen werden die gross (barter) terms of trade (GBTOT) berechnet. Sie sind als das Verhältnis des Laspeyres-Mengenindexes der Importe zum Laspeyres-Mengenindex der Exporte definiert. Ein Anstieg der GBTOT zeigt somit an, daß für ein gegebenes Exportvolumen mehr Importe gekauft werden können. Man spricht dann auch davon, daß ein Land in der Lage ist, Handelsgewinne zu realisieren. Ob die Verbesserung der GBTOT z.B. durch einen Rückgang der Importpreise bedingt ist, kann mit Hilfe eines Preisindexes beantwortet werden. Die zu diesem Zweck verwendeten net (barter) terms of

---

[18] Vgl. R.G.D. Allen/J.E. Ely (1953), S. 207 ff.

trade (NBTOT) sind definiert als das Verhältnis des Paasche-Preisindexes der Exporte zu dem Paasche-Preisindex der Importe. Ein Anstieg der NBTOT signalisiert, daß Importgüter im Verhältnis zu Exportgütern billiger geworden sind. Man spricht davon, daß die NBTOT sich in eine günstige Richtung bewegen.[19] Ein Anstieg der NBTOT ist wünschenswert in dem Sinne, daß für ein gegebenes Volumen an Exporten mehr importiert werden kann. Dabei ist jedoch zu beachten, daß es im Zusammenhang mit einem Anstieg der NBTOT sowohl zu einer Ausweitung als auch zu einer Reduzierung des Exportvolumens kommen kann. Während der erste Effekt im Zusammenhang mit einem Anstieg der NBTOT ebenfalls positiv zu bewerten ist, kann durch einen Rückgang des Exportvolumens der zunächst positive Effekt wieder zunichte gemacht werden.
Zur Beurteilung des Gesamteffektes der Veränderung der Außenhandelsposition eines Landes wird von daher ein Index verwendet, der sowohl die Mengen- als auch die Preisänderungen einbezieht. Die income terms of trade (INCTOT) sind definiert als das Produkt aus dem Mengenindex der Exporte und den NBTOT. Sie geben an, welche Menge an Importen sich ein Land durch die Einnahmen aus dem Export leisten kann. Ein Anstieg der INCTOT zeigt wiederum eine Verbesserung der Außenhandelsposition eines Landes an.

In Abbildung 7-7 sind die Niveaus der drei TOT-Indizes für FRG im Zeitablauf abgetragen. Der Anstieg der NBTOT zeigt, daß die Importgüter im Vergleich zu den Exportgütern billiger geworden sind, so daß in FRG für eine DM mehr Importe gekauft werden können.

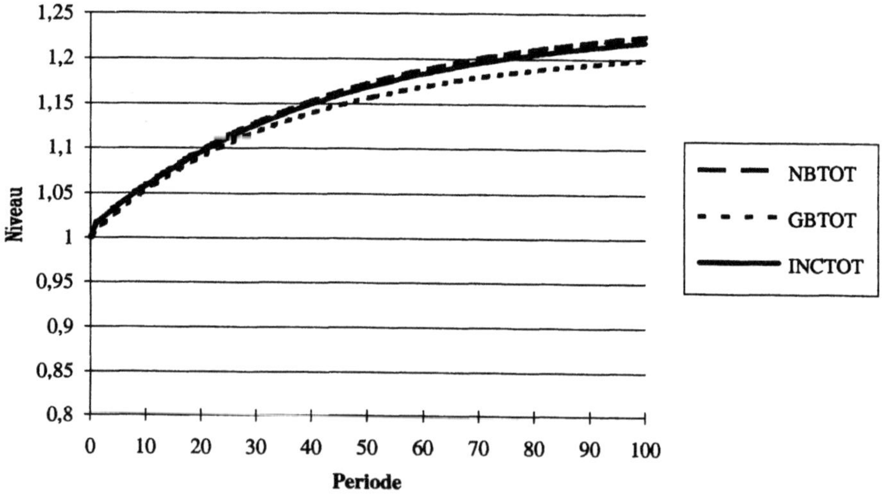

Abbildung 7-7: Niveaus der TOT-Indizes bei einer S-ESt

19 Vgl. R.G.D. Allen/J.E. Ely (1953), S. 208.

Tabelle 7-20: TOT-Indizes bei einer S-ESt

Periode	NBTOT	GBTOT	INCTOT
1	101,64	100,72	101,60
10	105,90	105,27	105,80
20	109,75	109,00	109,58
50	117,23	115,60	116,84
100	122,49	119,91	121,86

Der Anstieg der GBTOT zeigt, daß das Export- im Vergleich zum Importvolumen in FRG zurückgegangen ist. Dies ist auf die im Vergleich zu den ausländischen Produzentengütern gestiegenen Preise der inländischen Produzentengüter zurückzuführen. Der Verlauf der INCTOT indiziert, daß nach Einführung einer S-ESt mehr Importe für ein gegebenes Exportvolumen gekauft werden können, so daß sich insgesamt die Außenhandelsposition von FRG verbessert hat.
Die Entwicklung der TOT schlägt sich bei Betrachtung der Zahlungsbilanz für FRG in einem im Zeitablauf ansteigenden Handelsbilanzdefizit nieder, mit dem ein entsprechender Anstieg der Kapitalimporte einhergeht. Somit kommt es in Folge des Übergangs zu einer S-ESt zu einer verstärkten Kapitalanziehung aus dem Ausland.

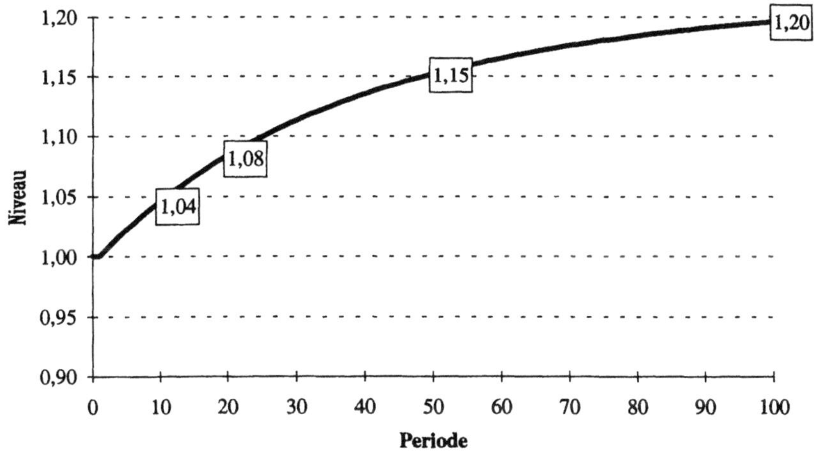

Abbildung 7-8: Niveau des realen BIP in FRG bei einer S-ESt

Zusätzlich zu den Außenhandelseffekten soll die Entwicklung des realen Bruttoinlandprodukts (BIP) bei Einführung einer S-ESt betrachtet werden. Abbildung 7-8 zeigt, daß das mittels eines Laspeyres-Sozialproduktspreisindex in realen Größen ausgedrückte BIP kurzfristig um 4% und langfristig um 20% höher ausfällt, als bei Beibehaltung der ursprünglichen Steuerpolitik. Somit kommt man bei Verwendung des BIP als Indikator für die gesamtwirtschaftlichen Effekte des Übergangs zu einer S-ESt eindeutig zu einer positiven Beurteilung.

Es bleibt festzuhalten, daß der Übergang zu einer Konsumbesteuerung in Form einer sparbereinigten Einkommensteuer die Haushalte zu einer wesentlich höheren Vermögensbildung veranlaßt als bei Beibehaltung der gegenwärtigen Einkommensteuer. Werden die anfänglichen Steuerausfälle in Höhe von 50 Mrd. DM über eine Anpassung der Einkommensteuersätze finanziert, so müssen die Haushalte zunächst Wohlfahrtseinbußen hinnehmen, die durch spätere Wohlfahrtsgewinne nach etwa 20 Perioden wieder ausgeglichen sind. Mittel- und langfristig steigen die individuellen Wohlfahrtsgewinne weiter an. Zieht man zur Beurteilung des Übergangs zu einer S-ESt den dynamischen Wohlfahrtsgewinn des Haushaltssektors in FRG heran, so kommt es im Zeitablauf zu einer Wohlfahrtssteigerung in Höhe von 1,3 Bill. DM oder anders ausgedrückt, zu einer Erhöhung des Gegenwartswertes des Konsumstroms des Haushaltssektors um 3,89% gegenüber der Referenzsituation. Die Wachstumsrate des Kapitalstocks in FRG erhöht sich hierbei um bis zu 54%. Neben der vermehrten Ersparnisbildung der inländischen Haushalte kommt es zu einem starken Zustrom ausländischen Kapitals, der sich in der Zahlungsbilanz von FRG in großen Kapitalimporten niederschlägt.
Die Untersuchung der Außenhandelseffekte erbrachte eine eindeutige Verbesserung der Außenhandelsposition für FRG gegenüber dem Ausland, so daß ein Teil der Wohlfahrtssteigerungen der Haushalte auf diese Komponente entfallen dürften. Bezüglich der Sozialproduktsentwicklung konnte langfristig eine Steigerung von bis zu 20% ermittelt werden.

7.2 Finanzierung über additive Anpassung der Einkommensteuersätze

In diesem Abschnitt sollen die individuellen Wohlfahrtseffekte der Einführung einer S-ESt bei additiver Anpassung der Einkommensteuersätze der Haushalte insbesondere im Vergleich zu den Effekten bei multiplikativer Anpassung betrachtet werden.
Die Entscheidung für eine der beiden Finanzierungsformen steht in engem Zusammenhang mit den Vorstellungen von einem "gerechten" Steuertarif. Das Postulat der "vertikalen Gerechtigkeit" besagt, daß Wirtschaftssubjekte mit einer höheren wirtschaftlichen Leistungsfähigkeit eine höhere Belastung tragen sollten als Wirtschaftssubjekte mit einer geringeren Leistungsfähigkeit. Das Problem einer gerechten Lastverteilung zwischen den Wirtschaftssubjekten stellt grundsätzlich mehr ein gesellschaftspolitisches als ein ökonomisches Problem dar. Ein Ausdruck für eine von der Gesellschaft als gerecht angesehene Lastverteilung kommt in der Struktur des Einkommensteuertarifs zum Ausdruck. Daß die Auffassungen darüber, was vertikale Gerechtigkeit beinhaltet, innerhalb einer Gesellschaft zeitlichen Änderungen unterliegt, zeigt u.a. die Vielzahl der Tarifreformen in der Bundesrepublik Deutschland. Der Vergleich der Steuersysteme verschiedener Staaten verdeutlicht, daß auch zwischen verschiedenen Gesellschaften eine Interpretationsvielfalt des weitgehend anerkannten Postulats der "vertikalen Gerechtigkeit" existiert. Die Aufgabe der Ökonomen in diesem Zusammenhang ist es, der Gesellschaft alternative Szenarien der Lastverteilung aufzuzeigen. Die Entscheidung für eine additive oder multiplikative Anpassung der Einkommensteuersätze zur Finanzierung einer Steuerreform ist letztlich nichts anderes als die Entscheidung zwischen zwei Steuertarifen und somit zwischen zwei möglichen Belastungsverteilungen.
A priori ist jedoch nicht eindeutig zu bestimmen, ob eine additive oder eine multiplikative Anpassung der Steuersätze die Bezieher niedriger oder hoher Einkommen prozentual mehr belastet. Kommt es infolge der Politikänderung zu einer Erhöhung der Einkommensteuersätze, so führt eine multiplikative Anpassung zu einer Verstärkung der Progression, während eine additive Anpassung den Tarif gleichmäßig anhebt. Können die Einkommensteuersätze allerdings gesenkt werden, so führt die multiplikative Verknüpfung zu einer überproportionalen Entlastung der höheren Einkommensbezieher. Wie die Simulationsergebnisse im vorangehenden Abschnitt gezeigt haben, müssen die Steuersätze bei dem Übergang zu einer S-ESt zunächst erhöht und können im Zeitablauf wieder gesenkt werden. Folglich kann nur ein Vergleich der individuellen Wohlfahrtseffekte zeigen, welche Art der Anpassung insgesamt zu einer stärker progressiven Belastungsverteilung führt.

In Tabelle 7-21 sind die periodischen Wohlfahrtseffekte für die Haushalte in FRG bei Einführung einer S-ESt und additiver Anpassung der Einkommensteuersätze ausgewiesen.

Tabelle 7-21: Periodische Wohlfahrtseffekte einer S-ESt
(Finanzierung: Additive Anpassung der Einkommensteuersätze)

	1. Periode			10. Periode		
h	EV_h	EV_h je HH	EV_h	EV_h	EV_h je HH	EV_h
	in Mrd. DM	in DM	in %	in Mrd. DM	in DM	in %
1	-0,360	-251,23	-1,49	0,151	105,46	0,55
2	-0,446	-297,63	-1,40	0,242	161,82	0,67
3	-0,681	-597,15	-2,32	0,306	268,37	0,91
4	-1,007	-772,49	-2,42	0,524	402,18	1,10
5	-1,286	-1155,77	-3,36	0,634	570,07	1,44
6	-2,222	-1282,38	-3,32	1,147	662,03	1,49
7	-4,489	-1731,81	-3,57	1,999	771,14	1,38
8	-4,746	-2399,50	-4,24	1,975	998,40	1,54
9	-5,964	-3086,98	-4,48	2,120	1097,28	1,39
10	-6,269	-3740,52	-4,67	1,879	1121,38	1,22
11	-6,541	-4626,00	-5,18	1,815	1283,36	1,25
12	-11,768	-5522,48	-5,38	2,494	1170,27	0,99
13	-8,865	-6991,29	-5,77	1,264	996,71	0,72
14	-6,525	-9126,10	-6,18	0,274	383,27	0,23
15	-9,154	-11315,17	-6,61	-0,145	-179,81	-0,09
16	-15,070	-25200,61	-9,09	-2,735	-4572,87	-1,44
	EVHS		EVHS	EVHS		EVHS
	in Mrd. DM		in %	in Mrd. DM		in %
1-16	-85,394		-5,19	13,945		0,74

	20. Periode			50. Periode		
h	EV_h	EV_h je HH	EV_h	EV_h	EV_h je HH	EV_h
	in Mrd. DM	in DM	in %	in Mrd. DM	in DM	in %
1	0,706	492,84	2,19	2,578	1798,88	5,05
2	0,994	663,57	2,34	3,544	2365,72	5,27
3	1,387	1215,49	3,54	5,059	4433,56	8,15
4	2,215	1699,73	3,97	8,010	6147,34	9,08
5	2,750	2471,01	5,36	9,983	8969,85	12,30
6	4,863	2806,25	5,43	17,583	10145,89	12,40
7	9,129	3522,03	5,42	33,450	12905,28	12,56
8	9,348	4725,98	6,24	34,455	17418,90	14,52
9	10,984	5685,28	6,17	41,143	21295,45	14,59
10	10,806	6447,69	6,02	41,150	24552,69	14,48
11	10,940	7736,68	6,47	41,867	29609,22	15,65
12	18,021	8456,54	6,16	70,470	33069,05	15,22
13	12,258	9667,54	5,97	49,279	38863,80	15,16
14	7,615	10650,46	5,39	32,184	45012,60	14,39
15	9,547	11801,20	5,16	41,861	51744,04	14,29
16	10,298	17220,40	4,65	52,853	88383,15	15,06
	EVHS		EVHS	EVHS		EVHS
	in Mrd. DM		in %	in Mrd. DM		in %
1-16	121,862		5,54	485,470		13,93

	100. Periode		
h	EV_h	EV_h je HH	EV_h
	in Mrd. DM	in DM	in %
1	7,295	5090,64	6,65
2	9,984	6664,61	6,91
3	14,844	13009,71	11,12
4	23,519	18049,75	12,40
5	29,315	26338,67	16,80
6	51,602	29776,22	16,93
7	98,362	37948,35	17,17
8	101,397	51262,44	19,88
9	121,480	62877,92	20,04
10	121,908	72737,41	19,95
11	124,062	87738,26	21,58
12	209,546	98332,41	21,05
13	147,221	116105,25	21,06
14	96,904	135530,31	20,16
15	126,747	156671,00	20,12
16	163,109	272756,97	21,62
	EVHS		EVHS
	in Mrd. DM		in %
1-16	1447,295		19,32

Hinweis: Ausgewiesen wird der Wert der Wohlfahrtseffekte in der jeweiligen Periode.

Die Betrachtung der periodischen EV für die Periode 1 zeigt, daß sich die prozentuale Belastung der untersten Einkommensklasse bei additiver im Vergleich zu multiplikativer Anpassung (vgl. Tabelle 7-1) von 0,54% auf 1,49% erhöht. Hingegen reduziert sich der Wohlfahrtsverlust der obersten Einkommensklasse von 12,39% auf 9,09%. Die ersten elf Einkommensklassen erleiden in der 1. Periode bei additiver Anpassung stärkere Wohlfahrtseinbußen als bei multiplikativer Anpassung der Einkommensteuersätze. Ein Vergleich der in der 1. Periode geltenden Einkommensteuersätze zeigt, daß für die ersten zehn Einkommensklassen die jeweiligen Steuersätze bei additiver Anpassung über dem Niveau bei einer multiplikativen Anpassung liegen (siehe Tabelle 7-24).

Die Angleichung der Einkommensteuersätze an ihr ursprüngliches Niveau erfolgt bei additiver Anpassung ebenfalls in der Periode 13. Ab dieser Periode können die Einkommensteuersätze im Zeitablauf im Vergleich zu der Referenzsequenz immer weiter reduziert werden. Dies führt dazu, daß die "Verlierer" der ersten Perioden in den Folgeperioden stärkere Wohlfahrtsgewinne erhalten als dies bei multiplikativer Anpassung der Fall war. In der 20. Periode realisieren die ersten elf Einkommensklassen bei der in diesem Abschnitt untersuchten Finanzierungsvariante höhere Wohlfahrtsgewinne. Betrachtet man schließlich die Periode 100, so zeigt sich, daß nur die obersten vier Einkommensklassen geringere Wohlfahrtsgewinne bei additiver im Vergleich zur multiplikativen Anpassung der Einkommensteuersätze realisieren. Auffällig ist, daß bei multiplikativer Anpassung der Einkommensteuersätze die prozentualen Wohlfahrtseffekte mit steigendem Einkommen fast durchgehend aufgrund der Verstärkung der Satzunterschiede bei dieser Form der Anpassung zunehmen, während bei additiver Anpassung diesbezüglich von einer uneinheitlichen Struktur gesprochen werden kann.

Der Vergleich der in Tabelle 7-22 ausgewiesenen kumulierten Wohlfahrtseffekte für den Haushaltssektor bei den beiden Anpassungsvarianten der Einkommensteuersätze ergibt kurz- und mittelfristig geringere Wohlfahrtsverluste bei additiver Anpassung (vgl. Tabelle 7-2). Die Differenz der GWEVHS in Prozent verringert sich bis zur Periode 20 auf 0,01% und schlägt im weiteren Verlauf um, so daß die aus der Steuerreform resultierenden Wohlfahrtsgewinne langfristig bei multiplikativer Anpassung über denen bei additiver Anpassung liegen. Zieht man zur Gesamtbeurteilung der Steuerreform die prozentuale Veränderung der Summe des Gegenwartswerts der periodischen EVs für die Perioden 0 bis ∞ heran, so fallen die Wohlfahrtsgewinne für die ersten beiden Einkommensklassen nahzu gleich aus. Für die folgenden acht Klassen erweist sich eine additive und für die obersten vier Einkommensklassen eine multiplikative Anpassung als wünschenswert.

Tabelle 7-22: Kumulierte Wohlfahrtseffekte einer S-ESt
(Finanzierung: Additive Anpassung der Einkommensteuersätze)

	Perioden 0-1			**Perioden 0-10**		
h	$GWEV_h$	$GWEV_h$ je HH	$GWEV_h$	$GWEV_h$	$GWEV_h$ je HH	$GWEV_h$
	in Mrd. DM	in DM	in %	in Mrd. DM	in DM	in %
1	-0,334	-233,05	-0,73	-0,927	-647,24	-0,47
2	-0,414	-276,10	-0,68	-0,988	-659,25	-0,38
3	-0,635	-536,44	-1,13	-1,710	-1499,10	-0,70
4	-0,938	-719,82	-1,17	-2,318	-1778,79	-0,67
5	-1,199	-1077,46	-1,63	-3,067	-2755,69	-0,96
6	-2,072	-1195,82	-1,61	-5,146	-2969,71	-0,92
7	-4,187	-1615,21	-1,74	-11,358	-4381,85	-1,08
8	-4,429	-2239,04	-2,06	-12,434	-6286,38	-1,32
9	-5,570	-2883,16	-2,18	-16,763	-8676,36	-1,49
10	-5,865	-3499,41	-2,28	-18,763	-11195,40	-1,65
11	-6,122	-4329,90	-2,52	-20,041	-14172,95	-1,86
12	-11,022	-5172,44	-2,62	-38,517	-18074,54	-2,06
13	-8,316	-6558,22	-2,82	-31,074	-24506,19	-2,35
14	-6,131	-8574,27	-3,02	-25,073	-35066,78	-2,74
15	-8,615	-10649,25	-3,23	-37,084	-45838,72	-3,07
16	-14,229	-23795,13	-4,45	-69,952	-116976,41	-4,77
	GWEVHS		GWEV	GWEVHS		GWEVHS
	in Mrd. DM		in %	in Mrd. DM		in %
1-16	-80,079		-2,53	-295,215		-2,10

	Perioden 0-20			Perioden 0-50		
h	$GWEV_h$	$GWEV_h$ je HH	$GWEV_h$	$GWEV_h$	$GWEV_h$ je HH	$GWEV_h$
	in Mrd. DM	in DM	in %	in Mrd. DM	in DM	in %
1	0,421	293,58	0,14	3,777	2635,61	0,97
2	0,958	639,30	0,25	5,608	3743,77	1,09
3	1,147	1005,62	0,31	8,784	7698,51	1,74
4	2,303	1767,76	0,44	14,421	11067,24	2,01
5	2,686	2413,43	0,56	18,005	16176,59	2,71
6	5,114	2951,04	0,60	32,372	18679,65	2,78
7	7,695	2968,75	0,48	59,658	23016,39	2,72
8	7,103	3591,00	0,50	61,403	31042,83	3,12
9	6,170	3193,78	0,36	72,644	37600,56	3,06
10	4,037	2408,82	0,23	73,995	44149,92	3,02
11	3,066	2168,62	0,19	75,316	53264,33	3,24
12	-0,953	-447,09	-0,03	122,585	57524,71	3,02
13	-5,691	-4487,90	-0,28	84,551	66680,49	2,90
14	-9,875	-13811,38	-0,70	51,398	71885,23	2,50
15	-18,443	-22796,82	-0,98	65,212	80608,45	2,35
16	-53,987	-90278,55	-2,32	59,634	99723,02	1,71
	GWEVHS		GWEV	GWEVHS		GWEVHS
	in Mrd. DM		in %	in Mrd. DM		in %
1-16	-48,246		-0,22	809,36		2,65

	Perioden 0-100			Perioden 0-∞		
h	$GWEV_h$	$GWEV_h$ je HH	$GWEV_h$	$GWEV_h$	$GWEV_h$ je HH	$GWEV_h$
	in Mrd. DM	in DM	in %	in Mrd. DM	in DM	in %
1	4,833	3372,93	1,19	4,898	3418,22	1,20
2	7,058	4711,73	1,31	7,147	4771,02	1,33
3	11,578	10147,48	2,17	11,802	10343,62	2,20
4	18,846	14463,27	2,48	19,200	14735,39	2,52
5	23,690	21284,44	3,36	24,156	21703,63	3,42
6	42,562	24559,73	3,44	43,410	25049,02	3,50
7	79,312	30598,89	3,40	80,966	31236,85	3,46
8	82,320	41617,89	3,93	84,126	42531,03	4,00
9	99,216	51353,91	3,92	101,626	52601,65	4,00
10	103,765	61912,57	3,95	106,722	63676,52	4,04
11	106,607	75393,57	4,27	109,795	77648,51	4,37
12	177,750	83411,67	4,06	183,584	86149,30	4,17
13	127,429	100495,90	4,03	132,363	104387,60	4,16
14	82,667	115617,62	3,69	86,599	121117,03	3,83
15	111,041	137256,49	3,65	117,384	145097,95	3,82
16	132,710	221923,09	3,40	144,927	242352,06	3,66
	GWEVHS		GWEV	GWEVHS		GWEVHS
	in Mrd. DM		in %	in Mrd. DM		in %
1-16	1211,384		3,67	1258,706		3,79

Hinweis: Ausgewiesen wird der Gegenwartswert der Wohlfahrtseffekte.

Der Haushaltssektor erfährt eine Wohlfahrtssteigerung bei additiver Anpassung in Höhe von 1,259 Bill. DM (3,79%), während sich bei multiplikativer Anpassung ein Wohlfahrtsgewinn in Höhe von 1,293 Bill. DM (3,89%) einstellt.
Zur besseren Veranschaulichung ist der prozentuale dynamische Wohlfahrtseffekt je Einkommensklasse der Einführung einer S-ESt für die beiden Finanzierungsvarianten in Abbildung 7-9 graphisch dargestellt. Hier erkennt man wiederum deutlich, daß langfristig für die ersten zwölf Einkommensklassen eine additive Anpassung und für die obersten vier Einkommensklassen eine multiplikative Anpassung günstiger ist.

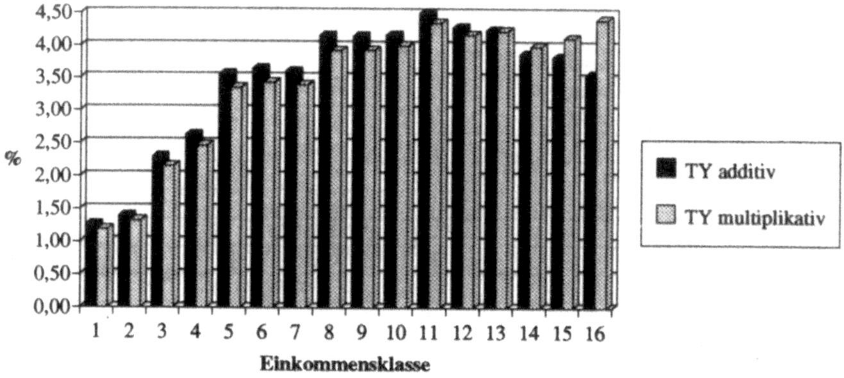

Abbildung 7-9: Dynamische Wohlfahrtseffekte der Haushalte in FRG bei einer S-ESt und additiver bzw. multiplikativer Anpassung der Einkommensteuersätze

Wie ein Blick auf die Einkommensteuersätze bei additiver Anpassung in Tabelle 7-24 zeigt, liegen für die ersten elf Einkommensklassen in der 1. Periode die Einkommensteuersätze über den entsprechenden Sätzen bei multiplikativer Anpassung (vgl. Tabelle 7-14). Daraus erklärt sich auch der oben ermittelte größere Wohlfahrtsverlust dieser Einkommensklassen in der 1. Periode. Der Vergleich der Einkommensteuersätze in der 1. Periode für die unterste und die oberste Klasse verdeutlicht die unterschiedliche Wirkung des Anpassungsverfahrens. Für die untersten beiden Einkommensklassen erhöht sich der Einkommensteuersatz von 9% in der Referenzsituation um fast 5 Prozentpunkte auf 14,85%, während sich bei multiplikativer Verknüpfung lediglich eine Erhöhung um ca. 1,5 Prozentpunkte auf 10,52% einstellt. Für die oberste Einkommensklasse ergibt sich bei multiplikativer Anpassung ein Steuersatz von knapp über 60%, der bei dieser Simulationsvariante hingegen - bei in der 1. Periode für alle Klassen gleichmäßigen Erhöhung um fast fünf Prozentpunkte - mit 57,6% doch deutlich unter der 60%-Grenze bleibt. Eine additive Anpassung der Steuersätze führt somit einerseits zu einem höheren Eingangssteuersatz, verhindert aber andererseits einen extrem hohen Spitzensteuersatz.

Tabelle 7-23 : Niveaus der zentralen Modellvariablen und der Wachstumsrate des Kapitalstocks in FRG bei einer S-ESt
(Finanzierung: Additive Anpassung der Einkommensteuersätze)

Periode	PLF	PLR	PK	PSTF	GKF
1	1	0,97046	0,97071	1,05851	1,52734
10	1	0,90143	0,90166	1,01389	1,37598
20	1	0,84532	0,84589	0,98132	1,27176
50	1	0,75066	0,75280	0,93058	1,11842
100	1	0,69344	0,69775	0,90140	1,03536

Tabelle 7-24: Einkommensteuersätze der Haushalte in FRG bei einer S-ESt
(Finanzierung: Additive Anpassung der Einkommensteuersätze)

	$\tau_{Y,h}$	$\tau_{Y,h}$				
h	RS	1. Periode	10. Periode	20. Periode	50. Periode	100. Periode
	in %	in %	in %	in %	in %	in %
1	9,00	14,85	10,39	7,13	2,06	0,00
2	9,00	14,85	10,39	7,13	2,06	0,00
3	22,00	27,85	23,39	20,13	15,06	12,14
4	22,00	27,85	23,39	20,13	15,06	12,14
5	23,23	29,08	24,62	21,36	16,28	13,37
6	23,94	29,79	25,33	22,07	17,00	14,08
7	24,45	30,30	25,84	22,58	17,51	14,59
8	25,72	31,57	27,11	23,85	18,78	15,86
9	28,04	33,89	29,42	26,17	21,09	18,17
10	32,16	38,01	33,55	30,29	25,22	22,30
11	33,32	39,17	34,70	31,45	26,37	23,45
12	34,88	40,73	36,26	33,01	27,93	25,01
13	38,37	44,22	39,76	36,50	31,43	28,51
14	41,80	47,65	43,19	39,93	34,86	31,94
15	45,38	51,23	46,77	43,51	38,44	35,52
16	51,75	57,60	53,14	49,88	44,81	41,89

Von Interesse dürfte auch die Struktur des Einkommensteuertarifs sein, die sich nach der Übergangsphase im neuen steady-state einstellt. Abbildung 7-10 stellt die Einkommensteuersätze je Einkommensklasse bei unveränderter Steuerpolitik und bei multiplikativer und additiver Anpassung der Einkommensteuersätze gegenüber. Es zeigt sich, daß nach Abschluß des Übergangsprozesses zu dem simulierten Konsumsteuersystem alle Einkommensteuersätze auf ein wesentlich niedrigeres Niveau gesenkt werden können. Die additive Anpassung der Steuersätze führt im Gegensatz zu der multiplikativen Variante dazu, daß die ursprüngliche Struktur des Tarifs beibehalten wird. Eine Abweichung ergibt sich lediglich dadurch, daß die Steuersätze für die untersten beiden Einkommensklassen auf

Null reduziert werden. Eine negative Einkommensteuer wurde bei den Simulationsrechnungen nicht berücksichtigt. Die multiplikative Anpassung bringt eine Änderung der Tarifstruktur mit sich. Bei dieser Steuerreformsimulation führt dies langfristig - aufgrund der Reduktion der Steuersätze - zu einer Abschwächung der Progression des Einkommensteuertarifs.

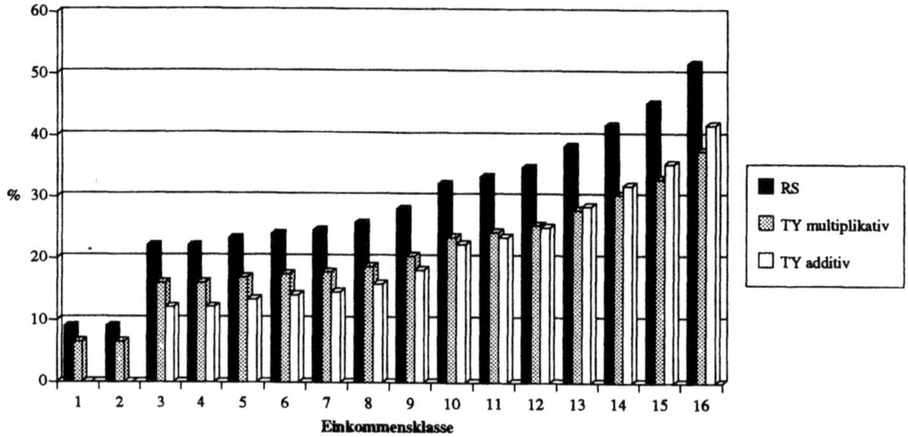

Abbildung 7-10: Einkommensteuersätze der Haushalte in FRG bei einer S-ESt und Finanzierung über additive bzw. multiplikative Anpassung der Einkommensteuersätze im neuen steady-state

Tabelle 7-25: Prozentuale Veränderung der Einkommensteuerzahlungen bei einer S-ESt
(Finanzierung: Additive Anpassung der Einkommensteuersätze)

	ΔTY_h				
h	1. Periode	10. Periode	20. Periode	50. Periode	100. Periode
	in %	in %	in %	in %	in %
1	71,47	17,43	-23,12	-87,36	-100,00
2	67,28	15,60	-23,04	-84,08	-100,00
3	46,96	13,60	-11,46	-51,33	-74,57
4	31,69	7,08	-11,53	-41,42	-59,01
5	29,45	6,18	-11,37	-39,49	-56,00
6	30,93	8,07	-9,11	-36,55	-52,63
7	29,48	5,12	-13,30	-42,86	-60,27
8	30,19	4,74	-14,44	-45,13	-63,18
9	21,03	-0,71	-17,22	-43,85	-59,62
10	14,81	-2,51	-15,76	-37,26	-50,07
11	17,68	-1,45	-15,97	-39,38	-53,26
12	10,76	-6,98	-20,58	-42,70	-55,90
13	3,19	-11,49	-22,92	-41,71	-53,03
14	-10,14	-20,94	-29,71	-44,64	-53,85
15	-15,89	-23,99	-30,85	-42,87	-50,43
16	-42,04	-46,05	-50,39	-59,05	-64,92

Somit kann festgehalten werden, daß die verschiedenen Tarifanpassungen zu einer unterschiedlichen Belastungsverteilung für die Haushalte im Zeitablauf führen. Zunächst geringere Belastungen der unteren Einkommensklassen bei additiver Anpassung gehen mit geringeren Entlastungen in späteren Perioden einher. Entsprechend führt eine multiplikative Tarifanpassung für die oberen Einkommensklassen zunächst zu höheren Wohlfahrtseinbußen, die in der Folgezeit durch höhere Wohlfahrtsgewinne kompensiert werden. Bei alleiniger Zugrundelegung des Wohlfahrtseffektes für den Haushaltssektor stellt eine multiplikative Anpassung die bessere Alternative dar. Unter Gerechtigkeitsaspekten würde langfristig wohl eine additive Anpassung eine größere Akzeptanz finden.
Neben den hier dargestellten Tarifänderungen sind allerdings noch viele Mischformen dieser Anpassungsvarianten vorstellbar. So kann zum einen innerhalb einer Periode für verschiedene Tarifbereiche eine additive bzw. eine multiplikative Anpassung der Einkommensteuersätze gewählt und zum anderen im Zeitablauf das Anpassungsverfahren variiert werden. So würde es sich z.B bei der Einführung einer S-ESt anbieten, bei den oberen Einkommensklassen eine additive Anpassung der Steuersätze vorzunehmen, um zunächst ein extrem hohes Ansteigen und im Zeitablauf ein extremes Absinken der Spitzensteuersätze zu vermeiden. Bei den unteren und mittleren Einkommensklassen wäre hingegen eine multiplikative Anpassung zu vertreten, insbesondere um zu vermeiden, daß langfristig die "Null-Zone" im Tarif einen zu großen Bereich einnimmt.

7.3 Finanzierung über Anpassung der Transferausgaben, der Mehrwertsteuersätze und der Staatsausgaben

Im diesem Abschnitt sollen die dynamischen Wohlfahrtseffekte der Einführung einer S-ESt bei Finanzierung über die Anpassung der Transferzahlungen des Staates, der Mehrwertsteuersätze und der Staatsausgaben für die Bereitstellung öffentlicher Güter dargestellt werden.

Bei dem Ausweis der Wohlfahrtseffekte der Steuerreform bei Finanzierung über die Staatsausgaben wird neben der dynamischen EV des Haushaltssektors die dynamische Äquivalente Variation des Staates (GWEVSS) sowie die dynamische soziale Äquivalente Variation (GWSEV) angegeben.
Die GWEVSS ermittelt sich als Gegenwartswert des unendlichen Stroms der periodischen Äquivalenten Variation des Staates (EVSS). Die EVSS vergleicht die Ausgaben des Staates für die Erstellung öffentlicher Güter in einer bestimmten Periode der Alternativsequenz mit den Staatsausgaben in der entsprechenden Periode der Referenzsequenz, jeweils bewertet zu Preisen der Referenzsequenz. Als Indikator für die Wohlfahrt des Staates in einer bestimmten Periode dient sein Nutzen aus der Nachfrage nach Primärfaktoren und Produzentengütern für die

Erstellung öffentlicher Güter in dieser Periode. Bei der dynamischen sozialen Äquivalenten Variation (GWSEV) handelt es sich um die ungewichtete Summe der dynamischen Äquivalenten Variationen des Haushaltssektors und des Staates.[20]

Tabelle 7-26 weist die dynamischen individuellen Wohlfahrtseffekte der Einführung einer S-ESt bei Transfer- bzw. Mehrwertsteuerfinanzierung sowie Finanzierung über die Staatsausgaben aus. Bei Betrachtung von $GWEV_h$ in Prozent stellt man bei allen Finanzierungsvarianten einen bogenförmigen Verlauf der Wohlfahrtseffekte über die Einkommensklassen fest. Bei Finanzierung über eine Anpassung der Transferzahlungen des Staates profitieren die Einkommensklassen 8 bis 11 mit ca. 4% am meisten von der Steuerreform. Wie Tabelle 7-27 zeigt, muß der Staat die Transferzahlungen in der 1. Periode um ca. 14% reduzieren. Durch die positiven gesamtwirtschaftlichen Effekte können die Transferzahlungen jedoch bis zur 100. Periode um ca. 9% im Vergleich zu der Referenzsequenz erhöht werden. Für den Haushaltssektor resultiert aus der Einführung der S-ESt bei Finanzierung über die Transfers ein Wohlfahrtsgewinn von 1.167 Mrd. DM (3,51%).
Wählt man als Variante die (multiplikative) Anpassung der Mehrwertsteuersätze, so kommt es in der 1. Periode zu mehr als einer Verdoppelung der Steuersätze zur Finanzierung des Einnahmenausfalls des Staates.

Im Zeitablauf können jedoch die Steuersätze immer weiter gesenkt werden, bis die Mehrwertsteuer in der 35. Periode sogar ganz abgeschafft werden kann. Erreichen die Mehrwertsteuersätze ein Niveau von Null, erfolgt die weitere Finanzierung der S-ESt im Rahmen der Simulationsrechnungen über eine Anpassung (genauer: Erhöhung) der Transferausgaben des Staates.[21] Bei der Betrachtung der Staatsvariable in Tabelle 7-27 ist hierbei zu beachten, daß ein im Vergleich zu der Referenzsequenz vermindertes Niveau der nominalen Transferzahlungen, aufgrund der Preisniveauentwicklung bei dieser Simulation, einem Anstieg der realen Transferzahlungen entspricht.
Das Zusammenspiel der Reduzierung der Mehrwertsteuersätze auf Null und die danach erfolgende Anhebung der realen Transferzahlungen führt dazu, daß die Einkommensklassen 1 bis 7 im Vergleich zu einer reinen Transferfinanzierung etwas geringere und die übrigen Einkommensklassen höhere Wohlfahrtsgewinne erzielen. Insgesamt realisiert der Haushaltssektor bei dieser Finanzierungsform mit 1.229 Mrd. DM (3,70%) einen etwas höheren Wohlfahrtsgewinn als bei einer reinen Transferfinanzierung.

---

20 Eine formale Darstellung der hier verwendeten Wohlfahrtsmaße erfolgt im Anhang B.

21 Wie bereits erläutert (siehe Kapitel 4.1) können Staatsüberschüsse bzw. -defizite im Rahmen des vorliegenden Modells nicht berücksichtigt werden, weshalb bei MWSt-Sätzen von Null auf ein weiteres Finanzierungsinstrument zurückgegriffen werden muß. Die staatlichen Transferzahlungen werden deshalb gewählt, da sie, wie aus der Optimalsteuertheorie bekannt, nichtverzerrend wirken und somit die "reinen" MWSt-Effekte am wenigsten verfälschen.

Tabelle 7-26: Dynamische Wohlfahrtseffekte einer S-ESt bei verschiedenen Finanzierungsarten

	TR			TC			GG		
h	$GWEV_h$	$GWEV_h$ je HH	$GWEV_h$	$GWEV_h$	$GWEV_h$ je HH	$GWEV_h$	$GWEV_h$	$GWEV_h$ je HH	$GWEV_h$
	in Mrd. DM	in DM	in %	in Mrd. DM	in DM	in %	in Mrd. DM	in DM	in %
1	6,477	4520,02	1,58	6,331	4418,02	1,55	4,817	3361,27	1,18
2	9,163	6117,07	1,70	9,047	6039,47	1,68	7,010	4679,39	1,30
3	15,288	13399,07	2,85	13,507	11837,59	2,52	10,968	9612,28	2,04
4	23,492	18029,08	3,08	21,454	16465,27	2,81	17,983	13801,10	2,36
5	26,255	23589,33	3,71	25,266	22700,88	3,57	22,519	20233,13	3,18
6	47,262	27271,84	3,81	45,314	26147,62	3,65	40,429	23329,17	3,26
7	86,494	33369,41	3,70	84,194	32482,33	3,60	74,929	28907,86	3,20
8	84,716	42828,95	4,03	85,015	42980,23	4,04	77,397	39128,90	3,68
9	101,046	52301,35	3,98	102,506	53056,88	4,04	92,358	47804,26	3,64
10	106,375	63469,38	4,03	107,267	64001,57	4,06	94,809	56568,50	3,59
11	104,002	73551,81	4,14	107,816	76248,62	4,30	96,518	68258,83	3,85
12	172,752	81066,19	3,92	180,288	84602,74	4,10	158,127	74203,05	3,59
13	121,148	95542,29	3,80	128,321	101199,82	4,03	109,918	86686,40	3,45
14	78,082	109206,24	3,45	83,455	116720,73	3,69	67,514	94425,10	2,98
15	102,260	126402,84	3,33	110,592	136702,11	3,60	85,753	105999,09	2,79
16	82,535	138019,15	2,08	119,097	199159,68	3,01	73,332	122628,80	1,85
	GWEVHS		GWEVHS	GWEVHS		GWEVHS	GWEVHS		GWEVHS
	in Mrd. DM		in %	in Mrd. DM		in %	in Mrd. DM		in %
1-16	1167,348		3,51	1229,471		3,70	1034,381		3,11
							GWEVST		GWEVST
							in Mrd. DM		in %
							177,215		2,04
							GWSEV		GWSEV
							in Mrd. DM		in %
							1211,596		2,89

Hinweis: Ausgewiesen wird der Gegenwartswert der Wohlfahrtseffekte.
Finanzierungsvarianten:
TR: Anpassung der Transferzahlungen des Staates
TC: Zunächst (multiplikative) Anpassung der Mehrwertsteuersätze; erreichen die Mehrwertsteuersätze einen Wert von Null, so erfolgt die weitere Anpassung über die Transferzahlungen
GG: Anpassung der Staatsausgaben für die Bereitstellung öffentlicher Güter

Von besonderem Interesse ist die Finanzierung der Steuerreform über die Anpassung der Staatsausgaben für die Bereitstellung öffentlicher Güter, da bei dieser Variante die privaten Haushalte nicht unmittelbar über eine Steuererhöhung bzw. eine Verminderung der Transferzahlungen belastet werden. Darüber hinaus geht die Reduzierung bzw. zusätzliche Bereitstellung von öffentlichen Gütern nicht in die Nutzenfunktionen der Haushalte in FRG ein. Die monetäre Staatsausgabenveränderung führt nur indirekt, z.B. über Produktions- und Preiseffekte, aufgrund der veränderten Güternachfrage des Staates zu Rückwirkungen auf den Haushaltssektor.

Tabelle 7-27: Niveaus der zentralen Modellvariablen und der Wachstumsrate des Kapitalstocks in FRG bei einer S-ESt
(Verschiedene Finanzierungsarten)

	Periode	PLF	PLR	PK	PSTF	GKF
TR	1	1	1,00787	1,00715	0,86071	1,44272
	10	1	0,91869	0,91859	0,90952	1,36658
	20	1	0,84329	0,84401	0,95177	1,29922
	50	1	0,70529	0,70848	1,03181	1,16786
	100	1	0,60773	0,61403	1,09078	1,06819
TC	1	1	0,96139	0,96213	2,24175	1,51904
	10	1	0,90016	0,90050	1,28129	1,37561
	20	1	0,84788	0,84831	0,65453	1,27425
	50	1	0,74868	0,75059	0,82738	1,13238
	100	1	0,66417	0,66886	0,87371	1,05538
GG	1	1	1,05700	1,05470	0,81401	1,48784
	10	1	0,92483	0,92433	0,92467	1,37365
	20	1	0,82755	0,82868	1,00856	1,28314
	50	1	0,67875	0,68335	1,14158	1,13259
	100	1	0,59557	0,60349	1,21841	1,04211

Bei einer Staatsausgabenfinanzierung weisen die prozentualen dynamischen Wohlfahrtseffekte, ähnlich wie bei den beiden anderen in diesem Abschnitt untersuchten Finanzierungsvarianten, einen bogenförmigen Verlauf auf. Sie fallen jedoch niveaumäßig niedriger aus. Bei einem Vergleich der Finanzierung über eine Anpassung der Staatsausgaben mit den übrigen Finanzierungsarten ist jedoch zu beachten, daß sowohl die kurzfristige Verringerung als auch die spätere Erhöhung des Volumens der Staatsausgaben nicht direkt in die Nutzenfunktionen der Haushalte eingeht. Bei den anderen Varianten resultierten die Wohlfahrtsgewinne der Haushalte zu einem Teil aus der mittel- und langfristigen Reduzierung der Steuersätze bzw. der Erhöhung der Transferzahlungen. Obwohl dieser Effekt bei einer Anpassung der Staatsausgaben nicht zum Tragen kommt, liegt der dynamische Wohlfahrtsgewinn des Haushaltssektors ebenfalls über 1 Bill. DM (3,11%). Die aufgrund der Einführung einer S-ESt eingetretene Veränderung der Staatsausgaben über die Zeit findet zwar nicht im Haushaltssektor, aber in der Berechnung des dynamischen Wohlfahrtsgewinns des Staates ihren Niederschlag. Bis zur 19. Periode liegen die Staatsausgaben unter dem Niveau der Ausgangssituation, können dann jedoch bis zur 100. Periode um bis zu 22% ausgeweitet werden (siehe PSTF in Tabelle 7-27). Dies hat einen dynamischen Wohlfahrtsgewinn des Staates in Höhe von 177 Mrd. DM zur Folge. Faßt man diesen mit dem dynamischen Wohlfahrtsgewinn des Haushaltssektors zusammen, so ergibt dies einen dynamischen sozialen Wohlfahrtsgewinn in Höhe von 1.212 Mrd. DM.

7.4 Simulationsergebnisse der Einführung einer S-ESt im Überblick

Zu einer Würdigung der Einführung einer S-ESt werden in diesem Abschnitt die dynamischen Wohlfahrtseffekte für die untersuchten Finanzierungsvarianten im Vergleich betrachtet. Um Rückschlüsse auf die Verteilungswirkungen des Übergangs zu einer S-ESt ziehen zu können, sind die prozentualen dynamischen Wohlfahrtseffekte der Einkommensklassen in FRG für alle untersuchten Finanzierungsvarianten graphisch dargestellt. Zunächst bleibt als Ergebnis festzuhalten, daß unabhängig von der Finanzierungsart alle Einkommensklassen in FRG durch die Steuerreform dynamische Wohlfahrtsgewinne realisieren. Für einen Großteil der Einkommensklassen (Einkommensklassen 5 bis 14) liegen die Wohlfahrtsgewinne für alle Finanzierungsarten innerhalb einer geringen Bandbreite von ca. einem Prozentpunkt. Bis zu der 11. Einkommensklasse kann bei allen Finanzierungsarten ein tendenziell progressiver Verlauf der Gewinnverteilung festgestellt werden.

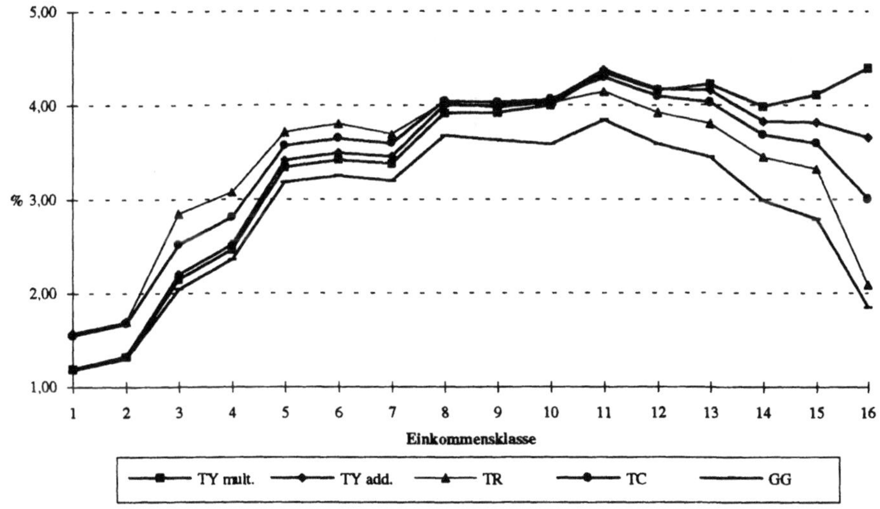

Abbildung 7-11: Prozentuale dynamische Wohlfahrtseffekte einer S-ESt je Einkommensklasse bei verschiedenen Finanzierungsarten im Überblick

Die unteren Einkommensklassen erreichen insbesondere bei einer Anpassung der Transferzahlungen und die mittleren Einkommensklassen bei Anpassung der Mehrwertsteuersätze die größten Wohlfahrtssteigerungen. Bei den Einkommensklassen 12 bis 16 führt eine Anpassung der Einkommensteuersätze und hier insbesondere die Variante mit multiplikativer Anpassung zu den höchsten Wohlfahrtsgewinnen. Die Anpassung der Transferzahlungen bzw. der Staatsausgaben erweist sich bei diesen Einkommensklassen als vergleichsweise nachteilig.

Verwendet man als alleinigen Maßstab für die Beurteilung der Finanzierungsvarianten den Gegenwartswert der dynamischen EV des Haushaltssektors in FRG, so zeigt sich, daß die Varianten mit Anpassung der Einkommensteuersätze, zu den größten Wohlfahrtseffekten führen. Dabei ist eine multiplikative Anpassung der Einkommensteuersätze mit 3,89% im Vergleich zu einer additiven Anpassung mit 3,79% günstiger.

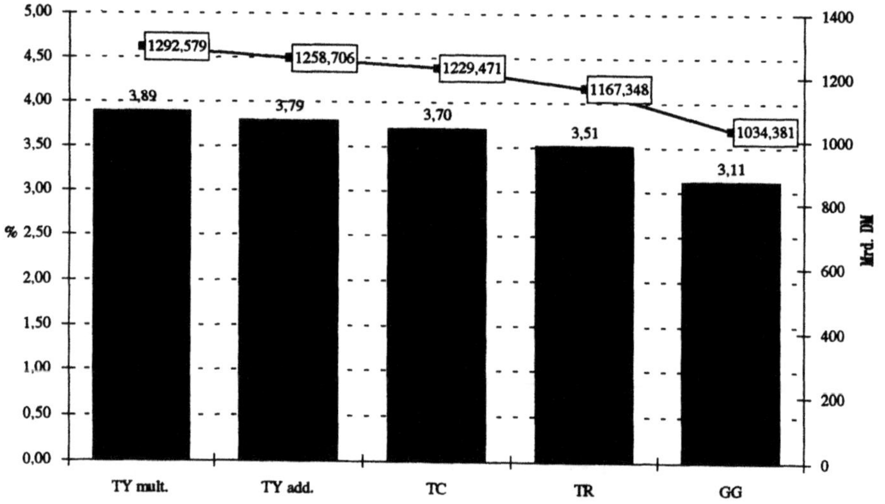

Abbildung 7-12: Dynamische Wohlfahrtseffekte einer S-ESt für den Haushaltssektor bei verschiedenen Finanzierungsarten im Überblick

Danach folgt die Anpassung der Mehrwertsteuersätze mit einem Wohlfahrtsgewinn von 3,70% und die Anpassung der Transferzahlungen mit 3,51%. Wie bereits betont wurde, muß bei der Beurteilung der Anpassung der Staatsausgaben neben dem Wohlfahrtsgewinn des Haushaltssektors in Höhe von 3,11% auch der Wohlfahrtsgewinn des Staates berücksichtigt werden, der bei allen anderen Finanzierungsvarianten aufgrund der Konstanthaltung des staatlichen Nutzenniveaus gleich Null ist. Unabhängig von der Art der Finanzierung ergaben die Simulationen des Übergangs zu einer S-ESt einen dynamischen Wohlfahrtsgewinn des Haushaltssektors in FRG von mehr als 1 Bill. DM.

7.5 EXKURS: Wirkungen bei internationaler Immobilität des Faktors Kapital

In diesem Abschnitt soll untersucht werden, inwieweit sich die Ergebnisse der Einführung einer S-ESt bei multiplikativer Anpassung der Einkommensteuersätze ändern, wenn der Faktor Kapital nicht mehr international, sondern nur noch national mobil modelliert wird. Bei den bisherigen Simulationen wurde davon ausgegangen, daß ein Weltkapitalmarkt existiert, auf dem die gesamten Kapitalausstattungen der privaten Haushalte in FRG und des repräsentativen Haushalts in ROW angeboten werden und der Kapitalnachfrage der primären Unternehmen und des Staates in FRG und ROW gegenüberstehen. Über das Zusammenspiel von Angebot und Nachfrage wurde der Weltmarktpreis für Kapital bestimmt. Im folgenden wird der Weltmarkt aufgespaltet in einen nationalen Kapitalmarkt für FRG und für ROW, auf denen jeweils nur inländisches Kapitalangebot und inländische Kapitalnachfrage zusammentreffen. Bedingt durch die Aufteilung existieren unterschiedliche Preise für den Faktor Kapital in FRG und ROW. Der Kapitalmarkt in FRG ist im Vergleich zu ROW relativ klein. Bei der Untersuchung werden die individuellen Wohlfahrtseffekte der Einführung einer S-ESt, die Entwicklung der zentralen Modellvariablen und hierbei insbesondere der Preis für den Faktor Kapital in FRG sowie die Außenhandelseffekte betrachtet.

7.5.1 Wohlfahrtseffekte

Ein Vergleich der periodischen Wohlfahrtseffekte bei nationalen Kapitalmärkten bzw. internationalem Kapitalmarkt zeigt, daß es bei internationaler Immobilität des Faktors Kapital in der 1. Periode zu größeren Wohlfahrtsverlusten und in den späteren Perioden zu geringeren Wohlfahrtsgewinnen für die Haushalte in FRG kommt. In der 1. Periode steht bei der hier betrachteten Variante ein periodischer Wohlfahrtsverlust des Haushaltssektors von 6% einem Verlust von 5,4% bei internationalem Kapitalmarkt gegenüber. In der 10. Periode ist der Wohlfahrtseffekt des Haushaltssektors in beiden Fällen positiv, jedoch mit 0,42% geringer als bei vollständiger Faktormobilität mit 0,75%. Dieser Trend ändert sich im Zeitablauf nicht, so daß auch langfristig der Gewinn des Haushaltssektors bei getrennten Kapitalmärkten um 1,23% niedriger ausfällt.
Von der Entwicklung der periodischen Wohlfahrtseffekte kann darauf geschlossen werden, daß auch die kumulierten Wohlfahrtseffekte zunächst stärker negativ und im Zeitablauf schwächer positiv ausfallen werden als bei internationalem Kapitalmarkt. Der Ausweis dieser Wohlfahrtseffekte erfolgt in Tabelle 7-29. Der Gegenwartswert des dynamischen Wohlfahrtsgewinns für den Haushaltssektor liegt um 153,7 Mrd. DM unter dem bei internationaler Mobilität des Faktors Kapital.

Tabelle 7-28: Periodische Wohlfahrtseffekte einer S-ESt bei internationaler Immobilität des Faktors Kapital
(Finanzierung: Multiplikative Anpassung der Einkommensteuersätze)

	1. Periode			10. Periode		
h	EV_h	EV_h je HH	EV_h	EV_h	EV_h je HH	EV_h
	in Mrd. DM	in DM	in %	in Mrd. DM	in DM	in %
1	-0,145	-101,29	-0,60	0,214	149,44	0,77
2	-0,149	-99,32	-0,47	0,326	217,52	0,89
3	-0,497	-435,83	-1,70	0,350	307,03	1,04
4	-0,730	-560,48	-1,75	0,583	447,14	1,22
5	-0,986	-886,09	-2,57	0,694	623,71	1,58
6	-1,751	-1010,61	-2,62	1,232	710,72	1,60
7	-3,640	-1404,23	-2,89	2,152	830,29	1,49
8	-4,047	-2046,10	-3,61	2,079	1051,12	1,62
9	-5,538	-2866,35	-4,16	2,119	1096,62	1,39
10	-6,613	-3945,97	-4,93	1,648	983,47	1,07
11	-7,117	-5033,15	-5,63	1,518	1073,23	1,05
12	-13,268	-6226,06	-6,07	1,850	868,26	0,74
13	-10,819	-8532,01	-7,05	0,550	433,47	0,31
14	-8,443	-11808,16	-7,99	-0,374	-522,75	-0,31
15	-12,592	-15565,50	-9,10	-1,262	-1559,92	-0,79
16	-22,117	-36984,62	-13,35	-4,881	-8162,28	-2,57
	EVHS		EVHS	EVHS		EVHS
	in Mrd. DM		in %	in Mrd. DM		in %
1-16	-98,453		-5,98	8,798		0,47

	20. Periode			50. Periode		
h	EV_h	EV_h je HH	EV_h	EV_h	EV_h je HH	EV_h
	in Mrd. DM	in DM	in %	in Mrd. DM	in DM	in %
1	0,591	412,46	1,83	1,847	1288,63	3,62
2	0,825	550,74	1,94	2,493	1664,49	3,71
3	1,222	1071,28	3,12	4,086	3580,90	6,58
4	1,945	1492,58	3,49	6,446	4947,19	7,31
5	2,429	2182,82	4,74	8,142	7315,37	10,03
6	4,310	2486,83	4,81	14,439	8331,53	10,18
7	8,105	3126,95	4,82	27,623	10657,10	10,37
8	8,351	4221,87	5,57	28,848	14584,28	12,16
9	9,921	5135,34	5,57	35,318	18280,44	12,53
10	10,009	5972,08	5,57	37,068	22117,12	13,04
11	10,216	7224,57	6,05	38,264	27060,65	14,31
12	17,010	7982,03	5,81	65,684	30823,21	14,18
13	11,870	9361,49	5,78	47,997	37852,74	14,76
14	7,598	10625,88	5,38	32,839	45928,38	14,69
15	9,862	12190,91	5,33	44,888	55485,32	15,32
16	11,729	19613,54	5,29	63,069	105466,33	17,98
	EVHS		EVHS	EVHS		EVHS
	in Mrd. DM		in %	in Mrd. DM		in %
1-16	115,993		5,27	459,050		13,17

	100. Periode		
	EV_h	EV_h je HH	EV_h
h	in Mrd. DM	in DM	in %
1	5,178	3613,65	4,72
2	6,935	4629,77	4,80
3	11,619	10183,37	8,70
4	18,323	14061,86	9,66
5	23,183	20829,32	13,29
6	41,106	23719,53	13,49
7	78,890	30435,91	13,77
8	82,582	41750,50	16,19
9	101,699	52639,43	16,78
10	107,528	64157,25	17,60
11	111,161	78614,45	19,33
12	191,812	90010,10	19,27
13	141,221	111372,76	20,21
14	97,611	136519,40	20,30
15	134,410	166143,43	21,34
16	192,643	322145,86	25,54
	EVHS		EVHS
	in Mrd. DM		in %
1-16	1345,902		17,97

Tabelle 7-29: Dynamische Wohlfahrtseffekte einer S-ESt bei internationaler Immobilität des Faktors Kapital
(Finanzierung: Multiplikative Anpassung der Einkommensteuersätze)

	Perioden 0-1			Perioden 0-10		
h	$GWEV_h$	$GWEV_h$ je HH	$GWEV_h$	$GWEV_h$	$GWEV_h$ je HH	$GWEV_h$
	in Mrd. DM	in DM	in %	in Mrd. DM	in DM	in %
1	-0,135	-93,97	-0,29	0,090	62,59	0,05
2	-0,138	-92,14	-0,23	0,409	272,89	0,16
3	-0,463	-406,12	-0,82	-0,820	-718,45	-0,34
4	-0,681	-522,27	-0,85	-1,001	-768,19	-0,29
5	-0,919	-826,05	-1,25	-1,631	-1465,40	-0,51
6	-1,633	-942,39	-1,27	-2,897	-1671,52	-0,52
7	-3,395	-1309,69	-1,41	-7,272	-2805,38	-0,69
8	-3,777	-1909,27	-1,76	-9,049	-4574,89	-0,96
9	-5,172	-2677,09	-2,02	-14,651	-7583,36	-1,31
10	-6,187	-3691,61	-2,40	-20,314	-12120,39	-1,78
11	-6,661	-4710,99	-2,75	-22,678	-16037,84	-2,11
12	-12,427	-5831,42	-2,96	-45,454	-21329,78	-2,43
13	-10,148	-8003,50	-3,44	-40,295	-31778,75	-3,05
14	-7,932	-11094,16	-3,90	-34,208	-47843,64	-3,74
15	-11,851	-14649,45	-4,45	-53,633	-66295,96	-4,44
16	-20,883	-34921,93	-6,53	-104,233	-174302,44	-7,10
	GWEVHS		GWEVHS	GWEVHS		GWEVHS
	in Mrd. DM		in %	in Mrd. DM		in %
1-16	-92,403		-2,92	-357,637		-2,55

	Perioden 0-20			Perioden 0-50		
h	$GWEV_h$	$GWEV_h$ je HH	$GWEV_h$	$GWEV_h$	$GWEV_h$ je HH	$GWEV_h$
	in Mrd. DM	in DM	in %	in Mrd. DM	in DM	in %
1	1,363	951,35	0,47	3,916	2732,68	1,01
2	2,230	1488,77	0,58	5,722	3819,80	1,11
3	1,848	1619,79	0,50	8,234	7216,20	1,63
4	3,285	2521,32	0,63	13,386	10273,00	1,87
5	3,705	3329,07	0,77	16,609	14922,71	2,50
6	6,611	3814,51	0,78	29,702	17139,21	2,55
7	10,380	4004,78	0,65	54,578	21056,33	2,49
8	9,041	4570,70	0,63	55,737	28178,66	2,83
9	6,535	3382,30	0,38	64,858	33570,44	2,74
10	0,762	454,39	0,04	64,675	38589,15	2,64
11	-1,292	-914,00	-0,08	65,535	46347,14	2,82
12	-10,694	-5018,49	-0,37	105,504	49509,05	2,60
13	-16,803	-13251,60	-0,82	71,403	56311,46	2,45
14	-20,157	-28190,99	-1,42	42,301	59162,11	2,06
15	-36,369	-44955,55	-1,93	52,918	65411,80	1,91
16	-89,372	-149450,72	-3,85	45,479	76051,45	1,30
	GWEVHS		GWEVHS	GWEVHS		GWEVHS
	in Mrd. DM		in %	in Mrd. DM		in %
1-16	-128,927		-0,60	700,557		2,29

	Perioden 0-100			Perioden 0-∞		
h	$GWEV_h$	$GWEV_h$ je HH	$GWEV_h$	$GWEV_h$	$GWEV_h$ je HH	$GWEV_h$
	in Mrd. DM	in DM	in %	in Mrd. DM	in DM	in %
1	4,661	3252,49	1,14	4,707	3284,64	1,15
2	6,724	4488,77	1,25	6,786	4529,96	1,26
3	10,460	9167,64	1,96	10,635	9321,17	1,98
4	16,897	12968,13	2,22	17,174	13180,13	2,25
5	21,185	19033,70	3,01	21,553	19365,21	3,05
6	37,962	21905,24	3,07	38,637	22295,01	3,11
7	70,606	27240,06	3,03	71,932	27751,72	3,07
8	73,045	36928,83	3,49	74,516	37672,53	3,54
9	87,426	45251,60	3,46	89,444	46296,17	3,52
10	91,258	54449,79	3,47	93,865	56005,67	3,55
11	93,898	66406,20	3,76	96,755	68426,66	3,86
12	156,542	73459,29	3,58	161,882	75965,23	3,68
13	112,912	89047,43	3,57	117,646	92780,51	3,69
14	74,048	103563,74	3,30	78,009	109103,29	3,45
15	101,859	125906,90	3,35	108,586	134222,46	3,53
16	132,341	221305,44	3,39	146,769	245433,54	3,71
	GWEVHS		GWEVHS	GWEVHS		GWEVHS
	in Mrd. DM		in %	in Mrd. DM		in %
1-16	1091,824		3,31	1138,898		3,43

Hinweis: In Tabelle 7-28 wird der Wohlfahrtseffekt in der jeweiligen Periode ausgewiesen.
In Tabelle 7-29 wird der Gegenwartswert der Wohlfahrtseffekte ausgewiesen.

7.5.2 Veränderungen der zentralen Modellvariablen

Für die Wirkungsanalyse ist die Betrachtung der Veränderungen der zentralen Modellvariablen im Zeitablauf hilfreich. Zunächst kann festgestellt werden, daß die Einkommensteuersätze der Haushalte zum Ausgleich des Rückgangs der Bemessungsgrundlage der Einkommensteuer bei getrennten Kapitalmärkten um 18,4%, im Vergleich dazu bei internationalem Kapitalmarkt nur um 17% erhöht werden. Dieser Umstand trägt auch entscheidend zu dem stärkeren Wohlfahrtsverlust der Haushalte in der 1. Periode bei. Auch im Zeitablauf können die Einkommensteuersätze in geringerem Maße reduziert werden als dies bei internationalem Kapitalmarkt der Fall ist. So liegen die Einkommensteuersätze bei internationaler Mobilität des Faktors Kapital in der 100. Periode ca. 27,1% unterhalb des Niveaus der Referenzsequenz, bei getrennten Kapitalmärkten hingegen nur ca. 25,5%.

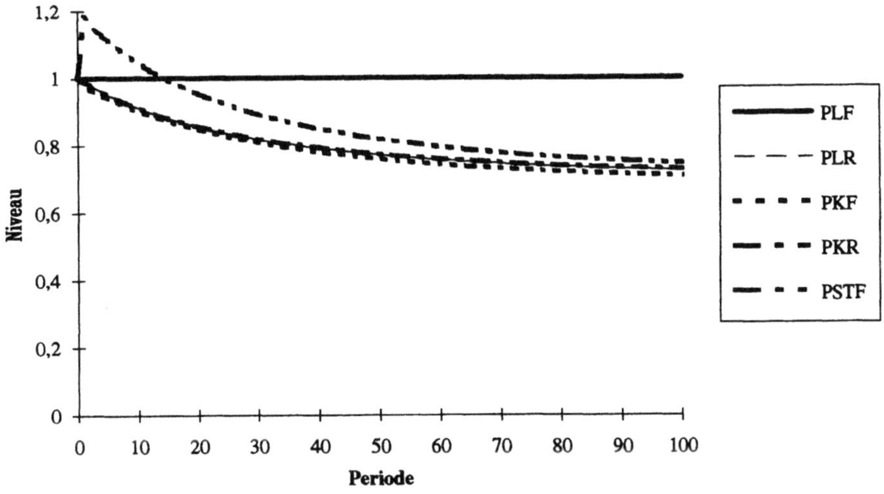

Abbildung 7-13: Niveaus der zentralen Modellvariablen bei einer S-ESt und internationaler Immobilität des Faktors Kapital
(Finanzierung: Multiplikative Anpassung der Einkommensteuersätze)

Tabelle 7-30: Niveaus der zentralen Modellvariablen und der Wachstumsrate des Kapitalstocks in FRG bei einer S-ESt und internationaler Immobilität des Faktors Kapital
(Finanzierung: Multiplikative Anpassung der Einkommensteuersätze)

	PLF	PLR	PKF	PKR	PSTF	GKF
1	1	0,98989	0,97545	0,98976	1,18382	1,54622
10	1	0,91161	0,90366	0,91154	1,04501	1,37634
20	1	0,85629	0,84827	0,85651	0,95314	1,26767
50	1	0,77247	0,75976	0,77392	0,81899	1,11386
100	1	0,72576	0,70934	0,72895	0,74627	1,03308

Bezüglich der Wachstumsrate des Kapitalstocks in FRG kann festgestellt werden, daß diese kurzfristig oberhalb und mittelfristig unterhalb der entsprechenden Wachstumsrate bei internationalem Kapitalmarkt liegt. Da die in FRG durchgeführte Steuerreform keine Verzerrungen der Faktorpreisverhältnisse in ROW auslöst, verlaufen die Preisänderungen des Faktors Kapital in ROW und des Faktors Arbeit in ROW nahezu identisch.

Von besonderem Interesse ist der Vergleich der Preise des Faktors Kapital in FRG bei dieser Simulation mit dem Weltmarktpreis des Faktors Kapital bei der Simulation mit internationalem Kapitalmarkt. Zur besseren Anschaulichkeit ist die Entwicklung dieser Preise über die Zeit separat in Abbildung 7-14 aufgeführt. Aus dieser Abbildung und der nachfolgenden Tabelle wird deutlich, daß der Weltmarktpreis des Kapitals über den gesamten Betrachtungszeitraum stärker sinkt als der Preis des Faktors Kapital in FRG bei getrennten Faktormärkten. Dies ist auf das größere Kapitalangebot auf dem Weltmarkt im Vergleich zu dem bei getrennten Märkten zurückzuführen.

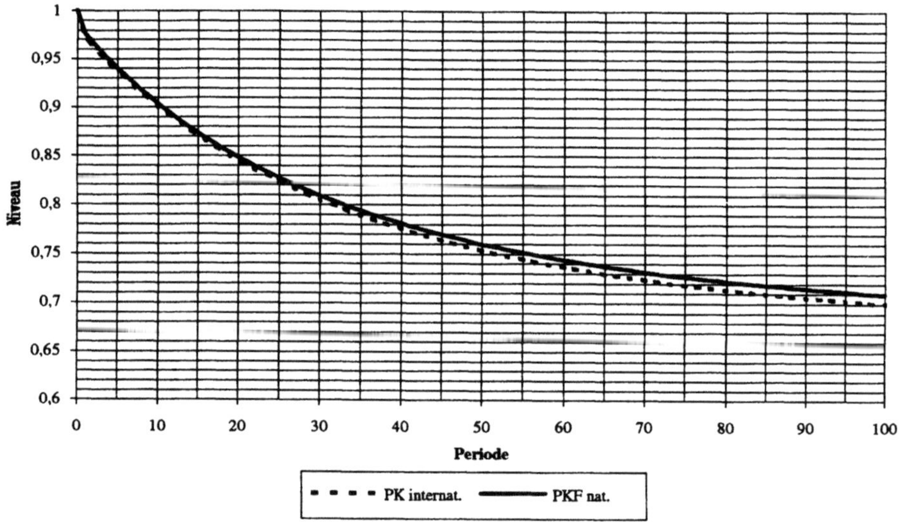

Abbildung 7-14: Niveaus der Preise für den Faktor Kapital bei einer S-ESt und internationaler Mobilität bzw. Immobilität des Faktors Kapital
(Finanzierung: Multiplikative Anpassung der Einkommensteuersätze)

Betrachtet man die 1. Periode, so sieht man, daß der Preis des Faktors Kapital in FRG mit einem Niveau von 0,975 im Vergleich zu dem Preis des Faktors Kapital bei internationalem Kapitalmarkt in Höhe von 0,970 eine geringere Reduzierung erfahren hat. Wie Abbildung 7-14 zeigt, vergrößert sich die Differenz zwischen diesen Preisen noch bis zur 100. Periode.

Tabelle 7-31: Niveaus der Preise für den Faktor Kapital bei einer S-ESt und internationaler Mobilität bzw. Immobilität des Faktors Kapital
(Finanzierung: Multiplikative Anpassung der Einkommensteuersätze)

Periode	PK internat.	PKF nat.
1	0,97067	0,97545
10	0,90071	0,90366
20	0,84494	0,84827
50	0,75330	0,75976
100	0,69983	0,70934

Während der Preis des Faktors Kapital bei internationaler Mobilität in der 100. Periode in Relation zum Preis des Faktors Arbeit in FRG um mehr als 30% zurückgegangen ist, liegt der Preis für den Faktor Kapital bei getrennter Modellierung der Kapitalmärkte noch unterhalb dieser Grenze.

7.5.3 Außenhandelseffekte

Ohne internationalen Kapitalverkehr stimmen die GBTOT und NBTOT definitionsgemäß überein. Der Anstieg der NBTOT zeigt an, daß der Preisindex der Exporte in Relation zu dem Preisindex der Importe gestiegen ist und somit für 1 DM Exporte im Vergleich zu der Referenzsituation mehr Importe erworben werden können. Die Zunahme der NBTOT fällt allerdings im Vergleich zu den Ergebnissen bei einem Weltkapitalmarkt geringer aus, so daß die zusätzlichen Wohlfahrtsgewinne der inländischen Volkswirtschaft über das Ausland niedriger ausfallen.

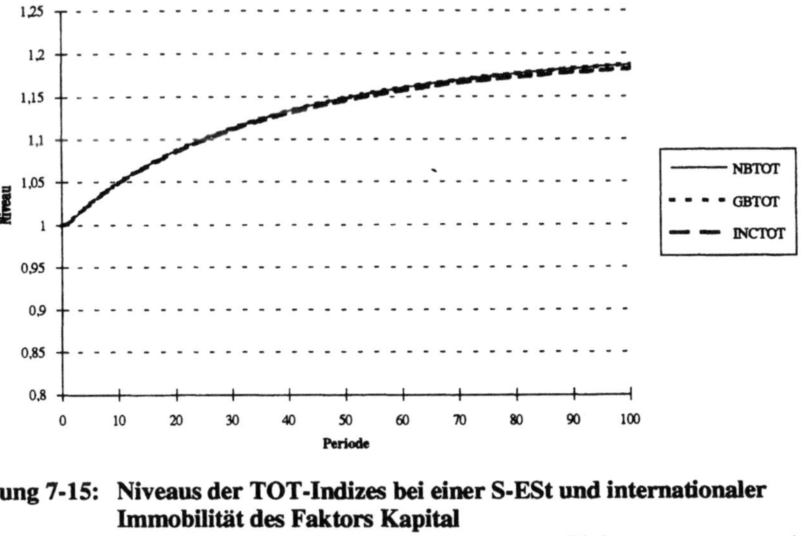

Abbildung 7-15: Niveaus der TOT-Indizes bei einer S-ESt und internationaler Immobilität des Faktors Kapital
(Finanzierung: Multiplikative Anpassung der Einkommensteuersätze)

Tabelle 7-32: TOT-Indizes und Niveau des BIP in FRG bei einer S-ESt und internationaler Immobilität des Faktors Kapital
(Finanzierung: Multiplikative Anpassung der Einkommensteuersätze)

Periode	NBTOT	GBTOT	INCTOT	BIP
1	100,164	100,164	100,158	0,992
10	104,944	104,944	104,871	1,041
20	108,619	108,619	108,480	1,078
50	114,822	114,822	114,520	1,140
100	118,692	118,692	118,216	1,178

Der geringere Anstieg der NBTOT ist dadurch bedingt, daß im Verhältnis zu der Situation mit internationalem Kapitalmarkt bei der hier betrachteten Simulation die Faktorpreise in ROW in geringerem Maße sinken. Die über die "Preis gleich Grenzkosten"-Bedingungen bestimmten Produzentengüterpreise gehen folglich ebenfalls weniger zurück, so daß sich das Niveau des Importgüterpreisindexes nicht in dem Maße wie bei internationaler Mobilität des Faktors Kapital reduziert. Der Anstieg der INCTOT deutet zwar an, daß sich auch bei internationaler Immobilität des Faktors Kapital die Handelsposition von FRG im Verhältnis zu ROW verbessert hat. Dies geschieht jedoch nicht in dem Maße wie bei internationalem Kapitalverkehr. So liegt das in Tabelle 7-32 ausgewiesene Niveau der INCTOT in der 100. Periode mit 118,22 deutlich unter dem entsprechenden Niveau bei internationalem Kapitalmarkt mit 121,86.
Zusätzlich zu den TOT ist in Tabelle 7-32 das Niveau des realen BIP für FRG ausgewiesen. Im Vergleich zu der Simulation einer S-ESt bei internationalem Kapitalmarkt zeigt sich, daß in den ersten beiden Perioden sogar ein leichter Rückgang des BIP zu verzeichnen ist. Im Anschluß daran liegt das BIP stets unterhalb des Wertes bei internationaler Mobilität des Faktors Kapital.

Wie die Analyse in diesem Abschnitt gezeigt hat, führt der Übergang zu einer S-ESt zu höheren Wohlfahrtsgewinnen der Haushalte in FRG, sofern ein internationaler Kapitalverkehr möglich ist. Eine Kapitalakkumulation findet bei getrennten Kapitalmärkten in FRG in geringerem Ausmaß statt. Die Analyse der TOT-Indizes erbrachte, daß die Wohlfahrtsgewinne in FRG über das Ausland ebenfalls geringer ausfallen als dies bei einem internationalen Kapitalmarkt der Fall ist. Von daher folgt, daß es für ein Land, das zu einer S-ESt übergeht, günstiger ist, wenn keine Schranken im internationalen Kapitalverkehr existieren. Eine weitere denkbare Simulation wäre in diesem Zusammenhang die gleichzeitige Einführung einer S-ESt im In- und Ausland. Hierbei wäre interessant, wie sich die Wohlfahrtseffekte auf die Länder aufteilen.

8. Kapitel: Abschaffung der Gewinnsteuern

In diesem Kapitel werden die Wirkungen der Abschaffung der Gewinnsteuern in FRG untersucht. Zu den Gewinnsteuern in FRG zählen die Körperschaftsteuer (32 Mrd. DM), die Gewerbeertragsteuer (29 Mrd. DM) und die Kapitalertragsteuer (9 Mrd. DM). Insgesamt beträgt das Volumen der Steuereinnahmen des Staates aus den Gewinnsteuern im Basisjahr 1988 70 Mrd. DM; dies macht 16% der Steuereinnahmen des Staates ohne Berücksichtigung der Sozialbeiträge bzw. einen Anteil von 8% an den gesamten Staatseinnahmen aus. Als Standardfall wird die sogenannte Gewinnsteuerverteilungssituation A (im folgenden kurz als Fall A bezeichnet) zugrunde gelegt, bei der die Gewinnsteuern ausschließlich den Faktor Kapital belasten. In Tabelle 8-1 sind die Steuersätze auf den Faktor Arbeit und die Steuersätze auf den Faktor Kapital vor und nach Abschaffung der Gewinnsteuern für den Fall A ausgewiesen.

Tabelle 8-1: Steuersätze auf die Faktoren Arbeit und Kapital und prozentuale Veränderung der Steuersätze auf den Faktor Kapital bei Abschaffung der Gewinnsteuern (Fall A)

j	$\theta_{L,j}$	$\theta_{K,j}^{RS}$	$\theta_{K,j}^{AS}$	$\Delta\theta_{K,j}$	$\Delta\theta_{K,j}$
	in %	in %	in %	in %	in Prozentpunkten
1	17,22	26,01	6,77	-73,97	-19,24
2	51,86	8,34	1,11	-86,71	-7,23
3	48,57	9,97	1,32	-86,72	-8,64
4	45,66	10,19	1,35	-86,74	-8,84
5	47,39	8,12	1,08	-86,67	-7,04
6	47,84	13,74	1,82	-86,72	-11,91
7	44,44	14,05	1,87	-86,71	-12,18
8	40,78	15,26	2,02	-86,74	-13,24
9	43,86	19,74	2,62	-86,72	-17,12
10	40,84	16,36	2,17	-86,72	-14,19
11	41,93	16,38	4,48	-72,67	-11,91
12	49,04	0,00	0,00	0,00	0,00

Bei Abschaffung der Gewinnsteuern im Unternehmenssektor wird der Faktor Kapital nur noch durch die "reinen" Steuern auf diesen Faktor belastet, so daß der Gesamtsteuersatz je PB mit dem entsprechenden reinen Faktorsteuersatz zusammenfällt. Für die primären Unternehmen 2 bis 10 ergibt sich eine Reduktion des Gesamtsteuersatzes auf den Faktor Kapital von ca. 87%. Bei den primären

Unternehmen 1 und 11 fällt die prozentuale Verringerung des Gesamtsteuersatzes auf den Faktor Kapital mit 74% bzw. 73% etwas geringer als bei den übrigen primären Unternehmen aus. Dies ist dadurch bedingt, daß - insbesondere durch die Grundsteuern - die reine Belastung des Faktors Kapital in diesen PB relativ hoch ist. In Prozentpunkten nimmt der Steuersatz für den PB 1 mit ca. 19% jedoch am stärksten ab. Die im PB 12 produzierten nmbD des Staates gegen spezielles Entgelt werden annahmegemäß nicht mit Steuern auf den Faktor Kapital belastet. Nach Abschaffung der Gewinnsteuern ergibt sich für alle PB durch die Besteuerung eine deutlich stärkere Belastung des Faktors Arbeit als des Faktors Kapital.
Zunächst werden die Wirkungen der Abschaffung der Gewinnsteuern in FRG bei Finanzierung über eine multiplikative Anpassung der Einkommensteuersätze untersucht und daran anschließend die Effekte bei verschiedenen alternativen Finanzierungsarten aufgezeigt. Schließlich soll in einem Exkurs betrachtet werden, wie sich die Ergebnisse ändern, sofern von unterschiedlichen Gewinnsteuerverteilungssituationen ausgegangen wird.

8.1 Finanzierung über multiplikative Anpassung der Einkommensteuersätze

8.1.1 First-Round-Effekte

Da die Wirkungen der Abschaffung der Gewinnsteuern ihren Ausgangspunkt im primären Unternehmenssektor in FRG haben, soll in diesem Abschnitt mit der Analyse in diesem Sektor begonnen werden.
Zunächst sollen die Effekte der Abschaffung der Gewinnsteuern, die im Standardfall (Fall A) als Steuern auf den Faktor Kapital modelliert sind, im Rahmen einer Partialanalyse betrachtet werden. Der Gesamteffekt der Veränderung der Nachfrage nach den Faktoren Arbeit und Kapital als Reaktion auf die Preisänderung eines Faktors läßt sich generell in einen Substitutions- (SE) und einen Outputeffekt (OE) zerlegen. Der SE resultiert aus der Veränderung des Preisverhältnisses zwischen den Faktoren Kapital und Arbeit. Da der Preis des Faktors Kapital im Verhältnis zu dem Preis des Faktors Arbeit sinkt, werden die Unternehmen c.p. verstärkt Arbeit durch Kapital substituieren. Der OE kommt durch die Veränderung der Nachfrage nach den einzelnen Produzentengütern zustande.

Zur Analyse der Anstoßeffekte der Steuerreform sollen analog zu der Vorgehensweise bei der Einführung einer S-ESt zunächst die "First-Round-Effekte (FRE)" betrachtet werden. Hierbei soll zwischen zwei Varianten unterschieden werden: Die Vorgehensweise zur Ermittlung der "First-Round-Effekte 1 (FRE 1)" besteht darin, die Änderung der Steuersätze bei Konstanz der zentralen Modellvariablen sowie der Ab-Werk-Preise der Produzentengüter durchzuführen. Dies bedeutet insbesondere, daß die Preise der Faktoren Arbeit und Kapital vor Steuern bei Durchführung der alternativen Steuerpolitik nach wie vor gleich Eins

sind und somit der reine SE, der sich aus der Abschaffung der Gewinnsteuern ergibt, deutlich wird. Durch die Konstanthaltung der zentralen Modellvariablen und der Produzentengüterpreise kommt es zu keinen Nachfrageänderungen im Haushalts- bzw. im Staatssektor, weshalb der OE gleich Null ist.
Bei der Determinierung der "First-Round-Effekte 2 (FRE 2)" wird eine Anpassung der Ab-Werk-Preise der Produzentengüter zugelassen, die zentralen Modellvariablen jedoch nach wie vor konstant gehalten. Dies hat zur Folge, daß es über eine Veränderung der Produzentengüterpreise zu Anpassungen der Konsumgüternachfrage im Haushaltssektor bzw. zu einer Veränderung der Güternachfrage des Staates zur Bereitstellung öffentlicher Güter kommt.
Daran anschließend wird die Abschaffung der Gewinnsteuern entsprechend der Vorgehensweise in dem vorangegangenen Kapitel unter Berücksichtigung sämtlicher Anpassungsprozesse - insbesondere mit Anpassung der zentralen Modellvariablen - simuliert.

Betrachtet man zunächst die FRE 1, so sieht man, daß aufgrund der relativen Verbilligung des Faktors Kapital im Verhältnis zu dem Faktor Arbeit die Unternehmen Arbeit durch Kapital substituieren. Tabelle 8-2 zeigt, daß aufgrund des SE die Nachfrage nach Kapital je nach PB zwischen 3,08% und 11,32% zunimmt. Die Nachfrage nach Arbeit geht entsprechend um 0,91% bis 6,33% zurück. Allein im PB 12, der annahmegemäß nicht mit Gewinnsteuern belastet wird, findet kein SE statt.

Tabelle 8-2: Prozentuale Veränderung der Nachfrage der primären Unternehmen in FRG nach den Faktoren Arbeit und Kapital bei Abschaffung der Gewinnsteuern (First-Round-Effekte 1)

FRE 1	$\Delta f_{K,j}$	$\Delta f_{L,j}$
j	GE = SE	GE = SE
	in %	in %
1	7,11	-4,23
2	3,08	-3,46
3	5,27	-2,09
4	4,83	-1,44
5	4,75	-0,91
6	6,43	-1,90
7	8,12	-2,40
8	5,81	-2,99
9	11,32	-3,85
10	8,61	-4,01
11	3,78	-6,33
12	0,00	0,00
1-12	5,35	-3,28

Hinweis: Der Outputeffekt ist bei allen primären Unternehmen gleich Null.

Für den gesamten primären Unternehmenssektor ergibt sich aufgrund des SE eine Erhöhung der Nachfrage nach Kapital um 5,35%, während die Nachfrage nach Arbeit um 3,28% zurückgeht.

Tabelle 8-3 zeigt, daß die Kapitalintensität im primären Unternehmenssektor um 8,92% ansteigt. Dabei ist die prozentuale Veränderung der Kapitalintensität je PB in erster Linie von dem Verhältnis von Kapital zu Arbeit in der Ausgangssituation sowie von der Substitutionselastizität zwischen den Primärinputfaktoren abhängig. Hier wird zum einen deutlich, daß die PB 9-11 mit der höchsten Substitutionselastizität ($\sigma_j = 0,95$) in stärkstem Maße Arbeit durch Kapital ersetzen und zum anderen die Zunahme des Kapitaleinsatzes bei relativ arbeitsintensiven PB stark zunimmt.

Tabelle 8-3: Prozentuale Veränderung der Kapitalintensität der primären Unternehmen in FRG bei Abschaffung der Gewinnsteuern
(First-Round-Effekt 1)

FRE 1	$\frac{K_j}{L_j}$	σ_j	$\Delta\frac{K_j}{L_j}$
j	RS		
			in %
1	0,60	0,6759	11,85
2	1,63	0,9500	6,78
3	0,56	0,8852	7,51
4	0,41	0,7373	6,36
5	0,27	0,8253	5,71
6	0,41	0,7373	8,50
7	0,40	0,9060	10,77
8	0,67	0,7117	9,07
9	0,44	0,9500	15,78
10	0,60	0,9500	13,15
11	2,15	0,9500	10,79
12	0,11	0,9500	0
1-12	0,81		8,92

Auf dem internationalen Kapitalmarkt ergibt sich eine (Welt-) Überschußnachfrage für den Faktor Kapital, während sich für den Faktor Arbeit in FRG ein Überschußangebot einstellt. Der Wert der (mit dem entsprechenden Preis bewerteten) Differenz zwischen Angebot und Nachfrage beträgt auf dem Kapitalmarkt -32,092 Mrd. DM und auf dem Arbeitsmarkt 24,307 Mrd. DM. Durch den SE wird der originäre Steuerausfalleffekt in Höhe von 70 Mrd. DM auf 81,357 Mrd. DM verstärkt.

In einem zweiten Schritt wird eine Anpassung der Ab-Werk-Preise der Produzentengüter zugelassen, d.h. es wird die preisliche Anpassung der Unternehmen an die veränderten Produktionskosten berücksichtigt. Die zentralen Modellvariablen bleiben weiterhin auf Eins fixiert. Bei den FRE 2 kommt es zu keiner Änderung bezüglich der SE je PB gegenüber den FRE 1. Zusätzlich ergibt sich durch die Veränderung der Güternachfrage der Haushalte und des Staates ein OE. Aufgrund des Rückgangs des Preises des Faktors Kapital nach Faktorsteuern kommt es zu einer Senkung der über die "Preis gleich Grenzkosten"-Bedingungen ermittelten Ab-Werk-Preise der Produzentengüter. Der Ausweis der prozentualen Veränderung der Produzentengüterpreise erfolgt in Tabelle 8-5. Je nach PB gehen in FRG die Preise zwischen 1,6% und 5,78% zurück, während in ROW die Preise nahezu unverändert bleiben. Die stärkste Preisveränderung erfolgt in den PB 1, 10 und 11 mit jeweils über 4%. Dies führt zu einer Erhöhung der Nachfrage der Haushalte und des Staates nach Produzentengütern, so daß sich ein positiver OE einstellt. Dadurch kommt es gegenüber der Betrachtung der FRE 1 zu einer noch stärkeren Nachfrage nach dem Faktor Kapital (7,54%) und zu einem geringeren Rückgang der Nachfrage nach dem Faktor Arbeit (1,72%).

Die Veränderung der Kapitalintensität unterscheidet sich bei Betrachtung der FRE 2 im Vergleich zu den FRE 1 nur für den gesamten Unternehmenssektor. Bei Betrachtung der FRE 2 beträgt diese 9,42%.

Tabelle 8-4: Prozentuale Veränderung der Nachfrage der primären Unternehmen in FRG nach den Faktoren Arbeit und Kapital bei Abschaffung der Gewinnsteuern (First-Round-Effekte 2)

FRE 2	ΔK_j	$\Delta f_{K,j}$	ΔQP_j	ΔL_j	$\Delta f_{L,j}$	ΔQP_j
j	GE	SE	OE	GE	SE	OE
	in %	in %	in %	in %	in %	in %
1	9,23	7,11	1,97	-2,34	-4,23	1,97
2	4,63	3,08	1,50	-2,02	-3,46	1,49
3	6,48	5,27	1,15	-0,96	-2,09	1,15
4	5,85	4,83	0,98	-0,48	-1,44	0,98
5	5,78	4,75	0,98	0,06	-0,91	0,98
6	7,76	6,43	1,24	-0,68	-1,90	1,24
7	9,57	8,11	1,34	-1,09	-2,40	1,34
8	7,90	5,81	1,98	-1,07	-2,99	1,98
9	13,49	11,32	1,94	-1,98	-3,85	1,94
10	10,30	8,61	1,55	-2,52	-4,01	1,55
11	6,65	3,78	2,77	-3,74	-6,33	2,77
12	1,01	0,00	1,01	1,01	0,00	1,01
1-12	7,54			-1,72		

Tabelle 8-5: Prozentuale Veränderung der Ab-Werk-Preise der Produzentengüter bei Abschaffung der Gewinnsteuern (First-Round-Effekte 2)

j	Δp_j in %	j	Δp_j in %
1	-4,75	13	-0,03
2	-3,37	14	-0,06
3	-2,54	15	-0,08
4	-2,36	16	-0,04
5	-2,08	17	-0,03
6	-2,74	18	-0,04
7	-2,67	19	-0,05
8	-3,61	20	-0,06
9	-3,59	21	-0,03
10	-4,13	22	-0,02
11	-5,78	23	-0,02
12	-1,60	24	-0,01

Aufgrund des gestiegenen Outputs fragen die Unternehmen verstärkt Primärinputfaktoren nach. Von daher fällt der Wert des (mit dem entsprechenden Preis bewerteten) Überschußangebots für den Faktor Arbeit mit 18,124 Mrd. DM geringer bzw. der Überschußnachfrage für den Faktor Kapital mit 51,687 Mrd. DM noch höher als bei den FRE 1 aus. Das staatliche Defizit beträgt nur noch 44,838 Mrd. DM. Dies ist in erster Linie dadurch bedingt, daß zum einen aufgrund der gesunkenen Güterpreise (siehe Tabelle 8-5) die Staatsausgaben zur Bereitstellung öffentlicher Güter und zum anderen die an das Preisniveau angepaßten Transferausgaben des Staates zurückgehen. Gleichzeitig wird der Rückgang der Staatseinnahmen aufgrund des Wegfalls der Gewinnsteuern durch gestiegene Produktions- sowie Einkommensteuereinnahmen, bedingt durch den OE, teilweise kompensiert.

8.1.2 Wirkungen auf den Kapital-/Arbeitseinsatz und Outputeffekte im primären Unternehmenssektor

Wie die Analyse der FRE ergeben hat, kommt es durch die Abschaffung der Gewinnsteuern zu einem starken SE in Richtung des Faktors Kapital. Unter Berücksichtigung der Anpassung der Produzentengüterpreise (FRE 2) führt dies zu einem Wert der Überschußnachfrage auf dem Weltkapitalmarkt in Höhe von 51,687 Mrd. DM, während der Wert der Überschußnachfrage nach dem Faktor Arbeit -18,124 Mrd. DM beträgt. Dies legt nahe, daß der Preis des Faktors Kapital steigen wird. Wie Abbildung 8-1 zeigt, erhöht sich der (relative) Preis des Faktors Kapital in der 1. Periode auf 1,13.

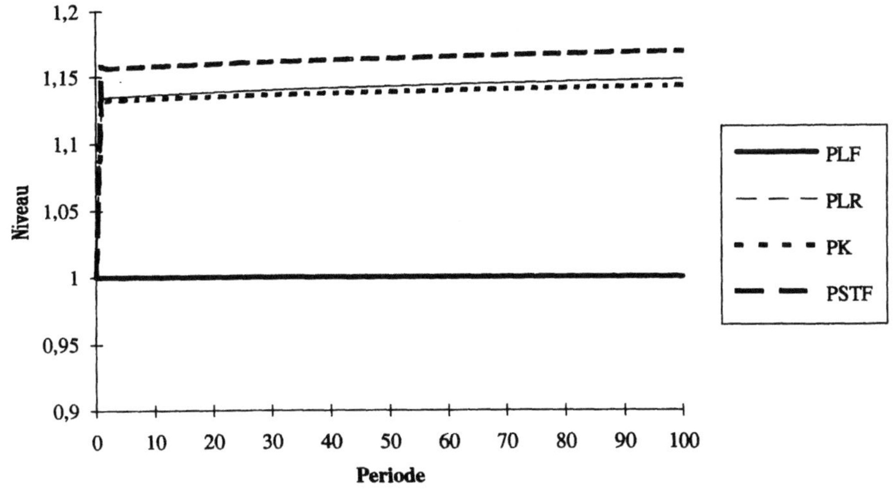

Abbildung 8-1: Niveaus der zentralen Modellvariablen bei Abschaffung der Gewinnsteuern
(Finanzierung: Multiplikative Anpassung der Einkommensteuersätze)

Tabelle 8-6: Niveaus der zentralen Modellvariablen und der Wachstumsrate des Kapitalstocks in FRG bei Abschaffung der Gewinnsteuern
(Finanzierung: Multiplikative Anpassung der Einkommensteuersätze)

Periode	PLF	PLR	PK	PSTF	GKF
1	1	1,13409	1,13159	1,15773	0,99315
10	1	1,13628	1,13332	1,15774	0,99360
20	1	1,13799	1,13460	1,15933	0,99405
50	1	1,14224	1,13791	1,16339	0,99526
100	1	1,14712	1,14198	1,16830	0,99682

Da die dynamische Struktur des Modells ausschließlich auf der Modellierung des Haushaltssektors beruht und die Entscheidungsstruktur der Unternehmen keine dynamischen Elemente enthält, kommt es durch die Abschaffung der Gewinnsteuern lediglich in der 1. Periode zu starken Anpassungsreaktionen, während sich im Zeitablauf keine grundlegenden Veränderungen mehr einstellen. Dies wird deutlich bei der Betrachtung der Veränderung der zentralen Modellvariablen im Zeitablauf. Wie Tabelle 8-6 zeigt, erfolgt die Niveauänderung der für die Anpassung zum neuen Gleichgewicht relevanten Preise primär in der 1. Periode. Im Zeitablauf kommt es nur noch zu geringfügigen zusätzlichen Preissteigerungen. Aus diesem Grund werden in den folgenden Tabellen in erster Linie die Veränderung der Größen in den Perioden 1 und 100 betrachtet. In Tabelle 8-7 wird der GE der Nachfrageänderung des primären Unternehmenssektors nach den Primärinputfaktoren in einen SE und einen OE aufgespaltet. Es zeigt sich, daß diejenigen PB, die bei Betrachtung des aus den FRE 1 resultierenden SE die stärkste Zunahme der Kapitalintensität realisierten, auch bei Zugrundelegung des Gesamtmodells einen positiven SE in Richtung Kapital ausweisen (PB 1, 9 und 10). Bei den übrigen PB wird der ursprüngliche SE aufgrund des stark gestiegenen Preises des Faktors Kapital konterkariert.

Tabelle 8-7: Prozentuale Veränderung der Nachfrage der primären Unternehmen in FRG nach den Faktoren Arbeit und Kapital bei Abschaffung der Gewinnsteuern
(Finanzierung: Multiplikative Anpassung der Einkommensteuersätze)

1. Periode	ΔK_j	$\Delta f_{K,j}$	ΔQP_j	ΔL_j	$\Delta f_{L,j}$	ΔQP_j
j	GE	SE	OE	GE	SE	OE
	in %	in %	in %	in %	in %	in %
1	-1,84	1,75	-3,53	-4,59	-1,11	-3,53
2	-5,47	-2,36	-3,18	-0,44	2,83	-3,18
3	-5,08	-2,58	-2,56	-1,50	1,09	-2,56
4	-4,33	-2,22	-2,16	-1,47	0,70	-2,16
5	-6,05	-3,80	-2,33	-1,58	0,78	-2,33
6	-3,19	-0,73	-2,48	-2,26	0,23	-2,48
7	-4,04	-0,73	-3,33	-3,11	0,23	-3,33
8	-3,81	-0,07	-3,74	-3,70	0,04	-3,74
9	-1,47	2,15	-3,54	-4,30	-0,78	-3,54
10	-3,06	0,41	-3,45	-3,65	-0,20	-3,45
11	-3,26	-0,54	-2,73	-1,80	0,96	-2,73
12	-11,95	-10,37	-1,76	-0,98	0,79	-1,76
1-12	-3,57			-2,51		

100. Periode	ΔK_j	$\Delta f_{K,j}$	ΔQP_j	ΔL_j	$\Delta f_{L,j}$	ΔQP_j
j	GE	SE	OE	GE	SE	OE
	in %	in %	in %	in %	in %	in %
1	-2,7658	1,3642	-4,0743	-4,9067	-0,8677	-4,0743
2	-6,3001	-2,7553	-3,6452	-0,4574	3,3085	-3,6452
3	-5,9767	-3,1380	-2,9308	-1,6418	1,3279	-2,9308
4	-5,1353	-2,7208	-2,4820	-1,6363	0,8673	-2,4820
5	-6,9651	-4,4019	-2,6812	-1,8010	0,9044	-2,6812
6	-4,0697	-1,2343	-2,8709	-2,4916	0,3905	-2,8709
7	-5,1107	-1,3571	-3,8052	-3,3923	0,4293	-3,8052
8	-4,7773	-0,4941	-4,3044	-4,0448	0,2712	-4,3044
9	-2,7506	1,5052	-4,1927	-4,7168	-0,5471	-4,1927
10	-4,1355	-0,1731	-3,9693	-3,8866	0,0861	-3,9693
11	-4,0973	-0,8491	-3,2760	-1,8070	1,5188	-3,2760
12	-12,9125	-11,0962	-2,0430	-1,2058	0,8546	-2,0430
1-12	-4,49			-2,71		

Tabelle 8-7 zeigt, daß sich der SE durch den im Zeitablauf weiter steigenden Preis des Faktors Kapital noch verstärkt. Durch den gestiegenen Preis für Kapital kommt es über die "Preis gleich Grenzkosten"-Bedingungen zu einem Anstieg der Ab-Werk-Preise der Produzentengüter (siehe Tabelle 8-8) in FRG und somit ebenfalls zu einem Anstieg der Konsumgüterpreise. Dies führt zu einer Einschränkung der Konsumnachfrage der privaten Haushalte, so daß der OE aufgrund des Nachfragerückgangs für alle PB negativ ist. Insgesamt ergibt sich sowohl bei der Nachfrage nach Kapital als auch nach Arbeit ein Rückgang. Die Intensität des OE nimmt im Zeitablauf noch zu, so daß in der 100. Periode trotz des stärkeren SE in Richtung Arbeit die Nachfrage nach dem Faktor Arbeit im Vergleich zur 1. Periode noch weiter zurückgeht.

Tabelle 8-8: Prozentuale Veränderung der Ab-Werk-Preise der Produzentengüter bei Abschaffung der Gewinnsteuern
(Finanzierung: Multiplikative Anpassung der Einkommensteuersätze)

	Δp_j				
j	1. Periode	100. Periode	j	1. Periode	100. Periode
	in %	in %		in %	in %
1	1,12	1,59	13	13,17	14,32
2	3,68	4,24	14	13,07	14,25
3	3,98	4,53	15	13,03	14,22
4	3,76	4,27	16	13,15	14,35
5	3,08	3,51	17	13,21	14,43
6	2,42	2,84	18	13,19	14,40
7	3,27	3,76	19	13,14	14,35
8	2,99	3,53	20	13,10	14,27
9	1,48	1,89	21	13,20	14,41
10	0,89	1,28	22	13,24	14,45
11	1,65	2,23	23	13,23	14,42
12	1,93	2,22	24	13,31	14,56

Tabelle 8-9 weist die Veränderung der Kapitalintensität je PB im Zeitablauf aus. In Analogie zum SE ist die Kapitalintensität in den PB 1, 9 und 10 in der 1. Periode im Vergleich zu der Referenzsequenz gestiegen, während die Kapitalintensität in den übrigen PB abnimmt. Im Zeitablauf ergibt sich ein weiterer Rückgang der Kapitalintensitäten. Für den gesamten primären Unternehmenssektor ergibt sich bis zur 100. Periode ein Rückgang der Kapitalintensität um 1,83%.

Tabelle 8-9: Prozentuale Veränderung der Kapitalintensität der primären Unternehmen in FRG bei Abschaffung der Gewinnsteuern
(Finanzierung: Multiplikative Anpassung der Einkommensteuersätze)

	$\frac{K_j}{L_j}$	σ_j	$\Delta\frac{K_j}{L_j}$				
j	RS		1. Periode	10. Periode	20. Periode	50. Periode	100. Periode
1	0,6015	0,6759	2,89	2,78	2,70	2,50	2,25
2	1,6303	0,9500	-5,05	-5,19	-5,29	-5,55	-5,87
3	0,5574	0,8852	-3,63	-3,76	-3,86	-4,10	-4,41
4	0,4111	0,7373	-2,91	-3,01	-3,09	-3,30	-3,56
5	0,2711	0,8253	-4,54	-4,66	-4,75	-4,98	-5,26
6	0,4068	0,7373	-0,95	-1,06	-1,15	-1,36	-1,62
7	0,3967	0,9060	-0,96	-1,10	-1,20	-1,46	-1,78
8	0,6669	0,7117	-0,12	-0,22	-0,30	-0,51	-0,76
9	0,4414	0,9500	2,95	2,80	2,69	2,41	2,06
10	0,6013	0,9500	0,61	0,47	0,36	0,08	-0,26
11	2,1545	0,9500	-1,48	-1,62	-1,73	-2,00	-2,33
12	0,1075	0,9500	-11,08	-11,21	-11,30	-11,55	-11,85
1-12	0,8081		-1,09	-1,21	-1,30	-1,54	-1,83

8.1.3 Wohlfahrtseffekte

Bei den individuellen Wohlfahrtseffekten erfolgt eine Beschränkung auf den Ausweis der periodischen EV für die Perioden 1 und 100 sowie des dynamischen Wohlfahrtseffekts. Betrachtet man die periodische EV für die 1. Periode, so zeigt sich, daß die untersten beiden Einkommensklassen eine leichte Wohlfahrtsverbesserung in Höhe von ca. 0,7% erfahren, während alle übrigen Einkommensklassen Wohlfahrtseinbußen bis zu 6,58% hinnehmen müssen. Die Belastung steigt mit zunehmendem Einkommen progressiv an. Ein Vergleich der periodischen EVs der Perioden 1 und 100 (Tabelle 8-10) macht deutlich, daß sich - prozentual gesehen - die Wohlfahrtsgewinne der ersten beiden Klassen im Zeitablauf etwas abschwächen, bzw. sich die Wohlfahrtsverluste der übrigen Klassen in geringem Maße noch verstärken. Der prozentuale periodische Wohlfahrtsverlust steigt in der Periode 100 von 0,74% bei der 3. Einkommensklasse bis auf 7,64% bei der obersten Einkommensklasse an. Der Haushaltssektor erleidet eine Wohlfahrtseinbuße in Höhe von 4,38%.

Tabelle 8-10: Periodische Wohlfahrtseffekte der Abschaffung der Gewinnsteuern
(Finanzierung: Multiplikative Anpassung der Einkommensteuersätze)

	1. Periode			**100. Periode**		
h	EV_h	EV_h je HH	EV_h	EV_h	EV_h je HH	EV_h
	in Mrd. DM	in DM	in %	in Mrd. DM	in DM	in %
1	0,166	115,75	0,69	0,579	403,95	0,53
2	0,207	137,99	0,65	0,712	475,27	0,49
3	-0,131	-115,21	-0,45	-0,983	-861,57	-0,74
4	-0,492	-377,69	-1,18	-2,813	-2159,26	-1,48
5	-0,675	-606,24	-1,76	-3,803	-3416,86	-2,18
6	-1,337	-771,57	-2,00	-7,374	-4255,06	-2,42
7	-2,449	-944,91	-1,95	-13,671	-5274,33	-2,39
8	-2,803	-1417,05	-2,50	-15,415	-7793,49	-3,02
9	-4,097	-2120,90	-3,08	-21,932	-11351,84	-3,62
10	-5,027	-2999,73	-3,75	-26,370	-15733,87	-4,32
11	-5,181	-3664,11	-4,10	-27,244	-19267,34	-4,74
12	-8,978	-4212,98	-4,10	-47,318	-22204,62	-4,75
13	-7,219	-5693,37	-4,70	-37,696	-29728,50	-5,39
14	-5,207	-7282,29	-4,93	-27,168	-37996,88	-5,65
15	-7,662	-9471,68	-5,54	-39,759	-49146,07	-6,31
16	-10,905	-18235,47	-6,58	-57,623	-96359,45	-7,64
	EVHS		EVHS	EVHS		EVHS
	in Mrd. DM		in %	in Mrd. DM		in %
1-16	-61,792		-3,75	-327,879		-4,38

Hinweis: Ausgwiesen wird der Wohlfahrtseffekt in der jeweiligen Periode.

Auch bei der Betrachtung der dynamischen Wohlfahrtseffekte der Abschaffung der Gewinnsteuern zeigt sich ein Wohlfahrtsgewinn bei den ersten beiden Einkommensklassen. Dies ist in erster Linie darauf zurückzuführen, daß sich die Einkommensteuersätze bei einer multiplikativen Anpassung für diese Einkommensklassen nur in geringem Ausmaß erhöhen und die dadurch entstehenden höheren Einkommensteuerzahlungen durch gestiegene Kapitaleinkommen (aufgrund des Anstiegs des Preises des Faktors Kapital) überkompensiert werden, so daß sich das verfügbare Einkommen der ersten beiden Klassen vergrößert.
Bei den übrigen Haushalten führen die stark erhöhten Einkommensteuerzahlungen zu einer Beschneidung der Konsummöglichkeiten, so daß diese Haushalte einen Wohlfahrtsverlust hinnehmen müssen. Dementsprechend führt die Abschaffung der Gewinnsteuern zu einem dynamischen Wohlfahrtsverlust von 3,86% für den Haushaltssektor.

Tabelle 8-11: Dynamische Wohlfahrtseffekte der Abschaffung der Gewinnsteuern
(Finanzierung: Multiplikative Anpassung der Einkommensteuersätze)

	Perioden 0-∞		
h	GWEV	GWEV je HH	GWEV
	in Mrd. DM	in DM	in %
1	2,521	1759,36	0,62
2	3,135	2092,92	0,58
3	-2,607	-2284,69	-0,49
4	-9,006	-6911,36	-1,18
5	-12,409	-11148,74	-1,75
6	-24,572	-14179,01	-1,98
7	-45,335	-17490,29	-1,94
8	-52,176	-26375,88	-2,48
9	-77,087	-39900,11	-3,03
10	-97,306	-58058,37	-3,68
11	-101,364	-71685,88	-4,04
12	-178,273	-83656,77	-4,05
13	-147,777	-116543,46	-4,64
14	-110,396	-154399,48	-4,88
15	-168,743	-208582,62	-5,49
16	-262,260	-438561,05	-6,62
	GWEVHS		GWEVHS
	in Mrd. DM		in %
1-16	-1283,648		-3,86

Hinweis: Ausgewiesen wird der Gegenwartswert der Wohlfahrtseffekte.

Zum Ausgleich der verminderten Steuereinnahmen des Staates durch die Abschaffung der Gewinnsteuern müssen die Einkommensteuersätze der Haushalte in der 1. Periode um 13,4% angehoben werden. Dies ergibt einen Anstieg des Einkommensteuersatzes für die ersten beiden Einkommensklassen von 9% auf 10,42%, so daß - wie oben bereits festgestellt - bei diesen Klassen von einer geringen Erhöhung gesprochen werden kann. Für die oberste Einkommensklasse ergibt sich ein Anstieg des Steuersatzes um ca. acht Prozentpunkte von 51,75% auf 59,91%, so daß hier eine spürbare Mehrbelastung auftritt. Im Zeitablauf müssen die Einkommensteuersätze bei allen Einkommensklassen - wenn auch nur geringfügig - weiter erhöht werden. In der 100. Periode erreichen die Einkommensteuersätze nahzu das Niveau, wie dies kurzfristig bei Einführung der S-ESt der Fall war.

Trotz der Erhöhung der Einkommensteuersätze nimmt der Nettozinssatz aller Haushalte aufgrund des starken Anstiegs des Preises des Faktors Kapital zu. Bedingt durch die multiplikative Anpassung der Einkommensteuersätze fällt die prozentuale Veränderung des Nettozinssatzes für die unteren Einkommensklassen deutlich stärker als für die oberen Einkommensklassen aus. So bleibt der Nettozinssatz - wie Tabelle 8-13 zeigt - für die oberste Einkommensklasse im Zeitablauf nahezu unverändert.

Tabelle 8-12: Einkommensteuersätze bei Abschaffung der Gewinnsteuern
(Finanzierung: Multiplikative Anpassung der Einkommensteuersätze)

h	$\tau_{Y,h}$ RS in %	$\tau_{Y,h}$ 1. Periode in %	10. Periode in %	20. Periode in %	50. Periode in %	100. Periode in %
1	9,00	10,42	10,42	10,43	10,47	10,51
2	9,00	10,42	10,42	10,43	10,47	10,51
3	22,00	25,47	25,47	25,51	25,59	25,70
4	22,00	25,47	25,47	25,51	25,59	25,70
5	23,23	26,89	26,89	26,93	27,02	27,14
6	23,94	27,72	27,72	27,76	27,85	27,97
7	24,45	28,30	28,30	28,34	28,44	28,56
8	25,72	29,77	29,78	29,82	29,92	30,05
9	28,04	32,46	32,46	32,50	32,62	32,75
10	32,16	37,23	37,23	37,29	37,42	37,57
11	33,32	38,57	38,57	38,62	38,76	38,92
12	34,88	40,38	40,38	40,43	40,57	40,74
13	38,37	44,42	44,42	44,49	44,64	44,83
14	41,80	48,39	48,39	48,46	48,63	48,84
15	45,38	52,54	52,54	52,61	52,79	53,02
16	51,75	59,91	59,91	59,99	60,21	60,46

Tabelle 8-13: Prozentuale Veränderung des Nettozinssatzes bei Abschaffung der Gewinnsteuern
(Finanzierung: Multiplikative Anpassung der Einkommensteuersätze)

h	r_h RS	Δr_h 1. Periode in %	10. Periode in %	20. Periode in %	50. Periode in %	100. Periode in %
1	7,80	8,72	8,79	8,84	8,96	9,11
2	7,80	8,72	8,79	8,84	8,96	9,11
3	7,32	7,31	7,38	7,41	7,50	7,61
4	7,32	7,31	7,38	7,41	7,50	7,61
5	7,27	7,15	7,22	7,25	7,33	7,43
6	7,24	7,05	7,12	7,15	7,22	7,32
7	7,22	6,97	7,05	7,07	7,15	7,25
8	7,17	6,79	6,86	6,89	6,96	7,05
9	7,07	6,43	6,50	6,52	6,58	6,66
10	6,89	5,72	5,79	5,80	5,84	5,89
11	6,84	5,50	5,57	5,58	5,61	5,66
12	6,77	5,19	5,26	5,27	5,29	5,32
13	6,60	4,42	4,50	4,49	4,50	4,50
14	6,44	3,58	3,64	3,63	3,61	3,59
15	6,25	2,56	2,63	2,61	2,56	2,50
16	5,91	0,36	0,42	0,38	0,26	0,12

8.1.4 Wirkungen auf die Entscheidung zwischen heutigem und zukünftigem Konsum der Haushalte

Der Anstieg des Nettozinssatzes, der wie gesehen in erster Linie auf den starken Anstieg des Preises des Faktors Kapital (im Verhältnis zu dem Preis des Sparguts) zurückzuführen ist, und die c.p. dadurch bedingte relative Verbilligung des zukünftigen Konsums gegenüber dem heutigen Konsum löst bei allen Einkommensklassen einen SE in Richtung zukünftigen Konsum aus. Allein bei der obersten Einkommensklasse führen die relativen Preisänderungen insgesamt betrachtet zu einer verstärkten Verlagerung des Konsums in die Gegenwart. Ausschlaggebend für die Wohlfahrtsverluste der Einkommensklassen 3 bis 16 ist der Rückgang des maximal verfügbaren Einkommens durch die Einkommensteuersatzanpassung zur Finanzierung der durchgeführten Steuerreform. Wie Tabelle 8-14 zeigt, haben diese Klassen einen stark negativen EE, so daß die Nachfrage nach heutigem Konsum zurückgeht. Wohlfahrtsgewinne stellen sich hingegen bei den ersten beiden Einkommensklassen ein, deren Einkommensteuerzahlungen nur in geringem Maße zunehmen und durch erhöhte Kapitaleinkommen mehr als ausgeglichen werden. Betrachtet man den Gesamteffekt für den Haushaltssektor, so zeigt Abbildung 8-2, daß die Nachfrage nach heutigem Konsum zunächst um 3,8% und langfristig um 4,4% zurückgeht.

Tabelle 8-14: Prozentuale Veränderung der Nachfrage nach heutigem und zukünftigem Konsum der Haushalte in FRG bei Abschaffung der Gewinnsteuern
(Finanzierung: Multiplikative Anpassung der Einkommensteuersätze)

1. Periode	$\Delta H_{h,t}$			$\Delta F_{h,t}$		
h	GE	SE	EE	GE	SE	EE
	in %	in %	in %	in %	in %	in %
1	0,69	-0,30	0,99	13,21	12,10	0,99
2	0,65	-0,04	0,69	13,03	12,26	0,69
3	-0,45	-0,10	-0,35	9,54	9,93	-0,35
4	-1,18	-0,17	-1,01	8,59	9,70	-1,01
5	-1,76	-0,24	-1,53	7,50	9,17	-1,53
6	-2,00	-0,13	-1,87	7,02	9,06	-1,87
7	-1,95	-0,32	-1,63	7,04	8,81	-1,63
8	-2,50	-0,40	-2,11	6,00	8,29	-2,11
9	-3,08	-0,51	-2,58	4,77	7,55	-2,58
10	-3,75	-0,42	-3,34	2,89	6,45	-3,34
11	-4,10	-0,40	-3,72	2,10	6,04	-3,72
12	-4,10	-0,46	-3,66	1,71	5,58	-3,66
13	-4,70	-0,40	-4,32	-0,09	4,42	-4,32
14	-4,93	-0,36	-4,59	-1,46	3,28	-4,59
15	-5,54	-0,21	-5,34	-3,55	1,89	-5,34
16	-6,58	0,10	-6,67	-7,25	-0,62	-6,67

100. Periode	$\Delta H_{h,t}$			$\Delta F_{h,t}$		
h	GE	SE	EE	GE	SE	EE
	in %	in %	in %	in %	in %	in %
1	0,53	-0,31	0,84	13,60	12,66	0,84
2	0,49	-0,04	0,53	13,41	12,81	0,53
3	-0,74	-0,10	-0,64	9,60	10,31	-0,64
4	-1,48	-0,18	-1,31	8,62	10,05	-1,31
5	-2,18	-0,24	-1,94	7,36	9,48	-1,94
6	-2,42	-0,14	-2,28	6,86	9,36	-2,28
7	-2,39	-0,33	-2,06	6,85	9,09	-2,06
8	-3,02	-0,41	-2,62	5,69	8,53	-2,62
9	-3,62	-0,52	-3,11	4,39	7,74	-3,11
10	-4,32	-0,43	-3,90	2,40	6,56	-3,90
11	-4,74	-0,41	-4,35	1,50	6,12	-4,35
12	-4,75	-0,46	-4,31	1,08	5,63	-4,31
13	-5,39	-0,39	-5,02	-0,85	4,39	-5,02
14	-5,65	-0,34	-5,33	-2,32	3,17	-5,33
15	-6,31	-0,19	-6,14	-4,57	1,67	-6,14
16	-7,64	0,16	-7,78	-8,71	-1,01	-7,78

Bezüglich der Nachfrage nach zukünftigem Konsum kommt es bei den ersten beiden Einkommensklassen aufgrund des positiven SE und EE zu einer Nachfragesteigerung. Während bei den Klassen 3 bis 12 die Intensität des SE ausreicht, um trotz des entgegengerichteten EE die Nachfrage nach zukünftigem Konsum zu erhöhen, kommt es bei den Klassen 13 bis 16 zu einem Rückgang der Nachfrage nach zukünftigem Konsum.

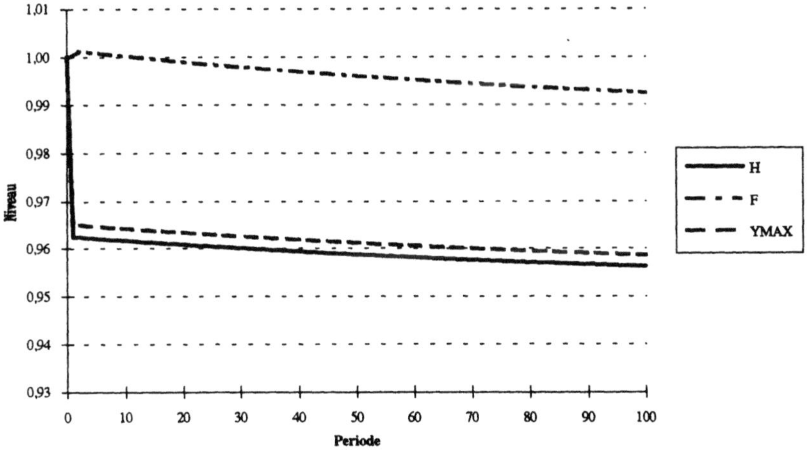

Abbildung 8-2: Niveau der Nachfrage nach heutigem Konsum, zukünftigem Konsum und des maximal verfügbaren Einkommens des Haushaltssektors in FRG bei Abschaffung der Gewinnsteuern
(Finanzierung: Multiplikative Anpassung der Einkommensteuersätze)

Tabelle 8-15: Niveau der Nachfrage nach heutigem Konsum, zukünftigem Konsum und des maximal verfügbaren Einkommens des Haushaltssektors in FRG bei Abschaffung der Gewinnsteuern
(Finanzierung: Multiplikative Anpassung der Einkommensteuersätze)

Periode	H	F	YMAX
1	0,9624	1,0003	0,96487
10	0,9616	1,0002	0,96414
20	0,9608	0,9990	0,96329
50	0,9587	0,9960	0,96112
100	0,9562	0,9925	0,95852

Wie Abbildung 8-2 zeigt, kommt es in der 1. Periode insgesamt zu einem leichten Anstieg der Nachfrage nach zukünftigem Konsum, die im Zeitablauf wieder abnimmt und ab der 12. Periode unterhalb des Niveaus der Referenzsequenz liegt. Somit überkompensiert kurzfristig der Anstieg der Nachfrage nach zukünftigem Konsum der Einkommensklassen 1-12 die gesunkene Nachfrage der übrigen Haushalte. Mittel- und langfristig dominiert jedoch der Nachfragerückgang der Einkommensklassen 13-16, die einen Großteil der Nachfrage auf sich vereinigen.

8.1.5 Wirkungen auf die Ersparnisbildung der Haushalte

In Abbildung 8-3 sind die Sparquoten der Haushalte in FRG in der Referenzsequenz sowie in der 1. und 100. Periode der Alternativsequenz abgetragen. Hieraus wird deutlich, daß die Abschaffung der Gewinnsteuern lediglich einen geringen Einfluß auf die Sparquoten ausübt. Gegenüber der Referenzsequenz steigen die Quoten kurz- und langfristig geringfügig an.

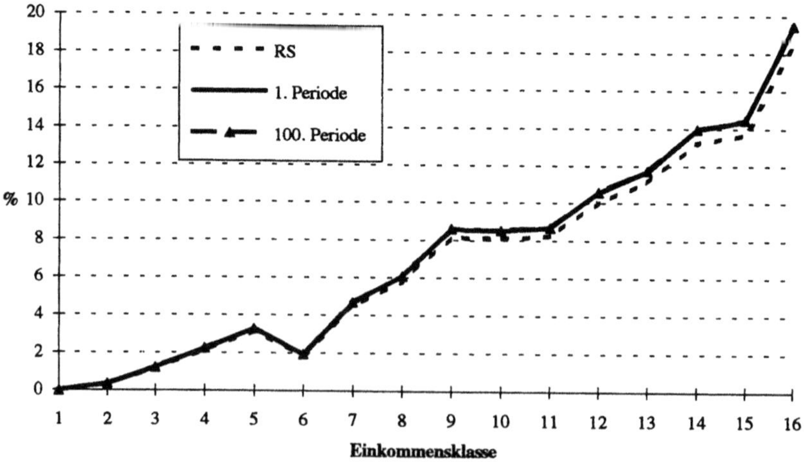

Abbildung 8-3: Sparquoten der Haushalte in FRG bei Abschaffung der Gewinnsteuern
(Finanzierung: Multiplikative Anpassung der Einkommensteuersätze)

Wie im vorhergehenden Abschnitt festgestellt wurde, kommt es bei den Einkommensklassen 1-12 zu einer stärkeren Verlagerung des Konsums in die Zukunft, während die Klassen 13-16 ihre Nachfrage nach zukünftigem Konsum reduzieren. Von daher ist der Anstieg der Sparquoten bei den oberen Einkommensklassen in erster Linie durch die Verminderung der Bezugsbasis, dem verfügbaren Einkommen, bedingt.

8.1.6 Wirkungen auf die Freizeit-/Konsumentscheidung der Haushalte

Auf der nächsten Stufe der Entscheidungsstruktur des Haushaltssektors zeigt sich eine verstärkte Substitution von Konsum durch Freizeit, da die Opportunitätskosten der Freizeit durch die Einkommensteuersatzerhöhung gesunken sind. Bei der Nachfrage nach Konsumgütern führen der negative SE und ME bei den Klassen 3-16 über den gesamten Betrachtungszeitraum zu einem Nachfragerückgang. Bezüglich der Nachfrage nach Freizeit überkompensiert der ME den SE, so daß neben der Nachfrage nach Konsumgütern bei den Klassen 3-16 auch die Freizeitnachfrage zurückgeht.

Bei den untersten beiden Einkommensklassen kommt es hingegen aufgrund des positiven EE sowohl zu einer erhöhten Freizeit- als auch zu einer erhöhten Konsumgüternachfrage.

Tabelle 8-16: Prozentuale Veränderung der Nachfrage nach Freizeit und Konsumgütern der Haushalte in FRG bei Abschaffung der Gewinnsteuern
(Finanzierung: Multiplikative Anpassung der Einkommensteuersätze)

1. Periode	$\Delta x_{0,h}$			ΔC_h		
h	GE	SE	ME	GE	SE	ME
	in %	in %	in %	in %	in %	in %
1	4,51	3,79	0,69	0,65	-0,04	0,69
2	4,60	3,92	0,65	0,58	-0,07	0,65
3	6,74	7,22	-0,45	-0,68	-0,23	-0,45
4	6,55	7,82	-1,18	-1,55	-0,37	-1,18
5	6,96	8,88	-1,76	-2,34	-0,59	-1,76
6	7,11	9,29	-2,00	-2,62	-0,63	-2,00
7	7,23	9,36	-1,95	-2,56	-0,63	-1,95
8	7,54	10,30	-2,50	-3,31	-0,83	-2,50
9	7,89	11,32	-3,08	-4,02	-0,97	-3,08
10	8,81	13,05	-3,75	-4,79	-1,09	-3,75
11	9,13	13,80	-4,10	-5,26	-1,20	-4,10
12	9,48	14,17	-4,10	-5,21	-1,15	-4,10
13	10,41	15,85	-4,70	-5,88	-1,24	-4,70
14	11,37	17,14	-4,93	-6,03	-1,16	-4,93
15	12,56	19,16	-5,54	-6,66	-1,19	-5,54
16	13,67	21,68	-6,58	-7,31	-0,78	-6,58

100. Periode	$\Delta x_{0,h}$			ΔC_h		
h	GE	SE	ME	GE	SE	ME
	in %	in %	in %	in %	in %	in %
1	4,90	4,35	0,53	0,48	-0,05	0,53
2	5,02	4,51	0,49	0,41	-0,08	0,49
3	7,28	8,08	-0,74	-0,99	-0,26	-0,74
4	7,13	8,74	-1,48	-1,89	-0,41	-1,48
5	7,51	9,91	-2,18	-2,82	-0,65	-2,18
6	7,69	10,36	-2,42	-3,10	-0,70	-2,42
7	7,78	10,42	-2,39	-3,07	-0,70	-2,39
8	8,08	11,45	-3,02	-3,91	-0,92	-3,02
9	8,48	12,55	-3,62	-4,65	-1,07	-3,62
10	9,48	14,42	-4,32	-5,46	-1,19	-4,32
11	9,78	15,25	-4,74	-6,00	-1,32	-4,74
12	10,14	15,63	-4,75	-5,96	-1,26	-4,75
13	11,12	17,45	-5,39	-6,68	-1,36	-5,39
14	12,13	18,84	-5,65	-6,85	-1,27	-5,65
15	13,40	21,04	-6,31	-7,52	-1,29	-6,31
16	14,32	23,77	-7,64	-8,43	-0,85	-7,64

8.1.7 Außenhandelseffekte

Zum Abschluß der Untersuchung der Wirkungen der Abschaffung der Gewinnsteuern bei multiplikativer Anpassung der Einkommensteuersätze soll die Veränderung der Außenhandelsposition von FRG betrachtet werden.

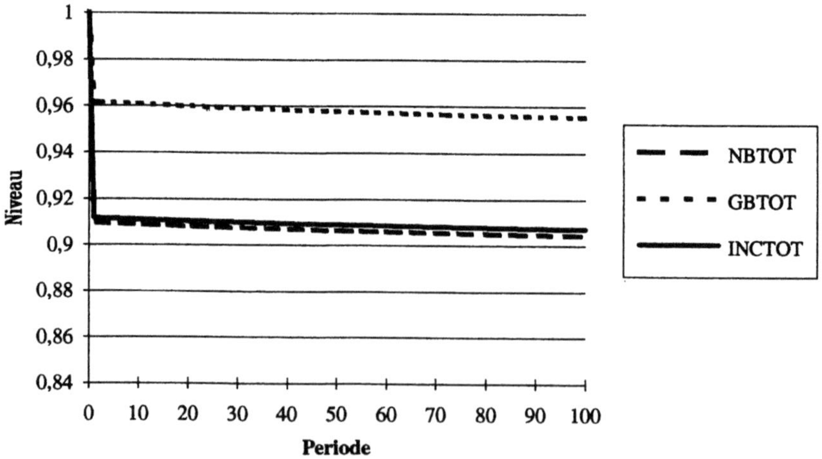

Abbildung 8-4: Niveaus der TOT-Indizes bei Abschaffung der Gewinnsteuern
(Finanzierung: Multiplikative Anpassung der Einkommensteuersätze)

Tabelle 8-17: TOT-Indizes bei Abschaffung der Gewinnsteuern
(Finanzierung: Multiplikative Anpassung der Einkommensteuersätze)

Periode	NBTOT	GBTOT	INCTOT
1	90,98	96,15	91,18
10	90,89	96,07	91,10
20	90,82	95,99	91,04
50	90,64	95,78	90,90
100	90,44	95,53	90,72

Abbildung 8-4 zeigt einen langfristigen Rückgang der GBTOT um nahezu 5 Punkte. Dies bedeutet, daß nach Abschaffung der Gewinnsteuern für eine Mengeneinheit Exportgüter weniger Importgüter erworben werden können. Wie der starke Rückgang der NBTOT zeigt, ist dies darauf zurückzuführen, daß sich das Preisverhältnis für FRG verschlechtert hat. Die Importgüterpreise sind stärker gestiegen als die Exportgüterpreise. Durch den Rückgang der NBTOT und der GBTOT bewegen sich auch die INCTOT in eine für FRG nachteilige Richtung. Im neuen steady-state liegen die INCTOT bei 90,72. Damit kann abschließend festgestellt werden, daß die Abschaffung der Gewinnsteuern zu einer Verschlechterung der Außenhandelsposition von FRG führt.

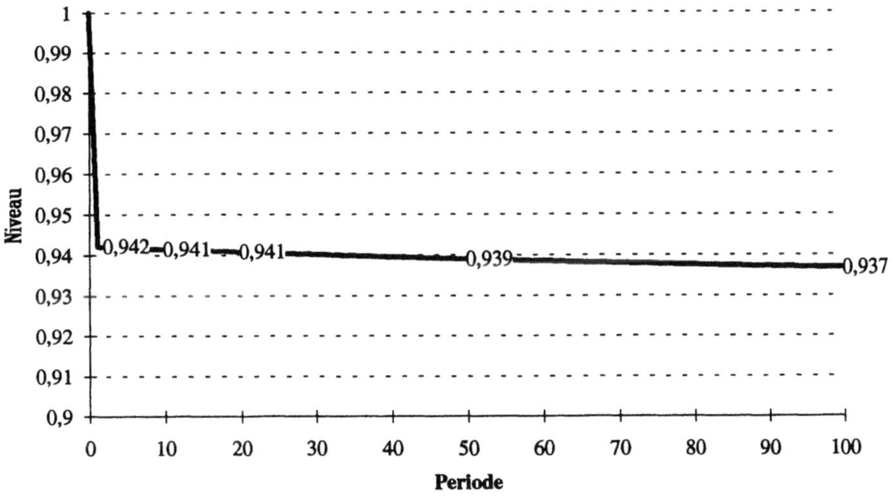

Abbildung 8-5: Niveaus des BIP in FRG bei Abschaffung der Gewinnsteuern
(Finanzierung: Multiplikative Anpassung der Einkommensteuersätze)

Wie Abbildung 8-5 zeigt, sinkt das reale BIP infolge der gesamtwirtschaftlichen Entwicklungen in der 1. Periode um ca. 5,8% und langfristig um ca. 6,3%.

8.2 Verschiedene Finanzierungsarten

Analog zu der Untersuchung der Wirkungen der S-ESt sollen auch die Wohlfahrtseffekte der Abschaffung der Gewinnsteuern bei verschiedenen Finanzierungsvarianten untersucht werden.

Als weitere Finanzierungsmöglichkeiten werden die additive Anpassung der Einkommensteuersätze, die Anpassung der staatlichen Transferzahlungen, der Mehrwertsteuersätze sowie der Staatsausgaben betrachtet. In der Tabelle 8-18 sind die dynamischen Wohlfahrtseffekte der Abschaffung der Gewinnsteuern für die genannten Varianten dargestellt.

Bei additiver Anpassung der Einkommensteuersätze zeigt sich, daß alle Haushalte langfristig Wohlfahrtseinbußen hinnehmen müssen, während bei multiplikativer Anpassung die ersten beiden Einkommensklassen leichte Wohlfahrtsgewinne realisieren konnten. Dies ist in erster Linie durch die bei additiver Anpassung stärkere Erhöhung der Einkommensteuersätze bei diesen Klassen bedingt. Die in diesem Fall höheren Einkommensteuerzahlungen überkompensieren die aus dem Anstieg des Preises des Faktors Kapital resultierenden höheren Kapitaleinkommen, so daß die Wohlfahrtseffekte bei diesen Klassen entsprechend denen der übrigen Klassen verlaufen.

Tabelle 8-18: Dynamische Wohlfahrtseffekte der Abschaffung der Gewinnsteuern bei verschiedenen Finanzierungsarten

	TY add.			TR		
h	$GWEV_h$	$GWEV_h$ je HH	$GWEV_h$	$GWEV_h$	$GWEV_h$ je HH	$GWEV_h$
	in Mrd. DM	in DM	in %	in Mrd. DM	in DM	in %
1	-1,020	-712,00	-0,25	-44,314	-30924,01	-10,84
2	-2,088	-1393,58	-0,39	-59,290	-39579,58	-11,00
3	-7,003	-6137,58	-1,30	16,679	-40910,29	-8,70
4	-15,617	-11985,64	-2,05	-68,713	-52734,31	-9,01
5	-20,096	-18055,81	-2,84	-45,867	-41210,42	-6,49
6	-37,407	-21584,90	-3,01	-82,317	-47499,69	-6,63
7	-69,049	-26639,37	-2,95	-139,825	-53944,73	-5,97
8	-74,259	-37542,70	-3,53	-87,665	-44320,16	-4,17
9	-97,699	-50569,03	-3,85	-105,590	-54653,02	-4,16
10	-106,735	-63684,44	-4,04	-112,534	-67144,31	-4,26
11	-107,630	-76117,28	-4,29	-67,025	-47401,01	-2,67
12	-180,505	-84704,16	-4,10	-109,403	-51338,77	-2,49
13	-134,608	-106157,83	-4,23	-66,918	-52774,74	-2,10
14	-90,608	-126724,56	-4,01	-45,475	-63601,68	-2,01
15	-125,153	-154700,86	-4,07	-51,394	-63528,20	-1,67
16	-147,496	-246649,35	-3,72	113,537	189860,55	2,87
	GWEVHS		GWEVHS	GWEVHS		GWEVHS
	in Mrd. DM		in %	in Mrd. DM		in %
1-16	-1216,974		-3,66	-1019,473		-3,07

	TC			GG		
h	$GWEV_h$	$GWEV_h$ je HH	$GWEV_h$	$GWEV_h$	$GWEV_h$ je HH	$GWEV_h$
	in Mrd. DM	in DM	in %	in Mrd. DM	in DM	in %
1	-2,432	-1697,30	-0,60	5,607	3913,04	1,37
2	-2,476	-1653,11	-0,46	6,529	4358,59	1,21
3	-5,876	-5150,17	-1,09	5,652	4953,75	1,05
4	-13,809	-10597,63	-1,81	0,223	171,01	0,03
5	-17,645	-15853,75	-2,50	0,291	261,67	0,04
6	-32,274	-18622,98	-2,60	-2,256	-1301,88	-0,18
7	-61,568	-23753,25	-2,63	2,164	834,90	0,09
8	-66,490	-33614,64	-3,16	0,702	354,67	0,03
9	-87,597	-45340,09	-3,45	-7,252	-3753,86	-0,29
10	-89,152	-53193,23	-3,37	-9,907	-5911,19	-0,37
11	-87,475	-61863,41	-3,49	-2,144	-1516,60	-0,09
12	-145,989	-68507,29	-3,32	11,676	5479,17	0,27
13	-102,963	-81201,07	-3,23	13,323	10506,77	0,42
14	-65,902	-92170,49	-2,91	20,904	29236,30	0,92
15	-82,444	-101908,17	-2,68	37,526	46385,80	1,22
16	-70,929	-118610,85	-1,79	159,134	266110,29	4,02
	GWEVHS		GWEVHS	GWEVHS		GWEVHS
	in Mrd.DM		in %	in Mrd. DM		in %
1-16	-935,020		-2,82	242,171		0,73
				GWEVSS		GWEVSS
				in Mrd. DM		in %
				-1741,884		-20,01
				GWSEV		GWSEV
				in Mrd. DM		in %
				-1499,713		-3,58

Hinweis: Ausgewiesen wird der Gegenwartswert der Wohlfahrtseffekte jeweils für die Perioden 0 bis ∞.
Finanzierungsvarianten:
TY add.: Additive Anpassung der Einkommensteuersätze
TR: Anpassung der Transferzahlungen des Staates
TC: (Multiplikative) Anpassung der Mehrwertsteuersätze
GG: Anpassung der Staatsausgaben

Während bei multiplikativer Anpassung ein durchgehend progressiver Belastungsverlauf festzustellen ist, nimmt bei additiver Anpassung die Belastung der Haushalte bis zur 11. Einkommensklasse (-4,29%) zu und verringert sich bei den nachfolgenden Einkommensklassen wieder. Der prozentuale Wohlfahrtsverlust der obersten Einkommensklasse liegt mit 3,72% zwischen dem der 8. und der 9. Einkommensklasse mit Wohlfahrtsverlusten in Höhe von 3,53% und 3,85%. Bei multiplikativer Anpassung der Einkommensteuersätze hingegen erleidet die 16. Einkommensklasse mit 6,62% den mit Abstand größten Wohlfahrtsverlust.

Insgesamt ergibt sich für den Haushaltssektor mit -3,66% ein geringerer Wohlfahrtseffekt als bei multiplikativer Anpassung mit -3,86%. Dennoch könnte je nach Gewichtung der Wohlfahrtseffekte der einzelnen Einkommensklassen unter sozialpolitischen Aspekten eine multiplikative Anpassung der Einkommensteuersätze gesellschaftlich wünschenswert sein.

Erwartungsgemäß belastet eine Finanzierung der Abschaffung der Gewinnsteuern über eine Anpassung der staatlichen Transferzahlungen in erster Linie die einkommensschwachen Haushalte. Der Belastungsverlauf ist nahezu durchgehend regressiv. Die größten Wohlfahrtseinbußen erleiden dabei die beiden untersten Einkommensklassen mit jeweils ca. 11%, da bei diesen Haushalten der Anteil des Transfereinkommens mit nahezu 80% am Bruttoeinkommen die dominierende Einkommenskomponente darstellt. Betrachtet man die Struktur des Bruttoeinkommens der Haushalte in FRG, so zeigt sich ein enger Zusammenhang zwischen der Bedeutung des Transfereinkommens am gesamten Bruttoeinkommen eines Haushalts und den bei dieser Finanzierungsform resultierenden Belastungseffekten.[1]
Mit steigendem Einkommen nimmt die prozentuale Belastung ab und endet in einem positiven Wohlfahrtseffekt in Höhe von 2,87% für die oberste Einkommensklasse. Da das Transfereinkommen als Einkommenskomponente bei der obersten Einkommensklasse vergleichsweise unbedeutend ist, führt auch eine Reduktion der staatlichen Zahlungen zu keinen wesentlichen Wohlfahrtsveränderungen.

Tabelle 8-19: Niveaus der zentralen Modellvariablen und der Wachstumsrate des Kapitalstocks in FRG bei Abschaffung der Gewinnsteuern und verschiedenen Finanzierungsarten

	Periode	PLF	PLR	PK	PSTF	GKF
TY add.	1	1	1,13239	1,12991	1,05741	0,99953
	100	1	1,13655	1,13153	1,05760	0,99947
TR	1	1	1,17789	1,17407	0,86857	1,02244
	100	1	1,14720	1,14098	0,88544	1,00516
TC	1	1	1,11340	1,11163	2,48111	1,09002
	100	1	1,05937	1,05559	1,70861	1,00754
GG	1	1	1,24823	1,24216	0,79102	1,06355
	100	1	1,14362	1,13650	0,86939	1,00810

Durch den Anstieg des Preises des Faktors Kapital um 17% in der 1. Periode bzw. 14% in der 100. Periode kommt es jedoch zu einem Anstieg der Kapitalein-

[1] Zur Struktur des Bruttoeinkommens der Haushalte in FRG siehe Abbildung 4-4.

kommen, so daß sich insgesamt bei der 16. Einkommensklasse bei Transferfinanzierung ein Wohlfahrtszuwachs einstellt. Tabelle 8-19 zeigt, daß zur Finanzierung der Steuerreform die Transferzahlungen in der 1. Periode um ca. 13% vermindert werden müssen. Wegen des erhöhten gesamtwirtschaftlichen Wachstums können die staatlichen Transferzahlungen im Zeitablauf wieder angehoben werden.

Im Gegensatz zu der Transferfinanzierung belastet eine Anpassung der Mehrwertsteuersätze insbesondere die mittleren Einkommensklassen. Die Belastungsverteilung weist einen bogenförmigen Verlauf auf. Dabei resultieren die geringen Wohlfahrtseinbußen der unteren Einkommensklassen aus der Anpassung der Transferzahlungen an das Preisniveau. Zur Finanzierung des Steuereinnahmenausfalls müssen die Mehrwertsteuersätze in der 1. Periode auf das 2,5-fache erhöht werden (siehe PSTF in Tabelle 8-19). Aufgrund der gesamtwirtschaftlichen Effekte können auch hier die Sätze langfristig bis auf das 1,8-fache reduziert werden.

Von besonderem Interesse sind die individuellen Wohlfahrtseffekte der Abschaffung der Gewinnsteuern bei Finanzierung über die Anpassung der Staatsausgaben, da bei dieser Variante die privaten Haushalte nicht unmittelbar über eine Steuererhöhung bzw. eine Verminderung der Transferzahlungen belastet werden. Da die vom Staat kostenlos bereitgestellten öffentlichen Güter nicht in die Nutzenfunktion der Haushalte eingehen, sind für die individuellen Wohlfahrtseffekte vornehmlich die aus der Abschaffung der Gewinnsteuern resultierenden Effekte relevant.
Wie Tabelle 8-18 zeigt, kommt es zu einem bogenförmigen Verlauf der Wohlfahrtseffekte. Während bei den Einkommensklassen 4 bis 13 nur geringfügige Wohlfahrtsveränderungen eintreten, weisen die übrigen Klassen Wohlfahrtsgewinne um 1% bzw. 4% bei der obersten Einkommensklasse aus. Auffällig ist der starke Anstieg des Preises des Faktors Kapital um 24% in der 1. Periode, der wiederum zu höheren Kapitaleinkommen und somit zu einem gestiegenen verfügbaren Einkommen der Haushalte führt. Betrachtet man den Wohlfahrtseffekt für den Haushaltssektor, so zeigt sich, daß dieser einen dynamischen Wohlfahrtsgewinn in Höhe von 242 Mrd. DM (0,73%) realisiert.
Der Staat erleidet einen Wohlfahrtsverlust in Höhe von 1.742 Mrd. DM, der sich ergänzt um den Wohlfahrtsgewinn des Haushaltssektors in Höhe von 242 Mrd. DM zu einem sozialen Wohlfahrtsverlust in Höhe von 1.500 Mrd. DM summiert.

Tabelle 8-19 gibt weiterhin Auskunft darüber, daß das Volumen der Staatsausgaben in der 1. Periode auf 73% des ursprünglichen Niveaus reduziert werden muß und im Zeitablauf wieder bis auf 87% ansteigt. Die Wachstumsrate des Kapitalstocks in FRG erhöht sich im Gegensatz zu der Entwicklung bei einer Anpassung der Einkommensteuersätze in der 1. Periode um ca. 6%.

8.3 Simulationsergebnisse der Abschaffung der Gewinnsteuern im Überblick

Zu einem Überblick über die Verteilungseffekte der Abschaffung der Gewinnsteuern bei verschiedenen Finanzierungsarten sind die prozentualen dynamischen Wohlfahrtseffekte je Einkommensklasse in Abbildung 8-6 dargestellt. Hier zeigt sich, daß allein bei Finanzierung über eine Anpassung der Staatsausgaben ein Großteil der Einkommensklassen leichte Wohlfahrtsgewinne realisieren kann. Dies sind insbesondere die unteren Einkommensklassen 1 bis 5 sowie die oberen Einkommensklassen 12 bis 16. Im Mittelpunkt der Untersuchung stand die Finanzierung über eine multiplikative Anpassung der Einkommensteuersätze. Bei dieser Finanzierungsvariante nehmen die Belastungseffekte mit steigendem Einkommen tendenziell zu. Im Vergleich zu dieser Finanzierungsart entwickelt sich der Belastungsverlauf bei additiver Anpassung der Einkommensteuersätze und der Anpassung der Mehrwertsteuersätze bis zu der 10. Einkommensklasse weitgehend parallel. Bei den Einkommensklassen 11 bis 16 nehmen die Belastungswirkungen im Gegensatz zu der Entwicklung bei multiplikativer Anpassung der Einkommensteuersätze wieder leicht ab. Völlig andere Verteilungseffekte erhält man hingegen bei einer Anpassung der Transferzahlungen des Staates. Diese Finanzierungsvariante hat starke Wohlfahrtseinbußen von über 10% für die unteren beiden Einkommensklassen zur Folge. Mit zunehmendem Einkommen nimmt die Belastung für die Haushalte ab und bringt für die oberste Einkommensklasse sogar einen Wohlfahrtsgewinn mit sich.

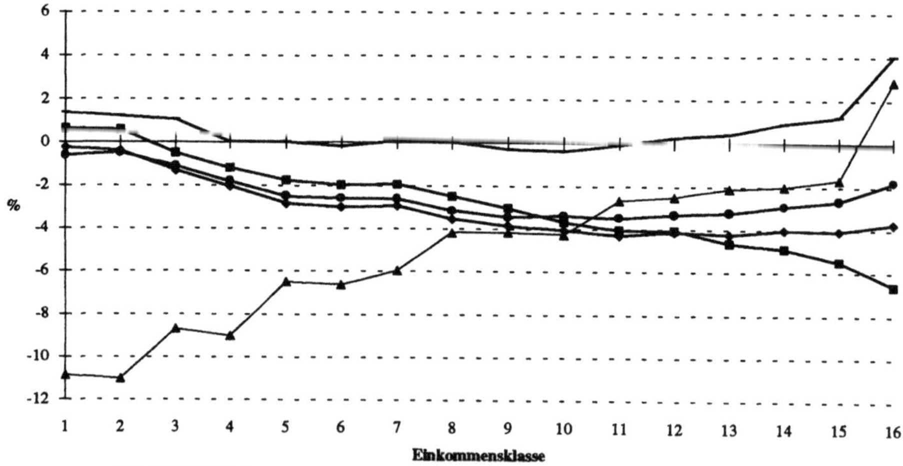

Abbildung 8-6: Prozentuale dynamische Wohlfahrtseffekte bei Abschaffung der Gewinnsteuern je Einkommensklasse und verschiedenen Finanzierungsarten im Überblick

Nimmt man eine Bewertung der Finanzierungsarten anhand des dynamischen Wohlfahrtseffektes des Haushaltssektors vor, erweisen sich die Finanzierungsvarianten mit Anpassung der Einkommensteuersätze als ungünstig. Im Vergleich hierzu kommt es bei Anpassung der Mehrwersteuersätze mit 3,07% sowie bei Anpassung der Transferzahlungen mit 2,82% zu geringeren Wohlfahrtsverlusten für den Haushaltssektor. Allein bei einer Anpassung der Staatsausgaben kommt es zu einem Wohlfahrtsgewinn in Höhe von 0,73% für den Haushaltssektor bei Abschaffung der Gewinnsteuern. Unter Einbezug des Wohlfahrtsverlustes des Staates ist jedoch zu berücksichtigen, daß es auch bei dieser Finanzierungsvariante zu einem sozialen Wohlfahrtsverlust kommt.

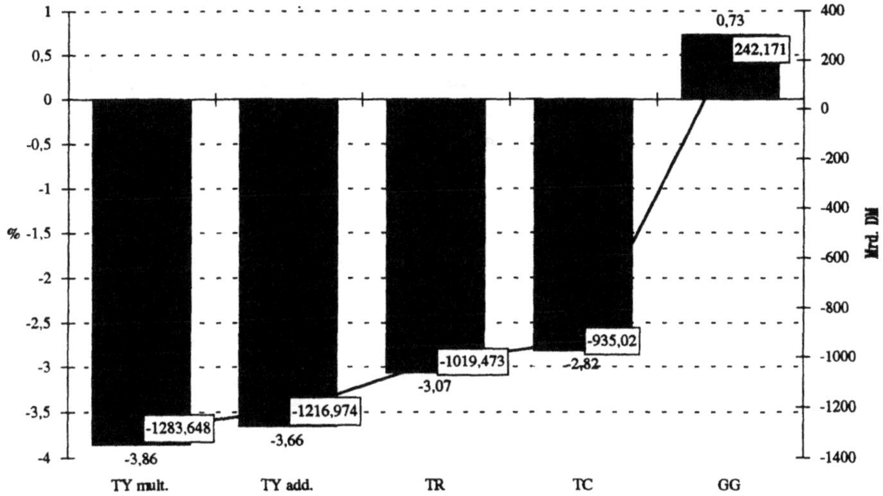

Abbildung 8-7: Dynamische Wohlfahrtseffekte der Abschaffung der Gewinnsteuern für den Haushaltssektors bei verschiedenen Finanzierungsarten im Überblick

Somit kann festgehalten werden, daß bei Finanzierung der Abschaffung der Gewinnsteuern über die Staatsausgaben der Haushaltssektor geringe Wohlfahrtsgewinne realisieren kann, es bei allen anderen Finanzierungsvarianten jedoch zu Wohlfahrtsverlusten kommt. Bei einer Anpassung der Einkommensteuersätze kommt es zu größeren Verzerrungseffekten, so daß die Wohlfahrtsverluste im Vergleich zu einer Anpassung der Mehrwertsteuersätze bzw. der Transferzahlungen höher ausfallen.

8.4 EXKURS: Verschiedene Gewinnsteuerverteilungssituationen

Bei den bisherigen Untersuchungen wurde davon ausgegangen, daß die Gewinnsteuern vollständig den Faktor Kapital belasten. In diesem Exkurs soll untersucht werden, inwieweit sich die Ergebnisse der Abschaffung der Gewinnsteuern ändern, wenn zum einen die Gewinnsteuern entsprechend dem ursprünglichen Verhältnis von Kapital zu Arbeit auf die Faktoren verteilt werden (Fall B) und zum anderen, wenn ausschließlich der Faktor Arbeit mit Gewinnsteuern belastet wird (Fall C).

Es ist zu betonen, daß bei unterschiedlicher Gewinnsteuerverteilungssituation jeweils die Kalibrationsprozedur neu durchzuführen ist, da die Gesamtsteuersätze für den Faktor Arbeit und Kapital auf die Bestimmung des Verteilungsparameters (ε_j) der CES-Wertschöpfungsfunktion Einfluß haben.
Die beiden folgenden Tabellen weisen die Steuersätze für die Faktoren Arbeit und Kapital in der Referenzsituation sowie nach Abschaffung der Gewinnsteuern für die Gewinnsteuerverteilungssituationen B bzw. C aus.

Tabelle 8-20: Steuersätze auf die Faktoren Arbeit und Kapital und prozentuale Veränderung der Steuersätze bei Abschaffung der Gewinnsteuern (Fall B)

Fall B	$\theta_{L,j}^{RS}$	$\theta_{K,j}^{RS}$	$\theta_{L,j}^{AS}$	$\theta_{K,j}^{AS}$	$\Delta\theta_{L,j}$	$\Delta\theta_{K,j}$
j	in %	in %	in %	in %	in %	in %
1	24,70	13,58	17,22	6,77	-30,27	-50,15
2	57,51	4,87	51,86	1,11	-9,83	-77,26
3	52,06	3,70	48,57	1,32	-6,70	-64,26
4	48,49	3,32	45,66	1,35	-5,83	-59,27
5	49,00	2,19	47,39	1,08	-3,28	-50,48
6	51,63	4,43	47,84	1,82	-7,33	-58,82
7	48,22	4,53	44,44	1,87	-7,83	-58,79
8	46,73	6,34	40,78	2,02	-12,74	-68,07
9	49,60	6,72	43,86	2,62	-11,58	-60,99
10	46,79	6,48	40,84	2,17	-12,70	-66,47
11	51,85	11,78	41,93	4,48	-19,13	-61,99
12	49,04	0	49,04	0	0	0

Tabelle 8-21: Steuersätze auf die Faktoren Arbeit und Kapital und prozentuale Veränderung der Steuersätze auf den Faktor Arbeit bei Abschaffung der Gewinnsteuern (Fall C)

Fall C	$\theta^{RS}_{L,j}$	$\theta^{RS}_{K,j}$	$\theta^{AS}_{L,j}$	$\theta^{AS}_{K,j}$	$\Delta\theta_{L,j}$
j	in %	in %	in %	in %	in %
1	28,80	6,77	17,22	6,77	-40,19
2	63,65	1,11	51,86	1,11	-18,53
3	53,39	1,32	48,57	1,32	-9,02
4	49,30	1,35	45,66	1,35	-7,37
5	49,30	1,08	47,39	1,08	-3,87
6	52,69	1,82	47,84	1,82	-9,20
7	49,28	1,87	44,44	1,87	-9,81
8	49,61	2,02	40,78	2,02	-17,79
9	51,41	2,62	43,86	2,62	-14,70
10	49,38	2,17	40,84	2,17	-17,28
11	67,59	4,48	41,93	4,48	-37,96
12	49,04	0	49,04	0	0

8.4.1 Wirkungen auf den Kapital-/Arbeitseinsatz und Outputeffekte im primären Unternehmenssektor

Im Fall A, dem Standardfall, bei dem die Gewinnsteuern ausschließlich auf dem Faktor Kapital lasten, erbrachten die Simulationsrechnungen einen relativen Anstieg des Preises des Faktors Kapital um ca. 13% in der 1. Periode. Im Unterschied hierzu bleibt das Niveau des Preises des Faktors Kapital im Fall B nahezu unverändert, während im Fall C der Preis des Faktors Kapital im Verhältnis zum Preis des Faktors Arbeit in FRG um ca. 7% zurückgeht. Die Einkommensteuersätze müssen im Extremfall der ausschließlichen Belastung des Faktors Arbeit durch die Gewinnsteuern langfristig lediglich um 5% erhöht werden im Vergleich zu einer Erhöhung von fast 17% im Fall A. Entsprechend kommt es auch im Fall B bzw. C zu einer geringeren Reduzierung der gesamtwirtschaftlichen Wachstumsrate als im Fall A. In Abbildung 8-8 sind die Niveaus der zentralen Modellvariablen für den Fall C graphisch dargestellt.

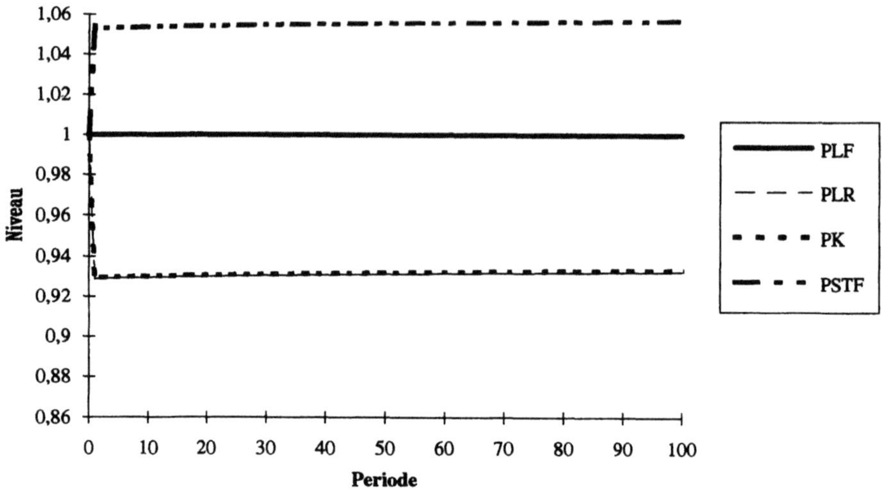

Abbildung 8-8: Niveaus der zentralen Modellvariablen bei Abschaffung der Gewinnsteuern (Fall C)
(Finanzierung: Multiplikative Anpassung der Einkommensteuersätze)

Tabelle 8-22: Niveaus der zentralen Modellvariablen und der Wachstumsrate des Kapitalstocks in FRG bei Abschaffung der Gewinnsteuern (Fall B und C)
(Finanzierung: Multiplikative Anpassung der Einkommensteuersätze)

Fall B					
Periode	PLF	PLR	PK	PSTF	GKF
1	1	1,0218	1,0208	1,1030	0,9960
100	1	1,0284	1,0264	1,1078	0,9985

Fall C					
Periode	PLF	PLR	PK	PSTF	GKF
1	1	0,9288	0,9292	1,0539	0,9967
100	1	0,9325	0,9332	1,0568	0,9990

Betrachtet man die Veränderung der Nachfrage nach den Faktoren Arbeit und Kapital, so zeigt Tabelle 8-23, daß im Fall B - wie im Fall A - alle Unternehmen das teurer gewordene Kapital durch Arbeit ersetzen. Der negative OE hat an Intensität im Vergleich zum Fall A eingebüßt. Im Fall C kommt es über den SE zu einem verstärkten Einsatz des Faktors Kapital und zu einer Reduzierung des Einsatzes des Faktors Arbeit. Allein für die PB 1, 2 und 11 ergibt sich sowohl in der 1. als auch in der 100. Periode ein SE in Richtung Kapital. Der positive OE führt in allen PB - bis auf den sehr kapitalintensiven PB 11 - insgesamt zu einer Zunahme der Kapitalnachfrage. Bezüglich der Nachfrage nach dem Faktor Arbeit reicht der positive OE nicht in allen PB aus, um den negativen SE zu kompensieren.

Tabelle 8-23: Prozentuale Veränderung der Nachfrage der primären Unternehmen in FRG nach den Faktoren Arbeit und Kapital bei Abschaffung der Gewinnsteuern (Fall B und C)
(Finanzierung: Multiplikative Anpassung der Einkommensteuersätze)

Fall B						
1. Periode	ΔK_j	$\Delta f_{K,j}$	ΔQP_j	ΔL_j	$\Delta f_{L,j}$	ΔQP_j
j	GE	SE	OE	GE	SE	OE
	in %	in %	in %	in %	in %	in %
1	-1,79	-0,89	-0,90	-0,41	0,49	-0,90
2	-1,90	-0,93	-0,98	0,03	1,02	-0,98
3	-2,29	-1,31	-0,99	-0,49	0,50	-0,99
4	-2,20	-1,17	-1,04	-0,71	0,34	-1,04
5	-2,55	-1,42	-1,15	-0,88	0,27	-1,15
6	-2,23	-1,18	-1,06	-0,73	0,33	-1,06
7	-2,66	-1,45	-1,23	-0,83	0,41	-1,23
8	-1,96	-0,98	-0,99	-0,51	0,48	-0,99
9	-3,13	-1,48	-1,68	-1,22	0,47	-1,68
10	-2,58	-1,35	-1,25	-0,66	0,60	-1,25
11	-0,81	-0,75	-0,06	1,15	1,21	-0,06
12	-2,27	-1,81	-0,48	-0,34	0,13	-0,48
1-12	-1,61			-0,35		

Fall C						
1. Periode	ΔK_j	$\Delta f_{K,j}$	ΔQP_j	ΔL_j	$\Delta f_{L,j}$	ΔQP_j
j	GE	SE	OE	GE	SE	OE
	in %	in %	in %	in %	in %	in %
1	0,60	-0,93	1,02	2,02	0,47	1,01
2	0,99	-0,06	1,01	1,12	0,06	1,01
3	3,18	2,73	1,00	-0,54	-0,98	1,00
4	2,81	2,86	1,00	-0,82	-0,78	1,00
5	4,23	4,32	1,00	-0,85	-0,77	1,00
6	2,64	2,42	1,00	-0,43	-0,64	1,00
7	3,65	2,93	1,01	-0,08	-0,78	1,01
8	2,21	0,62	1,02	1,29	-0,28	1,02
9	1,61	1,64	1,00	-0,52	-0,48	1,00
10	1,78	0,99	1,01	0,37	-0,40	1,01
11	-1,33	-3,68	1,02	7,75	5,18	1,02
12	7,46	6,73	1,01	0,22	-0,47	1,01
1-12	0,48			1,41		

Fall B						
100. Periode	ΔK_j	$\Delta f_{K,j}$	ΔQP_j	ΔL_j	$\Delta f_{L,j}$	ΔQP_j
j	GE	SE	OE	GE	SE	OE
	in %	in %	in %	in %	in %	in %
1	-2,31	-1,13	-1,19	-0,57	0,62	-1,19
2	-2,39	-1,18	-1,23	0,05	1,30	-1,23
3	-2,82	-1,66	-1,18	-0,55	0,64	-1,18
4	-2,67	-1,48	-1,21	-0,79	0,43	-1,21
5	-3,10	-1,80	-1,33	-0,99	0,34	-1,33
6	-2,73	-1,49	-1,26	-0,85	0,42	-1,26
7	-3,29	-1,83	-1,48	-0,97	0,52	-1,48
8	-2,52	-1,24	-1,29	-0,69	0,61	-1,29
9	-3,83	-1,86	-2,01	-1,42	0,59	-2,00
10	-3,20	-1,71	-1,52	-0,78	0,75	-1,52
11	-1,30	-0,95	-0,35	1,17	1,53	-0,35
12	-2,89	-2,28	-0,62	-0,46	0,17	-0,62
1-12	-2,14			-0,44		

Fall C						
100. Periode	ΔK_j	$\Delta f_{K,j}$	ΔQP_j	ΔL_j	$\Delta f_{L,j}$	ΔQP_j
j	GE	SE	OE	GE	SE	OE
	in %	in %	in %	in %	in %	in %
1	0,20	-1,12	1,34	1,91	0,57	1,34
2	0,60	-0,27	0,87	1,14	0,27	0,87
3	2,74	2,44	0,30	-0,58	-0,88	0,30
4	2,42	2,60	-0,17	-0,88	-0,71	-0,17
5	3,77	4,00	-0,22	-0,93	-0,71	-0,22
6	2,23	2,16	0,07	-0,51	-0,58	0,07
7	3,15	2,62	0,52	-0,18	-0,69	0,52
8	1,77	0,41	1,36	1,17	-0,18	1,35
9	1,07	1,32	-0,24	-0,63	-0,39	-0,24
10	1,29	0,70	0,59	0,30	-0,28	0,59
11	-1,70	-3,85	2,23	7,79	5,43	2,23
12	6,94	6,32	0,58	0,14	-0,44	0,58
1-12	0,06			1,36		

Aufgrund des wenn auch nur leicht gestiegenen Preises des Faktors Kapital im Fall B nimmt die Kapitalintensität durchgehend in allen PB ab. PB mit gleicher Substitutionselastizität zwischen Arbeit und Kapital verringern die Kapitalintensität in gleichem Maße. Entsprechend den Ergebnissen bei der Betrachtung der Faktorsubstitutionseffekte der PB im Fall C setzen die Unternehmen bis auf die PB 1, 2 und 11 verstärkt Kapital im Verhältnis zu Arbeit ein, so daß die Kapitalintensität zunimmt (siehe Tabelle 8-24).

Tabelle 8-24: Prozentuale Veränderung der Kapitalintensität der primären Unternehmen in FRG bei Abschaffung der Gewinnsteuern (Fall B und C) (Finanzierung: Multiplikative Anpassung der Einkommensteuersätze)

	$\frac{K_j}{L_j}$	σ_j	Fall B $\Delta\frac{K_j}{L_j}$		Fall C $\Delta\frac{K_j}{L_j}$	
j	RS		1. Periode	100. Periode	1. Periode	100. Periode
			in %	in %	in %	in %
1	0,6015	0,6759	-1,3820	-1,7462	-1,3906	-1,6782
2	1,6303	0,9500	-1,9370	-2,4456	-0,1267	-0,5359
3	0,5574	0,8852	-1,8061	-2,2807	3,7458	3,3496
4	0,4111	0,7373	-1,5066	-1,9033	3,6634	3,3336
5	0,2711	0,8253	-1,6849	-2,1280	5,1274	4,7531
6	0,4068	0,7373	-1,5066	-1,9033	3,0844	2,7564
7	0,3967	0,9060	-1,8481	-2,3336	3,7414	3,3360
8	0,6669	0,7117	-1,4547	-1,8378	0,9029	0,5930
9	0,4414	0,9500	-1,9370	-2,4456	2,1373	1,7188
10	0,6013	0,9500	-1,9370	-2,4456	1,4000	0,9845
11	2,1545	0,9500	-1,9370	-2,4456	-8,4289	-8,8041
12	0,1075	0,9500	-1,9370	-2,4456	7,2268	6,7875
1-12	0,8081		-1,2656	-1,7090	-0,9193	-1,2747

8.4.2 Wohlfahrtseffekte

Bei Betrachtung der Auswirkungen der verschiedenen Gewinnsteuerverteilungssituationen auf den Haushaltssektor zeigt sich, daß die Nachfrage nach zukünftigem Konsum in beiden Fällen zurückgeht. Im Fall B kommt es darüber hinaus zu einem Rückgang der Nachfrage nach heutigem Konsum, so daß es zu Wohlfahrtsverlusten im Haushaltssektor kommt. Im Fall C hingegen realisiert der Haushaltssektor insgesamt - wie Abbildung 8-9 verdeutlicht - über den gesamten Betrachtungszeitraum eine leicht gestiegene Nachfrage nach heutigem Konsum.

Wie Tabelle 8-26 zeigt, führt die gestiegene Nachfrage nach heutigem Konsum im Fall B bei den Einkommensklassen 1-5 und im Fall C bei den Einkommensklassen 1-14 zu positiven Wohlfahrtseffekten. Für den Haushaltssektor ergibt sich im Fall B in der 1. Periode ein Wohlfahrtsverlust in Höhe von ca. 23 Mrd. DM (1,4%) und im Fall C ein Wohlfahrtsgewinn von ca. 13 Mrd. DM (0,8%). Die Wohlfahrtsgewinne verteilen sich im Fall C absolut und prozentual in erster Linie auf die mittleren Einkommensbezieher.

Die Betrachtung der periodischen Wohlfahrtseffekte für die 100. Periode zeigt, daß sich der Wohlfahrtsverlust des Haushaltssektors langfristig im Fall B noch verstärkt bzw. sich der Wohlfahrtsgewinn im Fall C abschwächt.

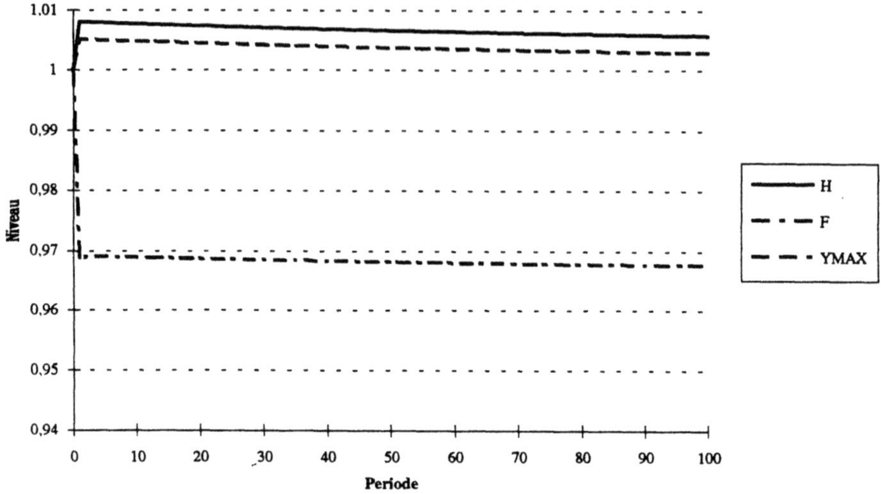

Abbildung 8-9: Niveaus der Nachfrage nach heutigem und zukünftigem Konsum sowie des maximal verfügbaren Einkommens bei Abschaffung der Gewinnsteuern (Fall C)
(Finanzierung: Multiplikative Anpassung der Einkommensteuersätze)

Tabelle 8-25: Niveaus der Nachfrage nach heutigem und zukünftigem Konsum sowie des maximal verfügbaren Einkommens bei Abschaffung der Gewinnsteuern (Fall B und C)
(Finanzierung: Multiplikative Anpassung der Einkommensteuersätze)

Fall B				**Fall C**			
Periode	H	F	YMAX	Periode	H	F	YMAX
1	0,9860	0,9861	0,98583	1	1,00806	0,96833	1,00304
100	0,9827	0,9834	0,98258	100	1,00579	0,96763	1,00289

Entsprechend der Entwicklung der periodischen Wohlfahrtseffekte liegt der dynamische Wohlfahrtseffekt des Haushaltssektors im Fall C unterhalb des Niveaus des periodischen Effektes der 1. Periode. Bei alleiniger Belastung des Faktors Arbeit mit Gewinnsteuern ergibt sich ein dynamischer Wohlfahrtsgewinn in Höhe von ca. 204 Mrd. DM (0,62%). Im Fall B beträgt der dynamische Wohlfahrtsverlust ca. 506 Mrd. DM (1,53%).

Tabelle 8-26: Periodische Wohlfahrtseffekte der Abschaffung der Gewinnsteuern (Fall B und C) (Finanzierung: Multipl. Anpassung der Einkommensteuersätze)

	Fall B: 1. Periode			**Fall C: 1. Periode**		
h	EV_h	EV_h je HH	EV_h	EV_h	EV_h je HH	EV_h
	in Mrd. DM	in DM	in %	in Mrd. DM	in DM	in %
1	0,124	86,43	0,51	0,089	61,81	0,37
2	0,217	144,98	0,68	0,230	153,70	0,73
3	0,076	66,92	0,26	0,273	239,27	0,93
4	0,059	45,00	0,14	0,582	446,42	1,40
5	0,028	24,83	0,07	0,694	623,32	1,81
6	-0,015	-8,58	-0,02	1,239	714,69	1,85
7	-0,103	-39,67	-0,08	2,120	818,00	1,69
8	-0,294	-148,60	-0,26	2,081	1052,26	1,86
9	-0,800	-414,12	-0,60	2,323	1202,22	1,74
10	-1,419	-846,79	-1,06	2,000	1193,11	1,49
11	-1,610	-1138,29	-1,27	1,767	1249,80	1,40
12	-3,142	-1474,66	-1,44	2,364	1109,21	1,08
13	-2,939	-2317,49	-1,91	1,092	861,21	0,71
14	-2,433	-3402,20	-2,30	0,162	226,41	0,15
15	-3,887	-4804,90	-2,81	-0,378	-466,64	-0,27
16	-6,886	-11515,24	-4,16	-3,412	-5705,67	-2,06
	EVHS		EVHS	EVHS		EVHS
	in Mrd. DM		in %	in Mrd. DM		in %
1-16	-23,024		-1,40	13,225		0,80

	Fall B: 100. Periode			**Fall C: 100. Periode**		
h	EV_h	EV_h je HH	EV_h	EV_h	EV_h je HH	EV_h
	in Mrd. DM	in DM	in %	in Mrd. DM	in DM	in %
1	0,475	331,66	0,43	0,344	239,95	0,31
2	0,872	582,39	0,60	0,971	648,03	0,67
3	0,147	128,75	0,11	1,106	969,38	0,83
4	-0,040	-30,51	-0,02	2,435	1868,63	1,28
5	-0,265	-237,67	-0,15	2,887	2594,09	1,65
6	-0,756	-436,34	-0,25	5,160	2977,62	1,69
7	-1,810	-698,38	-0,32	8,723	3365,27	1,52
8	-2,750	-1390,48	-0,54	8,498	4296,21	1,67
9	-5,389	-2789,45	-0,89	9,362	4845,74	1,54
10	-8,315	-4961,16	-1,36	7,818	4664,54	1,28
11	-9,265	-6552,48	-1,61	6,707	4743,39	1,17
12	-17,711	-8311,05	-1,78	8,414	3948,50	0,85
13	-15,924	-12558,17	-2,28	3,219	2538,73	0,46
14	-12,894	-18034,19	-2,68	-0,514	-718,21	-0,11
15	-20,256	-25037,86	-3,22	-3,475	-4296,02	-0,55
16	-35,516	-59391,38	-4,71	-18,381	-30736,75	-2,44
	EVHS		EVHS	EVHS		EVHS
	in Mrd. DM		in %	in Mrd. DM		in %
1-16	-129,397		-1,73	43,274		0,58

Tabelle 8-27: Dynamische Wohlfahrtseffekte der Abschaffung der Gewinnsteuern
(Fall B und C)
(Finanzierung: Multiplikative Anpassung der Einkommensteuersätze)

	Fall B: Perioden 0-∞			Fall C: Perioden 0-∞		
h	$GWEV_h$	$GWEV_h$ je HH	$GWEV_h$	$GWEV_h$	$GWEV_h$ je HH	$GWEV_h$
	in Mrd. DM	in DM	in %	in Mrd. DM	in DM	in %
1	1,910	1333,15	0,47	1,366	952,90	0,33
2	3,381	2257,27	0,63	3,616	2414,01	0,67
3	1,141	1000,10	0,21	4,596	4028,43	0,86
4	0,749	574,80	0,10	9,879	7582,12	1,30
5	0,140	126,08	0,02	11,868	10663,42	1,68
6	-0,863	-497,77	-0,07	21,307	12295,09	1,72
7	-3,008	-1160,46	-0,13	36,488	14077,23	1,56
8	-6,499	-3285,59	-0,31	36,091	18246,13	1,72
9	-16,077	-8321,55	-0,63	40,872	21155,38	1,61
10	-28,309	-16890,90	-1,07	36,127	21555,57	1,37
11	-32,289	-22835,41	-1,29	32,014	22640,87	1,28
12	-63,620	-29854,70	-1,45	42,747	20059,52	0,97
13	-60,829	-47972,42	-1,91	19,596	15454,10	0,62
14	-51,884	-72564,82	-2,29	1,740	2433,87	0,08
15	-85,846	-106113,68	-2,79	-10,424	-12885,45	-0,34
16	-164,910	-275769,72	-4,16	-83,508	-139645,97	-2,11
	GWEVHS		GWEVHS	GWEVHS		GWEVHS
	in Mrd. DM		in %	in Mrd. DM		in %
1-16	-506,812		-1,53	204,376		0,62

Hinweis: In Tabelle 8-26 wird der Wohlfahrtseffekt in der jeweiligen Periode ausgewiesen.
In Tabelle 8-27 wird der Gegenwartswert der Wohlfahrtseffekte ausgewiesen.

8.4.3 Außenhandelseffekte

Abschließend sollen wiederum die Außenhandelseffekte untersucht werden. Abbildung 8-10 zeigt die Entwicklung der TOT-Indizes für den Fall C im Zeitablauf. Im Gegensatz zu der Entwicklung der Außenhandelsposition in den Fällen A und B ergeben sich hier für FRG Verbesserungen. Sowohl die NBTOT als auch die GBTOT steigen geringfügig im Vergleich zu einer unveränderten Steuerpolitik an, so daß sich daher auch die INCTOT in eine günstige Richtung bewegen.

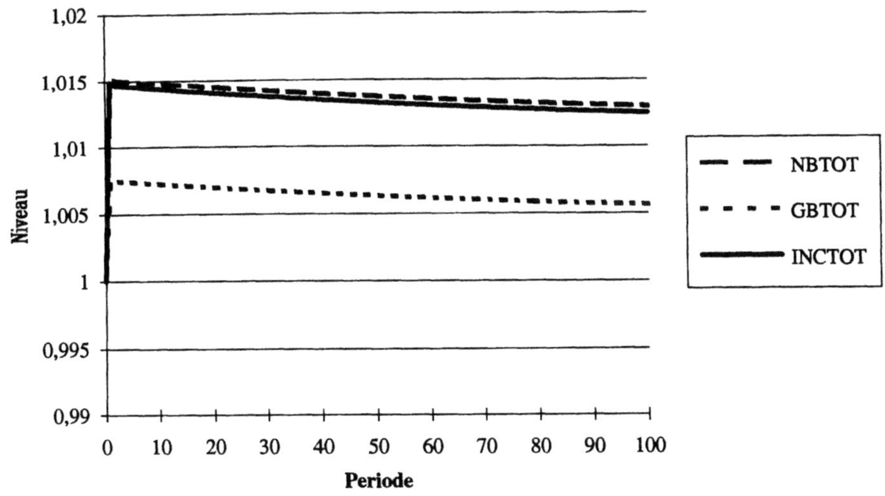

Abbildung 8-10: Niveaus der TOT-Indizes bei Abschaffung der Gewinnsteuern (Fall C)
(Finanzierung: Multiplikative Anpassung der Einkommensteuersätze)

Tabelle 8-28: TOT-Indizes und Niveau des BIP in FRG bei Abschaffung der Gewinnsteuern (Fall B und C)
(Finanzierung: Multiplikative Anpassung der Einkommensteuersätze)

Fall B				
Periode	NBTOT	GBTOT	INCTOT	BIP
1	96,25	98,54	96,33	0,9779
100	95,91	98,21	96,03	0,9749
Fall C				
Periode	NBTOT	GBTOT	INCTOT	BIP
1	101,53	100,75	101,49	1,0111
100	101,30	100,56	101,25	1,0090

8.4.4 Simulationsergebnisse der Abschaffung der Gewinnsteuern bei verschiedenen Gewinnsteuerverteilungssituationen im Überblick

Die Abhängigkeit der Simulationsergebnisse von der gewählten Gewinnsteuerverteilungssituation soll abschließend in diesem Abschnitt anhand einer vergleichenden Darstellung der Wohlfahrtseffekte demonstriert werden.
Zu diesem Zweck sind in Abbildung 8-11 die prozentualen dynamischen Wohlfahrtseffekte der Abschaffung der Gewinnsteuern für die Gewinnsteuerverteilungssituationen A bis C aufgeführt.

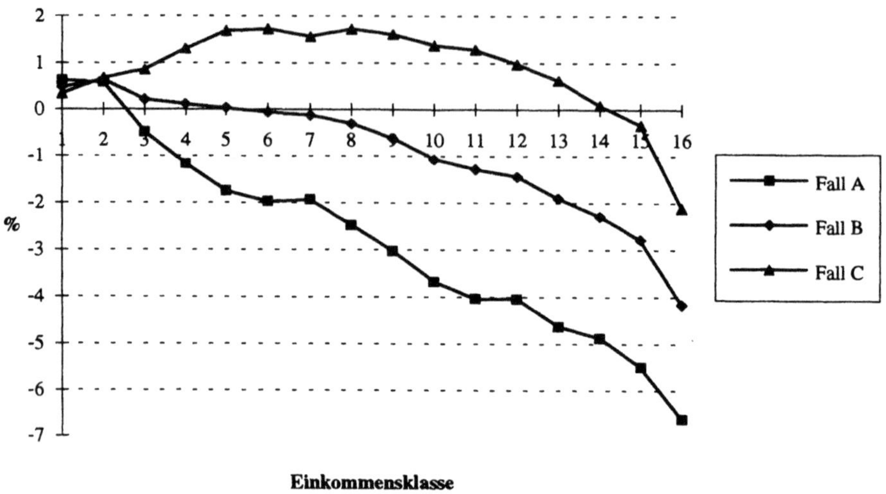

Abbildung 8-11: Prozentuale dynamische Wohlfahrtseffekte je Einkommensklasse der Abschaffung der Gewinnsteuern bei verschiedenen Gewinnsteuerverteilungssituationen im Überblick
(Finanzierung: Multiplikative Anpassung der Einkommensteuersätze)

Als Finanzierungsvariante wurde hier jeweils eine multiplikative Anpassung der Einkommensteuersätze gewählt. Für die Einkommensklassen 1-13 spiegelt sich der Kurvenverlauf der prozentualen Wohlfahrtseffekte je Einkommensklasse für die Fälle A und C nahezu an dem Verlauf der Wohlfahrtseffekte im Fall B. Einen weitgehend gleichgerichten Verlauf weisen die Kurven für alle drei Fälle bei Betrachtung der Einkommensklassen 14 bis 16 auf. Man erkennt nochmals deutlich, daß bei alleiniger Belastung des Faktors Arbeit mit Gewinnsteuern - bis auf die Einkommensklassen 15 und 16 - alle Einkommensklassen einen dynamischen Wohlfahrtsgewinn aus der Abschaffung der Gewinnsteuern erzielen. Im Fall B ist dies nur noch für die Einkommensklassen 1 bis 5 und im Fall A lediglich für die ersten beiden Einkommensklassen gewährleistet.

Aus Abbildung 8-12 geht hervor, daß der Zusammenhang zwischen dem Wohlfahrtsgewinn des Haushaltssektors und der Gewinnsteuerverteilungssituation nahezu linear ist. Bei ausschließlicher Belastung des Faktors Kapital mit Gewinnsteuern kommt es zu einem Wohlfahrtsverlust des Haushaltssektors in Höhe von ca. 1.283 Mrd. DM (3,86%), bei einer Verteilung der Gewinnsteuerbelastung entsprechend dem ursprünglichen Verhältnis von Kapital zu Arbeit in Höhe von ca. 507 Mrd. DM (1,53%) und bei ausschließlicher Belastung des Faktors Arbeit zu einem Wohlfahrtsgewinn des Haushaltssektors in Höhe von ca. 204 Mrd. DM (0,62%).

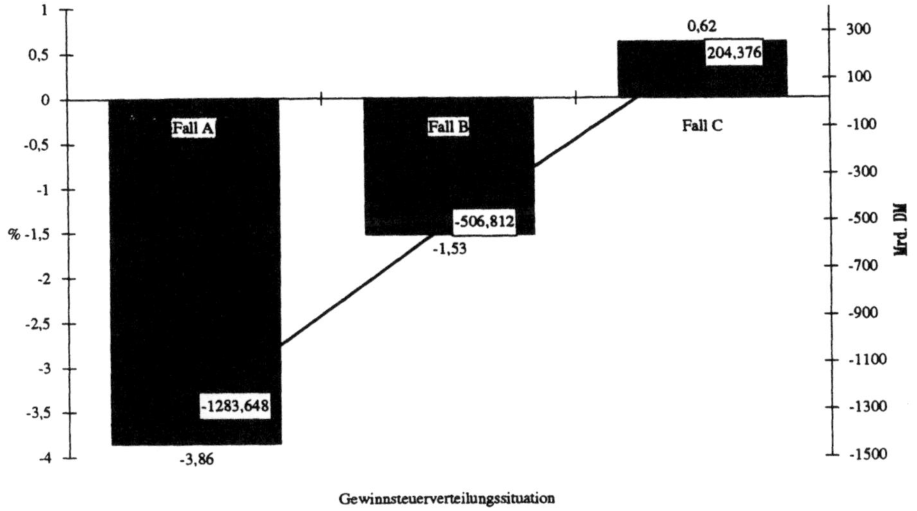

Abbildung 8-12: Dynamische Wohlfahrtseffekte des Haushaltssektors der Abschaffung der Gewinnsteuern bei verschiedenen Gewinnsteuerverteilungssituationen im Überblick
(Finanzierung: Multiplikative Anpassung der Einkommensteuersätze)

Die Analyse der Abschaffung der Gewinnsteuern bei verschiedenen Gewinnsteuerverteilungssituationen hat somit erbracht, daß die Wirkungen der Steuerreform maßgeblich von der Annahme über die Belastungsverteilung der Gewinnsteuern auf die Faktoren Arbeit und Kapital abhängen. Wird im Extremfall davon ausgegangen, daß ausschließlich der Faktor Arbeit mit Gewinnsteuern belastet wird, so kommt es bei der durchgeführten Steuerreform zu einer verstärkten Nachfrage sowohl nach dem Faktor Arbeit als auch nach dem Faktor Kapital und zu einem gestiegenen Output des Unternehmenssektors. Der Haushaltssektor in FRG realisiert in diesem Fall eine Wohlfahrtsverbesserung. Zusätzlich ist FRG in der Lage - wie die Analyse der TOT-Indizes ergeben hat -, eine Verbesserung seiner Außenhandelsposition zu realisieren. Entfällt die Gewinnsteuerbelastung allein auf den Faktor Kapital, so sind die gegenteiligen Effekte festzustellen.

9. Kapitel: Einführung einer reinen Konsumsteuer

Nach der getrennten Darstellung der Wirkungen der Einführung einer S-ESt und der Abschaffung der Gewinnsteuern sollen in diesem Kapitel die Wirkungen der gleichzeitigen Durchführung der beiden steuerpolitischen Maßnahmen untersucht werden. Dieses Steuersystem mit einer S-ESt auf der Haushaltsseite ohne separate Gewinnbesteuerung auf Unternehmensebene entspricht dem idealtypischen Konzept einer reinen Konsumbesteuerung.
Von besonderem Interesse ist bei der gleichzeitigen Einführung einer S-ESt und der Abschaffung der Gewinnsteuern die Frage, inwieweit sich die bei der getrennten Betrachtung dieser Maßnahmen beobachteten Effekte überlagern.
Begonnen wird die Analyse der Einführung einer S-ESt und gleichzeitiger Abschaffung der Gewinnsteuern mit der Finanzierungsalternative "multiplikative Anpassung der Einkommensteuersätze". Daran anschließend werden die Wirkungen der Steuerreform bei verschiedenen weiteren Finanzierungsarten untersucht.

9.1 Finanzierung über multiplikative Anpassung der Einkommensteuersätze

9.1.1 Wohlfahrtseffekte

Die Wirkungsanalyse dieser sich aus zwei Teilprojekten zusammensetzenden Steuerreform beginnt mit der Präsentation der periodischen Wohlfahrtseffekte der Haushalte in FRG. Betrachtet man die prozentuale periodische EV der Haushalte in der 1. Periode, so erkennt man einen geringfügigen Wohlfahrtsverlust der Einkommensklasse 1 in Höhe von 0,16%. Im Vergleich dazu erbrachte die Einführung der S-ESt bei dieser Klasse einen Wohlfahrtseffekt von -0,54% und bei Abschaffung der Gewinnsteuern von 0,69%. Somit addieren sich die Wohlfahrtseffekte der Teilprojekte nahezu zu dem Gesamtwohlfahrtseffekt bei der hier untersuchten Steuerreform. Etwas anders verhält es sich bei der obersten Einkommensklasse. Einem Wohlfahrtsverlust von 12,39% bei Einführung einer S-ESt steht hier ein Wohlfahrtsverlust von 6,58% bei Abschaffung der Gewinnsteuern gegenüber. Bei gleichzeitiger Durchführung dieser Steuerpolitiken erfährt die Einkommensklasse 16 eine Wohlfahrtseinbuße von 25,65%. Für den Haushaltssektor fallen in der 1. Periode die Wohlfahrtseinbußen bei gleichzeitiger Einführung der S-ESt und Abschaffung der Gewinnsteuern höher aus als bei getrennter Durchführung der Projekte.

Tabelle 9-1: Periodische Wohlfahrtseffekte einer reinen Konsumsteuer
(Finanzierung: Multiplikative Anpassung der Einkommensteuersätze)

	1. Periode			10. Periode		
h	EV_h	EV_h je HH	EV_h	EV_h	EV_h je HH	EV_h
	in Mrd. DM	in DM	in %	in Mrd. DM	in DM	in %
1	-0,039	-27,15	-0,16	0,520	362,54	1,88
2	0,006	4,20	0,02	0,724	483,12	1,99
3	-0,807	-707,45	-2,75	0,381	333,92	1,13
4	-1,415	-1086,07	-3,40	0,305	234,30	0,64
5	-1,935	-1738,27	-5,05	0,269	241,59	0,61
6	-3,560	-2053,96	-5,32	0,310	179,04	0,40
7	-7,143	-2755,82	-5,68	0,473	182,56	0,33
8	-8,048	-4068,90	-7,18	-0,008	-4,19	-0,01
9	-11,277	-5836,82	-8,47	-1,331	-688,74	-0,87
10	-13,715	-8183,28	-10,22	-3,014	-1798,45	-1,96
11	-14,645	-10356,83	-11,59	-3,344	-2364,57	-2,31
12	-26,802	-12577,19	-12,25	-6,797	-3189,37	-2,71
13	-21,883	-17257,77	-14,25	-6,780	-5347,22	-3,85
14	-16,782	-23471,13	-15,89	-5,913	-8269,52	-4,88
15	-25,061	-30977,23	-18,11	-9,710	-12002,53	-6,11
16	-42,498	-71066,80	-25,65	-17,847	-29845,28	-9,38
	EVHS		EVHS	EVHS		EVHS
	in Mrd. DM		in %	in Mrd. DM		in %
1-16	-195,602		-11,89	-51,762		-2,74

	20. Periode			50. Periode		
h	EV_h	EV_h je HH	EV_h	EV_h	EV_h je HH	EV_h
	in Mrd. DM	in DM	in %	in Mrd. DM	in DM	in %
1	1,071	747,34	3,32	2,893	2019,13	5,67
2	1,445	964,35	3,40	3,852	2571,20	5,73
3	1,517	1329,91	3,87	5,182	4541,89	8,35
4	1,900	1519,80	3,55	7,418	5692,65	8,41
5	2,393	2150,17	4,67	9,244	8305,07	11,39
6	4,036	2329,04	4,51	16,041	9256,39	11,32
7	7,745	2988,01	4,60	31,049	11978,70	11,65
8	7,602	3843,36	5,07	31,849	16101,75	13,42
9	7,978	4129,30	4,48	37,386	19350,96	13,26
10	6,814	4065,84	3,80	37,497	22372,72	13,19
11	6,938	4906,41	4,11	38,847	27472,81	14,52
12	11,221	5265,75	3,84	66,751	31323,79	14,41
13	6,600	5205,21	3,21	47,357	37347,65	14,57
14	3,557	4975,19	2,52	32,028	44794,76	14,32
15	3,483	4304,77	1,88	42,718	52802,87	14,58
16	2,708	4528,05	1,22	62,240	104080,43	17,74
	EVHS		EVHS	EVHS		EVHS
	in Mrd. DM		in %	in Mrd. DM		in %
1-16	77,089		3,50	472,352		13,56

	100. Periode		
h	EV_h	EV_h je HH	EV_h
	in Mrd. DM	in DM	in %
1	7,784	5432,29	7,10
2	10,342	6903,77	7,16
3	14,803	12973,97	11,09
4	21,668	16629,35	11,42
5	27,136	24381,15	15,55
6	47,351	27322,92	15,54
7	91,675	35368,53	16,01
8	94,696	47874,87	18,56
9	113,111	58546,23	18,66
10	115,852	69124,17	18,96
11	120,121	84951,20	20,89
12	207,609	97423,21	20,85
13	149,924	118236,98	21,45
14	103,062	144142,55	21,44
15	139,865	172886,27	22,20
16	207,253	346577,28	27,48
	EVHS		EVHS
	in Mrd. DM		in %
1-16	1472,254		19,65

Hinweis: Ausgewiesen wird der Wohlfahrtseffekt in der jeweiligen Periode

So kommt es hier zu einem Wohlfahrtsverlust in Höhe von 196 Mrd. DM (11,89%) im Vergleich zu einem Verlust von 89 Mrd. DM (5,38%) bei Einführung der S-ESt und von 62 Mrd. DM (3,75%) bei Abschaffung der Gewinnsteuern.
In der 10. Periode realisieren die ersten sieben Einkommensklassen bereits Wohlfahrtsgewinne, während der Effekt für den Haushaltssektor nach wie vor negativ ausfällt. In der Periode 20 bringt die Steuerreform für alle Haushalte Wohlfahrtssteigerungen mit sich. Diese liegen mit ca. 77 Mrd. DM (3,5%) noch unterhalb der Wohlfahrtsverbesserung bei alleiniger Einführung einer S-ESt mit 124 Mrd. DM (5,64%). In der 50. Periode hat bereits nahezu eine Angleichung der Wohlfahrtseffekte der Einführung einer reinen Konsumsteuer (13,56%) mit denen einer S-ESt (13,91%) stattgefunden. Überraschend ist, daß sich im Zeitablauf die positiven Effekte der Einführung einer S-ESt gegenüber den negativen Effekten der alleinigen Abschaffung der Gewinnsteuern immer mehr durchsetzen und in der 100. Periode der periodische Wohlfahrtseffekt des Haushaltssektors mit 19,65% sogar über demjenigen bei Einführung einer S-ESt in Höhe von 19,09% liegt. Bis auf die Einkommensklassen 13 und 14 fällt der Übergang zu einem reinen Konsumsteuersystem ohne Gewinnbesteuerung langfristig für alle Einkommensklassen günstiger aus als ein alleiniger Übergang zu einer S-ESt.

Tabelle 9-2: Kumulierte Wohlfahrtseffekte einer reinen Konsumsteuer
(Finanzierung: Multiplikative Anpassung der Einkommensteuersätze)

	Perioden 0-1			Perioden 0-10		
h	$GWEV_h$	$GWEV_h$ je HH	$GWEV_h$	$GWEV_h$	$GWEV_h$ je HH	$GWEV_h$
	in Mrd. DM	in DM	in %	in Mrd. DM	in DM	in %
1	-0,036	-25,19	-0,08	1,441	1005,60	0,73
2	0,006	3,89	0,01	2,222	1483,29	0,86
3	-0,752	-659,21	-1,34	-1,815	-1590,28	-0,74
4	-1,319	-1012,02	-1,65	-4,361	-3346,57	-1,25
5	-1,804	-1620,49	-2,45	-6,421	-5768,76	-2,00
6	-3,319	-1915,31	-2,59	-12,404	-7157,80	-2,21
7	-6,662	-2570,28	-2,76	-25,331	-9772,76	-2,40
8	-7,510	-3796,80	-3,49	-30,262	-15299,42	-3,22
9	-10,532	-5451,43	-4,12	-46,698	-24171,02	-4,16
10	-12,831	-7655,78	-4,98	-61,544	-36720,56	-5,40
11	-13,707	-9693,91	-5,65	-66,160	-46789,59	-6,15
12	-25,103	-11779,99	-5,97	-123,490	-57949,39	-6,61
13	-20,527	-16188,75	-6,95	-105,387	-83113,01	-7,99
14	-15,767	-22051,91	-7,76	-83,638	-116976,71	-9,15
15	-23,586	-29154,18	-8,85	-128,690	-159073,10	-10,66
16	-40,128	-67103,29	-12,55	-225,659	-377355,41	-15,38
	GWEVHS		GWEVHS	GWEVHS		GWEVHS
	in Mrd. DM		in %	in Mrd. DM		in %
1-16	-183,578		-5,81	-918,197		-6,54

	Perioden 0-20			Perioden 0-50		
h	$GWEV_h$	$GWEV_h$ je HH	$GWEV_h$	$GWEV_h$	$GWEV_h$ je HH	$GWEV_h$
	in Mrd. DM	in DM	in %	in Mrd. DM	in DM	in %
1	3,966	2767,86	1,36	8,214	5732,38	2,11
2	5,664	3780,84	1,47	11,347	7574,93	2,21
3	1,413	1238,41	0,38	9,456	8287,41	1,87
4	-0,483	-370,85	-0,09	10,652	9171,91	1,48
5	-1,870	-1680,31	-0,39	12,083	10856,03	1,82
6	-4,945	-2853,16	-0,58	19,259	11113,23	1,65
7	-11,174	-4310,82	-0,70	35,869	13838,19	1,63
8	-17,072	-8630,84	-1,20	31,320	15834,34	1,59
9	-34,971	-18101,02	-2,05	21,703	11233,23	0,92
10	-54,601	-32578,22	-3,13	3,101	1850,41	0,13
11	-59,509	-42085,24	-3,61	1,050	742,65	0,05
12	-115,101	-54012,78	-4,01	-10,089	-4734,62	-0,25
13	-105,447	-83160,41	-5,17	-29,901	-23581,21	-1,02
14	-87,906	-122945,79	-6,19	-36,003	-50354,54	-1,75
15	-140,519	-173695,27	-7,44	-70,017	-86547,52	-2,53
16	-255,954	-428016,35	-11,01	-146,439	-244881,71	-4,19
	GWEVHS		GWEVHS	GWEVHS		GWEVHS
	in Mrd. DM		in %	in Mrd. DM		in %
1-16	-878,509		-4,08	-128,396		-0,42

	Periode 0-100			Perioden 0-∞		
h	$GWEV_h$	$GWEV_h$ je HH	$GWEV_h$	$GWEV_h$	$GWEV_h$ je HH	$GWEV_h$
	in Mrd. DM	in DM	in %	in Mrd. DM	in DM	in %
1	9,360	6531,99	2,30	9,430	6580,32	2,31
2	12,871	8592,15	2,39	12,963	8653,57	2,41
3	12,285	10767,28	2,30	12,509	10962,88	2,33
4	14,744	11315,38	1,94	15,071	11566,09	1,98
5	17,352	15590,08	2,46	17,784	15978,11	2,51
6	28,592	16498,32	2,31	29,370	16947,31	2,37
7	54,167	20897,87	2,32	55,708	21492,45	2,38
8	50,774	25669,23	2,42	52,461	26522,03	2,49
9	46,165	23894,97	1,83	48,410	25056,75	1,91
10	30,835	18397,80	1,17	33,644	20074,12	1,27
11	30,744	21742,69	1,23	33,831	23926,00	1,35
12	43,427	20378,80	0,99	49,207	23091,12	1,12
13	12,601	9937,96	0,40	17,627	13901,12	0,55
14	-3,746	-5238,82	-0,17	0,436	610,05	0,02
15	-21,202	-26207,18	-0,70	-14,201	-17554,14	-0,46
16	-56,587	-94626,46	-1,45	-41,064	-68668,50	-1,04
	GWEVHS		GWEVHS	GWEVHS		GWEVHS
	in Mrd. DM		in %	in Mrd. DM		in %
1-16	282,384		0,86	333,184		1,00

Hinweis: Ausgewiesen wird der Gegenwartswert der Wohlfahrtseffekte.

Im nächsten Schritt soll untersucht werden, wieviele Perioden es dauert, bis die negativen Effekte der ersten Perioden durch Wohlfahrtsgewinne der späteren Perioden kompensiert sind. Dazu werden die in Tabelle 9-2 ausgewiesenen über die Zeit kumulierten Wohlfahrtseffekte der Haushalte herangezogen.
Hiernach sind bis zur 10. Periode die kumulierten Wohlfahrtseffekte außer für die ersten beiden Einkommensklassen noch negativ. Bis zur 50. Periode erweitert sich der Kreis der Einkommensklassen mit einem dynamischen Wohlfahrtsgewinn auf die ersten 11 Klassen. Der Wohlfahrtseffekt für den Haushaltssektor ist bis zu dieser Periode noch leicht negativ (-0,42%). Erst bei Betrachtung der Perioden 0 bis 100 erfährt der Haushaltssektor einen Wohlfahrtszuwachs in Höhe von 0,86%. Verwendet man zur Beurteilung der gesamten Steuerreform den dynamischen Wohlfahrtsgewinn, so kommt es insbesondere für die unteren und mittleren Einkommensklassen zu Wohlfahrtssteigerungen, während die obersten beiden Klassen auch langfristig geringfügige Einbußen hinnehmen müssen. Für den Haushaltssektor entsteht ein Wohlfahrtsgewinn in Höhe von ca. 333 Mrd. DM (1,0%). Im Vergleich dazu kam es bei Einführung einer S-ESt zu einem Wohlfahrtszuwachs von 3,89% und bei Abschaffung der Gewinnsteuern zu einer Wohlfahrtsverringerung von 3,86%. Somit zeigt sich, daß langfristig bei einer gleichzeitigen Durchführung der Steuerpolitiken die negativen Effekte der Abschaffung der Gewinnsteuern durch die positiven Effekte der Einführung einer S-ESt mehr als kompensiert werden.

9.1.2 Wirkungen auf die Entscheidung zwischen heutigem und zukünftigem Konsum der Haushalte

Zur Identifikation der Wirkungszusammenhänge, die für die Wohlfahrtsveränderungen der Haushalte verantwortlich sind, werden im folgenden die Wirkungen der Einführung einer reinen Konsumsteuer auf die Entscheidung zwischen heutigem und zukünftigem Konsum der Haushalte untersucht. In Tabelle 9-3 ist die Nachfrageänderung nach heutigem und zukünftigem Konsum für die Perioden 1 und 100 in den SE und den EE aufgeteilt. Für die Nachfrage nach heutigem Konsum ergibt sich in der 1. Periode aufgrund des negativen SE und EE ein Nachfragerückgang. Tabelle 9-4 zeigt, daß der Nettozinssatz in der 1. Periode zwischen 10% bei der untersten und 46% bei der obersten Einkommensklasse ansteigt. Bei gleichzeitiger Durchführung der Steuerpolitiken kommt es somit zu einem noch höheren Anstieg der Nettozinssätze der Haushalte als dies bei getrennter Durchführung der Fall war. Infolge der (primär) zinsinduzierten Verringerung des Preises des zukünftigen Konsums im Verhältnis zum Preis des heutigen Konsums verlagern die Haushalte ihren Konsum in die Zukunft. Zu dem gleichen Effekt kam es sowohl bei Einführung einer S-ESt als auch bei Abschaffung der Gewinnsteuern, so daß der SE bei der hier betrachteten Simulation im Vergleich zu der einzelnen Durchführung der Steuerreformen stärker ausfällt.
Da der Steuereinnahmenausfall des Staates bei gleichzeitiger Durchführung der Steuerpolitiken durch eine höhere Anhebung der Einkommensteuersätze ausgeglichen werden muß, fällt der EE ebenfalls stärker aus als bei getrennter Betrachtung. Allein bei den untersten beiden Einkommensklassen kommt es - in Übereinstimmung zu der Simulation der Abschaffung der Gewinnsteuern - zu einem positiven EE.
Insgesamt geht die Nachfrage nach heutigem Konsum in der 1. Periode um ca. 12% zurück. Bezüglich der Nachfrage nach zukünftigem Konsum findet eine Erhöhung um ca. 22% statt. Dies ist in erster Linie auf den starken SE, der dem EE bei den Einkommensklassen 3 bis 16 entgegengerichtet ist, zurückzuführen.
Wie Abbildung 9-1 zeigt, steigt die Nachfrage des Haushaltssektors in FRG nach dem starken Rückgang in der 1. Periode wieder kontinuierlich an und erreicht in der 15. Periode das Niveau der ursprünglichen Steuerpolitik. Danach erhöht sich die Nachfrage nach heutigem Konsum weiter und erreicht im neuen steady-state im Vergleich zum alten steady-state ein um ca. 20% höheres Niveau. Entsprechend weist die Tabelle 9-3 in der 100. Periode für alle Einkommensklassen eine gestiegene Nachfrage nach heutigem Konsum aus. Die prozentuale Veränderung der Nachfrage steigt von ca 7% für die unterste Einkommensklasse bis auf ca. 27% für die oberste Klasse an. Wie man sieht, fallen für die ersten sieben Einkommensklassen sowohl SE als auch EE positiv aus. Da der Nettozinssatz bei diesen Klassen im Vergleich zur Referenzsequenz gesunken ist (siehe Tabelle 9-4), tritt ein SE in Richtung des heutigen Konsums ein. Bei den übrigen Klassen liegt der Nettozinssatz auch in der 100. Periode noch deutlich über dem Niveau der Referenzsequenz, so daß der SE in Richtung des zukünftigen Konsums andauert. Aufgrund des dominierenden EE kommt es jedoch auch bei den

Einkommensklassen 8 bis 16 zu einer Ausweitung der Nachfrage nach heutigem Konsum.

Tabelle 9-3: Prozentuale Veränderung der Nachfrage nach heutigem und zukünftigem Konsum bei einer reinen Konsumsteuer
(Finanzierung: Multiplikative Anpassung der Einkommensteuersätze)

1. Periode	ΔH_h			ΔF_h		
h	GE	SE	EE	GE	SE	EE
	in %	in %	in %	in %	in %	in %
1	-0,16	-0,35	0,19	14,81	14,59	0,19
2	0,02	-0,04	0,06	14,87	14,80	0,06
3	-2,75	-0,23	-2,53	21,62	24,77	-2,53
4	-3,40	-0,41	-3,00	20,57	24,30	-3,00
5	-5,05	-0,61	-4,47	19,23	24,80	-4,47
6	-5,32	-0,36	-4,97	19,35	25,60	-4,97
7	-5,68	-0,89	-4,83	19,54	25,60	-4,83
8	-7,18	-1,18	-6,07	18,50	26,16	-6,07
9	-8,47	-1,75	-6,84	18,91	27,64	-6,84
10	-10,22	-1,91	-8,47	20,43	31,57	-8,47
11	-11,59	-1,98	-9,81	19,53	32,53	-9,81
12	-12,25	-2,53	-9,98	20,57	33,94	-9,98
13	-14,25	-3,03	-11,57	21,64	37,56	-11,57
14	-15,89	-3,97	-12,42	24,00	41,58	-12,42
15	-18,11	-4,45	-14,29	25,50	46,43	-14,29
16	-25,65	-7,26	-19,82	25,80	56,90	-19,82

100. Periode	ΔH_h			ΔF_h		
h	GE	SE	EE	GE	SE	EE
	in %	in %	in %	in %	in %	in %
1	7,10	0,32	6,76	-6,08	-12,03	6,76
2	7,16	0,04	7,11	-5,74	-12,00	7,11
3	11,09	0,03	11,05	7,49	-3,21	11,05
4	11,42	0,05	11,37	8,34	-2,72	11,37
5	15,55	0,03	15,52	14,12	-1,21	15,52
6	15,54	0,01	15,53	14,83	-0,60	15,53
7	16,01	0,01	16,00	15,73	-0,23	16,00
8	18,56	-0,06	18,63	20,03	1,17	18,63
9	18,66	-0,22	18,92	22,75	3,22	18,92
10	18,96	-0,45	19,50	27,80	6,94	19,50
11	20,89	-0,54	21,55	31,51	8,19	21,55
12	20,85	-0,77	21,79	33,34	9,49	21,79
13	21,45	-1,14	22,85	38,93	13,09	22,85
14	21,44	-1,71	23,55	44,01	16,56	23,55
15	22,20	-2,17	24,91	51,08	20,95	24,91
16	27,48	-3,95	32,72	70,49	28,46	32,72

Entsprechend führt der stark positive EE neben dem für die Klassen 8 bis 16 positiven SE zu einer Erhöhung der Nachfrage nach zukünftigem Konsum von ca.

40% im neuen steady-state. Bei der obersten Einkommensklasse führen der EE in Höhe von ca. 33% sowie der SE in Höhe von ca. 28% zu einem Anstieg der Nachfrage nach zukünftigem Konsum von über 70%.

Tabelle 9-4: Prozentuale Veränderung des Nettozinssatzes bei einer reinen Konsumsteuer
(Finanzierung: Multiplikative Anpassung der Einkommensteuersätze)

	Δr_h				
h	1. Periode	10. Periode	20. Periode	50. Periode	100. Periode
	in %	in %	in %	in %	in %
1	10,46	5,97	1,97	-4,93	-9,12
2	10,46	5,97	1,97	-4,93	-9,12
3	17,73	12,93	8,67	1,33	-3,14
4	17,73	12,93	8,67	1,33	-3,14
5	18,52	13,70	9,40	2,01	-2,49
6	18,99	14,15	9,84	2,42	-2,10
7	19,33	14,47	10,15	2,71	-1,82
8	20,20	15,31	10,96	3,45	-1,10
9	21,85	16,89	12,48	4,87	0,25
10	25,02	19,93	15,40	7,60	2,86
11	25,96	20,84	16,28	8,42	3,64
12	27,29	22,11	17,50	9,55	4,73
13	30,45	25,14	20,41	12,27	7,33
14	33,85	28,40	23,55	15,20	10,12
15	37,76	32,15	27,16	18,57	13,34
16	45,84	39,90	34,62	25,52	19,99

Vergleicht man den Verlauf der in Abbildung 9-1 aufgeführten Nachfrage nach heutigem Konsum mit dem entsprechenden Verlauf bei einzelner Durchführung der Steuerreformprojekte, so sieht man, daß in der 1. Periode das Niveau des heutigen Konsums mit 0,88 niedriger ist als bei Einführung einer S-ESt mit 0,95 bzw. der Abschaffung der Gewinnsteuern mit 0,96. Das Niveau der Nachfrage nach zukünftigem Konsum von 1,22 enspricht nahezu dem Niveau bei alleiniger Einführung einer S-ESt. Bei Abschaffung der Gewinnsteuern blieb die Nachfrage nach zukünftigem Konsum in der 1. Periode fast unverändert.

Bei Einführung einer S-ESt erreichte die Nachfrage nach heutigem Konsum das Niveau bei unveränderter Steuerpolitik in der 9. Periode, während bei Abschaffung der Gewinnsteuern die Nachfrage im Zeitablauf immer mehr zurückging. Bei der hier betrachteten Simulation erreicht die Nachfrage nach heutigem Konsum gegenüber der Simulation der Einführung einer S-ESt ein Niveau von Eins mit 4 Perioden Verzögerung, d.h. in der Periode 13. Im neuen steady-state weist die Nachfrage nach heutigem Konsum bei einer reinen Konsumsteuer mit 1,197 ein höheres Niveau auf als bei einer S-ESt mit 1,191 oder bei Abschaffung der Gewinnsteuern mit 0,956.

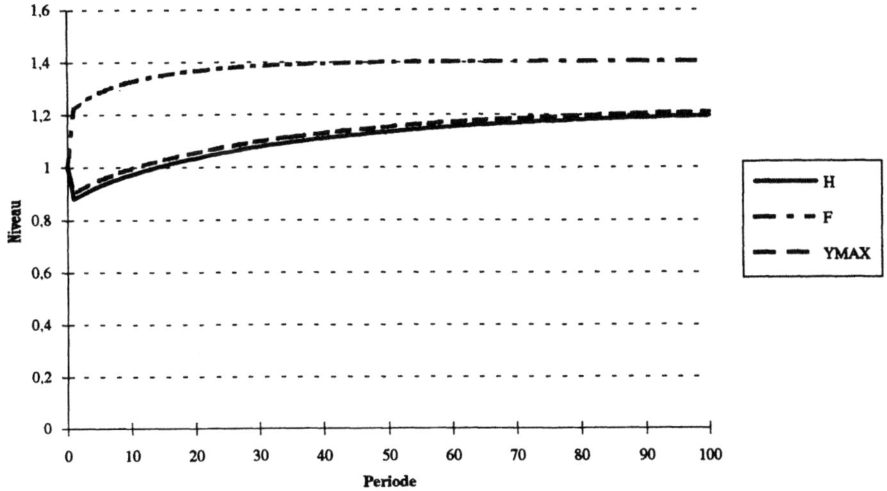

Abbildung 9-1: Niveaus der Nachfrage nach heutigem und zukünftigem Konsum und des maximal verfügbaren Einkommens bei einer reinen Konsumsteuer (Finanzierung: Multiplikative Anpassung der Einkommensteuersätze)

Tabelle 9-5: Niveaus der Nachfrage nach heutigem und zukünftigem Konsum und des maximal verfügbaren Einkommens bei einer reinen Konsumsteuer (Finanzierung: Multiplikative Anpassung der Einkommensteuersätze)

Periode	H	F	YMAX
1	0,8810	1,2223	0,90316
10	0,9726	1,3266	0,99535
20	1,0350	1,3672	1,05665
50	1,1357	1,3988	1,15339
100	1,1967	1,4032	1,21109

Betrachtet man den Verlauf der Nachfrage nach zukünftigem Konsum, so kann in der 1. Periode zwar noch ein geringeres Niveau, aber bereits ab der 10. Periode ein dauerhaft höheres Niveau als bei einer S-ESt festgestellt werden. In der 100. Periode liegt das Niveau der Nachfrage nach zukünftigem Konsum mit 1,403 deutlich über dem Niveau bei Einführung einer S-ESt in Höhe von 1,296 bzw. dem Niveau bei Abschaffung der Gewinnsteuern, wo eine rückläufige Nachfrage zu beobachten ist.

9.1.3 Wirkungen auf die Ersparnisbildung der Haushalte

Die Sparquote des Haushaltssektors in FRG macht in der 1. Periode nach Einführung einer reinen Konsumsteuer einen Sprung von 9,33% auf 19,26%. Im Vergleich dazu stieg die Sparquote bei Einführung einer S-ESt in der 1. Periode auf 15,25% an. Auch langfristig (Periode 100) bleibt die Sparquote mit 12% im Vergleich zu einer unveränderten Steuerpolitik bzw. zu der Einführung einer S-ESt (11%) auf einem höheren Niveau.

Tabelle 9-6: Sparquoten der Haushalte in FRG bei einer reinen Konsumsteuer
(Finanzierung: Multiplikative Anpassung der Einkommensteuersätze)

	RS	1. Periode	10. Periode	20. Periode	50. Periode	100. Periode
h	in %	in %	in %	in %	in %	in %
1	0,00	0,39	0,28	0,17	-0,04	-0,17
2	0,33	0,38	0,37	0,36	0,34	0,33
3	1,17	1,61	1,49	1,42	1,32	1,26
4	2,11	2,92	2,69	2,56	2,38	2,29
5	3,12	4,40	4,04	3,83	3,55	3,40
6	1,83	2,61	2,39	2,26	2,09	2,00
7	4,44	6,40	5,84	5,53	5,11	4,89
8	5,81	8,58	7,79	7,35	6,76	6,45
9	8,15	12,59	11,30	10,60	9,67	9,21
10	8,08	13,62	11,94	11,08	9,97	9,43
11	8,24	14,26	12,41	11,47	10,28	9,70
12	10,04	18,02	15,52	14,27	12,72	11,97
13	11,09	21,82	18,29	16,62	14,61	13,65
14	13,23	28,76	23,37	20,94	18,12	16,83
15	13,68	33,57	26,18	23,07	19,60	18,05
16	18,45	59,46	41,77	35,38	28,86	26,13
1-16	9,33	19,26	15,97	14,51	12,80	12,00

Abbildung 9-2 zeigt, daß insbesondere die oberen Einkommensklassen ihre Sparquote kurzfristig drastisch erhöhen. So erreicht die Sparquote der 16. Einkommensklasse in der 1. Periode annähernd 60%. Von der Struktur der Niveauanhebung entspricht der Verlauf der Sparquoten in der Abbildung 9-2 derjenigen bei Einführung der S-ESt. Auch langfristig liegt der Verlauf der Sparquoten der Haushalte in FRG über dem Verlauf bei einer unveränderten Steuerpolitik.

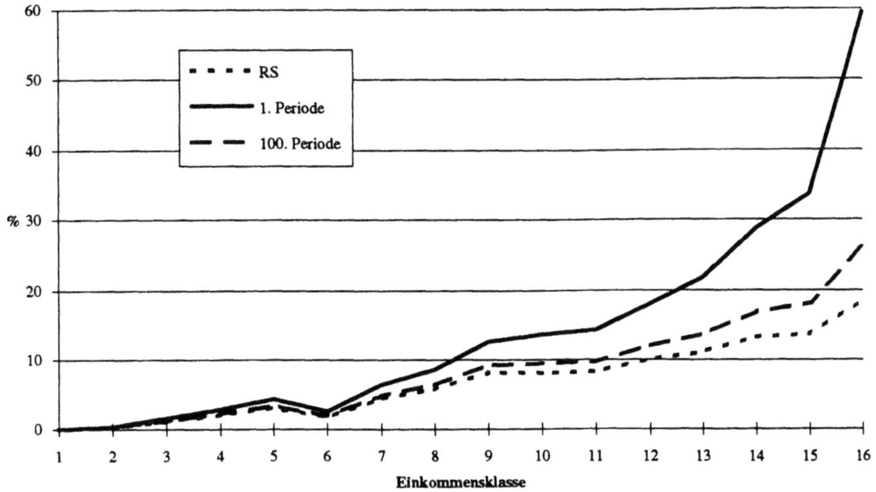

Abbildung 9-2: Sparquoten der Haushalte in FRG bei Einführung einer reinen Konsumsteuer
(Finanzierung: Multiplikative Anpassung der Einkommensteuersätze)

9.1.4 Wirkungen auf die Freizeit-/Konsumentscheidung der Haushalte

Betrachtet man auf der nächsten Stufe der Entscheidungsstruktur der Haushalte die Aufteilung der Nachfrage nach heutigem Konsum in die Nachfrage nach Freizeit und Konsumgüter, stellt man in der 1. Periode einen starken SE in Richtung Freizeit fest. Dies ist wiederum bedingt durch den starken Anstieg der Einkommensteuersätze zur Finanzierung der durchgeführten Steuerreform und der damit einhergehenden relativen Verbilligung des Preises der Freizeit. Wie Tabelle 9-8 zeigt, steigen die Einkommensteuersätze bei multiplikativer Anpassung in der 1. Periode um ca. 41%, so daß sich für die unterste Klasse der Satz von 9% auf 12,74% und für die oberste Klasse von 51,75% auf 73,24% erhöht. Der sich für alle Klassen bei getrennter Durchführung der Steuerreformprojekte bereits ergebende SE verstärkt sich zusätzlich bei Kombination der Projekte. Somit steigt die Nachfrage nach Freizeit trotz des negativen ME bei allen Haushalten an, während die Konsumgüternachfrage zunächst sinkt. Durch die Senkung der Einkommensteuersätze im Zeitablauf steigt der Preis der Freizeit wieder, so daß sich der SE in Richtung Freizeit nach und nach abschwächt. Hinzu kommt, daß der ME - wie man in Tabelle 9-7 beispielhaft für die Periode 100 sieht - zunimmt, so daß mittelfristig die Nachfrage nach Freizeit zurückgeht und die Haushalte verstärkt Konsumgüter nachfragen.

Tabelle 9-7: Prozentuale Veränderung der Nachfrage nach Freizeit und Konsumgütern bei einer reinen Konsumsteuer
(Finanzierung: Multiplikative Anpassung der Einkommensteuersätze)

1. Periode	$\Delta x_{0,h}$			ΔC_h		
h	GE	SE	ME	GE	SE	ME
	in %	in %	in %	in %	in %	in %
1	3,11	3,27	-0,16	-0,20	-0,03	-0,16
2	3,38	3,36	0,02	-0,04	-0,06	0,02
3	8,80	11,88	-2,75	-3,12	-0,37	-2,75
4	9,04	12,87	-3,40	-3,97	-0,59	-3,40
5	9,39	15,20	-5,05	-5,98	-0,98	-5,05
6	10,01	16,19	-5,32	-6,33	-1,07	-5,32
7	9,94	16,56	-5,68	-6,70	-1,08	-5,68
8	10,34	18,88	-7,18	-8,55	-1,47	-7,18
9	11,68	22,01	-8,47	-10,12	-1,81	-8,47
10	14,76	27,82	-10,22	-12,18	-2,19	-10,22
11	15,11	30,21	-11,59	-13,78	-2,48	-11,59
12	15,86	32,04	-12,25	-14,39	-2,44	-12,25
13	18,79	38,53	-14,25	-16,62	-2,76	-14,25
14	21,66	44,65	-15,89	-18,18	-2,72	-15,89
15	26,04	53,91	-18,11	-20,50	-2,92	-18,11
16	26,85	70,61	-25,65	-27,20	-2,09	-25,65

100. Periode	$\Delta x_{0,h}$			ΔC_h		
h	GE	SE	ME	GE	SE	ME
	in %	in %	in %	in %	in %	in %
1	-10,77	-16,69	7,10	7,32	0,20	7,10
2	-11,62	-17,52	7,16	7,53	0,35	7,16
3	-12,09	-20,87	11,09	11,97	0,79	11,09
4	-13,24	-22,14	11,42	12,80	1,23	11,42
5	-12,07	-23,90	15,55	17,71	1,87	15,55
6	-12,57	-24,33	15,54	17,79	1,95	15,54
7	-11,79	-23,96	16,01	18,22	1,91	16,01
8	-11,23	-25,13	18,56	21,41	2,40	18,56
9	-11,77	-25,65	18,66	21,77	2,62	18,66
10	-12,76	-26,66	18,96	22,16	2,69	18,96
11	-12,06	-27,26	20,89	24,38	2,89	20,89
12	-11,69	-26,93	20,85	24,09	2,67	20,85
13	-12,03	-27,57	21,45	24,69	2,67	21,45
14	-11,87	-27,43	21,44	24,27	2,33	21,44
15	-12,18	-28,14	22,20	24,92	2,23	22,20
16	-7,39	-27,35	27,48	29,15	1,31	27,48

Tabelle 9-8 zeigt, daß die Einkommensteuersätze in der 1. Periode bei einer Anhebung um ca. 41% extrem hohe Werte erreichen. Lag der Einkommensteuersatz für die 1. Einkommensklasse bei getrennter Durchführung der Projekte jeweils ca. bei 11,5%, so erreicht er hier einen Wert von 12,7%. Für die oberste Einkommensklasse ergaben sich entsprechend Steuersätze bei ca. 60%, während ein Steuersatz von ca. 73% in der 1. Periode bei einer reinen Konsumsteuer in der Realität kaum durchsetzbar sein dürfte.

Tabelle 9-8: Einkommensteuersätze bei einer reinen Konsumsteuer
(Finanzierung: Multiplikative Anpassung der Einkommensteuersätze)

	$\tau_{Y,h}$	$\tau_{Y,h}$				
h	RS	1. Periode	10. Periode	20. Periode	50. Periode	100. Periode
1	9,00	12,74	10,83	9,74	8,24	7,44
2	9,00	12,74	10,83	9,74	8,24	7,44
3	22,00	31,14	26,48	23,82	20,14	18,20
4	22,00	31,14	26,48	23,82	20,14	18,20
5	23,23	32,87	27,96	25,15	21,27	19,21
6	23,94	33,89	28,82	25,92	21,92	19,81
7	24,45	34,60	29,43	26,47	22,38	20,22
8	25,72	36,40	30,96	27,84	23,55	21,27
9	28,04	39,68	33,74	30,35	25,67	23,19
10	32,16	45,52	38,71	34,82	29,45	26,60
11	33,32	47,15	40,10	36,07	30,50	27,56
12	34,88	49,36	41,98	37,76	31,93	28,85
13	38,37	54,31	46,19	41,54	35,13	31,74
14	41,80	59,16	50,31	45,26	38,27	34,58
15	45,38	64,23	54,62	49,13	41,55	37,54
16	51,75	73,24	62,29	56,03	47,38	42,81

Bis zur 10. Periode können die Sätze allerdings auf das Niveau wie bei getrennter Durchführung der Steuerpolitiken in der Periode 1 reduziert werden. Nach 33 Perioden erreichen die Einkommensteuersätze wieder das Ausgangsniveau und können langfristig um ca. 17% gesenkt werden.

9.1.5 Veränderung der zentralen Modellvariablen

Die stark gestiegene Ersparnisbildung schlägt sich bei Betrachtung der zentralen Modellvariablen in einer deutlichen Erhöhung der Wachstumsrate des Kapitalstocks in FRG nieder. Wie Abbildung 9-3 zeigt, erhöht sich die Wachstumsrate in der 1. Periode um 79%. Im Vergleich dazu kam es bei Einführung einer S-ESt zu einer Erhöhung um 54% bzw. zu einem leichten Rückgang bei Abschaffung der Gewinnsteuern.

Bezüglich des Preises des Faktors Kapital ist festzustellen, daß dieser in der 1. Periode nach dem Übergang zu dem neuen Steuersystem mit 1,07 zwischen dem Preis dieses Faktors bei Einführung einer S-ESt mit 0,97 und bei Abschaffung der Gewinnsteuern mit 1,16 liegt. Nach dem Anstieg in der 1. Periode sinkt der Preis des Faktors Kapital im Zeitablauf, so daß sich die Wirkungen der S-ESt durchsetzen. Bis zur 100. Periode reduziert sich der Preis des Faktors Kapital auf ein Niveau von 0,74 im Vergleich zu einem Niveau von 0,69 bei alleiniger Einführung einer S-ESt. Auf die Anpassung der Einkommensteuersätze wurde bereits oben eingegangen.

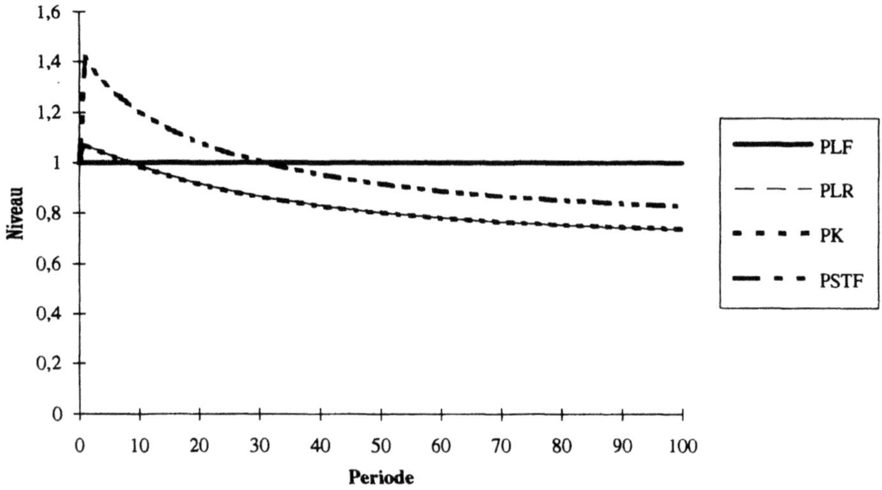

Abbildung 9-3: Niveaus der zentralen Modellvariablen bei einer reinen Konsumsteuer
(Finanzierung: Multiplikative Anpassung der Einkommensteuersätze)

Tabelle 9-9: Niveaus der zentralen Modellvariablen und der Wachstumsrate des Kapitalstocks in FRG bei einer reinen Konsumsteuer
(Finanzierung: Multiplikative Anpassung der Einkommensteuersätze)

Periode	PLF	PLR	PK	PSTF	GKF
1	1	1,07142	1,06974	1,41531	1,78566
10	1	0,98824	0,98565	1,20366	1,47813
20	1	0,91724	0,91470	1,08268	1,32547
50	1	0,80172	0,80058	0,91556	1,13300
100	1	0,73479	0,73586	0,82722	1,03833

Festzuhalten bleibt, daß es bei dem Übergang zu einer reinen Konsumsteuer zu einer deutlich stärkeren Kapitalakkumulation in FRG kommt als bei alleiniger Einführung einer S-ESt und Beibehaltung der Unternehmensbesteuerung.

9.1.6 Wirkungen auf den Kapital-/Arbeitseinsatz und Outputeffekte im primären Unternehmenssektor

Die im vorhergehenden Abschnitt festgestellte starke Erhöhung der Ersparnisbildung der Haushalte in FRG schlägt sich im primären Unternehmenssektor in FRG in einer Outputsteigerung derjenigen PB nieder, die einen großen Anteil an der Erstellung des Spargutes haben. Dies sind der PB 5, 6 und insbesondere der Bausektor (PB 9), bei dem der Output in der 1. Periode um 13% ansteigt. In Kombination mit dem für fast alle PB positiven SE kommt es bei den zur Produktion des Spargutes beitragenden PB zu einer verstärkten Nachfrage nach Kapital.

Weiter erhöht sich bei diesen PB auch die Nachfrage nach dem Faktor Arbeit, da der positive OE den SE überkompensiert.
Aufgrund des Rückgangs der Nachfrage nach Konsumgütern der privaten Haushalte in der 1. Periode reduzieren die übrigen PB ihren Output und dementsprechend ihre Nachfrage nach den Faktoren Arbeit und Kapital (siehe Tabelle 9-10). Im Zeitablauf kommt es durch den Rückgang des Preises des Faktors Kapital im Verhältnis zu dem Preis des Faktors Arbeit in FRG zu einem verstärkten SE in Richtung des Faktors Kapital. Bedingt durch die ansteigende Nachfrage nach heutigem Konsum und hier insbesondere der Nachfrage nach Konsumgütern können die primären Unternehmen die Produktion erhöhen.

Tabelle 9-10: Prozentuale Veränderung der Nachfrage nach Arbeit und Kapital der primären Unternehmen in FRG bei einer reinen Konsumsteuer
(Finanzierung: Multiplikative Anpassung der Einkommensteuersätze)

1. Periode	ΔK_j	$\Delta f_{K,j}$	ΔQP_j	ΔL_j	$\Delta f_{L,j}$	ΔQP_j
j	GE	SE	OE	GE	SE	OE
	in %	in %	in %	in %	in %	in %
1	-5,37	4,14	-9,14	-11,45	-2,55	-9,14
2	-5,59	0,07	-5,65	-5,74	-0,09	-5,65
3	-2,06	0,91	-2,94	-3,31	-0,37	-2,94
4	2,28	0,92	1,35	1,06	-0,28	1,35
5	0,48	-0,01	0,49	0,49	0,00	0,49
6	3,78	2,46	1,29	0,53	-0,75	1,29
7	-2,60	3,19	-5,61	-6,54	-0,98	-5,61
8	-7,84	2,55	-10,13	-11,35	-1,36	-10,13
9	20,02	6,22	12,99	10,51	-2,19	12,99
10	-2,25	4,06	-6,06	-7,89	-1,95	-6,06
11	-4,18	1,40	-5,51	-7,80	-2,43	-5,51
12	-9,33	-5,80	-3,75	-3,34	0,43	-3,75

100. Periode	ΔK_j	$\Delta f_{K,j}$	ΔQP_j	ΔL_j	$\Delta f_{L,j}$	ΔQP_j
j	GE	SE	OE	GE	SE	OE
	in %	in %	in %	in %	in %	in %
1	45,25	22,10	18,96	5,54	-11,28	18,96
2	38,18	18,04	17,06	-3,31	-17,40	17,06
3	45,94	27,77	14,22	3,47	-9,41	14,22
4	42,54	24,88	14,15	6,89	-6,35	14,15
5	48,37	29,54	14,53	8,96	-4,86	14,53
6	47,82	26,79	16,58	8,66	-6,79	16,58
7	56,43	33,76	16,95	6,95	-8,55	16,95
8	46,00	22,34	19,34	7,61	-9,83	19,34
9	79,17	37,89	29,94	15,63	-11,01	29,94
10	56,22	32,08	18,28	3,17	-12,78	18,28
11	39,59	15,41	20,95	-5,86	-22,17	20,95
12	44,01	31,25	9,72	7,61	-1,93	9,72

Der in Tabelle 9-10 dokumentierte SE in Richtung Kapital drückt sich auch in den Werten der prozentualen Veränderung der Kapitalintensität je PB aus. In der 1. Periode der Alternativsequenz steigt die Kapitalintensität des primären Unternehmenssektors zunächst nur geringfügig um 1,66%. Durch den daran anschließenden Rückgang des Preises des Faktors Kapital erhöht sich die Kapitalintensität bis zur 100. Periode um ca. 40%.
Ein verstärkter Einsatz des Faktors Kapital erfolgt wie schon bei den vorhergehenden Simulationsrechnungen bei den PB mit einer hohen Substitutionselastizität zwischen Arbeit und Kapital bzw. bei relativ arbeitsintensiven PB.

Tabelle 9-11: Prozentuale Veränderung der Kapitalintensität der primären Unternehmen in FRG bei einer reinen Konsumsteuer
(Finanzierung: Multiplikative Anpassung der Einkommensteuersätze)

	$\frac{K_j}{L_j}$	σ_j	$\Delta\frac{K_j}{L_j}$				
j	RS		1. Periode	10. Periode	20. Periode	50. Periode	100. Periode
			in %	in %	in %	in %	in %
1	0,60	0,6759	6,87	12,95	18,80	30,00	37,62
2	1,63	0,9500	0,16	8,26	16,22	31,91	42,91
3	0,56	0,8852	1,29	8,90	16,34	30,91	41,05
4	0,41	0,7373	1,20	7,50	13,59	25,31	33,35
5	0,27	0,8253	-0,01	6,98	13,78	27,01	36,16
6	0,41	0,7373	3,24	9,66	15,87	27,83	36,03
7	0,40	0,9060	4,21	12,24	20,10	35,51	46,26
8	0,67	0,7117	3,96	10,20	16,22	27,78	35,68
9	0,44	0,9500	8,60	17,38	26,02	43,03	54,95
10	0,60	0,9500	6,13	14,71	23,15	39,77	51,42
11	2,15	0,9500	3,92	12,33	20,59	36,86	48,28
12	0,11	0,9500	-6,20	1,38	8,81	23,53	33,83
1-12	0,81		1,66	9,35	16,55	30,38	39,89

Der leichte Anstieg des Preises des Faktors Kapital in der 1. Periode führt - wie Tabelle 9-12 zeigt - bei der Mehrzahl der PB zu leichten Preissteigerungen. Ab der 8. Periode tritt jedoch eine relative Verbilligung des Faktors Kapital gegenüber dem Faktor Arbeit in FRG ein, so daß die Kosten der primären Unternehmen in FRG zurückgehen. Dadurch sinken die über die "Preis gleich Grenzkosten"-Bedingungen ermittelten Ab-Werk-Preise der Produzentengüter in FRG ab dieser Periode.
Entsprechend der Entwicklung des Weltmarktpreises des Faktors Kapital und des Preises des Faktors Arbeit in ROW kommt es auch in ROW zunächst zu einer Steigerung der Produzentenpreise, die aufgrund der Preiserhöhung bei beiden Faktoren im Vergleich zu FRG höher ausfällt. Durch den im Zeitablauf eintretenden Rückgang des Preises des Faktors Kapital sowie des Preises des Faktors

Arbeit in ROW fallen die Preisreduzierungen in ROW mittel- und langfristig stärker aus.

Tabelle 9-12: Prozentuale Veränderung der Ab-Werk-Preise der Produzentengüter in FRG und ROW bei einer reinen Konsumsteuer
(Finanzierung: Multiplikative Anpassung der Einkommensteuersätze)

	Δp_j				
j	1. Periode	10. Periode	20. Periode	50. Periode	100. Periode
	in %	in %	in %	in %	in %
1	-1,61	-5,38	-8,64	-14,08	-17,29
2	0,41	-4,13	-8,07	-14,65	-18,54
3	0,95	-3,22	-6,83	-12,83	-16,37
4	0,91	-2,99	-6,37	-11,98	-15,28
5	0,68	-2,62	-5,49	-10,25	-13,07
6	0,02	-3,29	-6,16	-10,95	-13,78
7	0,51	-3,29	-6,58	-12,06	-15,30
8	-0,08	-4,31	-7,97	-14,02	-17,58
9	-0,87	-4,14	-6,99	-11,78	-14,64
10	-1,43	-4,69	-7,54	-12,37	-15,26
11	-1,81	-6,60	-10,75	-17,67	-21,74
12	0,29	-1,98	-3,95	-7,26	-9,22
13	6,98	-1,34	-8,40	-19,82	-26,36
14	6,92	-1,33	-8,35	-19,70	-26,23
15	6,89	-1,33	-8,33	-19,66	-26,18
16	6,97	-1,30	-8,34	-19,74	-26,30
17	7,01	-1,27	-8,32	-19,76	-26,35
18	7,00	-1,28	-8,33	-19,75	-26,33
19	6,96	-1,30	-8,33	-19,73	-26,29
20	6,94	-1,34	-8,37	-19,75	-26,28
21	7,00	-1,29	-8,34	-19,78	-26,35
22	7,03	-1,29	-8,36	-19,81	-26,40
23	7,02	-1,30	-8,37	-19,82	-26,40
24	7,08	-1,23	-8,32	-19,81	-26,45

9.1.7 Außenhandelseffekte

Der oben beschriebene Verlauf der Relation der Preisveränderung von in- zu ausländischen Produzentengütern führt bei Betrachtung der NBTOT zunächst zu einem Rückgang dieses Indexes. Ab der 15. Periode hat sich die Außenhandelsposition von FRG gegenüber ROW aufgrund des geringeren Rückgangs der Exportgüterpreise im Vergleich zu den Importgüterpreisen verbessert und nimmt von Periode zu Periode zu. Das Niveau der GBTOT steigt bereits ab der 5. Periode über Eins, so daß in FRG für eine Mengeneinheit Exporte mehr Importe erworben werden können.

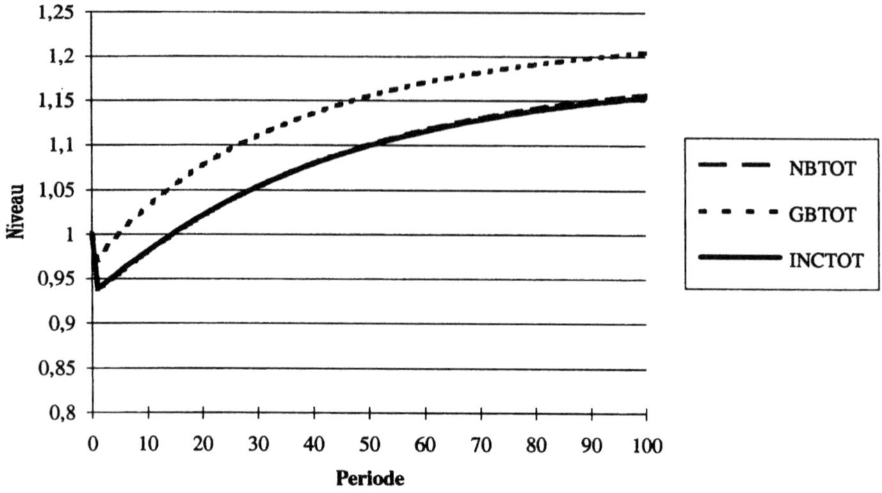

Abbildung 9-4: Niveaus der TOT-Indizes bei einer reinen Konsumsteuer
(Finanzierung: Multiplikative Anpassung der Einkommensteuersätze)

Tabelle 9-13: TOT-Indizes und Niveau des BIP in FRG bei einer reinen Konsumsteuer
(Finanzierung: Multiplikative Anpassung der Einkommensteuersätze)

Periode	NBTOT	GBTOT	INCTOT	BIP
1	93,78	97,07	93,90	94,59
10	97,96	103,07	98,09	96,48
20	102,05	107,66	102,13	97,40
50	110,01	115,46	109,93	98,51
100	115,60	120,42	115,31	99,04

Die INCTOT unterscheiden sich nur geringfügig von den NBTOT. Mittel- und langfristig zeigt auch dieser Index, daß Handelsgewinne in FRG durch den Übergang zu einer reinen Konsumsteuer eintreten.
Das BIP in FRG geht bei Einführung einer reinen Konsumsteuer in der 1. Periode um ca. 5,4% zurück. Nach diesem anfänglichen Rückgang steigt es jedoch wieder kontinuierlich an und erreicht im neuen steady-state nahezu das Niveau des BIP bei unveränderter Steuerpolitik.

9.2 Finanzierung über additive Anpassung der Einkommensteuersätze

Die Finanzierung einer reinen Konsumsteuer über eine additive Anpassung der Einkommensteuersätze führt im Vergleich zu der multiplikativen Anpassung zu geringeren Divergenzen in den Wohlfahrtseffekten der verschiedenen Einkommensklassen. Betrachtet man die in Tabelle 9-14 ausgewiesenen kurzfristigen prozentualen Wohlfahrtseffekte, so sieht man, daß die beiden untersten Einkommensklassen Wohlfahrtsverluste von ca. 2,5% hinnehmen müssen. Bei multiplikativer Anpassung der Einkommensteuersätze war bei diesen Klassen hingegen ein nahezu unverändertes Wohlstandsniveau zu beobachten gewesen. Die ersten elf Einkommensklassen erleiden im Vergleich zu einer multiplikativen Anpassung höhere Wohlfahrtseinbußen, während die übrigen Klassen vergleichsweise geringere Einbußen hinnehmen müssen. Mit 16,43% erfährt die oberste Einkommensklasse bei der hier untersuchten Finanzierungsart eine deutlich geringere Reduzierung ihres Wohlstandsniveaus im Vergleich zu einer Einbuße von 25,65% bei multiplikativer Anpassung. Dadurch kommt es in der 1. und 10. Periode auch für den Haushaltssektor zu geringeren Verlusten.
In der 20. Periode haben sich bereits die positiven Effekte der Steuerreform durchgesetzt, so daß es bei allen Haushalten zu Wohlfahrtssteigerungen kommt. Diese liegen für alle Einkommensklassen in dem Bereich von 2% und 4%. In der 50. Periode ist eine progressive Verteilung der Wohlfahrtsgewinne festzustellen, die sich bis zur 100. Periode noch verstärkt. Wie schon bei der Untersuchung der Einführung einer S-ESt zu sehen war, bedeutet eine additive Anpassung der Einkommensteuersätze für die unteren Einkommensklassen kurzfristig stärkere Wohlfahrtseinbußen und dafür langfristig höhere Wohlfahrtsgewinne im Vergleich zu einer multiplikativen Anpassung. Das umgekehrte gilt entsprechend für die oberen Einkommensbezieher. So kommt es hier in der 100. Periode zu einer Wohlfahrtssteigerung von 23,6% im Vergleich zu 27,5% bei multiplikativer Anpassung.
Für den Haushaltssektor liegen die Wohlfahrtsveränderungen bis zur 50. Periode unter dem Niveau bei multiplikativer Anpassung der Einkommensteuersätze. Langfristig zeigt sich jedoch, daß aufgrund des höheren Wohlfahrtsgewinns der Einkommensklassen 1 bis 12 die Wohlfahrtssteigerung des Haushaltssektors größer ausfällt.

Die in Tabelle 9-14 beobachtete Entwicklung der Wohlfahrtseffekte der verschiedenen Einkommensklassen schlägt sich auch bei den kumulierten Wohlfahrtseffekten der Einführung einer reinen Konsumsteuer nieder. Wie Tabelle 9-15 zeigt, liegen die prozentualen kumulierten Wohlfahrteffekte der ersten beiden Einkommensklassen bis zur 10. Periode bei additiver Anpassung noch bei ca. -1% im Vergleich zu einer Wohlfahrtserhöhung von ca. 1% bei multiplikativer Anpassung.

Tabelle 9-14: Periodische Wohlfahrtseffekte einer reinen Konsumsteuer
(Finanzierung: Additive Anpassung der Einkommensteuersätze)

	1. Periode			10. Periode		
h	EV_h	EV_h je HH	EV_h	EV_h	EV_h je HH	EV_h
	in Mrd. DM	in DM	in %	in Mrd. DM	in DM	in %
1	-0,600	-418,77	-2,49	0,111	77,31	0,40
2	-0,777	-518,78	-2,45	0,160	107,07	0,44
3	-1,372	-1202,84	-4,68	-0,088	-77,24	-0,26
4	-2,295	-1761,09	-5,51	-0,410	-314,52	-0,86
5	-2,933	-2634,88	-7,65	-0,565	-507,23	-1,28
6	-5,198	-2999,58	-7,76	-1,081	-624,04	-1,41
7	-10,133	-3909,49	-8,05	-2,122	-818,69	-1,47
8	-10,737	-5428,46	-9,58	-2,452	-1239,73	-1,91
9	-13,576	-7026,66	-10,20	-3,713	-1921,86	-2,43
10	-14,264	-8510,65	-10,63	-4,375	-2610,50	-2,84
11	-14,669	-10374,37	-11,61	-4,435	-3136,52	-3,06
12	-25,574	-12000,85	-11,69	-7,940	-3725,81	-3,16
13	-18,938	-14935,68	-12,33	-6,384	-5034,36	-3,62
14	-13,344	-18663,44	-12,64	-4,803	-6717,11	-3,96
15	-18,385	-22725,04	-13,28	-6,996	-8648,20	-4,40
16	-27,226	-45528,35	-16,43	-10,636	-17785,21	-5,59
	EVHS		EVHS	EVHS		EVHS
	in Mrd. DM		in %	in Mrd. DM		in %
1-16	-180,022		-10,94	-55,728		-2,95

	20. Periode			50. Periode		
h	EV_h	EV_h je HH	EV_h	EV_h	EV_h je HH	EV_h
	in Mrd. DM	in DM	in %	in Mrd. DM	in DM	in %
1	0,834	582,03	2,59	3,185	2222,48	6,25
2	1,120	747,53	2,64	4,257	2841,66	6,33
3	1,220	1069,55	3,11	5,471	4795,01	8,81
4	1,528	1172,54	2,74	7,855	6028,53	8,90
5	1,858	1669,42	3,62	9,736	8747,75	12,00
6	3,133	1807,97	3,50	16,845	9719,94	11,88
7	6,046	2332,58	3,59	32,520	12546,30	12,21
8	5,965	3015,78	3,98	33,160	16764,29	13,98
9	6,284	3252,59	3,53	38,485	19919,57	13,65
10	5,619	3352,43	3,13	37,715	22503,07	13,27
11	5,861	4144,85	3,47	38,812	27448,38	14,51
12	9,731	4566,39	3,33	66,074	31006,28	14,27
13	6,133	4837,02	2,99	45,845	36154,97	14,10
14	3,654	5109,86	2,59	30,290	42363,64	13,55
15	4,218	5213,79	2,28	39,353	48643,42	13,43
16	5,396	9022,68	2,43	54,671	91423,04	15,58
	EVHS		EVHS	EVHS		EVHS
	in Mrd. DM		in %	in Mrd. DM		in %
1-16	68,599		3,12	464,273		13,32

	100. Periode		
h	EV_h	EV_h je HH	EV_h
	in Mrd. DM	in DM	in %
1	9,336	6514,77	8,52
2	12,491	8338,41	8,64
3	16,542	14497,74	12,39
4	24,319	18663,96	12,82
5	30,189	27124,16	17,30
6	52,431	30254,72	17,20
7	101,106	39006,78	17,65
8	103,467	52308,99	20,28
9	121,471	62873,31	20,04
10	120,212	71725,26	19,67
11	123,393	87265,27	21,46
12	210,384	98725,59	21,13
13	147,184	116075,97	21,06
14	97,938	136976,18	20,37
15	128,241	158518,19	20,36
16	178,005	297666,56	23,60
	EVHS		EVHS
	in Mrd. DM		in %
1-16	1476,709		19,71

Hinweis: Ausgewiesen wird der Wohlfahrtseffekt in der jeweiligen Periode.

Bei der obersten Einkommensklasse liegen die kumulierten Wohlfahrtsverluste in der 10. Periode bei knapp unter 10% (15,38% bei multiplikativer Anpassung). Bei additiver Anpassung der Einkommensteuersätze sind bis zur 50. Periode nur für die Hälfte aller Einkommensklassen die anfänglichen Wohlfahrtseinbußen durch darauffolgende Wohlfahrtsgewinne überkompensiert. Dadurch ist der Gesamtwohlfahrtseffekt für den Haushaltssektor zu diesem Zeitpunkt noch geringfügig negativ. Bis zur 100. Periode ergeben sich schließlich für alle Haushalte kumulierte Wohlfahrtsgewinne, die tendenziell mit zunehmendem Einkommen der Haushalte abnehmen.

Die Betrachtung der dynamischen Wohlfahrtseffekte zeigt, daß die positiven Wirkungen der Steuerreform im Zeitablauf weiter zunehmen. Zwecks besserer Vergleichbarkeit der Ergebnisse bei additiver bzw. multiplikativer Anpassung der Einkommensteuersätze sind die prozentualen dynamischen Wohlfahrtseffekte der Einführung einer reinen Konsumsteuer in Abbildung 9-5 graphisch dargestellt. Hier erkennt man zunächst, daß bei additiver Anpassung alle Einkommensklassen einen dynamischen Wohlfahrtseffekt bei einer reinen Konsumsteuer erzielen. Im Gegensatz dazu, ergab die Untersuchung der Wirkungen der Einführung einer reinen Konsumsteuer bei multiplikativer Anpassung auch langfrisitig für die Einkommensklassen 15 und 16 einen Wohlfahrtsverlust.

Tabelle 9-15: Kumulierte Wohlfahrtseffekte einer reinen Konsumsteuer
(Finanzierung: Additive Anpassung der Einkommensteuersätze)

	Periode 0-1			**Perioden 0-10**		
h	$GWEV_h$	$GWEV_h$ je HH	$GWEV_h$	$GWEV_h$	$GWEV_h$ je HH	$GWEV_h$
	in Mrd. DM	in DM	in %	in Mrd. DM	in DM	in %
1	-0,557	-388,47	-1,21	-1,927	-1344,43	-0,98
2	-0,721	-481,26	-1,19	-2,447	-1633,63	-0,94
3	-1,279	-1120,83	-2,28	-5,519	-4836,74	-2,26
4	-2,138	-1641,02	-2,68	-10,053	-7715,11	-2,89
5	-2,734	-2456,36	-3,72	-12,989	-11669,81	-4,05
6	-4,847	-2797,09	-3,78	-23,300	-13444,76	-4,16
7	-9,451	-3646,28	-3,92	-45,475	-17544,52	-4,31
8	-10,019	-5065,45	-4,66	-48,894	-24718,85	-5,20
9	-12,679	-6562,72	-4,96	-63,952	-33101,32	-5,70
10	-13,344	-7962,05	-5,18	-69,135	-41249,81	-6,06
11	-13,730	-9710,34	-5,66	-71,000	-50211,97	-6,60
12	-23,953	-11240,18	-5,70	-124,735	-58533,39	-6,68
13	-17,765	-14010,50	-6,02	-94,549	-74565,22	-7,16
14	-12,537	-17534,92	-6,17	-68,021	-95133,93	-7,44
15	-17,303	-21387,64	-6,49	-95,615	-118189,69	-7,92
16	-25,708	-42989,16	-8,04	-144,305	-241313,38	-9,83
	GWEVHS		GWEVHS	GWEVHS		GWEVHS
	in Mrd. DM		in %	in Mrd. DM		in %
1-16	-168,766		-5,34	-881,914		-6,28

	Perioden 0 -20			**Perioden 0-50**		
h	$GWEV_h$	$GWEV_h$ je HH	$GWEV_h$	$GWEV_h$	$GWEV_h$ je HH	$GWEV_h$
	in Mrd. DM	in DM	in %	in Mrd. DM	in DM	in %
1	-0,438	-305,33	-0,15	3,656	2551,40	0,94
2	-0,430	-287,26	-0,11	5,046	3368,61	0,98
3	-3,609	-3163,19	-0,98	4,142	3629,97	0,82
4	-8,183	-6279,88	-1,36	2,505	1922,30	0,35
5	-10,808	-9710,80	-2,23	2,583	2320,87	0,39
6	-19,832	-11443,52	-2,34	3,388	1955,05	0,29
7	-38,813	-14974,31	-2,44	6,325	2440,31	0,29
8	-42,886	-21681,56	-3,01	3,530	1784,42	0,18
9	-59,519	-30806,87	-3,49	-5,246	-2715,30	-0,22
10	-66,940	-39940,50	-3,84	-11,727	-6997,26	-0,48
11	-68,433	-48396,90	-4,16	-10,452	-7391,78	-0,45
12	-121,443	-56988,91	-4,24	-20,922	-9817,88	-0,52
13	-94,956	-74886,05	-4,66	-22,753	-17943,82	-0,78
14	-70,139	-98096,36	-4,94	-20,634	-28858,79	-1,00
15	-100,907	-124730,97	-5,34	-33,849	-41840,16	-1,22
16	-154,628	-258575,22	-6,65	-50,908	-85130,21	-1,46
	GWEVHS		GWEVHS	GWEVHS		GWEVHS
	in Mrd. DM		in %	in Mrd. DM		in %
1-16	-861,965		-4,00	-145,316		-0,48

	Perioden 0-100			Perioden 0-∞		
h	$GWEV_h$	GWEV je HH	$GWEV_h$	$GWEV_h$	$GWEV_h$ je HH	$GWEV_h$
	in Mrd. DM	in DM	in %	in Mrd. DM	in DM	in %
1	4,967	3465,84	1,22	5,050	3523,80	1,24
2	6,798	4538,19	1,26	6,909	4612,37	1,28
3	7,209	6318,24	1,35	7,459	6536,81	1,39
4	6,958	5340,23	0,92	7,325	5621,61	0,96
5	8,278	7437,43	1,18	8,758	7869,11	1,24
6	13,437	7753,71	1,09	14,299	8250,87	1,15
7	25,966	10017,57	1,11	27,665	10673,32	1,18
8	24,254	12261,69	1,16	26,097	13193,47	1,24
9	20,451	10585,58	0,81	22,862	11833,23	0,90
10	16,587	9897,06	0,63	19,503	11636,47	0,74
11	19,612	13870,01	0,79	22,783	16112,79	0,91
12	32,647	15319,81	0,75	38,504	18068,39	0,87
13	18,656	14712,82	0,59	23,589	18603,54	0,74
14	9,922	13876,70	0,44	13,896	19434,78	0,61
15	10,963	13551,61	0,36	17,382	21485,52	0,57
16	26,968	45097,28	0,69	40,300	67391,93	1,02
	GWEVHS		GWEVHS	GWEVHS		GWEVHS
	in Mrd. DM		in %	in Mrd. DM		in %
1-16	253,673		0,77	302,380		0,91

Hinweis: Ausgewiesen wird der Gegenwartswert der Wohlfahrtseffekte.

Insbesondere die oberste Einkommensklasse erreicht bei additiver Anpassung mit einem Wohlfahrtsgewinn von 1,02% nahezu das Niveau der unteren Einkommensklassen. Während die Durchführung der Steuerreform bei multiplikativer Anpassung eindeutig zugunsten der unteren und mittleren und zu Lasten der oberen Einkommensbezieher ausfällt, kommt es bei additiver Anpassung der Einkommensteuersätze zu einer gleichmäßigeren Verteilung der Wohlfahrtsgewinne auf die Einkommensklassen.
Aufgrund der im Vergleich zu einer multiplikativen Anpassung geringeren dynamischen Wohlfahrtsgewinne der übrigen Einkommensklassen, liegt der dynamische Wohlfahrtseffekt des Haushaltssektors bei additiver Anpassung mit 0,91% geringfügig unterhalb des Wertes bei multiplikativer Anpassung mit 1,0%. Somit kann festgehalten werden, daß bei der Finanzierung der Einführung einer reinen Konsumsteuer über eine additive Anpassung der Einkommensteuersätze, im Unterschied zu einer multiplikativen Anpassung, alle Einkommensklassen dynamische Wohlfahrtsgewinne realisieren.

Naheliegend ist es, daß eine wesentliche Determinante zur Erklärung des Unterschieds in den Ergebnissen bei den verschiedenen Anpassungsvarianten die Veränderung der Einkommensteuersätze und die dadurch ausgelösten Effekte darstellt.

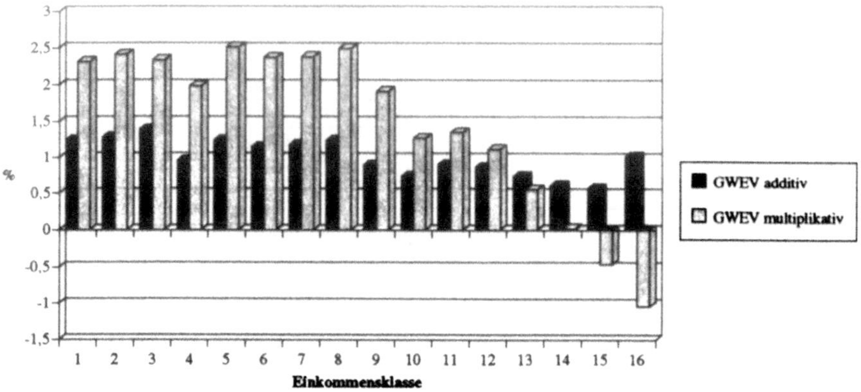

Abbildung 9-5: Dynamische Wohlfahrtseffekte der Haushalte in FRG bei einer reinen Konsumsteuer und Finanzierung über additive bzw. multiplikative Anpassung der Einkommensteuersätze

Wie Tabelle 9-16 zeigt, kommt es in der 1. Periode zu einer Anhebung der Einkommensteuersätze der Haushalte um ca. 14 Prozentpunkte (siehe PSTF). Der Ausweis der Einkommensteuersätze für die Steuerpolitikänderung bei additiver Anpassung erfolgt in Tabelle 9-17. Wie diese Tabelle zeigt, erhöht sich der Einkommensteuersatz in der 1. Periode bei der 1. Einkommensklasse von 9% auf 22,78% und für die oberste Einkommensklasse von 51,75% auf 65,73%. Bei der Simulationsrechnung mit multiplikativer Anpassung erfolgte in der 1. Periode eine Erhöhung des Einkommensteuersatzes der obersten Einkommensklasse auf über 70%. Nach 20 Perioden sind die Einkommensteuersätze für alle Einkommensklassen annähernd wieder auf ihren Ausgangswert gesunken. Im Zeitablauf können die Einkommensteuersätze weiter reduziert werden.

Tabelle 9-16: Niveaus der zentralen Modellvariablen und der Wachstumsrate des Faktors Kapital in FRG bei einer reinen Konsumsteuer
(Finanzierungsart: Additive Anpassung der Einkommensteuersätze)

Periode	PLF	PK	PLR	PSTF	GKF
1	1	1,07715	1,07902	1,13776	1,70560
100	1	0,73512	0,73409	0,93781	1,04101

In Abbildung 9-6 sind die Einkommensteuersätze der 16 Einkommensklassen für die 100. Periode für die beiden Anpassungsarten der Einkommensteuersätze graphisch abgetragen. Hier wird deutlich, daß es bei additiver Anpassung für die ersten 12 Einkommensklassen langfristig zu geringeren Einkommensteuersätzen kommt als bei multiplikativer Anpassung. Wie Abbildung 9-5 gezeigt hat, realisieren diese Klassen auch bei additiver Anpassung vergleichsweise höhere dynamische Wohlfahrtsgewinne.

Tabelle 9-17: Einkommensteuersätze bei einer reinen Konsumsteuer
(Finanzierung: Additive Anpassung der Einkommensteuersätze)

	$\tau_{Y,h}$	$\tau_{Y,h}$				
h	RS	1. Periode	10. Periode	20. Periode	50. Periode	100. Periode
	in %	in %	in %	in %	in %	in %
1	9,00	22,78	16,40	12,20	6,10	2,78
2	9,00	22,78	16,40	12,20	6,10	2,78
3	22,00	35,78	29,40	25,20	19,10	15,78
4	22,00	35,78	29,40	25,20	19,10	15,78
5	23,23	37,00	30,63	26,43	20,33	17,01
6	23,94	37,72	31,34	27,14	21,05	17,72
7	24,45	38,22	31,85	27,65	21,55	18,23
8	25,72	39,49	33,12	28,92	22,82	19,50
9	28,04	41,81	35,43	31,24	25,14	21,82
10	32,16	45,94	39,56	35,36	29,27	25,94
11	33,32	47,09	40,71	36,52	30,42	27,10
12	34,88	48,65	42,28	38,08	31,98	28,66
13	38,37	52,15	45,77	41,57	35,48	32,15
14	41,80	55,58	49,20	45,00	38,91	35,58
15	45,38	59,15	52,78	48,58	42,48	39,16
16	51,75	65,53	59,15	54,95	48,85	45,53

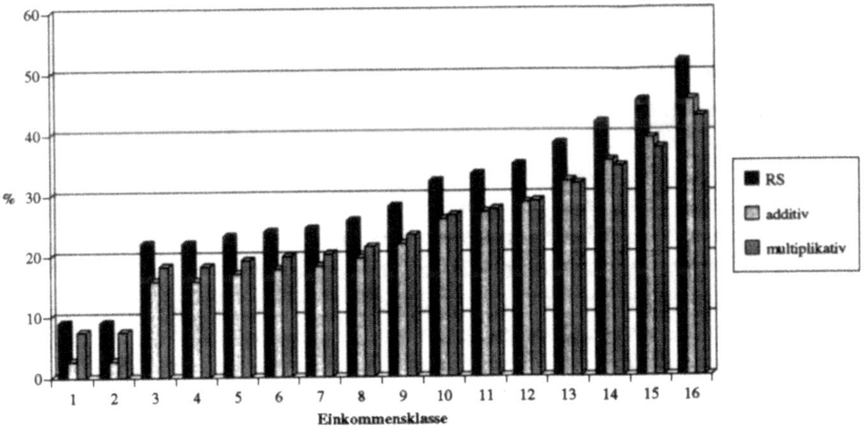

Abbildung 9-6: Einkommensteuersätze der Haushalte in FRG bei einer reinen Konsumsteuer und Finanzierung über additive bzw. multiplikative Anpassung der Einkommensteuersätze im neuen steady-state

Im Hinblick auf die dynamischen Wohlfahrtsgewinne aller Einkommensklassen sowie die mäßigere Anpassung der Einkommensteuersätze, insbesondere bei den oberen Einkommensklassen, dürfte die Finanzierung der Einführung einer reinen Konsumsteuer über eine additive Anpassung der Alternative einer multiplikativen Anpassung vorzuziehen sein.

9.3 Finanzierung über Anpassung der Transferzahlungen, der Mehrwertsteuersätze und der Staatsausgaben

Als weitere Finanzierungsarten bei der Einführung einer reinen Konsumsteuer sollen die Anpassung der Transferzahlungen, der Mehrwertsteuersätze und der Staatsausgaben betrachtet werden.
Tabelle 9-18 zeigt, daß im Fall der Transferfinanzierung der Steuerreform die Einkommensklassen 1 bis 10 dynamische Wohlfahrtsverluste zwischen ca. 0,2% und 10% hinnehmen müssen. Die oberen Einkommensklassen erfahren hingegen eine Wohlfahrtssteigerung zwischen ca. 1,5% und 5,3%, so daß für den Haushaltssektor insgesamt eine leichte Wohlfahrtsverbesserung eintritt (0,43%).
Im Gegensatz zu einer Transferfinanzierung führt die Mehrwertsteuerfinanzierung langfristig zu Wohlfahrtssteigerungen bei allen Einkommensklassen, so daß auch der Wohlfahrtsgewinn des Haushaltssektors mit 0,93% vergleichsweise höher ausfällt. Die Gewinnverteilung weist hierbei einen progressiven Verlauf auf. Eine reine Mehrwertsteuerfinanzierung dürfte sich jedoch für einen kurzfristigen Ausgleich des Einnahmenausfalls des Staates bei Einführung einer reinen Konsumsteuer als nicht praktikabel erweisen, da (wie Tabelle 9-19 zeigt) zu diesem Zweck die Mehrwertsteuersätze in der 1. Periode mehr als vervierfacht werden müßten. Mittel- und langfristig tritt aber eine starke Reduzierung der Mehrwertsteuersätze ein. Analog zu der Simulationsrechnung der Einführung einer S-ESt kann die Mehrwertsteuer sogar völlig abgeschafft werden. Bei einer S-ESt war dies bereits in der 35. Periode der Fall, während bei der hier betrachteten Steuerreform, aufgrund der zusätzlichen Abschaffung der Gewinnsteuern, eine Reduzierung der Mehrwertsteuersätze auf Null erst in der 80. Periode erfolgt. In der Folgezeit findet eine Transferfinanzierung statt. Hierbei soll wieder darauf hingewiesen werden, daß der in Tabelle 9-19 ausgewiesene Wert für PSTF in der 100. Periode lediglich eine Verringerung der nominalen Transferzahlungen des Staates signalisiert. Aufgrund des stark gesunkenen Güterpreisniveaus entspricht dies einer realen Erhöhung der Transferzahlungen an die Haushalte.

Bei der Finanzierung einer reinen Konsumsteuer über die Anpassung der Staatsausgaben ist bei der Interpretation der Ergebnisse wieder zu beachten, daß eine Veränderung des Niveaus der staatlich bereitgestellten öffentlichen Güter das Wohlempfinden der Haushalte annahmegemäß nicht beeinflußt. Die dadurch ausgelösten staatlichen Nutzenänderungen werden im Rahmen des Wohlfahrtsmaßes für den Staat berücksichtigt.

Tabelle 9-18: Dynamische Wohlfahrtseffekte einer reinen Konsumsteuer bei verschiedenen Finanzierungsarten

	TR			TC			GG		
h	$GWEV_h$	$GWEV_h$ je HH	$GWEV_h$	$GWEV_h$	$GWEV_h$ je HH	$GWEV_h$	$GWEV_h$	$GWEV_h$ je HH	$GWEV_h$
	in Mrd. DM	in DM	in %	in Mrd. DM	in DM	in %	in Mrd. DM	in DM	in %
1	-40,240	-28081,13	-9,84	2,706	1888,10	0,66	11,203	7817,66	2,74
2	-53,416	-35658,32	-9,91	4,929	3290,66	0,91	14,459	9652,09	2,68
3	-33,697	-29533,02	-6,28	6,153	5392,78	1,15	17,745	15552,11	3,31
4	-48,482	-37208,36	-6,36	5,357	4111,05	0,70	19,457	14932,68	2,55
5	-21,267	-19108,21	-3,01	6,336	5692,91	0,90	24,371	21896,84	3,45
6	-38,040	-21950,20	-3,06	10,669	6156,46	0,86	40,788	23536,26	3,29
7	-57,778	-22291,08	-2,47	18,916	7297,65	0,81	82,485	31822,97	3,52
8	-4,269	-2158,31	-0,20	16,975	8581,70	0,81	83,579	42254,21	3,97
9	-5,951	-3080,46	-0,23	13,017	6737,75	0,51	91,288	47250,74	3,59
10	-7,881	-4702,51	-0,30	16,056	9580,10	0,61	91,046	54323,67	3,45
11	37,815	26743,00	1,51	20,809	14716,53	0,83	101,074	71481,06	4,03
12	65,202	30596,92	1,48	35,852	16823,85	0,81	181,878	85348,55	4,13
13	56,198	44320,06	1,76	27,615	21778,26	0,87	131,995	104097,20	4,14
14	34,031	47595,38	1,50	19,610	27426,35	0,87	94,688	132430,29	4,19
15	53,257	65830,63	1,73	32,113	39694,60	1,04	131,886	163023,15	4,29
16	207,747	347402,42	5,25	71,236	119124,40	1,80	246,772	412662,35	6,23
	GWEVHS		GWEVHS	GWEVHS		GWEVHS	GWEVHS		GWEVHS
	in Mrd. DM		in %	in Mrd. DM		in %	in Mrd. DM		in %
	143,225		0,43	308,349		0,93	1364,715		4,11
							GWEVSS		GWEVSS
							in Mrd. DM		in %
							-1613,509		-18,54
							GWSEV		GWSEV
							in Mrd. DM		in %
							-248,794		-0,59

Hinweis: Ausgewiesen wird der Gegenwartswert der Wohlfahrtseffekte.

Finanzierungsvarianten:

TR: Anpassung der Transferzahlungen des Staates

TC: Zunächst (multiplikative) Anpassung der Mehrwertsteuersätze; erreichen die Mehrwertsteuersätze einen Wert von Null, so erfolgt die weitere Anpassung über die Transferzahlungen

GG: Anpassung der Staatsausgaben für die Bereitstellung öffentlicher Güter

Bei Anpassung der Staatsausgaben führt der Übergang zu einer reinen Konsumsteuer bei allen Haushalten zu Wohlfahrtsgewinnen, die mit zunehmendem Einkommen ansteigen. Der Haushaltssektor realisiert eine Wohlfahrtserhöhung von 4,11%. Tabelle 9-19 zeigt, daß die Staatsausgaben in der 1. Periode um ca. 43% reduziert werden müssen. Langfristig kommt es hingegen zu einer Erhöhung um ca. 11%.

Tabelle 9-19: Niveaus der zentralen Modellvariablen und der Wachstumsrate des Faktors Kapital in FRG bei einer reinen Konsumsteuer
(Verschiedene Finanzierungsarten)

	Periode	PLF	PK	PLR	PSTF	GKF
TR	1	1	1,18393	1,18865	0,71891	1,47822
	100	1	0,69169	0,68966	0,98513	1,07509
TC	1	1	1,05175	1,05230	4,43705	1,68082
	100	1	0,73516	0,73443	0,77434	1,04746
GG	1	1	1,32124	1,33069	0,57002	1,58611
	100	1	0,67426	0,67080	1,10849	1,04910

Betrachtet man den Zusammenhang von Finanzierungsart und Intensität der Kapitalakkumulation, so stellt man fest, daß die Finanzierungsvarianten mit Anpassung der Einkommensteuersätze zu der stärksten Ausweitung der Vermögensbildung führen. In der 1. Periode kam es bei multiplikativer Anpassung der Einkommensteuersätze zu einer Erhöhung der Wachstumsrate des Faktors Kapital um ca. 79% und bei additiver Anpassung um ca. 71%. Ein annähernd starkes Wachstum der Kapitalbildung erbrachte die Mehrwertsteuerfinanzierung mit ca. 68%. Mit 48% bzw. 59% bleiben die entsprechenden Werte bei Transfer- bzw. Staatsausgabenfinanzierung deutlich hinter den Werten der anderen Finanzierungsarten zurück.

Wie man aus Tabelle 9-19 deutlich sieht, steht die Veränderung der Wachstumsrate des Faktors Kapital - wie zu erwarten - in starkem Zusammenhang mit der Veränderung des Preises dieses Fakors.

9.4 Simulationsergebnisse der Einführung einer reinen Konsumsteuer im Überblick

Analog zu den beiden vorangehenden Kapiteln soll die Analyse der Einführung einer reinen Konsumsteuer mit einem Überblick über die dynamischen Wohlfahrtseffekte bei den untersuchten Finanzierungsarten abgeschlossen werden. Wendet man sich zunächst den Verteilungseffekten zu, so zeigt Abbildung 9-7 eine weitgehend gleichmäßige Verteilung der Wohlfahrtsgewinne über die Einkommensklassen bei Finanzierung über eine additive Anpassung der Einkommensteuersätze sowie einer Anpassung der Mehrwertsteuersätze. Bei der Entscheidung für das letztere Finanzierungsinstrument stehen die unteren Einkommensklassen und bei einer additiven Anpassung der Einkommensteuersätze die oberen Einkommensklassen vergleichsweise besser da.

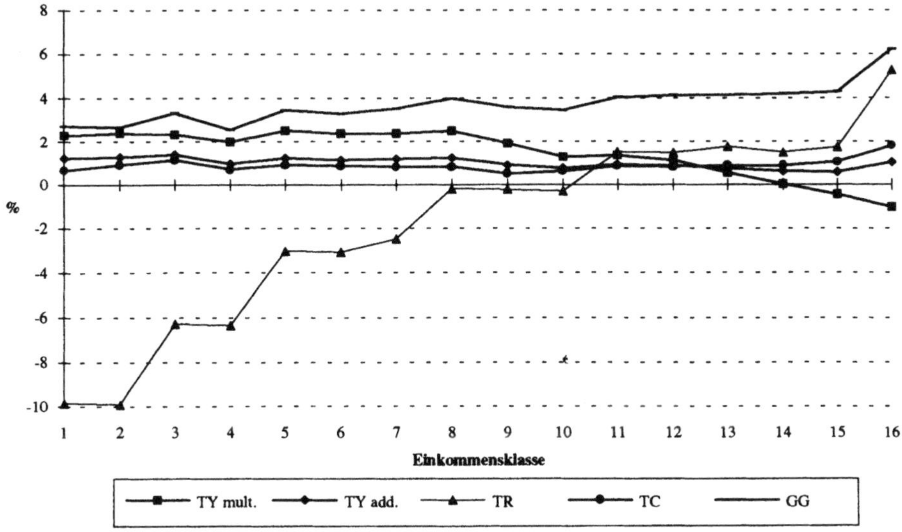

Abbildung 9-7: Prozentuale dynamische Wohlfahrtseffekte einer reinen Konsumsteuer je Einkommensklasse bei verschiedenen Finanzierungsarten im Überblick

Im Unterschied zu diesen Finanzierungsvarianten führt eine multiplikative Anpassung der Einkommensteuersätze zwar einerseits zu höheren Wohlfahrtsgewinnen für die Einkommensklassen 1 bis 12, aber andererseits zu Wohlfahrtsverlusten bei den Klassen 15 und 16. Die größte Wohlfahrtssteigerung erfahren die Haushalte in FRG bei Finanzierung über die Anpassung der Staatsausgaben. Hierbei ist wiederum zu beachten, daß diese Wohlfahrtseffekte nicht direkt mit den Ergebnissen aus den übrigen Simulationsrechnungen vergleichbar sind, da neben

dem Wohlfahrtsgewinn des Haushaltssektors der Wohlfahrtsverlust des Staates im Rahmen einer Würdigung dieser Steuerreform zu berücksichtigen ist.
Analog zu den Ergebnissen bei Abschaffung der Gewinnsteuern kommt es bei Anpassung der Transferzahlungen zu Wohlfahrtsverlusten insbesondere bei den unteren Einkommensklassen und zu hohen Wohlfahrtsgewinnen bei den oberen Einkommensklassen.

Bei Betrachtung der Finanzierungsarten mit einem unveränderten staatlichen Nutzenniveau erweist sich eine multiplikative Anpassung der Einkommensteuersätze mit einem Wohlfahrtsgewinn von ca. 333 Mrd. DM (1%) als beste Variante. Beabsichtigt man eine Besserstellung aller Einkommensklassen, so erreicht man dies mit einer additiven Anpassung der Einkommensteuersätze, aus der ein Wohlfahrtsgewinn von ca. 302 Mrd. DM (0,91%) resultiert.

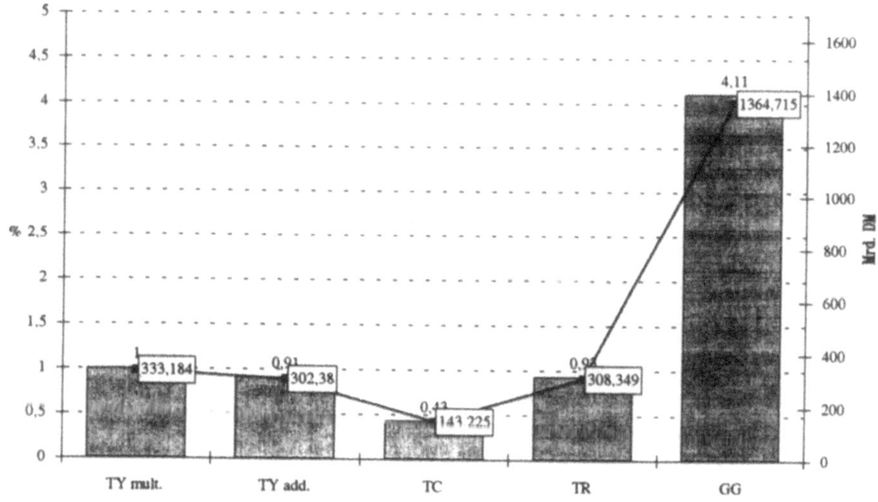

Abbildung 9-8: Dynamische Wohlfahrtseffekte des Haushaltssektors einer reinen Konsumsteuer bei verschiedenen Finanzierungsarten im Überblick

Eine Anpassung der Transferzahlungen führt zwar mit ca. 308 Mrd. DM (0,93%) zu einem ähnlich hohen Wohlfahrtseffekt wie bei additiver Anpassung der Einkommensteuersätze. Allerdings kommt es hierbei - wie Abbildung 9-5 zeigt - lediglich zu Wohlfahrtsgewinnen der oberen Einkommensklassen zu Lasten der unteren und mittleren Einkommensklassen. Von daher dürfte unter Verteilungsaspekten eine additive Anpassung der Einkommensteuersätze bzw. eine Anpassung der Mehrwertsteuersätze, die beide zu einer weitgehenden Gleichverteilung der dynamischen Wohlfahrtsgewinne führen, den übrigen Finanzierungsarten vorzuziehen sein.

Bei den bisherigen Untersuchungen zu der Einführung einer reinen Konsumsteuer wurde davon ausgegangen, daß die Gewinnsteuern ausschließlich den Faktor Kapital belasten (Fall A). Zum Abschluß sollen die dynamischen Wohlfahrtseffekte der Haushalte betrachtet werden, die sich bei unterschiedlichen Gewinnsteuerverteilungssituationen ergeben. Abbildung 9-9 stellt die prozentualen dynamischen Wohlfahrtseffekte der Haushalte in FRG für die drei unterschiedenen Fälle dar. Es zeigt sich, analog zu der Analyse der Abschaffung der Gewinnsteuern, daß die Wohlfahrtsgewinne der Einkommensklassen 3 bis 16 bei Verteilung der Gewinnsteuern entsprechend dem ursprünglichen Verhältnis von Kapital zu Arbeit (Fall B), bzw. alleiniger Belastung des Faktors Arbeit (Fall C) deutlich höher ausfallen als im Standardfall A.

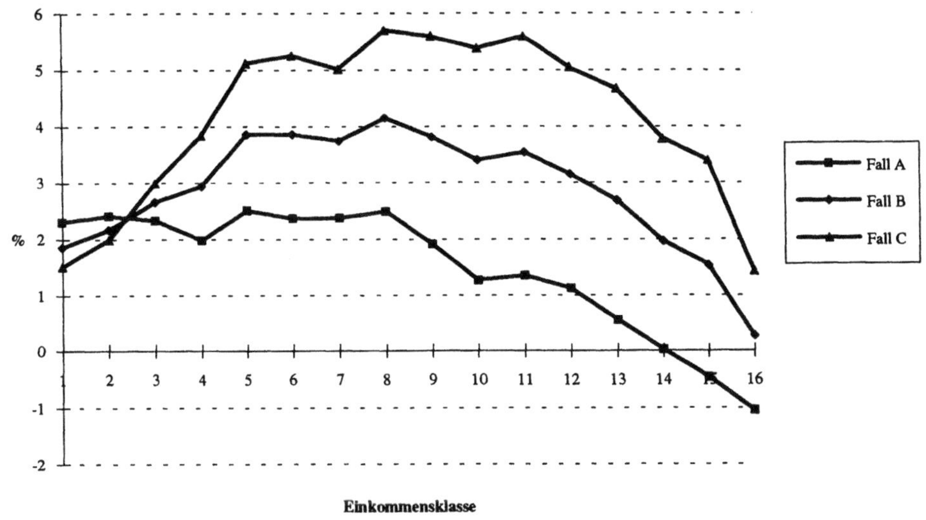

Abbildung 9-9: Prozentuale dynamische Wohlfahrtseffekte je Einkommensklasse einer reinen Konsumsteuer bei verschiedenen Gewinnsteuerverteilungssituationen im Überblick
(Finanzierung: Multiplikative Anpassung der Einkommensteuersätze)

Im Fall B liegen die Wohlfahrtsgewinne der Einkommensklassen 5 bis 12 bei über 3% und im Fall C bei über 5%. Entsprechend der Annahme über die Gewinnsteuerverteilung findet eine niveaumäßige Verschiebung der Kurven statt.

Bei der Betrachtung der dynamischen Wohlfahrtseffekte des Haushaltssektors wird ebenfalls die Abhängigkeit der Ergebnisse von der Gewinnsteuerverteilungssituation deutlich. Realisiert der Haushaltssektor in FRG im Standardfall einen dynamischen Wohlfahrtsgewinn von 333 Mrd. DM (1%), so erhöht sich dieser im

Fall B auf 908 Mrd. DM (2,73%). Zu der höchsten Wohlfahrtssteigerung kommt es wiederum im Fall C mit 1,4 Bill. DM (4,34%).

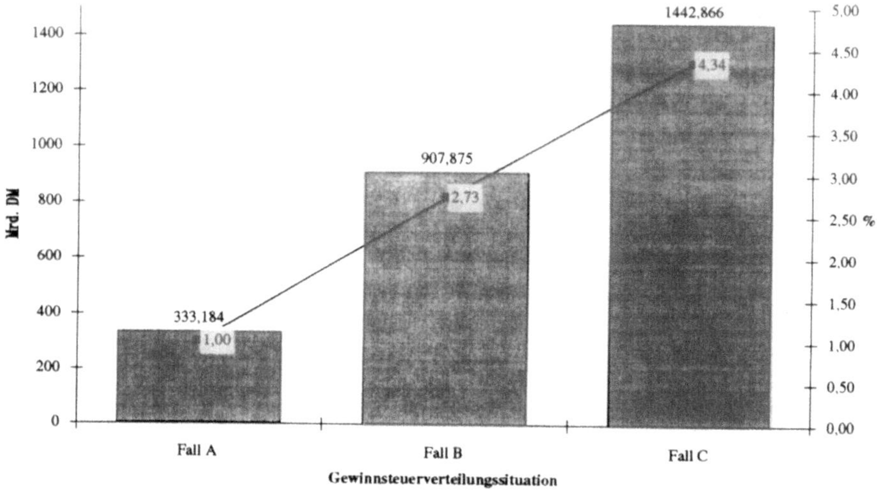

Abbildung 9-10: Dynamische Wohlfahrtseffekte des Haushaltssektors einer reinen Konsumsteuer bei verschiedenen Gewinnsteuerverteilungssituationen im Überblick
(Finanzierung: Multiplikative Anpassung der Einkommensteuersätze)

Aufgrund dieser Ergebnisse kann geschlossen werden, daß bei dem Übergang zu einer reinen Konsumsteuer ein Wohlfahrtsgewinn von 333 Mrd. DM (1%) im Standardfall A eher eine Untergrenze darstellen dürfte.

Schlußbetrachtung

Das Ziel dieser Arbeit bestand darin, ein marktorientiertes Konzept zur Neugestaltung des Einkommensteuersystems zu entwickeln und die Konsequenzen des Übergangs zu einem solchen System für die Bundesrepublik Deutschland aufzuzeigen. Zur Identifizierung eines marktorientierten Steuersystems wurden zunächst die in der Literatur intensiv diskutierten Konzepte konsumbasierter Steuersysteme dargestellt und die Vorteile gegenüber einem einkommensbasierten Steuersystem unter theoretischen Aspekten aufgezeigt. Das hervorstechende Merkmal eines konsumbasierten Steuersystems auf der Haushaltsebene ist darin zu sehen, daß im Gegensatz zu der traditionellen Einkommensbesteuerung die Doppelbelastung des Sparens vermieden und somit die Konsum-/Sparentscheidung der Haushalte nicht verzerrt wird. Auf der Unternehmensebene stellen die konsumbasierten Besteuerungskonzepte sicher, daß die Investitionstätigkeit von Unternehmen durch die Besteuerung nicht behindert wird. Investiv genutzte Mittel bleiben so lange geschützt, bis sie konsumtiv verwendet werden. Als Alternative zur persönlichen Einkommensteuer auf Haushaltsebene fiel die Wahl auf die sparbereinigte Einkommensteuer gemäß des in dem Steuergesetzbuch von Lang (1993) verwirklichten Konzepts einer direkten Besteuerung des Konsums. Neben der Einführung einer sparbereinigten Einkommensteuer auf Haushaltsebene wurde als Untersuchungsgegenstand der Übergang zu einer reinen Konsumsteuer, d.h. sparbereinigte Einkommensteuer auf Haushaltsseite und Verzicht auf eine Besteuerung von Unternehmensgewinnen, gewählt.

Die Abschätzungen der Wirkungen des Übergangs zu einem konsumbasierten Steuersystem wurden mittels eines sequentiellen empirischen allgemeinen Gleichgewichtsmodells für die Bundesrepublik Deutschland durchgeführt. Auf Basis dieses speziell für die Beurteilung von Steuerreformprogrammen entwickelten Modells erfolgte die Analyse der Politikänderung unter Berücksichtigung sämtlicher Anpassungsprozesse auf die Sektoren der deutschen Volkswirtschaft.

Wie die Untersuchung der steuerlichen Behandlung von Ersparnissen und Kapitaleinkommen unter dem gegenwärtigen Einkommensteuersystem ergab, kann nicht davon gesprochen werden, daß hier das Konzept einer umfassenden Einkommensbesteuerung gemäß der Reinvermögenszugangstheorie verwirklicht ist. Das deutsche Einkommensteuersystem befindet sich vielmehr bereits auf halbem Weg zu einem Konsumsteuersystem. Dieser Ausgangspunkt wurde bei dem Übergang zu einem konsumbasierten Steuersystem berücksichtigt.

Die Analyse der Einführung einer sparbereinigten Einkommensteuer zeigte, daß alle Haushalte in der Bundesrepublik Deutschland langfristig eine deutliche Erhöhung ihres Wohlstandsniveaus erfahren, so daß die Durchführung dieser Steuerreform positiv zu bewerten ist. Gleichzeitig wurde bei der Analyse deutlich, daß einerseits zur Beurteilung und andererseits zur praktischen Durchführung einer Steuerreformpolitik dem Anpassungsverlauf eine bedeutende Rolle zukommt. So muß dem Steuerpolitiker verdeutlicht werden, daß der Wechsel von der gegenwärtigen Einkommensteuer zu einer sparbereinigten Einkommensteuer kurzfristig zu Wohlfahrtseinbußen der Haushalte führt. Dies ist in erster Linie auf die kurzfristig geringere Bemessungsgrundlage bei einer Konsumsteuer und der damit notwendigen Tarifanhebung zurückzuführen. Dieser Effekt ist insbesondere in hochentwickelten Industrieländern zu erwarten, in denen bereits ein großer Vermögensbestand existiert. Bei Ländern, die sich erst im Aufbau eines Kapitalstocks befinden, dürfte der Übergang zu einer sparbereinigten Einkommensteuer wesentlich sanfter verlaufen. In diesem Fall kann meines Erachtens eine sparbereinigte Einkommensteuer ohne besondere Übergangsbestimmungen eingeführt werden. In der Bundesrepublik Deutschland wäre es hingegen sicherlich empfehlenswert, schrittweise zu dem neuen Steuersystem überzugehen. Langfristig zeigte die Analyse, daß aufgrund der gesamtwirtschaftlichen Effekte die Einkommensteuersätze bei einer sparbereinigten Einkommensteuer deutlich reduziert werden können.

Eindeutig positiv zu beurteilen sind die Effekte einer sparbereinigten Einkommensteuer auf die Spar- und Investitionstätigkeit in der Volkswirtschaft. Die Anregung der Spartätigkeit im Inland und die Attraktivität für ausländisches Kapital führen zu einem beschleunigten Wirtschaftswachstum. Dies hat zur Folge, daß die Haushalte in der Bundesrepublik mittel- und langfristig über größere Konsummöglichkeiten verfügen und somit ein höheres Wohlstandsniveau im Vergleich zu der Beibehaltung der gegenwärtigen Einkommensteuer erreichen. Die Untersuchungen ergaben weiterhin, daß bei Teilnahme eines Landes am internationalen Kapitalverkehr zusätzliche Wohlfahrtsgewinne über das Ausland im Vergleich zu einem rein nationalen Kapitalmarkt realisiert werden können. Somit kann festgehalten werden, daß ein Land durch die Einführung einer sparbereinigten Einkommensteuer zum einen ein ungehindertes Wirtschaftswachstum sicherstellen und zum anderen Standort- und somit Wettbewerbsvorteile gegenüber anderen Ländern erlangen kann. Die Einführung dieses Steuersystems stellt somit insbesondere für die osteuropäischen Länder eine Chance dar, den Angleichungsprozeß an die Industrienationen zu beschleunigen. Dies um so mehr, wenn die hochentwickelten Staaten an ihren traditionellen Einkommensteuersystemen festhalten.

Das vom theoretischen Standpunkt ideale Konzept einer reinen Konsumsteuer führte analog zu der alleinigen Einführung einer sparbereinigten Einkommensteuer langfristig zu Wohlfahrtssteigerungen bei den Haushalten in der Bundes-

republik Deutschland. Da bei diesem Konzept kurzfristig neben dem Einnahmenausfall des Staates aufgrund der geringeren Bemessungsgrundlage der Wegfall der Gewinnsteuereinnahmen hinzukommt, bedarf es eines längeren Zeitraums zur Kompensation der anfänglichen Wohlfahrtsverminderungen der Haushalte. Der Wegfall der Unternehmensgewinnbesteuerung führt in Kombination mit der Einführung einer sparbereinigten Einkommensteuer zu einem noch höheren Kapitalstockwachstum als bei alleiniger Einführung einer sparbereinigten Einkommensteuer.
Der Übergang zu einer reinen Konsumsteuer kann sicherlich nur als ein langfristig anzustrebendes Reformziel angesehen werden. Im Zuge des schrittweisen Übergangs zu einer sparbereinigten Einkommensteuer könnte zunächst ein konsumbasiertes Unternehmensteuersystem implementiert werden. Hierfür bietet sich insbesondere das Konzept einer Cash-flow-Besteuerung bzw. einer zinsbereinigten Gewinnsteuer an. Insbesondere mittels letzterem Konzept wären die Politiker in der Lage, durch eine geringfügige Modifikation der bestehenden Unternehmensbesteuerung die Vorteile eines konsumbasierten Steuersystems zu nutzen. Als Gesetzesvorlage könnte hierzu die Umsetzung einer zinsbereinigten Gewinnsteuer in dem Steuergesetzbuch von Joachim Lang (1993) dienen. Darüber hinaus findet diese Form der Unternehmensbesteuerung bereits in Kroatien Anwendung, da den Empfehlungen der Steuerreformgruppe unter der Leitung von Manfred Rose folgend zum 1. Januar 1994 eine zinsbereinigte Gewinnsteuer eingeführt wurde (siehe Institut of Public Finance, Zagreb). Der Übergang zu einem reinen Konsumsteuersystem könnte über eine schrittweise Reduzierung der Gewinnsteuersätze erfolgen, sofern die notwendige Akzeptanz in der Gesellschaft vorhanden ist.

Es ist jedoch sicherlich nicht damit getan, anderen Ländern ein konsumbasiertes Steuersystem schmackhaft zu machen. Vielmehr sollte überdacht werden, ob nicht auch das eigene Steuersystem einem Wandel zu einem zeitgemäßen Steuersystem unterzogen werden sollte. Daß auch in den westlichen Industrienationen das Umdenken begonnen hat, kann man beispielsweise einem Artikel des Magazins Fortune (1992) entnehmen. Im Rahmen der Analyse der ersten hundert Tage der Clinton-Regierung ist hier zu lesen: "Down the road, insiders say, Clinton might get behind a new broad-based consumption tax. This could be an energy tax, a value-added tax, or even a whole new tax system like one recently proposed by Democratic Senator Sam Nunn and Republican Senator Pete Domenici that would exempt any money saved or invested and tax only individual or corporate income that goes to consumption. Says one senior adviser: "That won't happen in the first 100 days. But long term, it's clearly the way to go.""
Es bleibt zu hoffen, daß die deutschen Steuerpolitiker nicht nur auf internationale Entwicklungen reagieren, sondern eine Vorreiterrolle bei der Neugestaltung des Steuersystems einnehmen werden. Hierfür stellt eine sparbereinigte Einkommensteuer in jedem Fall eine gangbare Option dar.

Anhänge

Anhang A

Modellierung des gegenwärtigen Einkommensteuersystems und der S-ESt

Bei der allgemeinen Darstellung des "statischen" Submodells für FRG wurde in Kapitel 3 davon ausgegangen, daß entsprechend dem Konzept der SHS-Einkommensbesteuerung die Ersparnisse und die Kapitaleinkommen der Haushalte in FRG vollständig der Besteuerung unterliegen.[1] Die Untersuchungen in Kapitel 6 ergaben jedoch, daß unter dem gegenwärtigen Einkommensteuersystem in der Bundesrepublik Deutschland bereits ein Teil der Ersparnisse sowie der Kapitaleinkommen gesetzlich steuerbefreit ist bzw. hinterzogen wird.
Obwohl die Darstellung in Kapitel 3 aus Gründen der Verständlichkeit von diesen Details abstrahiert, wurden sie bei der Kalibration des Modells bereits berücksichtigt. Im folgenden wird zunächst in allgemeiner Form erläutert, wie der Umstand, daß ein Teil der Ersparnisse sowie der Kapitaleinkommen nicht der Besteuerung unterliegt, im Rahmen des Modells abgebildet wird. Vor diesem Hintergrund erfolgt dann die konkrete Beschreibung der Modellierung des gegenwärtigen Einkommensteuersystems (Referenzsequenz) sowie der S-ESt.

A-1 Modellierung der Steuerbefreiungen von Ersparnissen und Kapitaleinkommen

Unter Beachtung eines nicht der Besteuerung unterliegenden Teils a der Ersparnisse lautet die intertemporale Budgetgleichung des Haushalts[2]

$$\text{(A-1)} \quad \pi_{H,h} H_h + \pi_S S_h = Y_h + a\tau_{Y,h}\pi_S S_h\,, \quad h = 1,2,\ldots,16 \quad ,$$

---

[1] Siehe hierzu die Gleichungen (3.15) bis (3.22). Wie bei der Beschreibung des "statischen" Submodells für FRG soll auch im folgenden aus Vereinfachungsgründen auf einen Periodenindex verzichtet werden. Es sei betont, daß sich das Submodell für FRG stets auf eine bestimmte Periode t (t=0,1,...,∞) bezieht.

[2] Hierbei wurde bereits die Gleichung (3.38) $\pi_S S_h = \pi_{F,h} F_h$, $h = 1,2,\ldots,16$ berücksichtigt.

wobei sich die Budgetrestriktion von der Entstehungsseite her betrachtet wie folgt bestimmt:

$$\text{(A-2)}\quad Y_h = (1-\tau_{Y,h})(p_L L + p_K K) + TR_h + AB_h\,, \quad h=1,2,\ldots,16 \quad .$$

(A-1) läßt sich hierbei auch in der Form

$$\text{(A-3)}\quad \pi_{H,h} H_h + \left[(1-a) + a(1-\tau_{Y,h})\right]\pi_S S_h = Y_h\,, \quad h=1,2,\ldots,16 \quad ,$$

schreiben.

Unterliegt ein Teil a der Ersparnisse sowie ein Teil c der Kapitaleinkommen nicht der Besteuerung, ermittelt sich die Einkommensteuerschuld eines Haushalts gemäß

$$\text{(A-4)}\quad TY_h = \tau_{Y,h}(p_L l_h + p_K K_h - a\pi_S S_h - ci\pi_S S_h) - AB_h\,, \quad h=1,2,\ldots,16 \quad .$$

Die Finanzierungsrestriktion für den zukünftigen Konsum lautet

$$\text{(A-5)}\quad r_h\left[(1-a) + a(1-\tau_{Y,h})\right]\pi_S S_h = \pi_{C,h} F_h\,, \quad h=1,2,\ldots,16 \quad ,$$

mit dem Nettozinssatz

$$\text{(A-6)}\quad r_h := \left[(1-c)(1-\tau_{Y,h}) + c\right] i_h\,, \quad h=1,2,\ldots,16$$

und dem Bruttozinssatz

$$\text{(A-7)}\quad i_h := \frac{\mu p_K}{\left[(1-a) + a(1-\tau_{Y,h})\right]\pi_S} \quad .$$

Einsetzen von (A-7) in (A-6) liefert

$$\text{(A-8)}\quad r_h := \frac{\left[(1-c)(1-\tau_{Y,h}) + c\right]\mu p_K}{\left[(1-a) + a(1-\tau_{Y,h})\right]\pi_S}\,, \quad h=1,2,\ldots,16 \quad .$$

Gemäß der Definitionsgleichung für den Preis des zukünftigen Konsums, bestimmt sich dieser somit wie folgt:

$$\text{(A-9)}\quad \pi_{F,h} = \frac{\pi_{C,h}}{\dfrac{\left[(1-c)(1-\tau_{Y,h}) + c\right]\mu p_K}{\left[(1-a) + a(1-\tau_{Y,h})\right]\pi_S}}\,, \quad h=1,2,\ldots,16 \quad .$$

A-2 Modellierung des gegenwärtigen Einkommensteuersystems (Referenzsequenz)

In der Referenzsequenz wird davon ausgegangen, daß 49% der Ersparnisse und 12% der Kapitalerträge nicht der Besteuerung unterliegen ($a = 0,49;\ c = 0,12$).[3] Setzt man diese Werte für a und c in die Gleichungen (A-6), (A-7) und (A-9) ein, so erhält man für den Nettozinssatz

$$\text{(A-10)}\quad r_h^{RS} := \left[0,12 + 0,88(1-\tau_{Y,h})\right] i_h\,,\quad h = 1,2,\ldots,16\quad ,$$

den Bruttozinssatz

$$\text{(A-11)}\quad i_h^{RS} := \frac{\mu p_K}{\left[0,51 + 0,49(1-\tau_{Y,h})\right]\pi_S}$$

und den Preis des zukünftigen Konsums

$$\text{(A-12)}\quad \pi_{F,h}^{RS} = \frac{\pi_{C,h}}{\dfrac{\left[0,12 + 0,88(1-\tau_{Y,h})\right]\mu p_K}{\left[0,51 + 0,49(1-\tau_{Y,h})\right]\pi_S}}\,,\quad h = 1,2,\ldots,16\quad .$$

A-3 Modellierung der S-ESt

Bei einer vollständigen Abzugsfähigkeit der Ersparnisse und Besteuerung der Kapitaleinkommen ($a = 1,\ c = 0$) lautet die intertemporale Budgetrestriktion

$$\text{(A-13)}\quad \pi_{H,h} H_h + \pi_S S_h = Y_h + \tau_{Y,h}\pi_S S_h\,,\quad h = 1,2,\ldots,16\quad .$$

Diese Gleichung läßt sich auch in der Form

$$\text{(A-14)}\quad \pi_{H,h} H_h + (1-\tau_{Y,h})\pi_S S_h = Y_h\,,\quad h = 1,2,\ldots,16$$

schreiben.

Die Einkommensteuerschuld ermittelt sich als

$$\text{(A-15)}\quad TY_h = \tau_{Y,h}(p_L l_h + p_K K_h - \pi_S S_h) - AB_h\,,\quad h = 1,2,\ldots,16\quad .$$

---

[3] Diese Steuerpolitik gilt in der Referenzsequenz sowie in der Periode 0 der Alternativsequenz, da die Einführung einer alternativen Steuerpolitik stets zu Beginn der Periode 1 der Alternativsequenz erfolgt.

Die Finanzierungsrestriktion für den zukünftigen Konsum lautet

(A-16) $r_h(1-\tau_{Y,h})\pi_S S_h = \pi_{C,h} F_h\,, \quad h = 1,2,\ldots,16$

mit dem Nettozinssatz

(A-17) $r_h := (1-\tau_{Y,h}) i_h\,, \quad h = 1,2,\ldots,16$

und dem Bruttozinssatz

(A-18) $i_h = \dfrac{\mu p_K}{(1-\tau_{Y,h})\pi_S}\,, \quad h = 1,2,\ldots,16 \quad .$

Einsetzen von (A-18) in (A-17) liefert

(A-19) $r_h = \dfrac{\mu p_K}{\pi_S}\,, \quad h = 1,2,\ldots,16 \quad .$

Der Preis des zukünftigen Konsums ergibt sich dann als

(A-20) $\pi_{F,h} = \dfrac{\pi_{C,h}}{\dfrac{\mu p_K}{\pi_S}}\,, \quad h = 1,2,\ldots,16 \quad .$

Wie die Gleichungen (A-19) und (A-20) verdeutlichen, werden der Nettozinssatz und der (Gegenwarts)Preis des zukünftigen Konsums und somit auch die intertemporale Konsumentscheidung der Haushalte unter einer S-ESt nicht durch die Einkommensteuersätze verzerrt. Ferner ist der Nettozinsertrag der Kapitalbildung für alle Haushalte identisch.

Anhang B

Wohlfahrtsmaße[1]

B-1 Periodische Wohlfahrtsmaße

Die individuellen Wohlfahrtseffekte in der Periode t (t=0,1,...,∞) werden anhand der Äquivalenten Variation der Einkommensklasse h (h=1,2,...,16) für die Periode t ($EV_{h,t}$) gemessen. Der Definition der Äquivalenten Variation von Ahlheim/Rose (1992, S. 72) folgend kann dieses Wohlfahrtsmaß wie folgt beschrieben werden: "Die Äquivalente Variation einer staatlichen Maßnahme ist gleich dem Pauscheinkommensbetrag, den man dem Konsumenten an ihrer Stelle (also bei Gültigkeit der alten Preise und des alten Einkommens) mindestens geben müßte (*EV > 0*) bzw. höchstens entziehen dürfte (*EV < 0*), damit er auch hiermit das neue Nutzenniveau realisieren kann." Die Wohlfahrt der Einkommensklasse h in der Periode t wird im Modell mit dem Nutzen aus der Nachfrage nach heutigem Konsum in der Periode t (Nutzen aus der Freizeitnachfrage und der Nachfrage nach Konsumgütern in der Periode t) identifiziert.[2] Mittels der Ausgabenfunktion

$$\text{(B-1)}\quad E_{H,h}(\pi_{H,h,t}, H_{h,t}) = \pi_{H,h,t} H_{h,t}, \quad h=1,2,\ldots,16, \quad t=0,1,\ldots,\infty \quad ,$$

die die minimalen Ausgaben angibt, die die Einkommensklasse h bei gegebenem Preisindex des heutigen Konsums in der Periode t tätigen muß, um das Nutzenniveau $H_{h,t}$ zu verwirklichen,[3] läßt sich die periodische Äquivalente Variation wie folgt definieren:

$$\text{(B-2)}\quad EV_{h,t} := \frac{\pi^{RS}_{H,h,0}(H^{AS}_{h,t} - H^{RS}_{h,t})}{(1+g_B)^t}, \quad h=1,2,\ldots,16, \quad t=0,1,\ldots,\infty \quad .$$

---

[1] Da sich die folgenden Ausführungen auf FRG beziehen, wird im weiteren Verlauf auf das Ländersuperskript "F" verzichtet.

[2] Wie im Hauptteil der Arbeit bereits erwähnt, wäre eine Zugrundelegung des Nutzens aus dem intertemporalen Konsum (heutiger und - aus der heutigen Ersparnis finanzierter - zukünftiger Konsum) insofern inkonsistent, als eine Aufsummierung der periodischen Wohlfahrtseffekte über die Zeit eine Doppelzählung des aus der Ersparnis resultierenden Nutzens implizieren würde.

[3] Zu der Ausgabenfunktion (B-1) gelangt man, indem man auf die aus der Dualitätstheorie bekannten Zusammenhänge zwischen der direkten Nutzen-, der indirekten Nutzen- und der Ausgabenfunktion zurückgreift. Zu den allgemeinen dualitätstheoretischen Zusammenhängen siehe beispielsweise M. Ahlheim/M. Rose (1992), S. 255 ff. Eine ausführliche Herleitung der Ausgabenfunktion (B-1) bietet K.-J. Duschek (1993), S. 70 ff.

Hierbei wurde bereits berücksichtigt, daß die Weltökonomie in der Referenzsequenz annahmegemäß einen steady-state-Pfad realisiert und auf einem derartigen Pfad die Preise im Zeitablauf konstant sind.
Mittels der Division durch den Bevölkerungswachstumsfaktor $(1+g_B)^t$ wird stets auf eine Bevölkerung der Größe des Jahres 1988 (der Periode 0) Bezug genommen.[4]

Die periodische Äquivalente Variation des Haushaltssektors ($EVHS_t$) wird als (ungewichtete) Summe der EVs der sechzehn Einkommensklassen definiert; formal:

$$\text{(B-3)} \quad EVHS_t := \sum_{h=1}^{16} EV_{h,t}, \quad t = 0,1,\ldots,\infty \quad .$$

Der Wohlfahrtseffekt des Staates in der Periode t (t=0,1,...,∞) wird anhand der Äquivalenten Variation des Staates für die Periode t ($EVSS_t$) determiniert. Die Wohlfahrt des Staates in der Periode t wird dabei mit dem Nutzen aus der Nachfrage nach den Inputs für die Erstellung öffentlicher Güter identifiziert. Mittels der Ausgabenfunktion

$$\text{(B-4)} \quad E_{St,t} = \pi_{St,t} U_{St,t}, \quad t = 0,1,\ldots,\infty \quad ,$$

mit dem staatlichen Preisindex

$$\text{(B-5)} \quad \pi_{St,t} = w_{L,St,t}{}^{\psi_L} p_{K,t}{}^{\psi_K} \prod_{j=1}^{24} q_{j,t}{}^{\psi_j}, \quad t = 0,1,\ldots,\infty \quad ,^5$$

läßt sich die periodische Äquivalente Variation des Staates unter Bezugnahme auf eine Bevölkerung der Größe der Periode 0 folgendermaßen definieren:

$$\text{(B-6)} \quad EVSS_t := \frac{\pi_{St,0}^{RS}(U_{St,t}^{AS} - U_{St,t}^{RS})}{(1+g_B)^t}, \quad t = 0,1,\ldots,\infty \quad .$$

Bei der periodischen sozialen Äquivalenten Variation (SEV_t) handelt es sich definitionsgemäß um die (ungewichtete) Summe der periodischen Äquivalenten Variation des Haushaltssektors und der periodischen Äquivalenten Variation des Staates; in Gleichungsform:

---

4 Die Äquivalente Variation je Haushalt einer Einkommensklasse erhält man mittels Division der Äquivalenten Variation durch die jeweilige Besetzungszahl dieser Einkommensklasse in der Periode 0 (1988). Der Ausweis dieser Besetzungszahlen erfolgt in Tabelle 4-14.

5 Die Ausgabenfunktion (B-4) gibt die minimalen Ausgaben an, die der Staat bei gegebenem staatlichen Preisindex in der Periode t tätigen muß, um das Nutzenniveau $U_{St,t}$ zu verwirklichen.

(B-7) $SEV_t := EVHS_t + EVSS_t \ , \quad t = 0,1,\dots,\infty \quad .$

B-2 Kumulierte Wohlfahrtsmaße

Die individuellen kumulierten Wohlfahrtseffekte werden als Gegenwartswert des Stroms der periodischen Äquivalenten Variationen ($GWEV_{0-s}$) der Perioden 0 bis s ($1 \le s \le T$) berechnet.[6] Formal gesehen stellt sich diese Vorgehensweise wie folgt dar:

(B-8) $$GWEV_{h,0-s} := \sum_{t=0}^{s} \frac{EV_{h,t}}{(1+r_{h,0}^{RS})^t}, \quad h = 1,2,\dots,16, \quad 1 \le s \le T \quad .$$

Was den Nenner der rechten Seite der Definitionsgleichung (B-8) anbelangt, sei folgendes bemerkt: Mittels der Division durch den Diskontfaktor $(1+r_{h,0}^{RS})^t$ wird der Wert der Äquivalenten Variation in der Periode t aus Gründen der intertemporalen Vergleichbarkeit auf den Gegenwartswert (Wert in der Periode 0) diskontiert. Gleichzeitig wird mittels der in $EV_{h,t}$ implizit berücksichtigten Division durch den Bevölkerungswachstumsfaktor $(1+g_B)^t$ auf eine Bevölkerung der Größe des Jahres 1988 (der Periode 0) Bezug genommen.

Der kumulierte Wohlfahrtseffekt für den Haushaltssektor ($GWEVHS_{0-s}$) wird als Summe der kumulierten Wohlfahrtseffekte der 16 Haushalte definiert; formal:

(B-9) $$GWEVHS_{0-s} := \sum_{h=1}^{16} GWEV_{h,0-s} \quad .$$

In Übereinstimmung zu den individuellen kumulierten Wohlfahrtseffekten wird der kumulierte Wohlfahrtseffekt des Staates als Gegenwartswert des Stroms der periodischen Äquivalenten Variationen des Staates ($GWEVSS_{0-s}$) der Periode 0 bis zur Periode s ermittelt; formal:

(B-10) $$GWEVSS_{0-s} := \sum_{t=0}^{s} \frac{EVSS_t}{(1+r_{St,0}^{RS})^t}, \quad 1 \le s \le T \quad ,$$

mit dem "staatlichen" Zinssatz

---

[6] T indiziert diejenige Periode t, ab der die Weltökonomie (approximativ) einen neuen steady-state-Pfad realisiert.

$$(B\text{-}11)\ r_{St,0} := \sum_{h=1}^{16} \frac{Y_{H,h,0}^{RS}}{\sum_{h=1}^{16} Y_{H,h,0}^{RS}} r_{h,0}^{RS}$$.[7]

Die kumulierte soziale Äquivalente Variation ($GWSEV_{0-s}$) verkörpert definitionsgemäß die Summe der kumulierten Äquivalenten Variation des Haushaltssektors und der kumulierten Äquivalenten Variation des Staates:

$$(B\text{-}12)\ GWSEV_{0-s} := GWEVHS_{0-s} + GWEVSS_{0-s}, \quad 1 \leq s \leq T \quad .$$

B-3 Dynamische Wohlfahrtsmaße

Die individuellen dynamischen Wohlfahrtseffekte werden in Analogie zu Ballard/Fullerton/Shoven/Whalley (1985, S. 144-149) als Gegenwartswert des Stroms der periodischen Äquivalenten Variationen der Periode 0 bis ∞ ($GWEV_{h,0-\infty}$) berechnet. Da eine numerische Berechnung der Wohlfahrtseffekte über unendlich viele Perioden nicht praktikabel ist, wird die nachfolgend beschriebene Vorgehensweise zur Berechnung der dynamischen Wohlfahrtseffekte gewählt.

Es wird angenommen, daß die Weltökonomie ab der Periode T tatsächlich wieder einen gleichgewichtigen Wachstumspfad realisiert.[8] Unter dieser Prämisse stellt sich $GWEVH_{h,0-\infty}$ wie folgt dar:

$$(B\text{-}13)\ GWEVH_{h,0-\infty} = \pi_{H,h,0}^{RS} \left[\sum_{t=0}^{T} \frac{H_{h,t}^{AS}}{(1+g_B)^t (1+r_{h,0}^{RS})^t} + \sum_{t=1}^{\infty} \left[\frac{1+g_H}{1+r_{h,0}^{RS}} \right]^t \frac{H_{h,T}^{AS}}{(1+g_B)^T (1+r_{h,0}^{RS})^T} - \sum_{t=0}^{\infty} \left[\frac{1+g_H}{1+r_{h,0}^{RS}} \right]^t H_{h,0}^{RS} \right], \quad h = 1,2,\ldots,16 \ .$$

Bei dem zweiten und dritten Summenterm auf der rechten Seite der Gleichung (B-13) handelt es sich jeweils um eine unendliche geometrische Reihe. Dabei konvergiert der zweite Summenterm (für $g_H < r_{h,0}^{RS}$, $h = 1,2,\ldots,16$) gegen den zweiten Term in Gleichung (B-14). Der dritte Summenterm in Gleichung (B-13)

---

7 Wie die Gleichung (B-11) verdeutlicht, wird der Zinssatz des Staates als gewichtetes Mittel der Nettozinssätze der 16 Einkommensklassen bestimmt, wobei die Gewichte dem Anteil der Ausgaben der Einkommensklasse h für den heutigen Konsum an den Ausgaben aller Haushalte für den heutigen Konsum in der Referenzsequenz entsprechen.

8 Bei den durchgeführten Simulationsrechnungen wurde jeweils T = 100 gewählt. Dieser Wert hat sich nach zahlreichen Simulationsrechnungen als optimaler Kompromiß zwischen der Berechnungsgenauigkeit und den Zeitkosten der Simulationsläufe erwiesen.

konvergiert gegen den dritten Term in Gleichung (B-14), so daß $GWEVH_{h,0-\infty}$ programmtechnisch wie folgt bestimmt werden kann:[9]

(B-14)
$$GWEVH_{h,0-\infty} = \pi^{RS}_{H,h,0}\left[\sum_{t=0}^{T}\frac{H^{AS}_{h,t}}{(1+g_B)^t(1+r^{RS}_{h,0})^t}+\frac{(1+g_H)H^{AS}_{h,T}}{(1+g_B)^T(1+r^{RS}_{h,0})^T(r^{RS}_{h,0}-g_H)^T}-\frac{(1+r^{RS}_{h,0})H^{RS}_{h,0}}{r^{RS}_{h,0}-g_H}\right],\quad h=1,2,\ldots,16\ .$$

Der dynamische Wohlfahrtseffekt für den Haushaltssektor ($GWEVHS_{0-\infty}$) wird als Summe der individuellen dynamischen Wohlfahrtseffekte der 16 Einkommensklassen definiert; formal:

(B-15)
$$GWEVHS_{0-\infty} := \sum_{h=1}^{16} GWEV_{h,0-\infty}$$

In Analogie zu den individuellen dynamischen Wohlfahrtseffekten wird der dynamische Wohlfahrtseffekt des Staates als Gegenwartswert des Stroms der periodischen Äquivalenten Variationen des Staates der Perioden 0 bis ∞ ermittelt ($GWEVSS_{0-\infty}$). Auch hierbei wird wieder unterstellt, daß ab der Periode T tatsächlich ein gleichgewichtiger Wachstumspfad realisiert wird; formal:

(B-16)
$$GWEVSS_{0-\infty} := \pi^{RS}_{St,0}\left[\sum_{t=0}^{T}\frac{U^{AS}_{St,t}}{(1+g_B)^t(1+r^{RS}_{St,0})^t}+\frac{(1+g_H)U^{AS}_{St,T}}{(1+g_B)^T(1+r^{RS}_{St,0})^T(r^{RS}_{St,0}-g_H)}-\frac{(1+r^{RS}_{St,0})U^{RS}_{St,0}}{(r^{RS}_{St,0}-g_H)}\right]$$

Die dynamische soziale Äquivalente Variation ($GWSEV_{0-\infty}$) ist gleich der Summe aus der dynamischen Äquivalenten Variation des Haushaltssektors und der dynamischen Äquivalenten Variation des Staates:

(B-17)
$$GWSEV_{0-\infty} := GWEVHS_{0-\infty} + GWEVSS_{0-\infty}\ .$$

---

[9] Zu einer ausführlichen Darstellung dieser Zusammenhänge siehe K.-J. Duschek (1993), S. 245 ff. Zu einer graphischen Veranschaulichung der hier beschriebenen Vorgehensweise siehe C.L. Ballard/D. Fullerton/J.B. Shoven/J. Whalley (1985), S. 148.

Anhang C

Sensitivitätsanalyse

Wie in Kapitel 5 beschrieben, werden bei der Modellkalibration die Nettozinselastizität des Sparens, die Nettolohnelastizität des Arbeitsangebots, die Substitutionselastizität zwischen Arbeit und Kapital sowie das Verhältnis zwischen der Zeitausstattung und dem Arbeitsangebot aus der (ökonometrischen) Literatur übernommen. Dieses Vorgehen ist insofern nicht unproblematisch, als die quantitativen und qualitativen Ergebnisse von EAG-Analysen oftmals entscheidend von den im Rahmen der Kalibrationsprozedur exogen determinierten Parametern abhängen. Um die empirische Validität mittels des Verfahrens der Kalibration numerisch spezifizierter EAG-Modelle auf ein möglichst solides Fundament zu stellen, sollte man deshalb stets versuchen, über Sensitivitätsanalysen die Abhängigkeit der Simulationsergebnisse von unterschiedlichen Werten für die exogen gesetzten Parameter aufzudecken. Hierbei sind die bei der Kalibration exogen vorgegebenen Größen sowohl separat als auch simultan zu variieren.[1]

Im Rahmen dieses Anhangs erfolgt eine Sensitivitätsanalyse bezüglich der Nettozinselastizität des Sparens.[2] Die Darstellung der Effekte der Einführung einer S-ESt in Abhängigkeit von der Nettozinselastizität des Sparens ist vor allem aus zwei Gründen von besonderem Interesse. Zum einen "hängt die Höhe der Kapitalbildung (und damit zusammenhängend auch die Höhe der Wohlfahrtsgewinne) unter einer Konsumbesteuerung wesentlich von der unterstellten Zinselastizität des Sparens ab."[3] Zum anderen weichen die in der (ökonometrischen) Literatur vorzufindenden Schätzungen für diese Größe zum Teil erheblich voneinander ab, woraus ein breites Spektrum an Wahlmöglichkeiten resultiert.

Als Simulation wird die Einführung einer S-ESt bei multiplikativer Anpassung der Einkommensteuersätze gewählt. Im Vordergrund der Analyse stehen die Wohlfahrtseffekte und der (relative) Preis des Faktors Kapital. Bei den im Hauptteil dieser Arbeit durchgeführten Untersuchungen wurde für die Nettozinselastizität des Sparens stets ein Wert von 0,4 zugrunde gelegt.[4] Dieser Standardwert basiert auf der ökonometrischen Untersuchung von Boskin (1978), der im Rahmen seiner Schätzung Werte zwischen 0,2 und 0,6 ermittelt und den relevanten Bereich zwischen 0,3 und 0,4 ansiedelt. Die Resultate anderer Studien weichen jedoch zum Teil stark von denen Boskins ab. So kommt beispielsweise Denison (1958)

---

[1] Weitere Aspekte der Durchführung von Sensitivitätsanalysen im Rahmen von EAG-Modellen diskutieren B.D. Bernheim/J.K. Scholz/J.B. Shoven (1988), S. 132.

[2] Bezüglich der Sensitivitätsanalyse zu den übrigen Elastizitätswerten wird auf die ausführlichen Untersuchungen von C.L Ballard/J.B. Shoven (1983), D. Fullerton/A.B. Lyon (1986) und B.D. Bernheim/J.K. Scholz/J.B. Shoven (1988) verwiesen.

[3] Siehe W.F. Richter/W. Wiegard (1993), S. 353.

[4] Von diesem Wert gehen auch C.L. Ballard/D. Fullerton/J.B. Shoven/J. Whalley (1985), S. 136 bei ihren Analysen aus.

zu dem als "Denison's Law" in die Literatur eingegangenen Ergebnis, daß die Spartätigkeit der Haushalte nicht vom Zinssatz abhängt. Summers (1981) hingegen gelangt anhand seiner Untersuchungen zu Werten zwischen 1,87 und 3,36 für die Nettozinselastizität des Sparens.[5]
In Anlehnung an die im vorangegangenen angesprochenen Arbeiten werden im Rahmen der Sensitivitätsanalyse sechs unterschiedliche Werte für die Nettozinselastizität des Sparens berücksichtigt. Zum einen wird gemäß "Denison's Law" ein Wert von 0 gewählt. Boskin folgend werden darüber hinaus die Werte 0,2; 0,4 (Standardwert im Rahmen der Hauptuntersuchungen) und 0,6 verwendet. Schließlich werden noch die Werte 1,0 und 2,0 in die Analyse miteinbezogen. Dabei liegt der letztgenannte Wert ungefähr in der Mitte des von Summers (1981) berechneten Intervalls.[6]

Tabelle C-1: Substitutionselastizität zwischen heutigem und zukünftigem Konsum in Abhängigkeit der Nettozinselastizität des Sparens

	ρ_h					
	Nettozinselastizität des Sparens					
h	0	0,2	0,4	0,6	1,0	2,0
1	1	1,2053	1,4106	1,6160	2,0266	3,0532
2	1	1,2007	1,4013	1,6020	2,0033	3,0066
3	1	1,2023	1,4046	1,6069	2,0114	3,0228
4	1	1,2041	1,4082	1,6123	2,0205	3,0411
5	1	1,2060	1,4120	1,6180	2,0300	3,0601
6	1	1,2035	1,4069	1,6104	2,0174	3,0347
7	1	1,2086	1,4173	1,6259	2,0432	3,0864
8	1	1,2113	1,4226	1,6339	2,0565	3,1130
9	1	1,2161	1,4322	1,6483	2,0805	3,1610
10	1	1,2159	1,4319	1,6478	2,0797	3,1595
11	1	1,2162	1,4324	1,6486	2,0810	3,1620
12	1	1,2201	1,4403	1,6604	2,1007	3,2015
13	1	1,2225	1,4450	1,6675	2,1125	3,2250
14	1	1,2275	1,4551	1,6826	2,1377	3,2755
15	1	1,2287	1,4574	1,6861	2,1434	3,2869
16	1	1,2411	1,4822	1,7234	2,2056	3,4113

In Tabelle C-1 sind die Substitutionselastizitäten zwischen heutigem und zukünftigem Konsum je Einkommensklasse in Abhängigkeit von dem jeweiligen Wert

5 Weitere Analysen auf der Grundlage des Modells von Summers wurden von D.A. Starrett (1982) und O.J. Evans (1983) durchgeführt.
6 Zu einer Analyse der Robustheit der Ergebnisse des Übergangs zu einer Konsumsteuer in bezug auf die Nettozinselastizität des Sparens im Rahmen des Ballard/Fullerton/Shoven/Whalley-Modells vgl. insbesondere B.D. Bernheim/J.K. Scholz/J.B. Shoven (1988). Ebenfalls auf Grundlage dieses Modells untersuchen D. Fullerton/A.B. Lyon (1986), inwieweit die Wahl einer alternativen Politik zur Reform der Unternehmensbesteuerung von der Nettozinselastizität des Sparens abhängt. Hierbei berücksichtigen sie den Wertebereich [0,2;0,6].

der Nettozinselastizität des Sparens ausgewiesen. Für eine Zinselastizität von Null geht die intertemporale Nutzenfunktion von einer CES- in eine CD-Funktion über. Die Substitutionselastizität zwischen heutigem und zukünftigem Konsum ist in diesem Fall für alle Einkommensklassen gleich Null. Mit zunehmender Zinselastizität des Sparens erhöht sich die Substitutionselastizität zwischen heutigem und zukünftigem Konsum. Dabei steigt die Substitutionselastizität mit zunehmendem Einkommen der Haushalte tendenziell an.

Wie die Tabellen C-2 und C-3 verdeutlichen, kommt es mit zunehmendem Wert der Nettozinselastizität des Sparens und somit auch mit steigender Substitutionselastizität zwischen heutigem und zukünftigem Konsum bei dem Übergang zu einer S-ESt zu höheren Wohlfahrtsgewinnen. Dies trifft uneingeschränkt für die Einkommensklassen 1 bis 15 zu, während die oberste Einkommensklasse lediglich bei einem Anstieg der Zinselastizität von 0 bis 0,6 eine Wohlfahrtssteigerung erfährt. Bei einem weiteren Anstieg auf 1,0 bzw. 2,0 nimmt der Wohlfahrtseffekt wieder ab. Bei einer Zinselastizität von 2,0 liegt der Wohlfahrtsgewinn der 16. Einkommensklasse deutlich unter dem im Fall einer zinsunabhängigen Sparnachfrage. Die Ursache ist darin zusehen, daß - wie Tabelle C-4 zeigt - mit steigender Nettozinselastizität des Sparens der relative Preis des Faktors Kapital stärker sinkt.

Tabelle C-2: Dynamische Wohlfahrtseffekte je Haushalt in FRG der S-ESt in Abhängigkeit der Nettozinselastizität des Sparens
(Finanzierung: Multiplikative Anpassung der Einkommensteuersätze)

	GWEV$_h$ je HH					
	Nettozinselastizität des Sparens					
h	0	0,2	0,4	0,6	1,0	2,0
	in DM	in DM	in DM	in DM	in DM	in DM
1	2535,32	2968,58	3405,12	3841,37	4707,97	6791,80
2	3717,43	4240,93	4751,09	5244,69	6181,13	8227,27
3	7735,99	8936,21	10103,72	11231,28	13364,79	17998,43
4	11175,54	12810,80	14413,04	15971,75	18953,13	25595,02
5	16457,20	18871,44	21234,80	23532,16	27922,47	37692,31
6	18911,58	21754,13	24519,96	27191,82	32249,19	43248,81
7	23758,75	27189,20	30559,77	33848,95	40172,90	54456,46
8	32464,29	37093,26	41641,59	46081,11	54622,66	73971,10
9	40788,47	46235,21	51610,41	56881,77	67101,34	90711,77
10	49975,88	56570,24	63014,38	69273,45	81241,18	108100,52
11	60892,65	69110,82	77100,22	84820,21	99469,40	131791,53
12	69094,29	77668,35	85999,58	94050,04	109341,58	143290,20
13	86562,10	96479,68	105993,13	115069,54	131993,60	168109,34
14	107272,55	116984,82	126087,67	134572,53	149858,80	180093,86
15	135426,89	146385,14	156277,95	165120,97	179955,63	203625,28
16	276725,25	285653,32	290934,82	292825,24	287612,90	234078,31

Tabelle C-3: Prozentuale dynamische Wohlfahrtseffekte je Haushalt in FRG der S-ESt in Abhängigkeit der Nettozinselastizität des Sparens
(Finanzierung: Multiplikative Anpassung der Einkommensteuersätze)

h	$GWEV_h$					
	Nettozinselastizität des Sparens					
	0	0,2	0,4	0,6	1,0	2,0
	in %	in %	in %	in %	in %	in %
1	0,89	1,04	1,19	1,35	1,65	2,38
2	1,03	1,18	1,32	1,46	1,72	2,29
3	1,64	1,90	2,15	2,39	2,84	3,83
4	1,91	2,19	2,46	2,73	3,24	4,37
5	2,59	2,97	3,34	3,70	4,39	5,93
6	2,64	3,04	3,42	3,80	4,50	6,04
7	2,63	3,01	3,38	3,75	4,45	6,03
8	3,05	3,49	3,92	4,33	5,14	6,96
9	3,10	3,52	3,93	4,33	5,10	6,90
10	3,17	3,59	4,00	4,39	5,15	6,86
11	3,43	3,89	4,34	4,78	5,60	7,43
12	3,35	3,76	4,16	4,55	5,29	6,94
13	3,45	3,84	4,22	4,58	5,25	6,69
14	3,39	3,70	3,98	4,25	4,74	5,69
15	3,56	3,85	4,11	4,35	4,74	5,36
16	4,18	4,31	4,39	4,42	4,34	3,53

Dadurch kommt es trotz starker Kapitalbildung bei der obersten Einkommensklasse im Vergleich zu der Situation mit einer geringeren Zinselastizität zu einem relativen Rückgang des Kapitaleinkommens, das die bedeutendste Komponente am Bruttoeinkommen dieser Klasse darstellt.

Tabelle C-4: Preis des Faktors Kapital bei einer S-ESt in Abhängigkeit der Nettozinselastizität des Sparens
(Finanzierung: Multiplikative Anpassung der Einkommensteuersätze)

Periode	p_K					
	Nettozinselastizität des Sparens					
	0	0,2	0,4	0,6	1,0	2,0
1	0,9740	0,9724	0,9707	0,9687	0,9643	0,9477
10	0,9186	0,9097	0,9007	0,8918	0,8742	0,8329
20	0,8718	0,8581	0,8449	0,8323	0,8085	0,7590
50	0,7866	0,7690	0,7533	0,7393	0,7160	0,6774
100	0,7274	0,7123	0,6998	0,6896	0,6743	0,6531

Weiter geht aus der Tabelle C-2 bzw. C-3 hervor, daß es auch bei einer Zinselastizität von Null zu starken Wohlfahrtsgewinnen der Haushalte kommt. Ballard/Shoven (1983, S. 390 f.), die in ihren Analysen zur Einführung einer

Konsumsteuer zu dem gleichen Ergebnis gelangen, begründen dies wie folgt: "If saving is unresponsive to changes in the net rate of return, it simply does not follow that heavy taxation of capital income imposes no welfare loss. From the point of view of welfare analysis, it is the effect of interest rates on future consumption which is important, rather than the effect on saving."[7]
Die in Tabelle C-5 ausgewiesenen dynamischen Wohlfahrtseffekte des Haushaltssektors weisen einen eindeutig positiven Zusammenhang zwischen der Zinselastizität und dem Wohlfahrtsgewinn der Steuerreform auf. Dieser steigt von 1.067 Mrd. DM bei einer Zinselastizität von 0 bis auf 1.975 Mrd. bei einer Zinselastizität von 2,0.

Eine graphische Darstellung dieses Zusammenhangs findet sich in Abbildung C-1. Es zeigt sich ein weitgehend linearer Zusammenhang zwischen der Nettozinselastizität des Sparens und dem dynamischen Wohlfahrtsgewinn des Haushaltssektors.[8] Ein vollständig linearer Verlauf wird lediglich durch den Rückgang des Wohlfahrtsgewinns der obersten Einkommensklasse ab einem Wert der Zinselastizität von 0,6 gestört.

Tabelle C-5: Dynamische Wohlfahrtseffekte des Haushaltssektors in FRG der S-ESt in Abhängigkeit der Nettozinselastizität des Sparens
(Finanzierung: Multiplikative Anpassung der Einkommensteuersätze)

	GWEVHS					
	Nettozinselastizität des Sparens					
	0	0,2	0,4	0,6	1,0	2,0
in Mrd. DM	1066,886	1182,643	1292,579	1396,361	1586,639	1975,089
(in %)	(3,21)	(3,56)	(3,89)	(4,20)	(4,78)	(5,95)

Es kann somit festgehalten werden, daß die bei Einführung der S-ESt berechneten Wohlfahrtseffekte sensitiv auf die Wahl des Wertes der Nettozinselastizität des Sparens reagieren. Dabei besteht im Rahmen dieses Modells ein weitgehend linearer Zusammenhang zwischen diesen beiden Größen. Für jeden berücksichtig-

---

7 C.L Ballard/J.B. Shoven (1983), S. 391 berechneten für die Einführung einer Konsumsteuer bei multiplikativer Anpassung der Einkommensteuersätze und einer Nettozinselastizität des Sparens von Null für alle Haushalte einen dynamischen Wohlfahrtsgewinn von 410 Mrd. Dollar, bezogen auf den Wert des Dollars im Jahr 1973. Siehe hierzu auch B.D. Bernheim/J.K. Scholz/J.B. Shoven (1988), S. 149.

8 Ebenfalls zu einem schwach nichtlinearen Zusammenhang zwischen der Nettozinselastizität des Sparens und dem Wohlfahrtseffekt verschiedener Unternehmensteuerreformen kommen D. Fullerton/A.B. Lyon (1986), Fig. 1, S. 114.

ten Wert der Nettozinselastizität des Sparens resultierte ein dynamischer Wohlfahrtsgewinn von mindestens 1.000 Mrd. DM (3%).

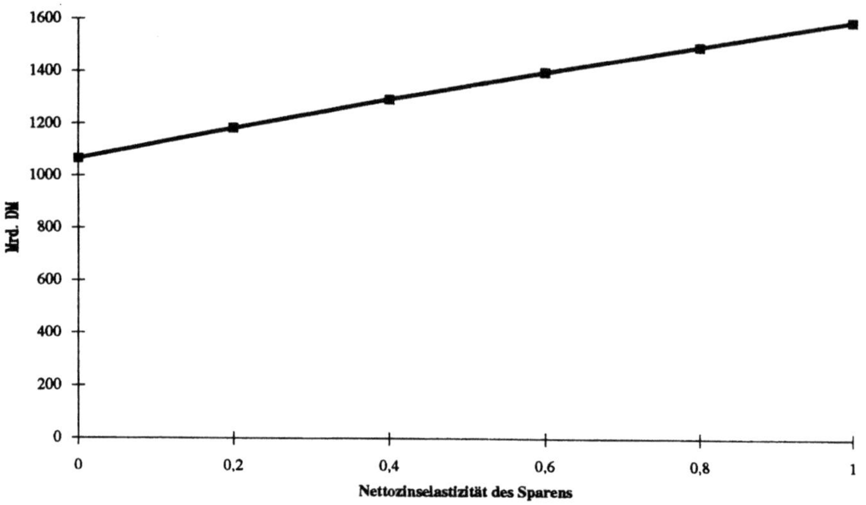

Abbildung C-1: Dynamische Wohlfahrtseffekte der S-ESt in Abhängigkeit der Nettozinselastizität des Sparens
(Finanzierung: Multiplikative Anpassung der Einkommensteuersätze)

Insgesamt betrachtet würde die Sensitivitätsanalyse hinsichtlich der Nettozinselastizität des Sparens wesentlich erleichtert, wenn man auf neuere ökonometrische Schätzungen zurückgreifen könnte, die den relevanten Wertebereich stärker einengen würden. Auch was die anderen exogen gesetzten Modellparameter anbelangt, kann man sich nur der Meinung von Bernheim/Scholz/Shoven (1988, S. 133) anschließen, daß noch ein großer Bedarf an präzisen ökonometrischen Schätzungen für die zur numerischen Spezifikation von EAG-Modellen verwendeten Größen besteht.

Anhang D

BWS und BIP der Länder von ROW

Quelle: United Nations (1991c), National Accounts Statistics, Analysis of Main Aggregates 1988-1989, Table 1, S. 5-8.
Wechselkurs zur Berechnung des BIP in DM: 1 US-Dollar entsprach im Jahr 1988 1,7803 DM (siehe Statistisches Bundesamt (1990b), S. 328). Die BWS ergibt sich durch Verminderung des BIP um 7% (siehe dazu Kapitel 4.2.1).

1. Länderblock: Europäische Gemeinschaft (EG ohne Bundesrepublik Deutschland)

		BIP	BIP	BWS
		in Mill. Dollars	in Mill. DM	in Mill. DM
1	Belgien	150774	268423	248935
2	Dänemark	108067	192392	178424
3	Frankreich	948788	1689127	1566497
4	Griechenland	52868	94121	87288
5	Irland	30689	54636	50669
6	Italien	828872	1475641	1368509
7	Luxemburg	6740	11999	11128
8	Niederlande	224710	400051	371007
9	Portugal	41686	74214	68826
10	Spanien	340069	605425	561471
11	Verein. Königreich	770940	1372504	1272861
Σ	**EG**	**3504203**	**6238533**	**5785615**

2. Länderblock: Westeuropa (WE)

		BIP	BIP	BWS
		in Mill. Dollars	in Mill. DM	in Mill. DM
1	Finnland	105128	187159	173572
2	Island	5922	10543	9778
3	Malta	2022	3600	3338
4	Norwegen	89681	159659	148068
5	Österreich	127210	226472	210030
6	Schweden	181994	324004	300481
7	Schweiz	178940	318567	295439
8	Türkei	70889	126204	117041
Σ	WE	761786	1356208	1257747

3. Länderblock: Außereuropäische Industrieländer (AI)

		BIP in Mill. Dollars	BIP in Mill. DM	BWS in Mill. DM
1	Australien	258835	460804	427350
2	Japan	2850008	5073869	4705506
3	Kanada	498482	887448	823019
4	Neuseeland	42537	75729	70231
5	Südafrik. Republik	86135	153346	142213
6	Ver. Staaten v. Amerika	4809081	8561607	7940034
Σ	**AI**	**8545078**	**15212802**	**14108353**

4. Länderblock: Ölexportierende Länder (OP)

		BIP in Mill. Dollars	BIP in Mill. DM	BWS in Mill. DM
1	Algerien	54237	96558	89548
2	Ecuador	10293	18325	16994
3	Gabun	3261	5806	5384
4	Indonesien	84250	149990	139101
5	Irak	57854	102997	95520
6	Iran	394265	701910	650951
7	Katar	5786	10301	9553
8	Kuwait	18620	33149	30743
9	Libyen	20564	36610	33952
10	Nigeria	23396	41652	38628
11	Saudi Arabien	74446	132536	122914
12	Venezuela	62216	110763	102722
13	Ver. Arab. Emirate	23496	41830	38793
Σ	**OP**	**832684**	**1482427**	**1374803**

5. Länderblock: Staatshandelsländer (SH)

		BIP in Mill. Dollars	BIP in Mill. DM	BWS in Mill. DM
1	Afghanistan	5642	10044	9315
2	Albanien	2489	4431	4109
3	Bulgarien	26085	46439	43068
4	China	317243	564788	523784
5	Deutsche Dem. Republik	148397	264191	245011
6	Jugoslawien	62764	111739	103627
7	Kuba	16839	29978	27802
8	Mongolei	1717	3057	2835
9	Nordkorea	18075	32179	29843
10	Polen	58059	103362	95858
11	Rumänien	59930	106693	98947
12	Sowjetunion	1039209	1850104	1715786
13	Tschechoslowakei	41686	74214	68826
14	Ungarn	27967	49790	46175
15	Vietnam	6984	12434	11531
Σ	**SH**	**1833086**	**3263443**	**3026517**

6. Länderblock: Schwellenländer (SL)

		BIP	BIP	BWS
		in Mill. Dollars	in Mill. DM	in Mill. DM
1	Argentinien	89181	158769	147242
2	Brasilien	350427	623865	578573
3	Hong Kong	55651	99075	91883
4	Israel	45968	81837	75895
5	Mexiko	172766	307575	285245
6	Singapur	24683	43943	40753
7	Südkorea	175941	313228	290487
Σ	**Summe SL**	**914617**	**1628293**	**1510079**

7. Länderblock: Entwicklungsländer (EL)

		BIP	BIP	BWS
		in Mill. Dollars	in Mill. DM	in Mill. DM
1	Ägypten	77933	138744	128671
2	Äquatorialguinea	147	262	243
3	Äthiopien	5603	9975	9251
4	Angola	6291	11200	10387
5	Anguilla	30	53	50
6	Antigua und Barbuda	274	488	452
7	Bahamas	2458	4376	4058
8	Bahrain	3157	5620	5212
9	Bangladesch	21772	38761	35947
10	Barbados	1549	2758	2557
11	Belize	276	491	456
12	Benin	1672	2977	2761
13	Bermuda	1500	2670	2477
14	Bhutan	284	506	469
15	Bolivien	4277	7614	7062
16	Botsuana	1888	3361	3117
17	Brunei	2321	4132	3832
18	Burundi	1090	1941	1800
19	Chile	22086	39320	36465
20	Cook-Inseln	54	96	89
21	Costa Rica	4696	8360	7753
22	Dominica-I.	147	262	243
23	Dominikan. Republik	4648	8275	7674
24	Dschibuti	482	858	796
25	El Salvador	5473	9744	9036
26	Elfenbeinküste	10860	19334	17930
27	Fidschi	1099	1957	1815
28	Gambia	273	486	451
29	Ghana	5229	9309	8633
30	Grenada-I.	168	299	277
31	Guadeloupe-I.	2066	3678	3411
32	Guatemala	7901	14066	13045
33	Guyana, Fr.-	260	463	429
34	Guinea	2368	4216	3910
35	Guinea-Bissau	155	276	256
36	Guyana	360	641	594
37	Haiti	1946	3464	3213

Fortsetzung: Länderblock: Entwicklungsländer (EL)

		BIP	BIP	BWS
		in Mill. Dollars	in Mill. DM	in Mill. DM
38	Honduras	4457	7935	7359
39	Indien	281409	500992	464620
40	Jamaika	3409	6069	5628
41	Jordanien	5474	9745	9038
42	Jungf.- I., Amer.	1249	2224	2062
43	Jungf. I. Brit.	131	233	216
44	Kamerun	12659	22537	20901
45	Kamputschea	765	1362	1263
46	Kap Verde Rep.	271	482	447
47	Kenia	8482	15101	14004
48	Kiribati	32	57	53
49	Kolumbien	38877	69213	64188
50	Komoren	226	402	373
51	Kongo	2220	3952	3665
52	Laos	822	1463	1357
53	Lesotho	422	751	697
54	Libanon	1511	2690	2495
55	Liberia	1156	2058	1909
56	Madagaskar	1563	2783	2581
57	Malawi	1348	2400	2226
58	Malaysia	34947	62216	57699
59	Malediven	113	201	187
60	Mali	2056	3660	3395
61	Marokko	22011	39186	36341
62	Martinique-I.	2593	4616	4281
63	Mauretanien	881	1568	1455
64	Mauritius	2075	3694	3426
65	Montserrat-I.	47	84	78
66	Mosambik	1256	2236	2074
67	Namibia	1862	3315	3074
68	Nepal	2983	5311	4925
69	Neukaledonien	2073	3691	3423
70	Nicaragua	1226	2183	2024
71	Niederl. Antillen	1311	2334	2165
72	Niger	2279	4057	3763
73	Nordjemen	5491	9776	9066
74	Obervolta	1900	3383	3137
75	Oman	7682	13676	12683
76	Pakistan	43411	77285	71674
77	Panama	4551	8102	7514
78	Papua-Neuguinea	3490	6213	5762
79	Paraguay	6035	10744	9964
80	Peru	37345	66485	61658
81	Phillipinen	39140	69681	64622
82	Polynesien, Fr.-	2792	4971	4610
83	Puerto Rico	28161	50135	46495
84	Reunion	3576	6366	5904
85	Ruanda	2329	4146	3845
86	Sambia	3381	6019	5582
87	Samoa	113	201	187
88	Sao-Tome-I.	49	87	81

Fortsetzung: Länderblock: Entwicklungsländer (EL)

		BIP in Mill. Dollars	BIP in Mill. DM	BWS in Mill. DM
89	Senegal	5230	9311	8635
90	Seschellen	282	502	466
91	Sierra Leone	957	1704	1580
92	Simbabwe	5911	10523	9759
93	Solomon-I.	176	313	291
94	Somalia	1680	2991	2774
95	Sri Lanka	6880	12248	11359
96	St. Kitts-Nevis	96	171	159
97	St. Lucia-I.	207	369	342
98	St. Vincent-I.	146	260	241
99	Sudan	6275	11171	10360
100	Südjemen	1242	2211	2051
101	Surinam	1290	2297	2130
102	Swaziland	634	1129	1047
103	Syrien	16493	29362	27231
104	Tansania	3300	5875	5448
105	Thailand	59564	106042	98343
106	Togo	1319	2348	2178
107	Tonga	116	207	192
108	Trinidad-I.	4533	8070	7484
109	Tschad	948	1688	1565
110	Tunesien	9561	17021	15786
111	Turks-I.	7	12	12
112	Uganda	4871	8672	8042
113	Uruguay	7945	14144	13118
114	Vanuatu	130	231	215
115	Zaire	3486	6206	5756
116	Zentralafrik. Republik	1119	1992	1848
117	Zypern	3984	7093	6578
Σ	**EL**	**485895**	**1753270**	**1625982**

Literaturverzeichnis

Aaron, H.J. / Galper, H. (1985), Assessing Tax Reform, Studies of Government Finance, The Brookings Institution, Washington, D.C.

Ahlheim, M. / Rose, M. (1992), Messung individueller Wohlfahrt, 2. Aufl., Berlin u.a.O.

Armington, P.S. (1969), A Theory of Demand for Products Distinguished by Place of Production, IMF Staff Papers 16, S. 156-167.

Atkinson, A.B. / Stiglitz, J.E. (1980), Lectures on Public Economics, Maidenhead u.a.O.

Auerbach, A.J. / Kotlikoff, L.J. (1987), Dynamic Fiscal Policy, Cambridge.

Bach, S. (1992), Cash-flow-Steuern: Ein Weg zu einem konsumorientierten Steuersystem, Wirtschaftsdienst 72, H. 6, S. 325-332.

Bach, S. (1993), Die Idee der Cash-flow-Steuer vor dem Hintergrund des gegenwärtigen Steuersystems, Deutsches Institut für Wirtschaftsforschung (DIW), Sonderheft 150, Berlin.

Bacharach, M. (1970), Biproportional Matrices and Input-Output Change, Cambridge.

Ballard, C.L. (1983), Evaluation of the Consumption Tax with Dynamic General Equilibrium Models, Unpublished Ph.D. Dissertation, Stanford University.

Ballard, C.L. (1990), On the Specification of Simulation Models or Evaluating Income and Consumption Taxes, in: M. Rose (ed.), Heidelberg Congress on Taxing Consumption, Berlin, Heidelberg, S. 147-188.

Ballard, C.L. / Fullerton D. / Shoven J.B. / Whalley, J. (1985), A General Equilibrium Model for Tax Policy Evaluation, Chicago, London.

Ballard, C.L. / Shoven, J.B. (1983), Taxes and Capital Formation, in: S. Cnossen (ed.), Comparative Tax Studies, Essays in Honor of Richard Goode, Amsterdam u.a.O., S. 389-407.

Berndt, R.E. (1976), Reconciling Alternative Estimates of the Elasticity of Substitution, Review of Economics and Statistics 58, S. 59-68.

Bernheim, B.D. / Scholz, K.J. / Shoven, J.B. (1988), Consumption Taxation in a General Equilibrium Model: How Reliable are Simulation Results?, Mimeo, Stanford University.

Boadway, R. / Bruce, N. (1982), A General Proposition on the Design of a Neutral Business Tax, Discussion Paper No. 461, Department of Economics, Queen´s University, Kingston/Ontario.

Borges, A.M. (1986), Applied General Equilibrium Models: An Assessment of their Usefulness for Policy Analysis, OECD Economic Studies 7, S. 7-43.

Boskin, M.J. (1978), Taxation, Saving, and the Rate of Interest, Journal of Political Economy 86, S. 3-27.

Bovenberg, A.L. (1985), Dynamic General Equilibrium Tax Models with Adjustment Costs, in: A.S. Manne (ed.), Economic Equilibrium: Model Formulation and Solution, Amsterdam, S. 40-55.

Bovenberg, A.L. (1990), The Integration of Macro- and Microeconomic Relations in Dynamic Policy Models: The Case of Saving and Investment Behavior, IMF Working Paper No. 34.

Bradford, D.F. (1980), The Case for a Personal Consumption Tax, in: J.A. Pechman (ed.), What should be taxed: Income or Expenditure?, The Brookings Institution, Washington, D.C., S. 75-117.

Bradford, D.F. (1986), Untangling the Income Tax, Cambridge/Mass., London.

Bradford, D.F. (1988), An Uncluttered Income Tax: The Next Reform Agenda?, Discussion Paper No. 20, Department of Economics, Wodrow Wilson School of Public and International Affairs, Princeton University.

Bradford, D.F. and the U.S. Treasury Tax Policy Staff (1984), Blueprints for Basic Tax Reform, 2. rev. ed., Arlington, Virginia.

Brown, E.C. (1948), Business-Income Taxation and Investment Incentives, in: L.A. Metzler (ed.), Income, Employment and Public Policy, Essays in Honor of A.H. Hansen, New York, S. 300-316.

Bundesministerium der Finanzen (1986), Besteuerung der Kapitaleinkünfte, Bericht des Bundesministeriums der Finanzen für den Rechnungsprüfungsausschuß des Deutschen Bundestages, Presse- und Informationsamt der Bundesregierung (Hrsg.), Aktuelle Beiträge zur Wirtschafts- und Finanzpolitik 42.

Caddy, V. (1976), Empirical Estimation of the Elasticity of Substitution: A Review, Preliminary Working Paper OP-09, IMPACT Project, Industrial Assistance Comission, Melbourne.

Deaton, A. / Muellbauer, J. (1980) Economics and Consumer Behaviour, Cambridge u.a.O.

Denison, E.F. (1958), A Note on Private Saving, Review of Economics and Statistics 40, S. 261-267.

Deutsche Bundesbank (1979), Berücksichtigung der Geldentwertung bei der Besteuerung von Einkünften aus Kapitalvermögen, Gutachten der Deutschen Bundesbank vom 22. September 1977 für das Bundesverfassungsgericht, Monatsbericht der Deutschen Bundesbank, August 1979, S. 20-33.

Deutsche Bundesbank (1989), Ergebnisse der gesamtwirtschaftlichen Finanzierungsrechnung für das Jahr 1988, Monatsbericht der Deutschen Bundesbank, Mai 1989, S. 12-20; S. 37-49.

Deutsche Bundesbank (1990a), Zahlenübersichten und methodische Erläuterungen zur gesamtwirtschaftlichen Finanzierungsrechnung der Deutschen Bundesbank 1960 bis 1989, Sonderdruck der Deutschen Bundesbank, Nr. 4, 6. Aufl., Frankfurt a.M.

Deutsche Bundesbank (1990b), Die Vermögensbildung und ihre Finanzierung in der Bundesrepublik Deutschland im Jahr 1989, Monatsbericht der Deutschen Bundesbank, Mai 1990, S. 20-27; S. 44-55.

Deutsche Bundesbank (1992), Die Entwicklung des Geld- und Sachvermögens westdeutscher privater Haushalte in den letzten zwanzig Jahren, Monatsbericht der Deutschen Bundesbank, April 1992, S. 14-20.

Deutsches Institut für Wirtschaftsforschung (DIW) (1989a), Einkommen und Ersparnis der Privathaushalte im Jahre 1988, DIW-Wochenbericht, H. 28, S. 313-319, Berlin.

Deutsches Institut für Wirtschaftsforschung (DIW) (1989b), Das Vermögenseinkommen der privaten Haushalte im Jahr 1988, DIW-Wochenbericht, H. 28, S. 320-327, Berlin.

Duschek, K.-J. (1993), Ein sequentielles empirisches allgemeines Gleichgewichtsmodell zur Beurteilung von Steuerreformprogrammen, Heidelberg.

Duschek, K.-J. / Farken, T. / Rose, M. (1990), Welfare Effects of Abolishing the German Business Taxes - An Applied General Equilibrium Analysis, Diskussionsschriften der Wirtschaftswissenschaftlichen Fakultät der Universität Heidelberg, Nr. 160.

hek, K.-J. / Richter, H. (1993), Wer trägt die Mehrwertsteuerlast? - Eine empirische allgemeine Gleichgewichtsanalyse -, Diskussionsschriften der Wirtschaftswissenschaftlichen Fakultät der Universität Heidelberg, Nr. 194.

Elschen, R. / Hüchtebrock, M. (1983), Steuerneutralität in Finanzwissenschaft und Betriebswirtschaftslehre - Diskrepanzen und Konsequenzen, Finanzarchiv 41, S. 253-280.

Engels, W. / Stützel, W. (1968) Teilhabersteuer, Ein Beitrag zur Vermögenspolitik, zur Verbesserung der Kapitalstruktur und zur Vereinfachung des Steuerrechts, Frankfurt a.M.

Euler, M. (1990), Geldvermögen und Schulden privater Haushalte Ende 1988, Ergebnisse der Einkommens- und Verbrauchsstichprobe, Wirtschaft und Statistik, November 1990, S. 798-808.

Euler, M. (1992), Einkommens- und Verbrauchsstichprobe 1993, Wirtschaft und Statistik, Juli 1992, S. 463-469.

Evans, O.J. (1983), Tax policy, the Interest Elasticity of Saving, and Capital Accumulation: Numerical Analysis of Theoretical Models, American Economic Review 73, S. 398-410.

Fehr, H. (1993), Umsatzsteuerharmonisierung in der EG, Eine empirische allgemeine Gleichgewichtsanalyse, Teil B: Modellaufbau und Simulationsergebnisse, Wirtschafts- und Sozialwissenschaftliche Forschungsbeiträge, Band 19, Regensburg.

Feldhoff, M. (1989), Die Cash-flow Besteuerung und ihre Problematik, Steuer und Wirtschaft, H. 1, S. 53-63.

Fisher, I. (1937), Income in Theory and Income Taxation in Practice, Econometrica 5, S. 1-55.

Fisher, I. / Fisher, H.W. (1942), Constructive Income Taxation, A Proposal for Reform, New York, London.

Fortune (1992), Clinton's First 100 Days: The Outlook for Business, Fortune, No. 25, November 1992, S. 24-36.

Friedmann, R. (1978), Zur Aktualisierung von Input-Koeffizienten, Zeitschrift für die gesamte Staatswissenschaft 134, S. 144-165.

Fullerton, D. / Henderson, Y.K. / Shoven, J.B. (1984), A Comparison of Methodologies in Empirical General Equilibrium Models of Taxation, in: H.E. Scarf / J.B. Shoven (eds.), Applied General Equilibrium Analysis, Cambridge, S. 367-410.

Fullerton, D. / Lyon, A.B. (1986), Uncertain Parameter Values and the Choice among Public Options, Journal of Public Economics 30, S. 109-116.

Fullerton, D. / Shoven, J.B. / Whalley, J. (1983), Replacing the U.S. Income Tax with a Progressive Consumption Tax, A Sequenced General Equilibrium Approach, Journal of Public Economics 20, S. 3-23.

Gammie, M. (1991), United Kingdom: Corporate Tax Harmonisation: An "ACE" Proposal, Harmonising European Corporate Taxation through an Allowance for Corporate Equity, International Bureau of Fiscal Documentation, S. 238-242.

Gorman, W.M. (1959), Separable Utility and Aggregation, Econometrica 27, S. 469-481.

Gottfried, P. / Stöß, E. / Wiegard, W. (1990), Applied General Equilibrium Tax Models: Prospects, Examples, Limits, in: B. Brunner / H.G. Petersen (eds.), Simulation Models in Tax and Transfer Policy, Frankfurt, New York, S. 205-244.

Goulder, L. / Shoven, J.B. / Whalley, J. (1983), Domestic Tax Policy and the Foreign Sector: The Importance of Alternative Foreign Sector Formulations to Results from a General Equilibrium Tax Analysis Model, in: M. Feldstein (ed.), Behavioral Simulation Methods in Tax Policy Analysis, Chicago, S. 333-364.

Hagedorn, R. (1991), Steuerhinterziehung und Finanzpolitik: ein theoretischer Beitrag unter besonderer Berücksichtigung der Hinterziehung von Zinserträgen, Finanzwissenschaftliche Schriften, Nr. 44, Frankfurt a.M.

Haig, R.M. (1921), The Concept of Income, in: R.M. Haig (ed.), The Federal Income Tax, New York.

Hall, R.E. / Rabushka, A. (1985), The Flat Tax, Stanford.

Haller, H. (1964), Die Steuern, Tübingen.

Harberger, A.C. (1971), Three Basic Postulates for Applied Welfare Economics: An Interpretative Essay, Journal of Economic Literature 9, S. 785-797.

Hausmann, J.A. (1985), Taxes and Labor Supply, in: A.J. Auerbach / M. Feldstein (eds.), Handbook of Public Economics, Bd. 1, Amsterdam u.a.O., S. 213-263.

Head, J.G. (1979), Fisher-Kaldor regained, Report of the Meade Committee in the U.K., Finanzarchiv 34, S. 193-222.

Hirte, G. / Wiegard, W. (1988), An Introduction to Applied General Equilibrium Tax Modelling, in: D. Bös / M. Rose / C. Seidl (eds.), Welfare and Efficiency in Public Economics, Berlin, Heidelberg, S. 167-203.

Hobbes, T. (1654), Leviathan, C.B. McPherson (ed.), New York.

Hussey, W.M. / Lubick, D.C. (1992), Basic World Code and Commentary, A Project Sponsored by the Harvard University International Tax Program, Preliminary Edition, Virginia.

Institute for Fiscal Studies (1989a), Neutrality in the Taxation of Savings: An extended Role for PEPs, A Report of the Capital Taxes Group, chaired by M. Gammie, Commentary No. 17, London.

Institute for Fiscal Studies (1989b), Equity for Companies: A Corporation Tax for the 1990s', London.

Institut of Public Finance Zagreb (1994), Croatian Income Tax & Profit Tax Acts, Zagreb.

Jaksch, H.J. / Conrad, C. (1971/72), Zur Schätzung von Input-Output-Tabellen aus ihren Reihensummen, Jahrbücher für Nationalökonomie und Statistik 186, S. 131-138.

Jorgenson, D.W. (1984), Econometric Methods for Applied General Equilibrium Analysis, in: H.E. Scarf / J.B. Shoven (eds.), New Developments in Applied General Equilibrium Analysis, Cambridge, S. 139-203.

Jorgenson, D.W. / Slesnick, D.T. (1985), General Equilibrium Analysis of Economic Policy, in: J. Pigott / J. Whalley (eds.), New Developments in Applied General Equilibrium Analysis, Cambridge, S. 293-370.

Jorgenson, D.W. / Yun, K.-Y. (1986), The Efficiency of Capital Allocation, Scandiniavian Journal of Economics 88, S. 85-107.

Kaiser, H. (1989), Die Mehrwertsteuerbelastung privater Haushalte in der Bundesrepublik Deutschland, Ein Vergleich empirischer Inzidenzanalysen auf Basis der Einkommens- und Verbrauchsstichproben 1969, 1973 und 1978, DIW-Vierteljahreshefte, S. 24-44.

Kaiser, M. (1992), Konsumorientierte Reform der Unternehmensbesteuerung, Heidelberg.

Kaldor, N. (1965), An Expenditure Tax, 4. Aufl., London.

Kay, J.A. / King, M.A. (1980), The British Tax System, 2. Aufl., New York.

Keller, W.J. (1976), A Nested CES-Type Utility Function and its Demand and Price-Index Functions, European Economic Review 7, S. 175-186.

Keller, W.J. (1980), Tax Incidence, A General Equilibrium Approach, Contributions to Economic Analysis, Nr. 134, Amsterdam u.a.O.

King, M.A. (1987), The Cash Flow Corporate Income Tax, in: M. Feldstein (ed.), The Effects of Taxation on Capital Accumulation, Chicago, London, S. 377-398.

Kitterer, W. (1981), Einkommenskonzepte in empirischen Untersuchungen zur Steuerinzidenz, Finanzarchiv 39, S. 323-343.

Klepper, G. / Lorz, O. / Stähler, F. / Thiele, R. / Wiebelt, M. (1993), Empirische Allgemeine Gleichgewichts-Modelle, Struktur und Anwendungsmöglichkeiten, Institut für Weltwirtschaft an der Universität Kiel, Kieler Arbeitspapiere Nr. 595.

Krischausky, D. (1989), Besteuerung der Zinseinkünfte privater Haushalte, Studien zur Wirtschafts- und Finanzwissenschaft, Band 1, Bergisch Gladbach.

Kühn, B. (1988), Die geplante Einkommensteuerreform 1990, Simulationsergebnisse eines empirischen allgemeinen Gleichgewichtsmodells, Frankfurt a.M.

Lang, J. (1991), Besteuerung des Konsums aus gesetzgebungspolitischer Sicht, - Versuch eines interdisziplinär juristisch-ökonomischen Lösungsansatzes -, in: M. Rose (Hrsg.), Konsumorientierte Neuordnung des Steuersystems, Berlin u.a.O., S. 291-348.

Lang, J. (1993), Entwurf eines Steuergesetzbuchs, Bundesministerium der Finanzen, Schriftenreihe Heft 49, Bonn.

Lang, O. (1993), Steuervermeidung und -hinterziehung bei der Einkommensteuer: Eine Schätzung von Ausmaß und Gründen, Zentrum für Europäische Wirtschaftsforschung (ZEW) Newsletter, Nr. 1, S. 13-19.

Lang, O. / Nöhrbaß, K.-H. / Stahl, K. (1993), On Income Tax Avoidance: the Case of Germany, ZEW-Discussion Paper No. 93-05, Mannheim.

Lodin, S.-O. (1978), Progressive Expenditure Tax - An Alternative?, A Report of the 1972 Government Commission on Taxation, Stockholm.

Makin, J.H. (1987), Income Tax Reform and the Consumption Tax, in: C.E. Walker/M.A. Bloomfield (eds.), The Consumption Tax, A Better Alternative?, Cambridge/Mass., S. 87-115.

Manne, A.S. (1985), Economic Equilibrium: Model Formulation and Solution, Amsterdam.

Mansur, A. / Whalley, J. (1984), Numerical Specification of Applied General Equilibrium Models: Estimation, Calibration, and Data, in: H.E. Scarf / J.B. Shoven (eds.), Applied General Equilibrium Analysis, Cambridge, S. 69-127.

Marshall, A. (1917), The Equitable Distribution of Taxation, wiederabgedruckt in: A.C. Pigou (ed.) (1925), Memoires of Alfred Marshall, London.

McLure C.E. / Zodrow, G.R. (1990), Administrative Advantages of the Individual Tax Prepayment Approach to the Direct Taxation of Consumption, in: M. Rose (ed.), Heidelberg Congress on Taxing Consumption, Proceedings of the International Congress on Taxing Consumption, Held at Heidelberg, June 28-30, 1989, Berlin u.a.O., S. 335-389.

McLure C.E. / Zodrow, G.R. (1991), Administrative Vorteile des individuellen Steuervorauszahlungs-Ansatzes gegenüber einer direkten Konsumbesteuerung, in: M. Rose (Hrsg.), Konsumorientierte Neuordnung des Steuersystems, Berlin u.a.O., S. 117-169.

Meade Committee (1978), The Structure and Reform of Direct Taxation, Report of a Committee chaired by Professor J.E. Meade, The Institut for Fiscal Studies, London.

Mill, J.S. (1865), Principles of Political Economy, Vol. II, 6. Aufl., London.

Mitschke, J. (1985), Steuer- und Transferordnung aus einem Guß, Baden-Baden.

Musgrave, R.A. (1991), Zur Wahl der "richtigen Steuerbemessungsgrundlage" - Eine historische Betrachtung -, in: M. Rose (Hrsg.), Konsumorientierte Neuordnung des Steuersystems, Berlin u.a.O., S. 35-49.

Musgrave, R.A. / Musgrave, P.B. / Kullmer, L. (1987), Die öffentlichen Finanzen in Theorie und Praxis, 1. Band, 4. Aufl., Tübingen.

Neumark, F. (1970), Grundsätze gerechter und ökonomisch rationaler Steuerpolitik, Tübingen.

Pencavel, J. (1986), Labor Supply of Men: A Survey, in: O. Ashenfelter / R. Layard (eds.), Handbook of Labor Economics, Vol. 1, Amsterdam, S. 3-102.

Pereira, A.M.M. (1988), DAGEM: A Dynamic Applied General Equilibrium Model for Tax Policy Evaluation (Complete Documentation), San Diego Working Paper 8-17, University of California.

Pereira, A.M.M. / Shoven, J.B. (1988), Survey of Dynamic Computational General Equilibrium Models for Tax Policy Evaluation, Journal of Policy Modeling 10, S. 401-436.

Phlips, L. (1983), Applied Consumption Analysis, rev. ed., Amsterdam.

Pigou, A.C. (1928), A Study in Public Finance, London.

Powell, M.J.D. (1970a), A Hybrid Method for Nonlinear Equations, in: P. Rabinowitz (ed.) (1970), Numerical Methods for Nonlinear Algebraic Equations, London, S. 87-114.

Powell, M.J.D. (1970b), A FORTRAN Subroutine for Solving Systems of Nonlinear Algebraic Equations, in: P. Rabinowitz (ed.), Numerical Methods for Nonlinear Algebraic Equations, London, S. 115-161.

Richter, H. (1994), Verteilungsmäßige und ökonomische Konsequenzen alternativer Steuermodelle zur Finanzierung der deutschen Einheit, Diskussionsschriften der Wirtschaftswissenschaftlichen Fakultät der Universität Heidelberg, Nr. 206.

Richter, H. / Richter, H.-U. (1994), Die "Gleichheit" der Einkunftsarten bei der deutschen Einkommensteuer, Betriebsberater 49, H. 9, S. 621-623.

Richter, H. / Rose, M. (1993), Steuerfinanzierung eines Solidarprogramms Ost - Verteilungsmäßige und ökonomische Konsequenzen -, Wirtschaftsdienst 73, H. 1, S. 22-30.

Richter, H. / Rose, M. (1994), Studie zu Steuerzuschlägen für die Wirtschaftswoche, erschienen in Wirtschaftswoche Nr. 17 vom 22.4.1994, Steuern: Halbe Wahrheit, Wie die Abgabenpläne der Bonner Parteien den Wohlstand der Bürger verringern, S. 26.

Richter, W.F. / Wiegard, W. (1991), Effizienzorientierte Reform der Gewerbesteuer, in: M. Rose (Hrsg.), Konsumorientierte Neuordnung des Steuersystems, Berlin u.a.O., S. 437-464.

Richter, W.F. / Wiegard, W. (1993), Zwanzig Jahre "Neue Finanzwissenschaft", Teil II: Steuern und Staatsverschuldung, Zeitschrift für Wirtschafts- und Sozialwissenschaften 113, S. 337-400.

Rose, M. (1988), Allokations- und Verteilungseffekte der Reform des deutschen Einkommensteuertarifs nach sozio-ökonomischen Gruppen - Simulationsergebnisse mit einem empirischen allgemeinen Gleichgewichtsmodell für die Bundesrepublik Deutschland -, in: C. Seidl (Hrsg.), Steuern, Steuerreform und Einkommenseffekte, Berlin, Heidelberg, S. 29-47.

Rose, M. (ed.) (1990), Heidelberg Congress on Taxing Consumption, Proceedings of the International Congress on Taxing Consumption, Held at Heidelberg, June 28-30, 1989, Berlin u.a.O.

Rose, M. (1991a) (Hrsg.), Konsumorientierte Neuordnung des Steuersystems, Berlin u.a.O.

Rose, M. (1991b), Plädoyer für ein konsumbasiertes Steuersystem, in: M. Rose (Hrsg.) (1991), Konsumorientierte Neuordnung des Steuersystems, Berlin u.a.O., S. 7-34.

Rose, M. (1991c), Wirkungen einer konsumorientierten Neuordnung des Steuersystems auf Kapitalbildung und Wohlfahrt, in: B. Gahlen / H. Hesse / H.J. Ramser (Hrsg.), Wachstumstheorie und Wachstumspolitik, Tübingen, S. 211-240.

Rose, M. (1992), Reform der Besteuerung des Sparens und der Kapitaleinkommen, Zur Neuregelung der Zinsbesteuerung aus der Sicht einer konsum- und damit marktorientierten Neuordnung des Gesamtsteuersystems, Betriebsberater 47, H. 10, Beilage 5.

Rose, M. / Kungl, H. / Kühn, B. (1988), Incidence Effects of Changing the German Income Tax Rate Schedule, in: D. Bös / M. Rose / C. Seidl (eds.), Welfare and Efficiency in Public Economics, Berlin, Heidelberg, S. 205-246.

Rose, M. / Lang, J. / Wagner, F.W. / Wenger, E. (1992), Recommendations on the Reform of Hungary's Tax System, Deutsche Gesellschaft für Technische Zusammenarbeit (GTZ), Heidelberg, Eschborn.

Rosenberg, C.B. (1993), Umsatzsteuerharmonisierung in der EG, Eine empirische allgemeine Gleichgewichtsanalyse, Teil A: Institutionelle Regelungen und theoretische Grundlagen, Wirtschafts- und Sozialwissenschaftliche Forschungsbeiträge, Band 18, Regensburg.

Schanz, G.v. (1896), Der Einkommensbegriff und die Einkommensteuergesetze, Finanzarchiv 13, S. 1-87.

Schumpeter, J.A. (1929/30), Ökonomie und Soziologie der Einkommensteuer, Der deutsche Volkswirt, Bd. 4, S. 380-385, wiederabgedruckt in: W.F. Stolper / C. Seidel (Hrsg.) (1985), Joseph A. Schumpeter, Aufsätze zur Wirtschaftspolitik,Tübingen.

Schwinger, R. (1992), Einkommens- und konsumorientierte Steuersysteme, Wirkungen auf Investition, Finanzierung und Rechnungslegung, Heidelberg

Seidl, C. (1990), Administration Problems of an Expenditure Tax, in: M. Rose (ed.), Heidelberg Congress on Taxing Consumption, Proceedings of the International Congress on Taxing Consumption, Held at Heidelberg, June 28-30, 1989, Berlin u.a.O., S. 407-449.

Shome, P. / Schutte, C. (1993), Cash-flow Tax, IMF Staff Papers 40, No. 3, Washington, S. 638-662.

Shoven, J.B. (1983), Applied General-Equilibrium Tax Modeling, IMF Staff Papers 30, S. 394-420.

Shoven, J.B. / Whalley, J. (1984), Applied General-Equilibrium Models of Taxation and Trade: An Introduction and Survey, Journal of Economic Literature 22, S. 1007-1051.

Shoven, J.B. / Whalley, J. (1992), Applying General Equilibrium, Cambridge Surveys of Economic Literature, Cambridge.

Sievert, O. / Naust, H. / Jochum, D. / Peglow, M. / Glumann, T. (1989), Steuern und Investitionen, Teil 2, Frankfurt a.M. u.a.O.

Simons, H. (1938), Personal Income Taxation, Chicago.

Simons, H. (1950), Federal Tax Reform, Chicago.

Sinn, H.-W. (1984a), Wachstums- und beschäftigungsneutrale Kapitaleinkommensbesteuerung, in: H. Siebert (Hrsg.), Intertemporale Allokation, Frankfurt a.M. u.a.O., S. 259-279.

Sinn, H.-W. (1984b), Systeme der Kapitaleinkommensbesteuerung. Ein allokationstheoretischer Vergleich, in: D. Bös / M. Rose / C. Seidel (Hrsg.), Steuerreform in Theorie und Praxis, Berichte einer Tagung in Brixen, Juni 1983, Berlin, S. 209-238.

Sinn, H.-W. (1985), Kapitaleinkommensbesteuerung, Tübingen.

Sinn, H.-W. (1986), Alternativen zur Einkommensbesteuerung, Diskussionsschrift der Ludwig-Maximilians-Universität München, Nr. 86-10.

Smith, A. (1776), The Wealth of Nations, Vol. II, E. Cannon (ed.) (1904), New York.

Spahn, P.B. (1991), Zur Zukunft der Einkommensteuer, in: P.B. Spahn / D. Döring (Hrsg.), Steuerreform als gesellschaftspolitische Aufgabe der neunziger Jahre, Volkswirtschaftliche Schriften 413, Berlin, S. 245-266.

St-Hilaire, F. / Whalley, J. (1983), A Microconsistent Data Set for Canada for Use in Tax Policy Analysis, Review of Income and Wealth 29, S. 175-204.

St-Hilaire, F. / Whalley, J. (1987), A Microconsistent Data Set for Canada for Use in Regional General Equilibrium Policy Analysis, Review of Income and Wealth 33, S. 327-343.

Statistisches Amt der Europäischen Gemeinschaften (Eurostat) (1983), National Accounts ESA, Input-Output-Tables 1975, Brüssel, Luxemburg.

Statistisches Amt der Europäischen Gemeinschaften (Eurostat) (1990), Volkswirtschaftliche Gesamtrechnungen ESVG, Detaillierte Tabellen nach Produktionsbereichen, Brüssel, Luxemburg.

Statistisches Amt der Europäischen Gemeinschaften (Eurostat) (1992a), National Accounts ESA, Input-Output-Tables for Denmark 1985, Brüssel, Luxemburg.

Statistisches Amt der Europäischen Gemeinschaften (Eurostat) (1992b), National Accounts ESA, Input-Output-Tables for Italy 1985, Brüssel, Luxemburg.

Statistisches Amt der Europäischen Gemeinschaften (Eurostat) (1992c), National Accounts ESA, Input-Output-Tables for Spain 1985, Brüssel, Luxemburg.

Statistisches Bundesamt (1963), Systematische Verzeichnisse, Güterverzeichnis für den privaten Verbrauch, Ausgabe 1963, Stuttgart.

Statistisches Bundesamt (1987), Wirtschaftsrechnungen, Fachserie 15, Einkommens- und Verbrauchsstichprobe 1983, Heft 4, Einnahmen und Ausgaben privater Haushalte, Stuttgart.

Statistisches Bundesamt (1988), Wirtschaftsrechnungen, Fachserie 15, Einkommens- und Verbrauchsstichprobe 1983, Heft 5, Aufwendungen privater Haushalte für den Privaten Verbrauch, Stuttgart.

Statistisches Bundesamt (1990a), Volkswirtschaftliche Gesamtrechnungen, Fachserie 18, Reihe 2, Input-Output-Tabellen, 1985 bis 1988, Stuttgart.

Statistisches Bundesamt (1990b), Statistisches Jahrbuch für die Bundesrepublik Deutschland, Stuttgart.

Statistisches Bundesamt (1991a), Volkswirtschaftliche Gesamtrechnungen, Fachserie 18, Reihe S. 15, Revidierte Ergebnisse, 1950 bis 1990, Stuttgart.

Statistisches Bundesamt (1991b), Statistisches Jahrbuch für die Bundesrepublik Deutschland, Stuttgart.

Statistisches Bundesamt (1991c), Wirtschaftsrechnungen, Einkommens- und Verbrauchsstichprobe 1988, Fachserie 15, Heft 2, Vermögensbestände und Schulden privater Haushalte, Stuttgart.

Statistisches Bundesamt (1991d), Finanzen und Steuern, Fachserie 14, Reihe 7.1, Einkommensteuer 1986, Stuttgart.

Statistisches Bundesamt (1991e), Volkswirtschaftliche Gesamtrechnungen, Fachserie 18, Reihe S. 16, Der Staat in den Volkswirtschaftliche Gesamtrechnungen, 1950-1990, Stuttgart.

Statistisches Bundesamt (1992a), Input-Output-Tabellen 1988, Tabelle 1-7, April 1992, Wiesbaden.

Statistisches Bundesamt (1992b), Vorabtabellen der Einkommens- und Verbrauchsstichprobe 1988 (EVS), Wiesbaden.

Statistisches Bundesamt (1992c), Zahlen-Fakten-Trends, Monatlicher Pressedienst des Statistischen Bundesamtes, April 1992, Wiesbaden.

Stöß, E. (1991), Effizienzwirkungen direkter und indirekter Steuern, Eine empirische allgemeine Gleichgewichtsanalyse für die Bundesrepublik Deutschland, Regensburg.

Strotz, R.H. (1957), The Empirical Implications of a Utility Tree, Econometrica 25, S. 269-280.

Strotz, R.H. (1959), The Utility Tree - a Correction and further Appraisal, Econometrica 27, S. 482-488.

Summers, L.H. (1981), Capital Taxation and Accumulation in a Life Cycle Growth Model, American Economic Review 71, S. 533-544.

Swoboda, P. (1991), Cash-flow-Steuern und Finanzierungsneutralität, in: M. Rose (Hrsg.), Konsumorientierte Neuordnung des Steuersystems, Berlin u.a.O., S. 473-489.

Tait, A.A. (1989), Not so General Equilibrium and not so Optimal Taxation, Public Finance 44, S. 169-182.

United Nations (UN) (1983), National Accounts Statistics: Main Aggregates and Detailed Tables, 1989, Part I and II, New York.

United Nations (UN) (1991a), National Accounts Statistics: Analysis of Main Aggregates, 1988-1989, New York.

United Nations (UN) (1991b), National Accounts Statistics: Main Aggregates and Detailed Tables, 1989, Part I and II, New York.

United Nations (UN) (1992), Demographic Yearbook 1990, New York.

Wagner, F.W. (1988), Die zeitliche Erfassung steuerlicher Leistungsfähigkeit, in: H. Hax / W. Kern / H.-H. Schröder (Hrsg.), Zeitaspekte in Theorie und Praxis (1989), S. 261-278.

Wagner, F.W. / Schwinger, R. (1991), Der Einfluß einer Cash-flow-Steuer auf Finanzierung und Rechnungslegung, in: M. Rose (Hrsg.), Konsumorientierte Neuordnung des Steuersystems, Berlin u.a.O., S. 495-521.

Wenger, E. (1983), Gleichmäßigkeit der Besteuerung von Arbeits- und Vermögenseinkünften, Finanzarchiv 41, S. 207-252.

Wenger, E. (1985), Einkommensteuerliche Periodisierungsregeln, Unternehmenserhaltung und optimale Einkommensbesteuerung, Teil I, Zeitschrift für Betriebswirtschaft 55, S. 710-730.

Wenger, E. (1986), Einkommensteuerliche Periodisierungsregeln, Unternehmenserhaltung und optimale Einkommensbesteuerung, Teil II, Zeitschrift für Betriebswirtschaft 56, S. 132-151

Wenger, E. (1989), Besteuerung und Kapitalbildung als intertemporales Optimierungsproblem, in: H. Hax / W. Kern / H.-H. Schröder (Hrsg.), Zeitaspekte in betriebswirtschaftlicher Theorie und Praxis, Stuttgart, S. 279-298.

Whalley, J. (1988), Lessons from General Equilibrium Models, in: H.J. Aaron / H. Galper / J.A. Pechman (eds.) (1988), Uneasy Compromise, Problems of a Hybrid Income-Consumption Tax, Washington, D.C., S. 15-50.

Whalley, J. / Yeung, B. (1984), External Sector 'Closing' Rules in Applied General Equilibrium Models, Journal of International Economics 16, S. 123-138.

Wiegard, W. (1985), Die Algorithmen von Scarf und Merrill zur numerischen Berechnung allgemeiner Gleichgewichte, Eine Einführung mit Beispielen aus der Steuerpolitik, Zeitschrift für Wirtschafts- und Sozialwissenschaften 105, S. 709-741.

Wöhe, G. (1990), Einführung in die allgemeine Betriebswirtschaftslehre, 17. Aufl., München.

Zitzmann, G. (1992), Bundesministerium der Finanzen, Abschreibungstabelle, Stollfuß Tabellen, Ausgabe April 1992, Bonn.

Zodrow, G.R. (1990), The Choice between Income and Consumption: Efficiency and Horizontal Equity Aspects, in: S. Cnossen / R.M. Bird (eds.), The Personal Income Tax, Phoenix from the Ashes?, Amsterdam u.a.O., S. 85-115.

Zumstein, P. (1977), Die Ausgabensteuer, Volkswirtschaftliche Begründung und praktische Durchführbarkeit, Diessenhofen.

Zwer, R. (1986), Internationale Wirtschafts- und Sozialstatistik, 2. Aufl., Oldenburg.

Wirtschaftswissenschaftliche Beiträge

Band 55: P.-U. Paulsen, Sichtweisen der Wechselkursbestimmung, VI/264 Seiten, 1991

Band 56: B. Sporn, Universitätskultur, IX/213 Seiten, 1992

Band 57: A. Vilks, Neoklassik, Gleichgewicht und Realität, IX/112 Seiten, 1991

Band 58: M. Erlei, Unvollkommene Märkte in der keynesianischen Theorie, XII/267 Seiten, 1991

Band 59: D. Ostrusska, Systemdynamik nichtlinearer Marktreaktionsmodelle, VII/178 Seiten, 1992

Band 60: G. Bol, G. Nakhaeizadeh, K.-H. Vollmer (Hrsg.), Ökonometrie und Monetärer Sektor, VII/238 Seiten, 1992

Band 61: S. Feuerstein, Studien zur Wechselkursunion, VIII/132 Seiten, 1992

Band 62: H. Fratzl, Ein- und mehrstufige Lagerhaltung, VIII/190 Seiten, 1992

Band 63: P. Heimerl-Wagner, Strategische Organisations-Entwicklung, VIII/231 Seiten, 1992

Band 64: G. Untiedt, Das Erwerbsverhalten verheirateter Frauen in der Bundesrepublik Deutschland, XVIII/197 Seiten, 1992

Band 65: R. Herden, Technologieorientierte Außenbeziehungen im betrieblichen Innovationsmanagement, XVIII/265 Seiten, 1992

Band 66: P. B. Spahn, H. P. Galler, H. Kaiser, T. Kassella, J. Merz, Mikrosimulation in der Steuerpolitik, XVI/279 Seiten, 1992

Band 67: M. Kessler, Internationaler Technologiewettbewerb, X/232 Seiten, 1992

Band 68: J. Hertel, Design mehrstufiger Warenwirtschaftssysteme, XIII/319 Seiten, 1992

Band 69: H. Grupp/U. Schmoch, Wissenschaftsbindung der Technik, XIII/152 Seiten, 1992

Band 70: H. Legler/H. Grupp/B. Gehrke/U. Schasse, Innovationspotential und Hochtechnologie, XV/164 Seiten, 1992

Band 71: R. Schmidt, Modelle der Informationsvermittlung, 320 Seiten, 1992

Band 72: M. Kaiser, Konsumorientierte Reform der Unternehmensbesteuerung, XI/412 Seiten, 1992

Band 73: K. Meier, Modellbildung bei Mehrfachzielen, XVI/251 Seiten, 1992

Band 74: J. Thiele, Kombination von Prognosen, X/135 Seiten, 1993

Band 75: W. Sesselmeier, Gewerkschaften und Lohnfindung, XII/222 Seiten, 1993

Band 76: R. Frensch, Produktdifferenzierung und Arbeitsteilung, VIII/176 Seiten, 1993

Band 77: K. Kraft, Arbeitsmarktflexibilität, X/186 Seiten, 1993

Band 78: R. P. Hellbrück, Synergetik und Marktprozesse, XIV/190 Seiten, 1993

Band 79: L. Linnemann, Multinationale Unternehmungen und internationale Wirtschaftspolitik, X/207 Seiten, 1993

Band 80: K. Cuhls, Qualitätszirkel in japanischen und deutschen Unternehmen, XIV/215 Seiten, 1993

Band 81: B. Erke, Arbeitslosigkeit und Konjunktur auf segmentierten Arbeitsmärkten, X/228 Seiten, 1993

Band 82: M. Hillmer, Kausalanalyse makroökonomischer Zusammenhänge mit latenten Variablen, XI/408 Seiten, 1993

Band 83: M. Heinisch, W. Lanthaler, Im Brennpunkt Universitä XII/193 Seiten, 1993

Band 84: M. Göcke, Starke Hysteresis im Außenhandel, XII/21 Seiten, 1993

Band 85: T. Siegenführ, Optimale Gesundheitsinvestitionen in da Humankapital, XX/192 Seiten, 1993

Band 86: Matthias Wrede, Ökonomische Theorie des Steuerentzu ges, XII/302 Seiten, 1993

Band 87: M. Raab, Steuerarbitrage, Kapitalmarktgleichgewich und Unternehmensfinanzierung, X/185 Seiten, 1993

Band 88: K.-J. Duschek, Ein sequentielles empirisches allgemei nes Gleichgewichtsmodell zur Beurteilung von Steuerreformpro grammen, XII/271 Seiten, 1993

Band 89: R. Schwager, Geld überlappende Nachfragestruktur un bilaterale Transaktionen, VIII/262 Seiten, 1994

Band 90: M. Sander, Die Bestimmung und Steuerung des Werte von Marken, XVI/319 Seiten, 1994

Band 91: T. Ursprung, Propaganda, Interessengruppen und direkt Demokratie, X/187 Seiten, 1994

Band 92: G. Speckbacher, Alterssicherung und internationale Ge rechtigkeit, VIII/151 Seiten, 1994

Band 93: G. Bol, G. Nakhaeizadeh, K.-H. Vollmer (Hrsg.), Finanz marktanwendungen neuronaler Netze und ökonometrischer Ver fahren, X/271 Seiten, 1994

Band 94: F. Kugler, Preisbildung auf spekulativen Märkten, IX/23 Seiten, 1994

Band 95: J. Schmoranz, Die Energienachfrage privater Haushalte, VII/215 Seiten, 1994

Band 96: M. Carlberg, Makroökonomische Szenarien für das vereinigte Deutschland, X/216 Seiten, 1994

Band 97: U. Schiller, Vertikale Unternehmensbeziehungen, XII/216 Seiten, 1994

Band 98: S. Huschens, Zur Modellierung der Erwartungsbildung in makroökonomischen Modellen, VIII/213 Seiten, 1994

Band 99: T. Gerhards, Theorie und Empirie flexibler Wechselkurse, XIV/358 Seiten, 1994

Band 100: K. Morasch, Strategische Allianzen, XIV/197 Seiten, 1994

Band 101: N. Lamar, Makroökonomische Konvergenz und Währungssystem, XVI/196 Seiten, 1994

Band 102: G.M. Winkler, Entscheidungen und Präferenzen, IX/189 Seiten, 1994

Band 103: L.E. Merkle, Frauenerwerbstätigkeit und Kinderbetreuung, VIII/308 Seiten, 1994

Band 104: C. Fantapié Altobelli, Kompensationsgeschäfte im internationalen Marketing, XXII/368 Seiten, 1994

Band 105: R. Wagner, Die Grenzen der Unternehmung, X/198 Seiten, 1994

GPSR Compliance

The European Union's (EU) General Product Safety Regulation (GPSR) is a set of rules that requires consumer products to be safe and our obligations to ensure this.

If you have any concerns about our products, you can contact us on ProductSafety@springernature.com

In case Publisher is established outside the EU, the EU authorized representative is:

Springer Nature Customer Service Center GmbH
Europaplatz 3
69115 Heidelberg, Germany

Batch number: 10815974

Printed by Printforce, the Netherlands